胡適與蔣介石

沈寂——著

目次

中篇　「介石」與「適之」

後篇1　鞏固政制無黨政治

後篇2　抗日戰爭

終篇1　從勝利走向失敗　在野幫政府的忙

終篇2　死守臺灣　抱節守志

楔 子

新文化運動就是為了促使新政治的實現。1915年黃遠庸曾致書《甲寅》的編者章士釗，指出當今講求政治革新，「當從提倡新文學入手，綜之當使吾輩思潮，如何能與現代思潮相接觸，而促其猛省。而其要義，須與一般之人，生出交涉，法須以淺近文藝、普遍四周，史家以文藝復興為中世紀改革之根本，足下當能語其消息盈虛之理也」。[1]章士釗不以為然，認為政治是社會的本因，政治好了，「而後有社會之可言」。所以章在《甲寅》不提倡文藝復興運動，專致力於政治。陳獨秀創辦的《新青年》則大倡中國的文藝復興。他說：

> 政治界雖經三次革命，而黑暗未嘗稍減。其原因之小部分，則為三次革命皆虎頭蛇尾，未能完全以鮮血洗淨舊汙；其大部分，則為盤踞吾人精神界根深蒂固之倫理、道德、文學、藝術諸端，莫不黑幕層張，垢污深積，並此虎頭蛇尾之革命而未有焉。此單獨政治革命所以於吾之社會，不生若何變化，不收若何效果也。[2]

即是說，單獨政治革命，只是換了朝代，國號雖也改為共和民國，但文化依舊，人與人之間的關係仍與過去一樣，人們依然盼有真龍天子。所以「如今要鞏固共和，非先將國民腦子裡所有反對共和的舊思想，一一洗

1 《甲寅雜誌》一卷十號。

2 陳獨秀，《文學革命論》，1917年2月1日《新青年》，二卷六號。

刷乾淨不可」。[3]因此他提出二十年不談政治，「而從教育思想文化等等非政治的因子上建設政治基礎」。[4]重建文化與政治新的互動關係，即新文化運動。

孫中山認同了這種關係，他在1920年說：

> 自北京大學學生發生五四運動以來，一般愛國青年，無不以革新思想為將來革新事業之預備。於是蓬蓬勃勃。發抒言論。國內各界輿論，一致同倡。各種新出版物，為熱心青年所舉辦者，紛紛應時而出。揚葩吐豔，各極其致，社會遂蒙絕大之影響。雖以頑劣之偽政府，猶且不敢攖其鋒。此種新文化運動，在我國今日，誠思想界空前之大變動。……倘能繼長增高，其將來收效之偉大且久遠者，可無疑也。吾黨欲收革命之成功，必有賴於思想之變化，兵法「攻心」，語曰「革心」，皆此之故，故此種新文化運動，實為最有價值之事。[5]

胡適是文藝復興論者，在美國留學時，即研究中國文字現代化，是首舉文學革命義旗的急先鋒，以此促進中國政治現代化。時值袁世凱的美國顧問古德諾鼓吹民主政體不適於中國，因中國從未有過民主。胡適則認為「恰恰因為中國不曾有過民主，所以她現在必須擁有民主」。[6]願意把中國「死馬作活馬醫」。[7]「但求歸國能以一張苦口，一支禿筆，從事於社會教育，以為百年樹人之計」。[8]他在五四時期說：

> 現在國中最大的病根並不是軍閥與惡官僚，乃是懶惰的心理，淺薄的思想，靠天吃飯的迷信，隔岸觀火的態度。這些東西是我們的真

---

3 《舊思想與國體問題》，《新青年》3卷3號，1917年6月1日。

4 胡適，《陳獨秀與文學革命》，見陳東曉，《陳獨秀評論》，1933年3月。

5 《孫中山選集》，人民出版社，1981年，第482頁。

6 《胡適留學日記》卷十一・六。

7 《胡適留學日記》卷十二・十三。

8 《胡適留學日記》卷十二・十三。

仇敵！他們是政治的祖宗父母。我們現在因為他們的小孫子——惡政治——太壞了，忍不住先打擊他。但我們決不可忘記這二千年思想文藝造成的惡果。[9]

他本希望在既有軍閥政治基礎上改革政治。後發現「要求他們制定出一個能應付中國今日需要，滿足國人希望的憲法，簡直是與虎謀皮」。[10]軍人干政，猶如「秀才遇著兵，有理說不清」。北伐勝利後，他把希望寄託於國民黨。他認為國民黨的素質遠高於軍閥。

北伐軍的出師告捷，不僅贏得競爭對手的崇揚，社會的輿論亦眾望所歸。1927年2月顧頡剛在致胡適的信中說：「這一次的革命確比辛亥革命不同，辛亥革命是上級社會的革命，這一次是民眾的革命」。[11]值得注意的是，這時有人把蔣介石與胡適相提並論，把北伐戰爭與新文化聯繫起來。這決非偶然現象。

1927年5月23日，北伐軍已勝券在握，杭州的一位叫任白濤的寫信給胡適，其中有一段這樣寫道：

你在南京的演講，關於「文學革命」的部分我是完全首肯的。並且希望你今後設法繼續做未完的工作，免得失墜了你的前功！——我覺得現在中國的戰爭，就某點上說，算是白話與文言之戰；換言之，新文化——尤其是新文學——的運動，從筆尖移到槍尖上了（但一半自然要靠筆——政治部）。某年，我從東京返國，路過北京，有個朋友告訴我說：「《新青年》上所登的反動派的文字，都是他們社員自作的；因為找不到反動派的文字。」好了，如今可以不必再費自作反動派文字的特別苦心了！所有的反動派——就文學

9 《答伯秋與傅斯年兩先生》，《我的歧路》。
10 胡適，《這個國會配製憲嗎？》，《努力》週刊42期。
11 《胡適來往書信選》（上），第426頁。

上的是所謂「海派」——都是明目張膽地樹起彼等的反動的旗幟來了！——我相信「文學革命」不成功，一切革命是不會成功的，它的基礎是不穩固的。[12]

還在1926年底，蔣介石到江西南昌，指揮北伐軍進發浙江，肅清孫傳芳在蘇、浙的殘餘部隊，又到武漢，與馮玉樣國民軍的代表討論完成北伐大業。胡適此時尚在倫敦參加英國庚款諮詢委員會的會議。12月18日接到袁昌英女士的信，有云：

胡先生，我近來心目中只有兩個英雄（你曉得婦女的心目中總不能不有英雄的），一文，一武。文英雄不待言是胡適，武英雄也不待言是蔣介石。這兩個好漢是維持我們民族命運的棟樑！我的靜坐的時候頗不多，然而一得之則默祝這兩人福壽與成功！[13]

任白濤把北伐戰爭與新文化運動視為延伸的關係，有著深遠的意義，他把「白話」比作政治上的平民，「文言」則是貴族。新文化運動到北伐戰爭，是「從筆尖移轉到槍尖」，也是兩者的互補關係。袁昌英把「筆尖」與「槍尖」落實到代表人物身上。把胡適與蔣介石放在這個時代一併思考，稱之為一文一武的英雄好漢，共同「維持我們民族命運的棟樑」。是面向未來寄予希望的視角提出的。這也是首次。[14]

嗣後有人認同這新文化運動與國民革命的互動關係，1935年清華大學政治哲學教授張熙若為紀念五四寫有一篇《國民人格之培養》，即是把五四新文化運動與北伐戰爭相聯繫，歌頌其「震動所發出的光輝」。他引

12 《胡適來往書信選》（上），第432頁。

13 《胡適來往書信選》（上），第432頁。

14 二十八年後，郭沫若稱：胡適與蔣介石為「難弟難兄」，是從新政權的立場，總結中國政治歷史，以唾棄的視角談論兩者的關係。見1954年12月8日在中國文聯主席團、作協主席團擴大會議上提出的《三點建設》。

《莊子》：「水之積也不厚，則其負舟也無力」的話，作為民為邦本的新解。這裡的「厚」，不是數量，而是品質。指出中國原和十八世紀以前的歐洲人一樣，政治上沒有地位，是被動的。聖賢大哲教誨他們一個「忠」字。民國成立，是自由、平等、獨立、自治的新學說，戰勝君臣、父子、夫婦、兄弟諸種舊觀念的紀念碑。但當時的新思想還只知其形式而不瞭解其精神，五四運動後，才「捉摸到歐美民治的根本」。這「根本」就是「個人解放」。「提綱挈領的說，當然是所謂思想解放」。由此，人即由過去為他人做工具，成為獨立存在的有價值的人，推動社會的大進步。「民治政治不過是個人解放的諸種形態之一。」他說：

> 民治在大體上是今日政治上的康莊大道，其它炫耀一時的政治都是旁門左道，不久還歸消滅，不足為法。在理論上，除了民治只有共產，而廣義的講共產也只是民治的推廣，而非其推翻。……本來五四運動和民國十五六年的國民革命運動是走向這個方向的。[15]

蔣夢麟也在《新潮》中說：

> 五四以來的文學革命，增強了人民對於社會與政府的不滿，為國民革命鋪了一條勝利之路，對於北伐順利的成功大有幫助。[16]

把北伐戰爭當作新文學運動的延續與發展，把蔣介石與胡適相提並論，長期來，不為學術界主流所認同，但持此論者，認為這正是當時社會實踐的必然，似無任何意識形態的背景。這不過是新文化運動的創導者當初所預設文化與政治互動關係的初衷，此時終於有人認同罷了，並總結其為民治主義康莊大道的必然走向。

---

[15] 張熙若，《國民人格之培養》，天津《大公報》1935提5月5日。
[16] 蔣夢麟，《西潮・新潮》，嶽麓書社，2000年9月，第347頁。

雙方的代表人物：胡適與蔣介石正是在國民革命時結的緣，是時代的選擇。他倆結緣的方式，不落俗套，有其特色。結緣後的雙方，在三十多年的後續歲月裡，彼此心心相印。一方主要以政論的形式批評與建白：一方則注意對方之所言，或有所採納。彼此的所言所為，是正是謬，可從不同視角與立場見仁見智。他倆的相互關係，樹立了我國知識份子與政治首腦之間的新範式，以批評諷喻的平等方式代替了固有的啓奏、頌德的君臣模式，僅就這點，或是值得一書的。

為能瞭解前此的淵源，設前篇，先介紹兩者的基本情況。

前篇

一、胡蔣二氏的祖籍與家庭

（一）祖籍

胡適的祖籍，是安徽績溪上莊，蔣介石出生於浙江奉化溪口

1、上莊

胡適出生於安徽績溪上莊，他逢人總說自己是徽州人，上莊在績溪縣城西北部的八都，距離縣城約有八十華里，上莊與縣城之間，隔著一座高山——翬嶺，地處黃山支脈大會山、南雲尖諸山的環抱之中，座落在一片小盆地上，是一個千灶萬丁興旺的大莊，莊上都是姓胡。有一條清澈見底的常溪河流貫這塊盆地之間，正從上莊村旁奔東南注入新安江而富春江，流入錢塘灣。

徽州地處新安江的上游，又當黃山之陰，田穀稀少，所產的糧食，不敷人畜食用，於是相率外出謀生，後來即成了徽州人的傳統。徽州人「十三在邑，十七在天下」，諺云：「無徽不成鎮」。這就是說，徽州人善賈，凡是一個地方有了徽州人住下來，就會有店鋪和商業，這個地方就會變成熱鬧的市鎮。徽州經商的風氣，大概形成於宋代，到了明、清兩代，就是鼎盛時期。

徽州人在外，一般都由小本生意開始，經過一番艱苦創業，能積蓄資本二、三十萬的，稱為「下賈」，能積資四、五十萬的，就算「中賈」，積資萬貫家私的，就是「上賈」。徽商的路向，多半是浙江、江西，以及長江流域的江蘇、湖北，南邊也到達福建和臺灣。經營的內容可謂無所不

有，其中以鹽、典當、茶葉、木材為大宗。徽商曾一度雄踞南方，清代康熙乾隆年間兩淮的鹽，幾乎都被徽商所壟斷。與北方的晉商（山西幫）分庭抗禮。

徽商艱苦創業的精神，世稱「徽駱駝」，或叫「績溪牛」，這是他們的特點之一。另外，徽商是封建社會的產物，還具有這樣的特點：即賈而好儒。徽州人既做生意又讀書，有點像現在所說的儒商。有的是「先儒後商」。經商是為了賺錢，讀書是為了「名高」，兩者相結合，又與從政相聯繫，這就是官商了。紅頂商人胡雪岩、就是徽州官商的代表。劉夜烽有詩為證：「千艘舳艫四海湧，亦官亦賈亦儒宗，文明若論因何盛？應記徽商第一功」。它表明了政府與徽商的關係。

2、溪口

蔣介石出生於浙江省奉化縣溪口鎮，人家都說他是「寧波人」，由於他操一口寧波官語。溪口地處奉化縣城西北鄉，相距約十五公里。蔣介石出生的時候，溪口隸屬禽孝鄉，民國十七年（1938年）才改為溪口鄉，不久又稱溪口鎮。溪口鎮南臨錦溪，北聚村落，因其處於剡溪流入錦溪之處，故名「溪口」。全鎮只有一條市街，東自武嶺門起，西至武嶺公園止，全長五華里。溪口位於四明山麓，既是能往新昌、嵊縣、餘姚、鄞縣幾個縣的交通要道，又是附近八個鄉的政治、經濟、文化的中心。其地山環水繞，剡溪發源於四明山餘脈横溪嶺，迂迴曲折，與錦溪匯流後，又合縣溪匯流於甬江，東流入海。剡溪有幾曲，每曲都有古典，如第一曲是「六詔」，相傳王羲之隱居於此，晉帝六次下詔書征其入朝，王均推辭不就而得名。第二曲為「蹕駐」，傳說是吳越王錢謬曾於此駐蹕。第九曲即是溪口，因是與錦溪合流的所在，所以亦名錦溪村。

溪口處於交通要衝，上莊處山區僻壤。徽州的徽商是去他處做生意。而溪口自身就是商業區，離寧波市區也只有三十七公里，通過甬江，彼此在經濟、文化等方面息息相通。

寧波地區與徽州不同，是外向性的，地處東海海濱，是全國海岸線的中段，東與舟山群島隔海相望，北瀕杭州灣、南臨三門灣。春秋屬越，秦入會稽郡，置鄞、鄮、句章、餘姚四縣。唐開元二十六年於鄮縣置明州，是我國歷史上對外貿易的一個重要港口，古鄮縣的「鄮」便是取貿易之義。唐代，這裡的對外貿易十分興隆，與廣州、揚州、泉州，並列為四大貿易港口，尤其是與日本的往來，均由此以出入境。明初，取「海定則波寧」之意，改明州為寧波。嗣因倭寇為患，厲行海禁。清康熙年間一度開海禁，復開雲臺山，（今連雲港附近），寧波、漳州、廣州四處為對外通商口岸，乾隆年間（1757年）又限令只准廣州一口岸通商。鴉片戰爭以後，寧波是《南京條約》中首先開闢的五個口岸之一，是近代中國對外的視窗，寧波的商業首先進入近代化。代表封建商業的徽商，在鴉片戰爭之後，未能跟上時代而資本主義化，卻在新形勢面前止步不前，徽商中轉變成近代民族企業的很少，體現了它的保守性。而寧波商人，則是中國近代企業中的一支勁旅。海外及沿海各地均有寧波人的足跡。

（二）家庭

胡適與蔣介石都出於商人的家庭，不過胡適家庭屬官商。

1、胡傳與蔣肇聰

胡適的祖上世代經商，保持了徽商的傳統，他的高祖父時代，已在上海黃浦江對面的川沙開有一爿小店，祖父胡奎熙，又在上海增設了一爿支店。胡適的父親胡傳（字鐵花、號鈍夫，原名守珊，所以又字守三，鄉里都叫他「三先生」），有兄弟五人，胡傳是長兄，十六歲那年即跟隨父親去川沙經營店務。每年春季，父輩都要回家鄉收購茶葉，川沙的店務，就由胡傳留駐料理，表現出他有獨立經營管理的能力。

胡傳在店裡協助父親經營業務之餘，還延聘塾師教授詩文，由於胡傳很聰明，在學習上亦表現突出，被他們的伯父胡星五所賞識。胡星五是胡適一支家族中第一個有志向學的人，但在科舉場上不順利，終身只是個鄉紳兼塾師，他見同族的青年胡傳聰明好學，就把他挑選出來，讓他專心地去讀書。時值太平天國起義，耽誤了胡傳的學業。1865年二十四歲的胡傳考中了秀才，以後參加鄉試考舉人失利，即到上海龍門書院潛心鑽研理學，同時對祖國的邊疆地輿發生了興趣。清朝有一個「歲貢」的制度：即各府、州、縣每年例行在自身管轄區內的生員中選拔優秀者輸送給朝廷，這就叫「歲貢」。胡傳在1870年被「歲貢」為「訓導」。「訓導」是管理府、州、縣生員的學官。

胡傳不安於「訓導」之位，自費去東北考察中俄邊境的地輿。19世紀80年代，邊疆危機日益加深，而清政府的官吏，對邊疆地理知識貧乏至極。學術界對邊疆地理的研究竟成了一種熱門課題。當時鎮守在中俄邊境重鎮寧古塔的清廷欽差吳大澂，是一位學者型官僚（也是訓詁辭章、金石、篆籀專家），對來到他管轄邊境考察地輿的不速之客，頗為賞識，即聘請這位年輕的胡傳為他的幕僚，協助辦理中俄勘察邊境的事務。吳上奏朝廷對胡傳破格錄用。嗣後，胡傳又隨吳大澂在廣東視察海南島，並協助規劃開發該島。1888年黃河決口，又隨吳大澂在治黃中，建有功勞。所以吳又保舉他為直隸候補知州。胡傳被分到江蘇，派在上海任淞滬厘卡總巡。不久，調往臺灣，曾在臺灣巡視軍務，規劃過防禦設施。胡傳死後，由其官宦積餘在武漢、上海所置產業，由胡適的二哥主持。

蔣介石也是幼年喪父。蔣介石的祖父蔣斯千，字玉表。蔣家族眾自東漢即由中原遷移江南，晉遷台州，唐末又移居明州。有新三房與老三房，蔣介石一支屬新三房，原從奉化三嶺遷峰嶺，再遷溪口。新三房第一代祖名蔣宗霸，已是五代後樑時期，傳二十八世至蔣介石是「周」字輩（蔣家排行，自二十五世起為五言四句，即：「祁斯肇周國，孝友得成章，秀明啟賢達，弈世慶吉昌」。）溪口的蔣氏，明末以來，即不仕清，與黃宗羲反清鬥爭為同調，具有民族氣節。祖父蔣斯千有子二，長名世昭，次為肅庵（譜名為肇聰），即蔣介石的生父。

武嶺蔣氏，世代務農，就在蔣玉表這一代，始在溪口開了一爿「玉泰鹽鋪」，經營鹽、酒、石灰等商品。這爿店也是溪口唯一的經營「官鹽專賣」的店鋪。堂內掛有一塊「官鹽」的招牌，鹽由寧波批發運來，石灰由富陽運來，後來還經銷大米，是從安徽蕪湖販來的[1]。據蔣介石自撰其祖父的《行狀》中說：「玉表公公以商業起家，而尤精於鹽務，家道以之漸享。」說明蔣家的小康，始於其祖父的經商。1861—1862年，太平軍攻克了寧波府的所屬各縣，玉泰鹽鋪也一度停業。一年後，蔣玉表將此鋪交給二十二歲的次子蔣肇聰經營，業務更為發達了。

蔣肇聰，字肅庵，小名明火，比乃父精明強幹，對商業的經營則更為有道，玉泰鹽店在他的手中不僅又興隆起來，還大為擴展了。三間店面，後設作坊，資本充足。店內有經理、帳房、夥計、學徒六七人。作坊工人有時多些，有時少些，需要的時候就來，不需要時就回家種田，均為臨時性的長工，他們從事的工作是：礱米，做酒，搬運等[2]。

蔣肇聰有個渾號：「埠頭黃鱔。」意思是黃鱔只有在洞裡容易捉住它，一旦游到埠邊，要捉住它就難了。這是比喻他稍見世面後，不易被人捉弄，但從另一角度又反映出他的局限性：「蝦組遊潢潦，不知江海流」[3]。蔣肇聰常在鄉間熱心公益的事，頗得社裡贊許。朱大符所作的《墓誌銘》這樣說：

> 先生稍壯，承父命，復治鹽業，振乏起匱，廢者皆舉，數年而復其初，閭里亦漸寧矣。顧錦溪人喜訟，訟輒不休，先生以為是非不可已者也。遇有欲訟者，悉力彌之，即有真不平者，傾資助之，使必

---

1 何國濤，《解開蔣母王采玉身世之迷》，《蔣介石家世》，浙江人民出版社，1998年。

2 范學文，《蔣介石的祖父、親戚、鄉黨》，《蔣介石家世》，浙江文史資料選輯第三十八輯。

3 曹植，《蝦組（鱔）篇》。

勝，狡者懲焉。故訟日減而奸非自絕。……自先生興鹽業於頹敗之餘，鄉人皆知先生能，每有約議，非先生言不決。鄉人立社於錦溪之左，回武山，有田產甚豐，主之者因以為奸利，紛不可治，鄉中耆碩議，謂非先生不能理斯社也。堅要任社首，三請，先生未之允，乃至奉社會公主就先生家祀之，得諾乃已。先生卒治其社數年，產倍於初。諸所為鄉黨公共盡力者皆類是。而尤致力義塾，士貧不克學者，皆資助之，所育成者甚眾。[4]

蔣肇聰不僅熱心公益，並能扶弱濟貧，因而被擁戴為鄉社之首。朱執信贊曰：

惟今世人，往往自治其業而饒，其治公共之業則虧，其願者獨善其身，乃避事不任，故事係屬於鄉邑者，類弛萎不可語，俗益偷，國與俱蹶。夫傳以見義不為為無勇，若先生者，可謂勇於為善者矣！[5]

胡適的父親胡傳，在地方亦孚人望，有類似處。胡傳時稱績溪三奇人之一（另二人為程秉釗，邵作舟）。胡適在《四十自述》中，通過一場廟會，描寫群眾對父親的反應：

「太子會[6]」是我們家鄉秋天最熱鬧的神會，但這一年的太子會卻使許多人失望。

神傘一隊過去了，都不過是本村各家的綾傘，沒有什麼新鮮花樣。去年大家都說，恆有綢緞莊預備了一頂珍珠傘。因為怕三先生說話，故今年他家不敢拿出來。

---

4 朱大符（執信），《蔣父肅庵公墓誌銘》。

5 朱大符（執信），《蔣父肅庵公墓誌銘》。

6 胡適自注：「太子會是皖南很普通的神會，據說太子神是唐朝安史之亂時保障江淮的張巡、許遠。何以稱『太子』，現在還沒有滿意的解釋。」

崑腔今年有四隊，總算不寂寞。崑腔子弟都穿著「半截長衫」，上身是白竹布，下半身是湖色杭網。……扮戲今年有六出，都是「正戲」，沒有一齣花旦戲。這也是三先生的主意。後村的子弟本來要扮一齣《翠屏山》，也因怕三先生說話，改了《長阪坡》……。

今年最掃興的是沒有扮戲的「抬閣」。後村的人早就以練好了兩架「抬閣」，一架是「龍虎鬥」，一架是「小上墳」。不料三先生今年回家過會場，他說抬閣太高了，小孩子熱天受不了暑氣，萬一跌下來，不是小事體。他極力勸阻，抬閣就扮不成了。……

群眾的議論，「句句總帶著三先生，『三先生今年在家過會，可把會弄糟了，可不是呢！抬閣也沒有了』。『三先生還沒有到家，八都的鴉片煙館都關門了，賭場也不敢開了。七月會場上沒有賭場，又沒有煙燈，這是多年沒有的事』。」[7]

一身正氣的「三先生」就是指胡適的父親「守三先生」。胡適在此從一個側面記述他家鄉群眾，對一位在外地做官的父親的敬畏心情。他描寫他父親：「在萬里長城外住了幾年，把臉曬得像包龍圖一樣。」「面容紫黑，有點短鬚，兩眼有威光令人不敢正眼看他。」有著一身賢德的正氣以壓邪氣。

父親的風範，總會遺傳給下一代，或直接間接影響自己的兒子。胡適是通過他母親灌輸給他的。蔣介石同樣如此。蔣說：「吾父性剛直，處事公，接物以誠，容貌毅重，自持勤儉，其所以訓若是。方吾始就傅時，吾父引而訓之曰：『吾少承先人業，不克服勞於國，然猶冀於鄉黨施教育，矯去敝俗，今者吾當盡力，使親族敦睦，閭閈無驚，而爾輩得一意讀書，異日倘有所成，亦可稍補吾憾也已』。」[8]或可以說，胡適與蔣介石，都

7 胡適，《序幕・我的母親的訂婚》，《四十自述》。
8 朱太符，《蔣父庵公墓誌銘》。

繼承了父親的遺願，不過是在新的時代裡以新的方式來實現而已。均是青出於藍而勝於藍。

2、胡、蔣祖先的傳說

關於胡氏和蔣氏的祖先，均有一段頗饒趣味的來歷。胡適的祖先不姓胡。績溪縣有兩個胡氏宗族，縣城裡的金紫胡和東鄉的尚書胡的祖先，都是推源胡公滿以至於舜，是「胡滿公」的後裔，而胡適這一宗，據其宗譜所載，胡姓明經，係唐昭宗李曄何皇后之子。當時朱溫謀篡帝位，於公元897年（乾寧四年），派韓建盡殺李唐諸王於十六宅。公元904年，朱溫逼昭宗都洛陽。二月帝至陝，以東都未成，留止三月。三月初一，何後產太子（譜載即績溪胡姓始祖明經府君），當以何后新產，不能就道，請俟十月東行，朱溫不許，派牙將寇彥卿促發。帝知不能脫虎口，乃與何后密謀，以新產子藏血袴中，護以禦衣侑以寶玩，密委近侍胡三，翼何后子藏匿當時徽州婺源考水民間，改名昌翼。何皇后在胡三抱子出宮後，即揚言體弱流產，掩朱溫耳目。昌翼從胡姓，傳至第二世（第十五世？），乃由婺源考水遷居績溪。這支李氏後裔，為避殺身之禍，長期隱埋真姓，即使在自己的宗祠裡，也都供奉胡滿公為神主，直至清道光年間，績溪的這支胡氏的新宗祠落成，才更奉自己的真正始祖昌翼公，自稱「李改胡」。其宗祠楹聯的下聯有云：「卌一世派延唐室，明經[9]始受姓，詩書遺澤後昆賢」。[10]

蔣氏的始祖，據《左傳》記載：「凡、蔣、邢、茅、胙、祭、周公之胤也」。沙孟海在《武嶺蔣氏宗譜》的《先系考》中，肯定「蔣氏是周公之後，沒有問題」。其遠祖為周公旦的第三子，封於蔣國，封邑今河南固始縣，西漢遷陝西長安的杜陵，東漢初光武年間南移宜興。」。蔣夢麟

---

9 李改胡亦叫明經胡。其始祖胡昌翼成年時已是五代十國後唐，胡昌翼考中了後唐的明經進士而得名。

10 《鈍夫年譜》。

說：「相傳江南無二蔣」，他對蔣氏祖先的考證與此略同：「蔣姓的始祖是三千多年前受封的一位公子王孫。他的名字叫白齡，是代周成王攝政的周公的第三個兒子，他在西元前十二世紀末期被封在黃河流域下游的一塊小地方，他的封地叫「蔣」，他的子孫也就以蔣為氏了。蔣是菱白古名，那塊封地之所以定名蔣，可能是那帶地方菱白生得特別茂盛的緣故」。這與毛思誠在《民國十五年以前之蔣介石先生》所說「其先出自周公第三子伯齡」是一致的。蔣夢麟還把三國時的蔣琬已籍湘鄉，從蜀先主入蜀，以證明蔣氏在第三世紀以前就從黃河流域南遷了。……住在浙江省境的蔣姓子弟，都在徽州找到了共同的宗脈」。[11]

蔣介石的祖輩，在傳承問題上確實賦予了傳奇色彩。蔣介石的曾祖父蔣祁增，是蔣氏三房的始祖，生有三子：斯生、斯水、斯千，以古三代夏商周為其房名，斯生為夏房、斯水為商房、斯千為周房。斯千恰巧即蔣介石的祖父蔣玉表，生世昭、肅庵二子。商房斯水無嗣，由周房的世昭嗣其後而繇斯繁衍。周房肅庵（肇聰）有二子：周康和周泰。又因夏房再傳無嗣，則由周房周康（錫侯、即蔣介石的胞兄）承祧。周泰（即蔣介石，幼名瑞元）則承祧周房。蔣介石的弟弟瑞青出世後，周房分豐房和鎬房，是取周文王建都於豐邑，周武王都鎬京之意。瑞青夭折，又合稱豐鎬房。夏商周房名的出現是在蔣介石出生之前，豐鎬房的命名也為蔣介石祖上無意識的按排。有人說民國時期有一股「比祖宗」風氣，蔣介石即是「以祖宗顯」，[12]考察蔣第滄桑，這「比祖宗」之風似不能記在蔣介石的賬上。

胡、蔣祖先傳說相映成趣的是，蔣氏的祖先屬中國道統系列的聖人：堯、舜、周公、孔、孟……。而胡適的始祖先卻是經「玄武門」之變、舉兵平定割據群雄的開國皇帝李世民。今日的胡與蔣竟換了位。有人說：「胡適在國民黨政府派他任駐美大使時，曾對去見他的族人胡鐘吾等說：『……我們績溪姓胡的都是李唐後裔，應該有大志，有所為』。」胡適以

---

[11] 蔣夢麟，《西潮》，遼寧出版社1997年，第7-9頁。
[12] 李敖，《蔣介石比祖宗》，《蔣介石研究》（四），第1-4頁。

李唐後裔來激勵族人奮進，是可能的。但把其陳述的史事以證明胡適有「李唐後裔這一帝王思想。」[13]這話恐怕是錯了位。

[13] 洪靜淵，《關於胡適的二三事》，《文化史料叢刊》第五輯，文史資料出版社，第202-203頁。

二、少年老成的「穈先生」與「瑞元無賴」

（一）寡婦教子

胡適與蔣介石都是幼年喪父，二人對母親就特別重要了。他倆各有一個基本相同的母親，都是在春暉中成長的。胡適的生母，叫馮順弟，是他父親胡傳的第三個填房。結婚時還只有十七歲，這時他父親胡傳已經四十九歲了，比她大三十二歲。不過，這是胡傳自己物色的對象，馮順弟也是久聞大名而心甘情願嫁給他的。

胡傳的原配是二十歲結婚的馮氏，未生育，1863年死於太平軍戰亂；繼娶曹氏，生三子，三女，1878年死於癆病。胡傳四十九歲那年，正是他為吳大澂提拔為直隸侯補知州之後，對自己的仕途躊躇滿志，自感單身空房已十多年，希望有一個隨身的內助，專程回鄉續弦。在他的日記中記載了這回鄉迎娶馮氏的事。

據胡適在《四十自述》中說，他父親回家前就有信回來說明續弦的條件：莊稼人的女兒，身體要健康，能帶去任上，為人穩重。馮順弟的父親是個裁縫，也是莊稼人。實際上在三年前，馮順弟還只十四歲那年，胡傳回鄉過廟會，就在廟會相中了這位姑娘，這位姑娘從百姓的口碑中，知悉「三先生」是個「了不起的人」，十分崇拜他，所以當月老臨門，母親徵求她意見時，她只說「只要你們倆都說他是好人」，就請你們作主。又補充說「男人家四十七歲（以足齡計）也不能算是年紀大」。[1]在封建社會裡，像這樣的婚煙，算是有透明度的，男方情投，女方也意合。

胡傳娶馮順弟後，被分發到上海，即攜新婚夫人上任，胡適即出生於上海大東門外，後又攜愛妻幼子去臺灣。胡傳死，馮順弟只有二十三歲，年輕守寡，就把全部身心放在兒子胡適身上，馮順弟教子有方，既做慈母，又兼嚴父。據胡適回憶：

> 她（指他的母親）從來不在別人面前罵我一句，打我一下。我做錯了事，她只要對我一望，我看見了她嚴厲的眼光，就嚇住了。犯的事小，她等第二天早晨，我睡醒時才教訓我。犯的事大，她等到晚上人靜時，關了房門，先責備我，然後行罰，或罰跪，或擰我的肉。無論怎樣重罰，總不許我哭出聲音來。

馮順弟對胡適如此嚴要求，是盼望他成為他父親胡傳那樣的人。她總是在每天清晨或天剛亮時，就把胡適叫醒，或對他檢點昨天的行為，或勉勵他用功讀書，常對他說父親的種種好處。她認真地對胡適說：「你總要踏上你老子的腳步。我一生只曉得這一個完全的人，你要學他，不要跌他的股」。（「跌股」，績溪方言，便是丟臉，出醜。）胡適也乖巧，總不使母親傷心或失望。也即是說，胡是可教的。

蔣介石的生母王采玉，也是其父蔣肇聰的第三個填房。蔣肇聰原配徐氏，生一男一女（長子介卿、長女瑞春），1882年（光緒八年）徐氏亡。蔣肇聰已四十一歲，又娶蕭王廟的孫氏為繼室，不久就病故。1886年再娶奉化葛竹村（當時屬嵊縣）王有則的次女王采玉為填房。

葛竹的王氏，據王氏宗譜記載，采玉的祖父王毓慶是清朝的迪功郎，父親王有則也多次應試落榜，未得功名，但說是國學生。[2]說明王氏出生

---

1 胡適，《序幕・我的母親訂婚》，《四十自述》。

2 有記載說蔣肇聰也是國學生。

於鄉村裡的窮儒生家庭，所謂迪功郎，充其量只是從九品。國學生，在明清兩代，已可納粟入監，早已有名無實，成了社會上的一種永不兌現的虛榮名號。據說王毓慶曾在鄉間收購筍乾、山貨等，運去寧波銷售，無人問津，即轉運到蘇州，竟得高價而獲厚利，賺了一筆錢。於是在葛竹蓋了一所住宅，生活遂致小康。王采玉是繼室所生。有兄妹五人，父親晚年病臥在塌，失去了經營能力：大弟十四、五歲，成天在外賭博，小弟才十歲左右，又有些神經病，家道中落，生活變得十分艱困，常靠采玉精以女紅貼補家用。十七歲即嫁給下蹕駐曹家田俞姓為妻。不幸於十九歲那年喪夫失子，父親王有則也同時去世。王采玉的生活遭此重大打擊，則帶發修行，守寡在家。嗣後由玉泰鹽鋪夥計王采玉的堂兄王賢東作伐，促成了這門親事。時蔣肇聰已四十五歲，采玉二十三歲。采玉為蔣氏第三鎮房，與胡適母親馮順弟相像，但王采玉命途多舛。比馮順弟更為坎坷。

蔣肇聰與王采玉婚後的生活與感情尚稱完滿，只是好景不長，結婚不到十年，蔣肇聰病故（1895年）。王采玉當時只三十三歲，再度守寡。王采玉本信佛，從小粗識文字，能誦讀《楞嚴經》、《金剛經》等佛經經卷。這時寡婦孤兒，青燈苦守，更以長齋禮佛求得精神上的寄託。但肇聰前妻徐氏之子蔣介卿，此時已二十二、三歲，他不信佛，有一次他在外雀戰（打麻將）失利回家，正遇到奉化岳林寺和尚來村上化緣，介卿認為他打麻將輸的原因，就是由於來了空門（和尚），就發怒斥責，使施主王采玉感到有失面子。母子爭執了幾句，從此感情失和。[3]蔣介石在《哭母》文中，所云：「內彌鬩牆之禍」。就是指的這件事。1898年，介卿吵著要分家，由他（長房長子）獨得玉泰鹽鋪，立名「夏房」；王采王和幼子只分得原來居住的一幢小樓，即名叫「素居」的房子，立名「豐鎬房」。

3　范學文，《蔣介石的祖先、親戚、鄉黨》。

（二）秉性自幼相異

寡婦在艱困的逆境中，總是與兒子相依為命，寄予的希望也越殷切，管教也越嚴格。但施教因材，所教的對象不同，收效亦大不一樣。蔣介石生性頑梗倔強，他母親管教雖嚴，總是屢教不改。有一次，他母新把他關在房裡，痛加鞭撻，小瑞元急得無處避身，就鑽進了床鋪底下不出來。巧有鄰居來找蔣母，即乘母開門之機，由床底下竄出奪門而去，逃到街上，蔣母追之不及，氣得嚎啕大哭。[4]

蔣介石自幼年起，就不安分，總要惹事生非，他則認為是玩樂。四歲的除夕，全家團聚吃年夜飯，他卻異想天開，把一隻筷插進自己的喉嚨，試試到底有多深？把筷子插沒了，眼珠也翻白了，冷汗直冒，嚇得王采玉幾乎暈倒。當時祖父蔣玉表還健在，足足為他守候一個整夜，不時向隔壁室內探問：「瑞元好點了嗎？」天將明，蔣也醒過來了，聽到祖父的問話聲，揚聲答道：「爺爺，我好了，一點不痛。」五歲那年的中秋晚上家人都在樓臺上舉首賞月，他卻把眼睛注視著身邊的水缸，看著缸中的月影，彷彿唾手可得，便探身向缸中去撈，竟一個筋斗翻身倒栽在石缸裡，差一點淹死。七歲那年，祖父帶他去法華寺禮佛，在山路上，蔣介石手舞足蹈，忘乎所以而失足墜谷，右額負傷，流血不止。1981年蔣介石在《先祖玉表公行狀》還提及此事：「公痛惜無所措，乃裒鮮藥為之醫，俄而愈平復。……中正少善病，公臨床診視，甚至終夕不寐，如吾母今日之撫育緯兒者。」小瑞元的一些壞習慣，除了秉性之外，還與他的祖父放縱及坦護有關。

瑞元六歲那年，祖父玉表聘任介眉為西席，想讓先生來管教這頑皮搗蛋的孫子，可是瑞元根本不把先生放在眼裡，照樣頑皮、撒野，氣得先生寧願不要束修，負笈離去。西席氣走後，再把瑞元送進學館讀書，瑞元在

---

[4] 唐瑞福、汪日章，《蔣介石的故鄉》。

學館裡照樣狂態，不可一世。一放學，便夥同村裡那些放牛娃娃去山坡野地裡舞刀弄棒，模仿軍隊打仗的陣勢，自封為「大將」，各占一方的打起「仗」來，瑞元常在「戰爭」中打得頭破血流。他萬事都占別人先，如別人不讓，他便撒賴，鎮中的兒童都有點怕他，因此有「瑞元無賴」的諢號。1902年到岩溪從毛思誠受業，依然如故，好與同學爭鬥，據毛思誠說，「以講舍為舞臺，以同學為玩物」。[5]

胡適小時候與蔣介石的童年不同。他在三歲時隨父母在臺灣的官邸裡，即開始跟父親胡傳學方塊字。他說「我小時也很得我父親鍾愛，不滿三歲時，他就把教我母親的紅紙方塊字教我認。父親作教師。我們離開臺灣時，她認得了近千字，我也認了七百多字」。（《九年的家鄉教育》）因甲午戰爭的影響，胡適母子被送回家鄉。胡傳死後。馮順弟即把小胡適送進學塾，選擇管教最嚴的，剛剛中秀才的青年胡觀象（禹臣）的塾館。當時胡適的年齡，雖號稱五歲了，還不能跨一個七八寸高的門檻。他的人雖小，但進學塾卻不從「破蒙」開始，因為他學前已認識七八百個方塊字了，不必讀《三字經》、《千字文》、《百家姓》、《神童詩》等蒙學課本，直接讀他父親生前為他編撰的《學為人詩》、《原學》和《律詩六鈔》。再按次讀《詩經》、《孝經》、《小學》、《論語》、《孟子》……等書。馮順弟不僅因望子成材心切，把他及早上學，還對塾師推行「紅紙包」政策，讓兒子在學塾裡享受特殊待遇，即要求塾師「每讀一字，演講一字的意思，每讀一句，演講一句的意思。」以前，他父親教他和他母親認字時，就是這樣教的。當時，一般學生入學，學費的統價是兩元，馮順弟卻加倍，第一年六元，比規定數字高出兩倍，最後一年，竟加到十二元，像這樣的學費，在他家鄉算是破格的。這並不表明她富裕以示大方或擺闊，恰恰相反，而是她節衣縮食，用得其所的教育投資。胡適由此得益匪淺。

---

5 毛思誠，《民國十五年以前的蔣介石先生》第二編，香港版，第8頁。

胡適在《四十自述》中說，當時我很不理解他的同學「為什麼一個人情願挨餓、挨打、挨大家笑罵，而不情願念書？」不理解同學中有人「為什麼要逃課，寧願在外躲在麥田裡挨餓，老師有時派人去抓，結果派去的人也不回來了。後來他說，當時念的是死書。文字都是死的文字，字字句句都要翻譯才能懂，有時翻譯出來還不能懂。例如《三字經》上的『苟不教』，我們小孩子念起來只當是『狗不叫』，先生卻說是『倘使不教訓』。又如《千字文》上的『天地玄黃，宇宙洪荒』，我從五歲時讀起，現在做了十年大學教授，還不懂得這八個字究竟說的是什麼話！所以叫『念死書』。」[6]學生對先生教的書食而不化，不懂自己背誦的是什麼意思，就沒有興趣。每天負擔又重，乏味必生厭。每天不能完成任務，就只有逃課了。

胡適在學習中不覺其苦，因為他懂得他學的是什麼。進入學堂後，雖有許多是鄉里先生講不明白的地方，但每天總能遇到幾句可懂的「話」，就不至全然乏味了。他總結說，「我一生最得力的是講書，父親母親為我講方塊字，兩位先生為我講書。念古文而不講解，等於念『揭諦揭諦，波羅揭諦』，全無用處。」

胡適的母親本期望塾師嚴加管束，所以才選擇性情暴燥的青年教師。但這位嚴師並不無辜責罰遵守學規而又能按時完成學業的學生。胡適在學塾斯文有禮，從不與同學吵嘴、相罵，更不打架，深得教師的喜愛。

胡適自己曾說，他「小時不曾養成活潑遊戲的習慣」。[7]這是言過其實。胡適同樣愛玩，不過他最愛玩的，也是他最拿手的是擲銅錢。這種遊戲需要六七個人才能玩得起來，最少也得有三個。場地要開闊⋯⋯，胡適在這種遊嬉中總是勝利者。他二十七歲回家結婚時，「還是童心未已，找侄兒思永等砸銅錢」遊嬉。那時胡適已是大學教授了。胡適少年老成，舉止溫文爾雅，文縐縐的，家鄉人說他「像個先生樣子」，稱他為「穈[8]先

[6] 《慈幼的問題》，《胡適文存》三集，卷九。
[7] 《九年家鄉教育》（五）。
[8] 胡適的名字叫「嗣穈」（穈字音門）。

生」，他則更學著做大人的樣子。他後來作解釋說，這是因為他小時候身體弱，不能跟著「野蠻」的孩子一塊兒玩，他的母親也不准他和「野蠻」的孩子們在一起亂蹦亂跳。胡適也樂意遵循母親和鄉里長輩的教導。胡適在同小孩的遊嬉中是以智勝人，在讀書中，深得其中竅門，不以為苦；蔣介石幼年與同伴游嬉是以力服人，人不服則耍賴，亦掌握了其中竅門，雖頭破血流，仍引以為樂。蔣介石對讀書，並不是一竅不通，四書五經同樣學了不少，亦懂得孝道，曾發誓上進，求取功名，以光宗耀祖，為母親爭氣。在讀《詩經》時，即能吟出「一望山多竹，能生夏日寒」的佳句，為教師讚賞不已。他自有其道，也自有他的追求。

（三）春暉

兩個年輕守寡的母親，均把培養兒子成材、成器、成龍，作為自己的精神寄託，或精神支柱。馮順弟一心想把穈兒培養成像他父親那樣的人。而王采玉則別有寄託。他十九歲出家當尼姑，就是要超脫塵世。但有一位算命先生說，王采玉的命中該有貴子，不該讓她去出家為尼姑，[9]所以家人都勸她還俗，修行畢竟是追求來世的事。王采玉願意改嫁蔣門為填房，就是接受了此意見。采玉再醮後，生有二子（瑞元、瑞青），二女（瑞蓮、瑞菊），其中女兒瑞菊三歲早夭，兒子瑞青也在六歲夭折。命相所示的「貴子」，無疑就是「瑞元無賴」，不管願意不願意、喜歡不喜歡，都是命中安排，她只得無條件接受。她口念佛經，日夕祈禱，就為祝福兒子不惹是生非，讀書有進，舊病不再復發。王采玉的希望不如馮順弟那麼甜密，是帶有濃烈的苦澀味。

不過，胡適和蔣介石，對自己母親的管教，都能予以理解。胡適的母親馮順弟在父親胡傳死後，在胡家作管家的母親，日子難熬。她的地位

[9] 王月曦，《毛福梅與蔣氏父子》。

與她的年齡極不相稱。胡傳第二房曹氏所生的大女兒比她大七歲，大兒子比她大兩歲，三女兒比她只小二歲，還有兩個兒子是雙胞胎，只比她小四歲。胡適對她母親有這樣一段描述：

> 家中財政本不寬裕，全靠二哥在上海經營調度。大哥從小就是敗子，吸鴉片煙，賭博，錢到手就光，光了就回家打主意，見了香爐就拿去賣，撈著錫壺就去押。我母親幾次邀請了本家長輩來，給定了每月用費的數目。但他總不夠用，到處都欠下煙債，賭債……。大嫂是個最無能而又最不懂事的人，二嫂是個很能幹而氣量很窄小的人，她們常常鬧意見……每個嫂子一生氣，往往十天半個月不歇，天天走進走出，板著臉咬著嘴，打罵小孩子出氣。我母親只忍著，忍到實在不可再忍的一天……她就不起床，輕輕地哭一場。她不罵一個人，只哭她的丈夫，哭她自己苦命，留不住她丈夫來照顧她。……[10]

胡適說：「先母內持家務，外應門戶，凡十餘年。以少年作後母，周旋於諸子、諸媳之間。其困苦艱難有非外人所能喻者」。[11]嫂嫂生氣的臉，和媽媽格外容忍的性格，對幼小的胡適心靈，留下了極為深刻的印象。胡適曾告訴別人：「罔極之恩，固不待言，而只有母心，尤非他人泛泛者比」。[12]他還說「如果我學得了一絲一毫的好脾氣，如果我學得了一點點待人接物的和氣，如果我能寬恕人，體諒人——我都感謝我的慈母」。[13]

母愛是偉大的，年輕守寡的母愛，則更偉大，它能使頑石點頭，蔣介石就是被感動了。他在《先妣王太夫人事略》中說：

---

10 《九年義務教育》。
11 《先母行述》。
12 胡適致胡近仁書，1907年，見石原皋《閒話胡適》，第14頁。
13 《九年家鄉教育》。

中正幼多疾病，且常危篤；及愈，則又放嬉跳躍，凡水火刀捂之傷，遭害非一，以此倍增慈母之憂。及六歲就學，頑劣益甚，而先妣訓迪不倦，或夏楚[14]頻施，不稍姑息。……中正年十三，出外就傅時，先妣垂淚而教之曰：「自汝父之歿，吾辛辛苦苦，使汝讀書者，非欲攫顯宦厚資也，所望為國自愛，以保先人之令名足矣」。平居燕語，亦屢以是相勖。

凡蔣介石有上進向學的地方，王采玉無不全力支持。王采玉自分家後，一個寡婦帶著幾個幼兒，備受族人的欺侮與排擠，生活十分艱辛，蔣介石說，他母親常常「飲泣吞聲，無可申訴。」[15]甚至田產被奪，還被誣告於公庭，而「鄉里既無正論，戚族亦多旁觀」。[16]使她含憤茹痛。王采玉在逆境中能自強不息，並有振興家聲的意念。蔣介石不僅感染到母親的心願，也由此萌發了革命的動機。[17]當蔣介石明白事理，理解母親的心思之後，亦能聽從母命。讀書時能服從母親的監督，回家後，幫助母親做些家務勞動。

此外，王采玉對蔣介石還有文化思想方面的影響。蔣介石說：

先妣長齋禮佛，二十餘年，其所信仰，老而彌篤。人嘗謂先妣清素賢貞之操，險難不足累其心者，蓋得力於釋氏為多。先妣於楞嚴、金剛、觀音諸經，皆能背誦注釋，尤復深明宗派。中正回里時，先妣必為之淳淳講解，教授精詳。近年來，中正嘗治宋儒性理家言，而略究於佛學者，實先妣之所感化也。

---

14 夏通榥，《禮記・學記》：「夏楚二物收其威也。」鄭玄注：「夏稻也，楚荊也。」二者所以撲撻犯禮者，是指以夏、楚二木所製之撲責之具。

15 蔣介石，《在中國國民黨六全大會晚餐會演講》（1945年5月）。

16 蔣介石，《哲學與教育對青年的關係》。

17 蔣介石，《哲學與教育對青年的關係》。

王采玉於1921年6月14日逝世，蔣介石在她的墓碑兩側，刻了一副自題的對聯：

禍及賢慈，當日頑梗悔已晚，

愧為逆子，終身沈痛恨靡涯。

是一個活生生的「頑石」在墓前叩頭懺悔。1924年3月25日，蔣介石在與友人書中，仍有言：「自思生長至今，已三十有七年，而性情言行，初無異於童年，弟之所以能略識之乎者，實賴先慈夏楚與教導之力也」。[18]

18 《覆胡漢民書、汪兆銘書，自述個性，並商行止問題》，（民國十五年以前之蔣介石先生》。

三、相異而又相似的婚姻

胡適在十四歲訂婚，蔣介石在十四歲結婚。[1]胡適的訂婚完全是媒妁之言和母命決定的，而蔣介石則是先談戀愛，後央媒說親。胡適結婚後，曾想改變而未獲成功。蔣介石的婚姻卻是不斷更新。兩者比較，相映成趣。

（一）胡適的婚戀

1、「名分」婚姻

胡適14歲那年，皖南旌德縣江村的望族，原是胡家親戚的江家看中了當時少年老成的「穈先生」，主動央媒向胡家為自己的閨女江冬秀提親。胡適的母親馮順弟當時只是因江冬秀大胡適一歲，俗云：「寧可男大十，不可女大一；」又因江冬秀屬虎，胡適屬兔，「八字」過硬，生肖相克，因而有些猶豫，就推說由菩薩代為作主，即把江冬秀和其他前來提親姑娘的「八字」，一起放在灶君神龕內，請灶王爺來裁奪。過了一段時間，家中太平無事，表明這些姑娘的「八字」與胡適都不犯沖，馮順弟想在其中任選一個，天作之合，取出的正是江冬秀的「八字」。胡適的終身大事，就是這樣以傳統的方式定了下來。於是江冬秀來胡家為童養媳，實習做人媳之道。

---

[1] 蔣介石的婚姻，參照了王月曦《毛福梅與蔣氏父子》，有關資料出於此者，不一一加注。王月曦女士是浙江人，與毛福梅同鄉。據她說「筆者忝為同鄉，復同是女性，故樂為之傳，自問遍訪耆宿，廣採逸聞，未敢有虛構之處。」見《蔣介石家世》。

胡適與江冬秀訂婚時，還只是剛讀完九年私塾的「農村知青」，江冬秀也讀過二三年私塾，堪稱般配。自胡適赴上海進入新式學堂，又繼續赴美留學，彼此的思想與知識的水準就越拉越大。

胡適在上海讀書的時候，在當時新思潮的影響下，曾對自身婚姻有不滿情緒。1908年，馮順弟怕夜長夢多，催胡適回家完婚。胡適在覆母親的信中有所發洩，列舉種種理由，不願結婚，雖然胡適聲明無意革「母命」之命，但卻有抗命之實。把婚期往後延宕，是讓時間來裁決。

胡適到美國留學，生活在自由戀愛、社交公開的社會裡，則一度產生逆反的心態，為中國的風俗作「辯護」，強調：「吾國顧全女子廉恥名節，不會以婚姻之故自累，皆由父母主之……女子無須以婚姻之故自獻其身於社會交際之中，僕僕焉自求其偶，所以重女子之人格也。」並說西方女子「長成即以求偶為事，……驅之使自獻其身以釣取男子之歡心者，西方自由婚姻之罪也」。[2]又說「中國婚姻之愛情是名分所造成的」。

胡適此時的婚姻觀，反比在上海時後退了。究其原因：一方面是胡適自幼受禮教的影響太深，同時也因他當時對西方的生活方式瞭解尚淺。胡適以中國「禮的角度看美國的男女公開社交，當然會感到不成體統。胡適當時對西方的自由戀愛，尚不知其所以然。1914年他還認為「求婚一定是極堪狼狽的事」，不如媒妁婚姻之「文明」，正好「免於青年人求婚的苦惱」。[3]這一切，隨著胡適對美國社會的進一步熟悉，由知其然進而知其所以然，自然從自我禁錮的「禮」的框框中走出來，對男女交往的觀念也就變了。胡適曾為道地的金髮女郎韋蓮司所青睞，不僅魚雁頻傳，還經常在花月下幽會。韋蓮司女士是康乃爾大學地質系韋蓮司教授的次女，康乃爾校園的一顆明珠。讀書甚多，高潔，幾近狂狷，雖富豪而不事服飾。

1915年1月23日，胡適專訪韋蓮司女士於紐約海文路92號寓所。據他在日記中說，彼此「縱談極歡。女士室臨赫貞河，是日大霧，對岸景物掩

[2] 《胡適留學日記》卷三、二十。
[3] 胡適，《中國婚俗》。

映霧中，風景極佳」。在這次的「樓臺會」中，有人揣測胡適「顯有所求，為韋女士所峻拒」。胡適在2月3日收到韋女士的一封「即在所謂最自由放任之美國，亦足駭人聽聞」的長信。韋蓮司在信中規勸胡適斬斷情絲，懸崖勒馬，應著重較「高級」的情性之交，勿岌岌於「色欲之誘」。這就使胡適認識到，在西方世界，即如韋蓮司這樣不顧世俗的奔放女子，同樣有其遵守的「禮」的規範。胡適接受了她的條件，並與她相約，「以後各專心致志於吾二人所擇事業，以力為之，期於有成」。[4]

值得注意的是，胡適在韋蓮司女士的陶冶下致力於自己的事業，對曾感不滿而致動搖的包辦婚姻，竟也就此坦然無憾了。為了向更高的目標邁進，他認為包辦婚姻，更有助於自己事業的成功。胡適留學美國，選擇哲學為職業，為了他日為「國人導師」作預備，除在學業上必須創造條件外，還必須有所犧牲，即遵從「傳統習俗……我們就必須按照父母的意願，與他們為我們挑選的姑娘結婚。我們可能直到舉行婚禮前才見面，……」。[5]

胡適作出上述決策，不僅與母親以及江冬秀的關係得到了和解，亦自我解除了沉重的思想包袱，對未婚妻江冬秀也漸漸產生了一種責任感和同情心，直接與江冬秀寫信。他在信中對江冬秀說：「西方男女嫁娶都遲，男子三十，四十始婚者甚多，以彼例此，則吾二人尚為早婚耳」。同時要江冬秀放足，「勿畏人言，胡適之之婦，不當畏旁人之言也」。[6]胡適此時對配偶的文化要求已降低，只是寄望於日後尚可「伉儷而兼師友」，以期江冬秀在婚後繼續提高。

胡適與江冬秀訂婚在清末，結婚在民國，舊婚約本身不受任何法律的保護，胡適13年守舊婚約不渝，純出於自覺自願。胡適在婚後致胡近仁的

---

4 《胡適留學日記》卷八、十四，1915・2・3。

5 Lewis・S・Gannett，《年輕中國少年先知——胡適》，1927・3・27，紐約《時代雜誌》，第10頁。轉引周明之：《胡適與中國現代知識份子的選擇》第五章。四川人民出版社，1991年，第97頁。

6 《胡適致江冬秀》，1913・12・13。

信中說：「吾之就此婚事，全為吾母起見，故從不曾挑剔為難（若不為此，吾決不就此婚，）此意但可為足下道，不足為外人言也」。由此足以說明，胡適在理智上同意與江冬秀結婚，在感情上卻又十分不滿這樁婚事。

胡適在婚後因未能實現他預設的理想，所以這種不滿依然沒有能消除。這是由於江冬秀因循世俗，不思上進所致。在文化上，江冬秀的基礎雖差，但有一代文宗「伉儷兼師友」，只要她有志，一定可以縮小與胡適之間距離，可以有所成就，或對胡適有所幫助。至少不至如她後來那樣，停留在閱讀武俠小說的水準，把大部分時間均消耗在打牌、打麻將上。文化上不求上進，也是當時一般婦女不思獨立的一種反映。

江冬秀還不敢創風氣之先。她的放足，是胡適再三要求的結果。胡適對她說：「纏足乃吾國最慘酷不仁之風俗，不久終當禁絕。賢姐為胡適之之婦，正宜為一個首倡，望勿恤人言，毅然行之。適日夜望之矣。」江冬秀完全是被動的，絲毫沒有認識到纏足風俗的落後性，也不明白放足的意義。江冬秀也曾學寫白話文，同樣不明白提倡白話文的意義。在這件婚事上，十三年漫長的婚約，險失而復得，她並不知道其中的真諦。在她看來，得之與失之，皆歸諸於「命」。1917年胡適由美國返鄉，趁探親之便，想在婚前見一次未婚妻江冬秀，這是胡適「最低限度的條件」，也是各方面都同意了的。但江冬秀竟是異乎常態，死命不肯相見，置胡適於尷尬難堪的境地。胡適事後稱此為「危機一發」。胡適留下了一封信在第二天就走了，胡適說，這「是一個gentleman（君子）應該做的」。

江冬秀在婚前拒不見未婚夫，毫無道理，惟一的解釋：為世俗所囿，思想不解放而已。這均與其文化素養有關。可惜江冬秀認識不到這點。可是，江冬秀也有可取之處，如她不願胡適為官。尤其在三四十年代蔣介石屢次動員胡適棄學從政，胡適始終堅持在野幫南京政府的忙。因為他與江冬秀有不進政界之約在先。抗日戰爭爆發，南京國民政府任命胡適為駐美大使，胡適給江冬秀寫信說：「現在國家到這地步，調兵調到我，拉夫拉到我，我沒有法子逃，所以不能不去做一年半年的大使。我聲明到戰事完結為止。」

在生活上，江冬秀也負起了後勤的擔子，不過江冬秀只是擔當管家的任務，並非胡適所期望的。江冬秀卻由此擅胡家的財政大權，控制了經濟命脈。胡適在學術是全國的權威，在家中卻不得不向「管家」俯首稱「臣」。胡適因此有「懼內」的雅號。

2、知識伴侶

胡適所設想「知識上之伴侶，不可得之家庭，猶可得之於朋友」，（《擇偶之道》）胡適在留美期間，與江冬秀和解的同時，即以「婚」為妻，以『遊』為友的原則在莎菲身上嘗試了。

莎菲即陳衡哲（1893—1976）的署名，江蘇武進入。當時就讀於紐約北邊的沃莎女校。該校距紐約和康乃爾大學所在地綺色佳都有數小時的火車路程。胡適與莎菲的關係，始於神交，神交也是由任叔永仲介的。其緣起是任叔永從麻州劍橋寄給胡適兩首詩，要胡適猜猜是何人的作品。胡適對其中《詠月》一首特為欣賞：「初月曳輕雲，笑隱寒林裡。不知好容光，已印清溪底」。胡適覆信說：「足下有此情思，無此聰明。杏佛有此聰明，無此細膩……以適之邏輯度之，此新詩人其陳女士乎？」當時胡適知有陳衡哲其人，尚未曾謀面。在此稱讚的雖是詩，實際上是在誇獎作詩的人。

從1916年10月起，胡適開始與莎菲陳女士通信，五個月之間，尺素往返頻繁，單就胡適一方，差不多每月就發出了十件。他們通信的內容，都是論文議詩，可謂名副其實的「知識的伴侶」，且是均發乎肺腑，讀來恰是纏綿悱惻。

胡適有「寄陳衡哲女士」：「你若『先生』我，我也『先生』你。不如兩免了，省得多少事。」陳衡哲則答書云：「所謂『先生』者，『密斯特』云也。不稱你『先生』，又稱你什麼？不過若照了，名從主人理，我亦不應該，勉強『先生』你。但我亦不該，就呼你大名。還請寄信人，下次寄信時，申明要何稱。」胡適答云：「先生好辯才，駁我使我有口不能開。仔細想起來，呼牛呼馬，阿貓阿狗，有何分別哉？我戲言，本不該。『下次寫信』，請你不要用再疑猜：隨你稱什麼，我一一答應響如雷，決不再駁回。」彼此已感稱謂「先生」見外了，在神交基礎上握晤，則一見如故，更是桃花潭水，一往情深。

不過胡適對此「外遇」，只是好色而不淫，私下感懷而已。所以有人稱胡、陳之間的戀情，是柏拉圖式的。但其中情趣，比同時與江冬秀的通信，誠可謂有天壤之別。這卻又實現了他的設想：與江冬秀通信的乏味，能在「知識伴侶」身上得到補償。

二十餘年後的1938年，胡適赴美重遊舊地，仍觸景生情，有感舊詩云：

> 這江上曾有我的詩，我的夢，我的工作，我的愛。毀滅了的似綠水長流，留住了的似青山還在。

胡適為自己的女兒取名「素菲」者，Saphia，亦即「莎菲」是也。這個秘密是江冬秀所不知的，也是胡適所不讓知的。這說明江冬秀無法取代「莎菲」，在胡適的心裡，保存一角「第二世界」。為女兒取一個與心中的「女神」署名相諧音的「洋名」，是為了永遠的紀念。素菲不幸夭折了，Saphia卻依舊存在。1927年胡適出訪美國，於2月5日做了一個夢，「醒來悲痛」，恨不能把「夢」常留：

> 夢中見你的面，一忽就驚覺。
> 覺來終不忍開眼，一一明知夢境不會重到（原文如此）了
> ……素菲，不要讓我忘了，永遠留作人間痛苦的記號。

所夢的是「素菲」；也是「莎菲」，「Saphia」是永遠忘不了的記號。

那麼，胡適與江冬秀的夫妻關係，究竟維繫在什麼基礎上的？答案是，維繫在「名份」上。胡適在，《病中得冬秀書》中有說明：

> 我不認識他，他不認識我，我總想念他，這是為什麼？豈不因我們，分定常相親，由分生情意，所以非路人！豈不愛自由，此意無人曉，情願不自由，也是自由了！

夫妻是「名分」所定，「情意」也由「名分」產生，實際上，這與其說是「愛情」，不如說是由「名分」規定的義務。

3、重新「假設」失敗

由於胡適婚後的愛情生活實在乾癟，當初大膽假設時，從理論上尚說得過去，但經不起實踐的檢驗。胡適經結婚後的一段生活實踐，對此已供認不諱。1918年《新青年》上討論貞操問題，胡適提了：「夫婦之間若沒有恩情，即沒有貞操可說」。有人則以他「分定常相親，由分生情意」的詩句來反駁他，說「既有了情意，自然發生貞操問題。你如今又說婚嫁的男女沒有恩愛，故也沒有貞操可說，可不是自相矛盾嗎？」胡達經過思考後答道：「若沒有那種名分上的情意，中國的舊式婚姻決不能存在，……但這種情誼完全屬於理想的，這種理想的情誼往往因實際上的反證，遂完全消滅。」胡適的理想情誼，就是經結婚的實踐而消滅了的。為追求實際愛情，1923年即與曹誠英熱戀，不僅欲於婚外彌補婚內之不足，而是想作根本的解決，重作「假設」：取而代之，結果失敗了。

曹誠英（1901—1973），字佩聲，小名娟，是胡適三嫂的妹妹。在胡適與江冬秀結婚時，曹誠英時年十六，充當了新人的女儐相，給胡適留下了不可磨滅的印象。娟亦親昵地呼胡適為「糜哥」。曹自幼由父母包辦，許配給鄰村宅坦的胡冠英為妻。1918年完婚，但因這門親事為娟的正在美國留學的胞兄曹誠克所反對，並極力主張曹誠英去求學。1920年曹誠英考入杭州女子師範學校。半年後，其丈夫胡冠英偕汪靜之亦同去杭州讀書。1922年冬，胡冠英的母親因曹過門三年沒有生育，即為冠英娶了一房妾，並說要與曹離婚。曹誠英受著「五四」時代精神的影響，是一位多才而具叛逆精神的新女性，對胡適十分崇敬，時有書信相通。1922年6月5日，胡還專因曹誠英寫了一首長詩，其中有「百仞宮牆，關不住少年一片心」之句。第二天即「縮成短詩一首」，題名《有感》：

> 咬不開，捶不碎的核兒，關不住核兒裡的一點生意；百尺的宮牆，千年的禮教，鎖不住一個少年的心。

1923年，胡適的知識伴侶「私下感懷」式的婚外戀，終於轉為追求熱線的愛情了。是年四月胡適南下到上海開會，又到杭州，即為曹誠英而來，5月3日有《西湖》詩，清楚說明了這情節：

> 十七年夢想的西湖，不能醫我的病，反使我病的更利害了！……
> 聽了許多譭謗伊的話而來，這回來，只覺得伊更可愛，因而捨不得匆匆就離別了。

「西湖」是擬人格的西子曹誠英。詩中的「十七年」，是指胡適1907年在中國公學時第一次春遊杭城後的第十七個年頭，也是指本世紀第「十七」（1917）年。他結婚時就對這位女儐相有夢想。一語雙關。愛情的力量，驅使他頻頻投向「西湖」的懷抱。「西湖」也頻頻向他招喚。6月8日，再次到杭州游煙霞洞時，胡適動心了，決定擇此洞賃房過夏。大概（7・29晨）曹誠英與胡適在南高峰同看日出以後，即留宿煙霞洞。

胡適在杭城期間，不僅與曹誠英單獨幽度，並帶著她與自己的友人共遊勝景。

胡適於11月30日返回北京，精神上似有失落感，心境與在西湖時完全不同：

> 依舊是月圓時，依舊是空山，靜夜，我獨自踏月沉思，這淒涼如何能解！……山風吹亂了窗紙上的松痕，吹不散我心頭的人影。」翌日又作《暫時的安慰》：「自從南高峰上那夜以後，五個月不曾經驗這種神秘的境界了。月光浸沉著孤寂的我，能濕潤了我的孤寂的心。……山寺的晚鐘，秘魔崖的狗叫，驚醒了我暫時的迷夢。是的，暫時的！……暫時的安慰，也究竟解不了明日的煩悶呵！」

由南方歸來的胡適，總是沒精打采，究竟是為了什麼？下面有《小詩》可作回答：「放也放不下，忘也忘不了」，這兩句寫好後，又用筆把它圈掉。幾經推敲，又寫道：「剛忘了昨兒的夢，又分明看見夢裡的一笑」。

胡適打算與曹結婚。曹誠英已很順利地與胡冠英解除了婚約。胡適於1925年則開始向江冬秀提出離婚。孰料江冬秀為此竟大吵鬧。從廚房拿出菜刀，威脅胡適說：「你要離婚可以，我先把兩個兒子殺掉，我同你生的兒子不要了！」胡適怕把事情鬧大會影響自己名聲，被迫妥協，因此只好讓曹誠英墮胎。

但是曹誠英仍然愛著胡適，她發憤讀書，自南京中央大學的農學院畢業後，又考入胡適當年就讀的美國康乃爾大學農學院，讀完了當年胡適沒有讀完的農科，學成歸國，歷任安徽大學農學院、四川大學農學院、復旦大學等院校教授。

4、新文化與舊倫理

綜觀胡適的婚姻與愛情，從正面觀之，或從表面上看，是成功的。它為胡適帶來了不虞之譽，有利於鞏固其青年導師的地位。胡適的成功，是方法上的成功：如胡適善於克制，一切行事無不以求名、保名為槓杆。他自剖是一個「富於感情」的人，但又不屑表示自己的感情：「自知可以大好色，可以大賭」，卻能把嗜好轉移到沉溺於嚴肅的讀書做詩。[7]又如他的行為無不發乎情而止於「禮」。胡適少年時所止的「禮」，是以鄉紳規範自己：留學後，則以盎格魯撒克遜gentleman（紳士）規範自己。重要的是，他懂得「禮」只是規範公開場合的行為，並不排斥非公開場合不受「禮」的約束。在一個新舊交替的過渡時代，以及在特定的環境裡，為了完成某種事業，對自身行為的某些方面，必需有所掩飾，只能讓人看到不完整的形象，才能獲得成功。這不僅是「禮」所允許的，它正是符合「禮」的行為。胡適在我國近代歷史上出現婚姻方面的形象，正是一個不完整的形象。它的成功是聖人的成功。

胡適的婚姻與愛情，如從其反面觀之，或從其內在方面來看，則又是十分痛苦的。作為非「聖賢」的常人，只要不是草木，則同樣有七情六欲。胡適是絕頂聰明的人，幼年在鄉村私塾時期，偷看小說，即在《肉蒲團》一書中，給了他以男女私情的啟蒙。在上海又染上過十里洋場少年的惡習。他說：「從打牌到喝酒，從喝酒又到叫局，從叫局到吃花酒，不到兩個月，我都學會了」。[8]甚至一晚吃幾家妓院的花酒，吃得酩酊大醉時，還能在局票上寫詩詞。留學後，曾「誓不復為，立誓提倡禁嫖之論，以自懺悔」。可是到北大當教授時，又經常逛八大胡同，出入南國金粉，北地胭脂居住的場所。但這些事是隱姓埋名幹的，並不違反於「禮」。

在胡適的遺稿中，有一首無題詩：

「隱處西樓已半春，綢繆未許有情人；非關木石無思意，為恐東廂潑醋瓶」。[9]這是胡適對自己的婚戀如怨似訴的獨白。「已半春」的「西

---

7 《胡適的日記》（上），中華書局，第197頁。

8 胡適，《我怎樣到外國去》（二），《四十自述》。

9 《胡適手稿》（十）。

樓」，是指即將成熟的「外遇」愛情，這裡多半是喻曹誠英。使他「不許有情人」的是誰？這個「綢繆？（纏縛之意），不僅僅是「東廂」江冬秀，更主要的是為「保名」而「克制」的自我約束。這首詩在其生前從未發表過，逝世後才從其遺稿中發現，說明它不足為外人道者也。這個怨訴是一個常人的怨訴。從這個角度來看胡適的婚姻與愛情，實是其作繭自縛。對聖人來說，正是死要面子活受罪的典範。

蔣介石說胡適是「新文化中舊道德的楷模，舊倫理中新思想的師表。」有人對這評價不以為然，[10]不過，我們如從胡適提倡新文化與遵循舊倫理的關係上看，蔣介石的評價不無道理，或可謂非常確切的。胡適為了使自己成為提倡新文學、新思想的領袖，又能使青年人所擁戴，才接受了傳統的「名分」婚姻。他懂得「婚姻並非純粹個人的行為，而是有其社會的重要性的」。[11]胡適提倡新文化是以接受舊式婚煙為代價的。他這樣做竟得到了世人不虞之譽，稱頌他作出了「大犧牲」。連他本人也感到驚異，他說「我生平做的事，沒有一件比這件事最討便宜的了，……最可怪的，人家竟傳說獨秀曾力勸我離婚，甚至拍桌罵我，而我終不肯。此真厚誣陳獨秀而過譽胡適之了」。[12]以致在「五四」前後，一切好的，新的名聲，都封給了胡，而把一切爛帳，全都算在陳獨秀身上。胡適說，「不知不覺造此大誑。」自覺借助舊的倫理以推行新文化，猶如機械化運動（工業革命）之初，製造機械或裝配機器，用的仍是手工操作一樣。雖然這種實驗主義的設計方案，對他個人來說不是完全成功的，但他所期待的社會目標並沒有失敗。

10 （韓國）閔斗基，《從胡適與蔣介石的關係看胡適的傳統文化觀》（未刊），1995年6月《胡適與中國新文化》國際學術討論會論文。

11 胡適，《中國婚俗》。

12 《胡適的日記》（上），中華書局，第200頁。

（二）蔣介石的婚戀

1、談戀愛適得其反

茲觀蔣介石的婚姻，則是另一番景象。

蔣瑞元十四歲那年，轉到榆林村學館讀書，卻已懂得談戀愛了。對堂妹毛阿春竟產生了愛慕之心。毛阿春的母親蔣賽鳳，早年喪夫，年輕守寡，與王采玉同病相憐，所以常相往來，此時，阿春已到及笄的年齡（十五歲），姿容姣好，性格開朗，苗條的體態已呈現出曲線，婀娜多姿，嫵媚動人，正情竇初開。蔣瑞元與阿春本是青梅竹馬，此時對阿春的靦腆顰笑，已感到有一種無形的誘力，深深地吸引著他，使他春心萌動。在離開了她時，覺得神昏迷惘，回到學塾，神魂都留在阿春身上，甚至胡思亂想，呆呆出神，並自言自語，重複念著阿春的名字，誇讚阿春。同案同床的同學即打趣說「你對阿春這樣好，乾脆娶來當老婆算了」。瑞元毫不掩飾，坦然地說「討老婆要有媒人呀，你會做媒嗎？」他倆在玩笑中提出了一個嚴肅的問題。瑞元雖「無賴」，也受傳統禮制的約束。由此，「瑞元想討阿春做老婆」的「新聞」就不脛而走。自然也很快傳到他母親的王采玉的耳裡，同時也傳到阿春母親蔣賽鳳的家中。

對這「新聞」首先作出反應的是蔣賽鳳。她是寡婦，最怕別人說三道四，俗話說「寡婦門前是非多」，自己尚且怕染上不白，倘使別人對自己的女兒有私情上說閒話，則有「有其母必有其女」的嫌疑。所以聽到這一消息便大發雷霆，罵瑞元為「歪胚」，先把女兒狠狠地訓斥了一頓，不許她再與這個「歪胚」接近。

蔣母王采玉聽到這消息後，深慮自己兒子因此會被人在背後竊議和譏笑。王采玉回家和母親商量，她母親說，索性央媒去毛家提親。但媒人到蔣賽鳳家，蔣即衝著媒人說：「阿嫂也真作孽！這樣不爭氣的歪胚，不好好管教，還對他依頭順腦來提親，將來變成敗家子，有得哭哭呢！」並斬釘截鐵地說「我有十個女兒也不會嫁給他的，讓他死了這份心吧！」王被羞得無地自容，則央請表兄泉爾幫忙，無論如何要幫她物色一個比蔣賽鳳家母女更好的人家做親家。陳春泉即往自己的通家世交毛鼎和家，為毛家二姑娘毛福梅給蔣瑞元說媒。毛鼎和是商人，是岩頭的殷實之家。他知道蔣家的過去，願意聯姻。毛鼎和又去溪口鎮上打聽蔣氏的情況，大家都說王采玉為人賢德厚道，教子有方，瑞元對母親也孝順。這門親事就這樣定下來了。

毛福梅比瑞元大五歲，是毛鼎和的次女，出生時，算命先生說她是一顆「福星」，因而取名「福梅」，父母視為掌上明珠，一心要為她擇一個門當戶對的世家子弟，但在山區僻壤，要找一個理想的快婿，確實不易，所以十九歲尚待字閨中。於是決定當年舉辦婚禮。但新郎倌蔣瑞元卻憋了一肚皮氣，因為（一）婚娶的對象不是自己理想的情人，毛福梅他從不相識；（二）因他要結婚，那些小兄弟及放牛娃們就把他從這個隊伍中除名。娶個老婆就是大人了，要老婆不要朋友，不再配做他們隊伍中的「將軍」了：（三）他的母親也因他要娶媳婦，要求他學習大人的禮儀。這一切，使頑皮散漫成性的瑞元難以忍受。

在拜堂之夜，新郎竟跑出家門，躲藏起來。王采玉急得亂轉，派人四出尋找也無音蹤，即在房裡嗚嗚痛哭。蔣瑞元不怕打、不怕罵，就怕母親傷心地哭，他躲在外面得訊母親被氣哭了，就急急跑回母親房間，跪在母親膝前求饒。王采玉把新郎倌帶入新房。蔣在「賀郎」節目完成之後，又跑到母親的床上呼呼睡著了。蔣母推拉不醒，只得叫人把他抬回新房，這位頑劣新郎仍然未醒。這樣的新婚之夜，創造了一個今古奇觀。新娘對洞房花燭，本抱著神秘的嚮往，不料一盆冷水，從頭一直涼到心頭，只有吞聲暗泣。

蔣瑞元在這新婚中的奇異舉動似乎是癲病性的不正常，還並未到此為止。新婚之後的新春正月初二，是新女婿上岳丈家拜年的日子，岳父的家族照例為這位「望頭女婿」（即新女婿）擺宴席。蔣母王采玉和新媳婦毛福梅準備好一擔新女婿去向岳丈拜年的禮物，差一個佃戶挑著，送蔣瑞元去岩頭泰山家。但蔣瑞元在路上遇著農村青年所舉行的「行會」，即加入他們的行列，在毛家祠堂「串花燈」。他母親和媳婦在清早為他準備的一擔禮物，全部「捐獻」給了「花燈會」。

毛鼎和在家等候了三個小時不見人影，正要派人去「請」，花燈就在此時來到了毛鼎和家門前，走在頭裡放爆竹的正是自己的「望頭女婿」，毛鼎和不禁怒火沖天，指著蔣的鼻子大聲訓斥：「蔣毛兩家的門風都給你敗光了。」蔣瑞元猛地轉身揚長而去。岳母連忙趕出來，未及攔住，急命侄兒毛鴻芳去把新婿追回來。毛鴻芳在蔣瑞元後面拼命追趕了五里路才趕上，懇求姐夫回駕。蔣瑞元信手在地上楝了一塊瓦礫，投向路邊的溪潭裡，說：「要我回去，除非這快磚頭浮起來！」

毛鴻芳即跪在瑞元面前哀求：「姐夫不回去，我就跪著不起來。」蔣瑞元吃軟不吃硬，才怏怏跟著毛鴻芳來到丈人家去「拜年」。

毛福梅自怨命苦，但嫁雞隨雞，嫁犬隨犬，命中註定的事，是無法違抗的。總以大姐姐的態度，視蔣為小弟弟；在生活上，對他無微不至地照顧，效古時「舉案齊眉」，事夫維謹。

1903年，蔣瑞元易名蔣志清，赴寧波趕縣試失利，即到奉化的新式學校鳳麓學堂去讀書。在母親王采玉的支持下，毛福梅於1903年9月也進了奉化的「作新女校」，與大家閨秀同窗，二十一歲開始啟蒙生涯，同時照顧蔣的生活。1904年蔣志清轉到寧波箭金學堂讀書，毛福梅亦隨同去寧波，住在植物園內，由此一直到1905年赴日本留學，此時蔣志清主動為毛氏雇有一名娘姨，還邀同學的妹妹來家與毛作伴，晚上還為妻子複習功課，作到了丈夫的應盡的責任，可謂他倆婚姻生活中的黃金時期。

蔣介石赴日本留學以後，進入他婚姻的第二階段，與毛氏之間即開始出現裂痕。1909年夏天，蔣返國度假，把母親和妻子都接到上海團聚，一些革命黨人常來訪晤，作為女主人毛福梅理應出面招待客人。但毛福梅是從山溝裡出身的鄉村婦女，多年隨婆婆王采玉離群索居，與青燈及黃卷作伴，自然無法應對，甚至還出現一些有失禮節的尷尬場面來。蔣介石則感到有失他的臉顏，即大發脾氣，經母親王采玉訓斥袒護，才得平息。就在這樣難以痊合的裂痕出現之時，正是他們夫妻有結晶之日，日後的蔣經國，就成了蔣毛關係之間裂而不斷的紐帶。

2、「不得已」的「好色」[13]

1912年冬天，已經是民國元年，蔣介石西裝革履，從上海回到溪口，帶回了一位如花似玉的蘇州少婦姚冶誠（怡琴）作為小妾。毛福梅率先認同。她的雅量，蔣也有所感動。

姚冶誠出生於江蘇吳縣北橋芮埭鄉貧苦農民家庭，小名阿巧。幼年喪失父母，由叔父姚力寶撫養成人，及笄，招婿上門，夫婿姚天生不務正業，並吸大煙。不久姚隨夫到上海謀生，姚天生仍不改好，負債累累，常對阿巧拳腳相加。為生活所逼，阿巧到五馬路一家「群玉芳」的堂子裡當「小大姐」，（即服侍高級妓女的娘姨）。當時陳其美在這家堂子包了一個高級妓女，姚因此認識了常與陳其美來往的蔣志清，後由陳其美的撮合，蔣姚就算在上海結婚了。姚天生方面，蔣花了一些錢，作了了結。

有人說「辛亥革命後，蔣積極參加反袁護法鬥爭，往返日本、滬杭、山東等地，蹤跡不定，姚氏不僅安心隨蔣，而且把平時省下的私蓄資助給他，因此姚氏雖出身低微，又沒文化，但蔣對她有感激之情，終身對她十分敬愛。姚氏在奉化蔣的老家溪口住過一段時間，她與蔣母王采玉同住一起，對婆婆十分孝敬。對蔣的妻毛福梅極為尊重，對經國也視同已出，愛撫有加，闔家相處融洽。姚氏從小沒有讀過書，蔣介石特地請了奉化縣作新女校畢業的陳志堅教授她學文化，讀書識字。此後姚氏不定期在上海、

---

[13] 蔣介石於1924年3月25日《覆胡漢民、汪兆銘書自述個性並商行止問題》信中說：「近來益覺人生之乏味……做事之難亦不必言，如人人言弟為好色，殊不知此為無聊之甚者，至不得已之事。」他抱怨為革命衝鋒賣命卻得不到正面的回報。「不得已」的「好色」，是指民初刺殺陶成章事後的境遇。（見《國民十五年以前之蔣介石先生》，在收入《總統蔣公思想言論總集》時，已被刪除，有的辭句亦被篡改。）

奉化兩地居住」。[14]蔣緯國[15]由日本送回家，即託付給姚冶誠撫養。姚冶誠後來迷戀牌、棋，生活與蔣有齟齬以至衝突。姚對緯國則更加鍾愛，1922年緯國隨其兄經國赴寧波小學讀書，姚亦隨去寧波，翌年蔣氏兄弟轉學上海，姚亦到上海照料緯國。

1921年蔣介石的母親王采玉逝世，蔣介石即與毛福梅、姚冶誠宣告脫離家庭關係，並為經國、緯國二子分定家產，在11月28日晚詔蔣經國、蔣緯國於燈下宣讀他事先擬好的「條示」：

> 余葬母既畢，為人子者，一生之大事已盡，此後乃可一心致力革命，更無其它之掛繫。余今與爾等生母之離異，余以後之成敗生死，家庭自不致因我而再有波累。……特此條示經、緯兩兒，謹志毋忘，並留為永久紀念。父泐。

這實際上亦是一紙宣佈與毛、姚脫離關係的文書。理由是以後之成敗生死不再要毛姚等人為他承擔責任了。姚無說話的資格，毛氏對此當然要哭鬧。蔣經國在1936年致母親信上所說的毛氏被「抓了頭髮」、「從樓上拖到樓下」。毛氏又「跪下」，「哀求留在家裡」的事，大概就是指的這事。蔣在此時雖提「離異」之辭，但沒有辦離婚法律手續。似乎只是為自己的「自由」埋下伏筆。

蔣介石所以在此提出與毛、姚「離異」，是因他在上海有了新歡。母親王氏在世時，不敢公開，怕遭訓斥，現在已無顧忌了。

蔣當時的新歡是上海姑娘陳潔如。陳潔如生於1906年，小名阿鳳，原籍蘇州。關於她的身世，過去都傳說她本出生書香門第，受過中等教育，

[14] 華永義，《蔣介石的二夫人姚冶誠女士》，《吳縣文史資料》第四輯。

[15] 關於蔣緯國的身世過去傳說頗多，近據蔣緯國口述傳記《千山獨行——蔣緯國人生之旅》中揭露，他的生父是戴季陶。蔣介石1914年9月在國內反袁鬥爭失敗，逃往日本，與戴季陶住一起，戴在國內已結婚，並有一子，但與日本重松金子護士同居，致使金子懷孕。戴與蔣約，孩子出生後，由蔣背黑鍋。蔣回上海後，金子於1916年10月6日生下一子，即緯國，後派人送到上海，交蔣撫養，金子不久即去世。

因生活所迫，而墮入長三堂子為高級藝妓，由張靜江的關係，介紹與蔣介石相識。今據陳潔如在《自傳》中說，她出生於普通市民家庭，與張靜江相識，是由其鄰居好友Chu Yi Ming （朱逸民？）的關係。張靜江早年留法，是同盟會會員，多次以鉅款資助孫中山的革命事業，在上海灘上是名人。他的原配夫人在美國去世，1919年即與朱逸民結婚。其原配夫人遺下五個女兒，聘了一位姓楊的為家庭教師，當時陳潔如十三歲，與張家五千金年歲相仿，朱即介紹陳潔如來張家伴讀。由此有機會與蔣介石認識。

陳當時雖只十三歲，但發育較早，身條頎長而勻稱，臉蛋雖非特別清秀，卻也端莊多姿，婀娜動人，蔣介石一見傾心。想方設法與她接近，苦苦追她。大概在1921年陳的父親因心臟病去世，蔣為她家料理喪事，博得了陳母的歡心。經張靜江和朱逸民的撮合，促成了這門婚姻。也是蔣介石把陳阿鳳的名字，改成「陳潔如」。

據陳潔如說，她本不願為人之妾，但蔣介石向她發誓：「我如今與毛、姚兩人的關係已經破裂，決計離婚，你嫁給我，就是我的第一夫人。」並咬破食指，寫下血的保證書。1921年12月5日，蔣介石與陳潔如在大東飯店舉行婚禮，沒有請家鄉人前來參加。當時蔣答應陳婚後回鄉與毛辦理離婚手續，婚後的第四天，蔣介石帶著陳潔如回家鄉，陳潔如滿希望這次回鄉蔣介石能實現自己的諾言：與毛離婚。但毛福梅對陳潔如卻十分熱情，叫她為「小妹」。

陳潔如當年只有十五歲，看到毛福梅含著淚對她說：「我這輩子已沒啥過頭了，只希望經國將來有點出息，我就盼這雲裡的一點雨水了」。善良、寬厚的老大姐（毛比陳大二十四歲，可以做陳的母親），贏得了陳的好感。也就沒有堅持要求蔣與毛立即辦離婚手續。陳畢竟太年輕。蔣介石也終於沒實踐自己的諾言。

1922年，陳潔如隨蔣介石去廣州，不僅在生活上照顧蔣介石，還成了蔣的私人秘書。蔣介石在第一次國共合作期間，與蘇聯顧問之間聯繫，都由陳潔如當翻譯。在蔣的事業上有所幫助。

蔣介石與陳潔如新婚不久，1922年8月陪孫中山從廣州到上海，有一次在孫中山家中，見到了孫中山夫人宋慶齡的妹妹宋美齡。當時，宋美齡二十三歲，猶如盛開的玫瑰，則「一見傾心」，竟見異思遷，「露求婚之意」。[16]孫中山也曾關心過此事，但在其生前未能促其成事。隨著北伐的節節的勝利，蔣介石的地位隨之冉冉升起。終於引起了宋氏大姐宋靄齡的興趣與關注。宋靄齡「具有超凡的能量和強烈的支配人的願望」。[17]她看準蔣介石有君臨天下的可能，即甘心情願充當蔣宋聯姻的牽線人。於是蔣宋聯姻成為事實，陳潔如成了犧牲品。

《交通日報》在1927年10月14日有一則對宋美齡的專訪：

> 問：「蔣先生謂初見女士時，已認為女士為其理想的伴侶，但不知當時女士作何感想？」
>
> 答：（女士微笑）「此乃五年前事，當時余未注意及之」。
>
> 問：「結婚問題，起于何事？」
>
> 答：「半年前，然最近始有成協」

董顯光說：蔣與宋相識的「其後五年內，蔣致全力於革命事業，北伐軍興，蔣即率師北上，此間與宋女士函牘往還，仍申前情。」宋美齡是美國威爾斯萊大學的博士，鳳求凰者尾隨不計其數。在美留學時為避免父母包辦的麻煩，曾與哈佛大學的留學生李彼得公開宣佈訂婚，回國後，又有眾多新的追求者，又同劉紀文有了婚約。隨著時勢的發展，有人從中施加影響，從而左右了她的方向。

提出結婚問題的「半年前」，當是北伐軍底定東南、京、滬、蘇、浙、贛、閩的半壁江山之時，總司令蔣氏已能叱吒風雲，宋靄齡抓緊時機，行得其時！1927年「四・一二」清黨後，蔣去上海西摩路宋宅，向宋

[16] 董顯光，《蔣總統傳》。
[17] 約翰・根室，《亞州內幕》。

美齡「仍申前請」，5月，蔣邀宋鎮江焦山十日遊，奠定了婚姻的基礎。「函牘往返」，則是題中應有之項目，近來發掘出的書信資料頗多。蔣介石於1927年9月13日通電全國，辭去本兼各職。9月29日，蔣赴日，由長崎轉雲仙，登門向宋母求婚。

3、與宋美齡結婚

蔣、宋結婚之前，有些亟待解決的問題。其一，「使君自有婦，羅敷自有夫」（未婚），都得辦離異手續；其次，蔣介石尚是異教徒，必須皈依基督「為使徒保羅」……。宋美齡先與未婚夫劉紀文解除了訂婚約，斷絕關係。辦得很順利。

蔣介石11月10日由日本回到上海，即著手辦理與毛氏、姚氏、陳氏的離婚手續。

首先是陳潔如。蔣介石與宋氏聯姻的消息，傳遞給陳潔如最早。蔣是直截了當地告訴陳潔如的，要娶宋美齡為妻，他說「這是一樁政治婚姻」。政治婚姻依杖的是權勢、地位和金錢。姿色、才情等則降為次等地位。又經張靜江、吳忠信等人出面，蔣與陳辦了離婚手續。蔣贈她五萬銀元，並為她辦了旅居美國的手續。陳在美國住了五年，攻讀英語，學習養蜂園藝，並獲得哥倫比亞大學教育學院的碩士學位。陳回到上海，蔣介石又批給她五萬大洋。抗日戰爭爆發，上海淪陷，陳轉輾到四川重慶，被蔣介石安置在離蔣官邸不遠的山洞，舊情復發，常與蔣秘密幽會。1946年又回上海，1949年5月，有人勸她去臺灣，未從。改名陳三路，留在大陸。1962年移居香港，1967年客居美國三藩市撰寫五十餘萬字的自傳，1971年孤寂地在香港悄然逝世。

次為姚氏，蔣只要求她在名分上不沾邊，答應她到蘇州居住，照顧緯國，由蔣介石的結拜兄弟吳忠信出面為她建了一所灰色的樓房住宅，號「南園」，按月支付她和緯國的生活費。姚可謂母以子貴，姚氏出身低微，就此適可而止。後來蔣從南京出發路過蘇州，總是事先通知姚氏，帶緯國去車站迎候。仍有感情相通。直至1950年，周恩來授意毛懋卿，把姚冶誠送往臺灣，[18]居住在桃園，1966年在台中去世。

毛福梅畢意是結髮元配，「糟糠之妻不下堂」。1921年蔣雖申言「離異」，但不論新法古法、都沒有法律依據，經國又是她親生子，法碼就更為重了，不得不使蔣斟酌再三。據王月曦說：蔣介石回溪口，一天夜裡，「悄悄地走進豐鎬房……，達成了一個秘而不宣的協定，終於在協議離婚書」上簽了字。後來的事實證明，毛氏被允許仍住在豐鎬房做她的主婦，仍被蔣身邊的人尊為「大師母」。以後，毛氏以經國為精神支柱。1939年，日寇轟炸溪口，毛氏被震坍的斷垣壓斃，飲含民族之恨，這是後話。

蔣介石終於把手續辦妥貼了，可以說是各安其所。於是凱旋歸去。

蔣介石的婚姻，在與宋美齡結婚之前的婚妻與好色，都屬於舊倫理的範疇。他在1927年12月1日在《申報》上所發的一則啟事說：「毛氏髮妻，早經仳離，姚、陳二氏，本無契約」。毛氏是結髮夫妻，姚冶誠與陳潔如是妾。在我國的古代社會，男子除娶妻之外，還可以名正言順地納妾。妻是法定的配偶，（無論是哪個朝代的法），妾只是為夫主提供性娛樂的奴婢和繁殖後代的工具。所以妻與妾身分完全不同。妻由聘娶而來，其身分「與天齊」，非犯七出終身不得離異。妾通買賣，類同財產可以隨意轉買或轉送給別人。蔣介石的前期婚姻完全因襲了這樣的習俗。但為適應他事業的需要，步步有進境。與宋美齡結合，是一轉折，婚前必先與毛氏辦離婚手續，姚、陳就不需要。宋美齡在與蔣結婚之前，宋家提出的條件是：一夫一妻制，皈依基督教，宋美齡不擔任政府公職，只以蔣的私人秘書身分，幫助丈夫經理國事。這完全是新式的婚姻倫理了。

（三）相異相似，孰得孰失

胡適當年與江冬秀訂婚，並無法律保障，胡適為了達到自己事業上的成功，而自覺自願地重踐舊約。胡適婚姻發展過程是曲線的、倒退的。從總體

[18] 有的記載說1949年姚氏隨蔣介石去臺灣，此據王月曦所說。

上說，胡適是遵守舊道德，以提倡新文化的，是否可謂「西體中用」？蔣介石的婚姻同樣服從事業的需要，逐漸拋棄舊倫理婚姻關係，接受新的婚姻方式，還同時接受了基督教規矩，是前進的。蔣介石在文化上主張維護傳統，而在婚姻上終於接受新倫理，從總體上說，或可謂是中體西用。

胡適與蔣介石的兩種婚姻方式，在社會效應上，蔣式不如胡式的成功，還引來了政治的或道德上的非議。但在對事業的幫助上來說，胡式不如蔣式的成功。胡適承認「名分」婚姻是理想主義，對一個實驗主義者來說，在實踐中宣佈了原先設計方案的失敗，而他想重新設計新方案，來改變現狀，但勇氣不足而流產了。使江冬秀「伉儷兼師友」的理想落空，只是充當一個高級管家的角色，在其它方面對胡適什麼幫助都談不上。

宋美齡與蔣介石結婚後，情況完全不同。宋美齡本是宋家三小姐，婚前一直在上海和美國過著「愜意而又舒適」的生活。婚後跟丈夫到南京去生活，當時的南京「蕭索淒涼，齷齪竭蹶」。初到南京的幾個月裡，他們的居處是非常簡陋的，「……常常要在公路旁和橋樑上過夜」。政府官員的太太們沒有一個前往南京定居。她們寧可留在上海，「讓自己的丈夫偶然得空去探望她們，也不願意到南京去」。宋美齡與蔣介石結婚後，「經常出席各種形式的宴會和招待會，使她感到很艱難」。美國名作家艾蜜莉・哈恩（Emitly Hahn）敘道：

> 美齡說：「我認為官員們也覺得我是一個婦女，後來我索性忘掉自己，一心一意幫助丈夫工作，他們也就不再把我看作一個婦女，而當成他們之中的一個成員了」。[19]

在北伐繼續開始以後，美齡一直隨同總司令來往於前線，常常在茅草屋、火車站和農舍裡過夜。艾蜜莉・哈恩說，「對於美齡來說，這是她

[19] 《宋氏家族》，第158-159頁。

真正體驗中國生活的開始」。宋美齡一直支持、追隨蔣介石政治主張與活動，是蔣最忠實的助手。對蔣在性格上、知識結構上的弱點，考慮問題的疏漏，宋均能予以彌補或調正。蔣介石也事無巨細，「從外國政治到聖經」，都與夫人討論。宋美齡首先是蔣介石的得力外交助手，擔任蔣的英文翻譯。雖然蔣介石身邊有著不少外交幹才，但她的特殊作用是別人不易取代的。蔣介石對外的發言，均由宋美齡譯成英文而發表或播音的。抗戰期間，為了爭取美援，宋美齡代表蔣介石於1942年11月赴美，在美國國會發表演說，博得議員們起立鼓掌。1943年冬，隨蔣介石出席開羅會議，不僅擔任翻譯，並穿梭周旋於各國政要之間。事後邱吉爾曾對羅斯福說，「這位中國女人可不是弱者！」值得一提的是，宋美齡在1942年訪美期間，曾與羅斯福夫婦談及美國礦工罷工的事，羅斯福問她，假如中國政府在戰爭期間遇到這樣的事，該如何處理，她竟用一個塗色的長指甲在自己的脖子上劃了一道，做出一個優美的殺頭手勢。羅斯福夫人說，「她對民主制度能夠講得很漂亮，但是她可不知道怎樣實行民主制度」。宋美齡不是不知道，而是她與蔣介石結婚後，婦隨夫唱罷了。

宋美齡同時是蔣介石政治上的「內助」，最典型的事例是西安事變。當她在上海接到孔祥熙的報告後當即昏了過去。甦醒後的第一個念頭：悔恨沒有陪同蔣介石同去西安，如果她在身邊「她深信局勢當不致惡化至此」。蔣介石脾氣暴躁，宋美齡往往能起緩衝作用。為了救蔣介石出險，她全力以赴，四出奔波、策劃、商談，求得西安事變能妥善解決。她說服了固執的丈夫和共產黨，同張學良、楊虎城協商解決辦法，充分發揮了她的聰慧才智。抗戰軍興，宋美齡陪同蔣介石在南京，直至淪陷前夕才撤離去武漢，她說：「為了國家大事，我一定要陪他在一起，很多場合裡能幫助做些事。對私是給他精神上的安慰和信心，對公則是我們倆人都在首都，能安定人心和軍心」。

宋美齡對蔣介石的內助角色，江冬秀對胡適則是無法做到的。胡適出任駐美大使，無法帶江冬秀去，他在信中對江冬秀說：「你我的生活只可做一個大學教授的家庭生活，不能做外交官的家庭生活，……我不叫你來，只是不要你來受罪。……因為地位關係，我的太太在這裡就不能謝絕應酬，出門必須坐首座，在家必須做女主人，那就是天天受罪了。」

蔣介石與宋美齡結婚後，「起初兩人的生活習慣、志趣愛好，各有不同，比如，蔣慣用中菜，宋卻喜西餐，吃飯時各吃各的，有時意見不合，引起爭吵。……以後逐漸和睦，同吃中菜。宋母死後，相處更為親昵，互稱「大令」（洋人夫婦間的愛稱）。宋對蔣的生活起居，關懷照顧，無微不至，猶如護士」。[20]而江冬秀則無此思想境界，常以經濟「權」掣肘胡適。[21]有人說胡與江冬秀所組成的家庭生活是「幸福的，無後顧之憂的」，並認為胡適一生所獲得的成就與此有關。[22]其實胡與江所組成的家庭，如以衣服作比方，外表看來，其款式尚未過時，且在當時頗受人尊敬，但實際上並不合身而自感難受。胡適長期過單身生活，生活上能夠自理，不是與江冬秀結婚後，才解除了後顧之憂。江冬秀有時對胡適的事橫加干涉，常使胡下不了臺，如胡適為徐志摩與陸小曼做媒，江冬秀從中反對，甚至當著眾人的面「教訓」胡適：「你要做這媒，你到了結婚的臺上（當證婚人），我拖都要把你拖下來。」正如胡適在給江冬秀的信中說：「有些事你很明白，有些事你決不明白。」這裡有個素養問題。江冬秀既不是中國傳統農業社會的「三從四德」者，也不是新女性。胡適若能與別的女子結婚，無論莎菲或曹誠英，生活或可更為充實，事業上的動力也或為更足。不過江冬秀有一個不容忽視的長處，即她不主張胡適當官，這一點實屬難得，江冬秀雖非新女性，卻不落俗套！胡適一生關心政治而又能保持學者的身分，與這不新不舊的女性江冬秀的內助有一定關係。

---

[20] 孫宗憲，《為蔣介石當侍衛的回憶》，《蔣介石家世》，浙江人民出版社，第212頁。

[21] 參閱拙作《胡適與汪孟鄒》。李又寗主編，《胡適與他的朋友》（一），紐約天外出版社。

[22] 唐德剛，《胡適雜憶》，第201頁。

四、文武兩道與兩種革命

胡適學文，蔣介石習武。他倆在結交以前，各自參加、發動了兩種性質不同的革命：胡適是五四新文化運動中文學革命的急先鋒：蔣介石參加了辛亥革命，並領導了國民革命。各有顯赫的成就。

（一）胡適的求學與文學革命

1、胡適學文

胡適在家鄉私塾讀書至十一、二歲時，在農村來說，已是博覽群書的「飽學之士」，他的教師胡觀象已感到教不下去。1904年春，胡適到上海入梅溪小學，入學時編在最低的第五班，因在上課時糾正了教師的一個字，即於一天中連升了三級。1905年考入澄衷學堂，1906年又考入中國公學。中國公學創辦時不設校長，只有公選的幹事，「是一種民主國政體」，這種制度與空氣，對青年胡適的影響很大。1907年官方委派監督，校友會（即相當於今日的學生會）則提出抗議，校方出面干涉，引起一百六十名同學退學，而另立一個新公學。胡適是退學的積極分子。新公學因經濟來源無法解決，被迫仍與老公學合併，胡適與朱經、朱紱華等少數幾人「無忘城下盟」。堅決不願回去，表明他已有朦朧的民主意識。此時，適值環球學生會正應北京留美預備學校之托，在上海招考留美學生，胡適的好友許怡蓀等力促他去應試。胡適決心背水一戰，終於被錄取了。

胡適在離國前，他的二哥特地從東三省趕到上海為他送行，要他到美國學鐵路工程、或礦冶工程，學成回國，可以復興家業，並為國家振興實業。叮囑他務必「勿學文學、哲學，也不要學做官的政治法律」[1]因胡適對路礦不感興趣，取其折中，就選擇了農科。胡適在農科學了三個學期，又轉入康乃爾大學的文理學院，改習文科。因為理工或農學都與他的天份與興趣背道而馳。他對中國古代的基本書籍，以及宋明諸儒的著作，在幼年私塾時期，就差不多都已讀過了，這就是他個人的文化背景。他認為，當時祖國需要的「不在新奇之學說，高深之哲理，而在所以求學論事觀物經國之術。以吾所見言之，有三術焉，皆起死之神丹也：一、曰歸納的理論；二、歷史的眼光；三、進化的觀念」。[2]因此他在美國關心和追求的正是：「一、泰西之考據學；二、致用哲學；三、天賦人權說之沿革。」

當時康乃爾大學的哲學系，基本上是黑爾哲學流派新唯心主義（即所謂「塞基派」）的天下。他們對「實驗主義」持批判態度。杜威便是他們經常指名批判的對象。胡適對實驗主義又作了一番有系統的閱讀和研究，發現這實驗主義正是他所傾心的「致用哲學」。「決定轉學哥大向杜威學習哲學。」[3]從此，胡適從杜威處學得治哲學的方法、有系統的思想過程之分析以及政治哲學——改良主義。胡適以杜威的「實證思維術」，撰寫博士學位論文《中國古代哲學方法之進化史》，是以實驗主義方法整理中國古代哲學史的嘗試，但因當時「漢學」在美國還未達到啟蒙的階段：「中國文明在一般美國教授的心目中根本沒有地位」，包括導師杜威在內，所以對胡適的學位論文，無法測度它的深淺，也無法提出意見，因而被擱淺，直至十年以後，才給了他博士學位。

胡適對西方社會早有一個好印象，這與他親身經歷的事有關。他由上海將要啟程赴美的時候，在電車上丟了三百塊洋元，正巧這三百元錢被一

---

1 胡適，《中學生修養與擇業》1952．12．27在台東縣演講。
2 《胡適留學日記》卷三，第三十二。
3 均見《胡適的自傳》第三章。

位外國人撿得，拾主即將此錢存放在郵局，在查明失主的地點後，通知胡適將錢如數取回。他到美國後，寫信告訴家鄉人說：「此間夜不閉戶，道不拾遺，民無遊蕩，即一切遊戲之事，亦莫不泱泱有大國之風。」[4]胡適在美期間，接受美國的教育不限於課堂、實驗室和圖書館，更重要的和更基本的還是從美國生活方式和文化方面去深入體會，以社會教育與學校教育相輔而行。社會教育主要是基督教道德品質的教育，此時西方的基督教已人文化了。胡適認為西方的宗教人文化思想，與我國傳統的儒家思想相類似。我國自古有「慎終追遠」的思想，即是「慎」人的終，追「人」的遠。《易經》上所說的「究理盡性以至於命」，便是追求人生最高理想和價值的統一，從而獲得心靈的安慰與平衡。並把這種基督教精神，過渡到一種與世不爭的和平主義精神。

胡適在美國大學所受的政治教育，是與美國社會的政治活動密切聯繫在一起的。他就地參加了1912年和1916年的兩次美國大選，學校的政治課亦與時政密切結合在一起，以參加大選的活動當作課堂實習。平時亦積極參加綺色佳附近城鎮的政治集會，旁聽「公民議會」，聆聽對當地市政建設、稅收、交通等問題的辯論。他認為這樣可以增長知識，比在華盛頓旁聽眾議院開會得益更多，並再三強調：「此種會覘國者不可不到也。」[5]亦即說可以通過參與來考察這個國家，並向它學習。胡適對美國政治的興趣和對美國制度的研究，與他在學生時代目睹兩次美國大選有直接關係，後來對中國政治與政府的關心，都有決定性的影響。胡適的一生，除擔任抗戰時期的四年駐美大使外，很少參與實際政治，但養成了他對政治「不感興趣的興趣」，認為這種興趣是一個知識份子對社會應有的責任

胡適1910年9月赴美，1917年6月返國，前後共七年。在胡適回國的前夕，曾以詩總結了這過程：

---

[4] 《致紹庭等函》，沈寂整理，《胡適早期的書信和詩文》。
[5] 《胡適留學日記》卷四，四十七。

我初來此邦，所志在耕種。
文學真小技，救國不中用。
帶來千卷書，一一盡分送。
種菜與種樹，往往來入夢。

忽忽復幾時，忽大笑吾癡。
救國千萬事，何一不當為？
而吾性所適，僅有一二宜。
逆天而拂性，所得終希微。

從此改所業，講學覆議政。
紛爭久未定，學以濟時艱。
要與時相應，文章盛世事。
豈今所當問？

棄農就文，避免「逆天而拂性」，講學議政，是當時祖國所急需，是為把自己這塊材料鑄成器——「與時相應」、「他日為國人導師」。在這七年中，他所思所學，無不屬於以新文化造就新政治的社會基礎，這就是中國轉型時期的中心問題。在由康乃爾大學轉去哥倫比亞之時，胡適提出了「文學革命」的口號，是新文化運動中最重要的組成部分。胡適是我國文學革命首舉義旗者，並因此一舉成名。胡適的博士學位口試未能順利通過之時，北京大學文科學長陳獨秀已預聘他為北大教授，胡適博士學位未正式獲得，不待補考即毅然返國，投身於五四新文化運動。

2、文學革命

我國五四時期的文學革命，胚胎於美洲的留學生中，由文體解放而詩國革命，而以白話為文學的正宗。

1915年夏天，一群中國留學生任鴻雋、楊銓、唐鉞，胡適及其老鄉梅光迪等在美麗的綺色佳度假，彼此交流置身異國業餘研究漢字的心得。胡適說中國的文言文已為半死的文字。因為漢語的文言與現在的語言差距甚遠，學校裡教授古文，必須像教外語那樣、通過現代話語的翻譯，就是所謂「講書」。其它人不同意「半死文字」的說法，引起了辯論，並成了文學革命的導火線。

胡適留學美國，無論在學農期間，或擇定哲學為自己的職業後，都沒有停止過對傳統文字與文學的研究。並突破了單一的宋儒圈子，發現宋學與漢學有明顯的差別。於是發揮他自幼就有的「懷疑精神」，並使用「以經解經、參考互證」的治學方法，更結合西方的歸納法理論，推翻了自古以來的權威著作《爾雅》的解釋。

胡適提出要建立漢文的文法學，為原來不分段、不加點的文言文分明段落，標點斷句，這是從西方文化中吸取的經驗。1915年8月2日，作《論句讀及文字符號》，刊載於《科學》雜誌上。現在的《胡適留學日記》中仍保留多篇關於符號的論述。我們今天所用的標點符號，即導源於此。

不過，胡適在此時還沒有想到用白話文完全取代文言，也不主張廢置文言。只是想改良古文的教授方法，使文言更好為新時代服務。但在辯論中激發了「革命」光焰，不僅提了「文學革命」的口號，還提出了「詩國革命」。

當時提倡白話文還比較容易為社會接受，因為中國歷史上有過像《水滸》、《紅樓夢》等第一流的白話小說為先例。詩國革命就不同了，其難度比推行白話文要大得多。中國是一個古老的詩國，歷經統治者的提倡，詩人輩出。詩，已是我國古典文藝園圃中的一株根深葉茂的巨芭。儘管它有偏向追求形式等弊端，使其內容日趨貧乏。但僅就其形式而言，經文人的長期雕琢和錘煉，已像一隻經精雕細刻、而致玲瓏剔透的象牙盒，雖內中空無一物，盒子本身也具有藝術價值。

胡適當時站在時代的前列，看到新的階層正在蓬勃興起，白話文與白話詩為新興的階層所歡迎；文言文和律詩的被宣佈為死去的陳跡，預示著舊有特權階層的沒落。這形勢在既得利益者的眼裡，是極為反感的。梅光迪怒斥白話文與白話詩的「新潮流」「乃人間之最不祥物耳。」

為什麼這「不祥」的「新潮流」會出現於此時？陳獨秀回答了此問題。他說：「中國近來產業發達，人口集中，白話文完全是應這個需要而發生而存在的。適之等若在三十年前提倡白話文，只需章行嚴一篇文章，便駁得煙消雲滅。此時章行嚴的崇論宏議，有誰肯聽？」[6]第一次世界大戰爆發後，中國出現了產業發展的黃金時代，社會的階級結構由此起了重大變化。新型的工商階層的力量正日益壯大。他們中的大多數得益者，正是「愚夫愚婦」、「村農傖父」，或「引車賣漿之徒」、「京津之稗販」。他們在上層人物的眼中，當然為「不祥物」！

胡適指出，五四時期的新文學運動，與清末有人主張的白話不同。清末的提倡白話，是為了「開通民智」、「把社會分成兩部分：一邊是『他們』，一邊是應該做古文詩的『我們』。我們不妨仍舊吃肉，但他們下等社會不配吃肉，只好拋塊骨頭給他們去吃罷。」五四時期的新文學運動，「沒有『他們』、『我們』的區別。白話並不單是『開通民智』的工具。白話乃是創造中國文學的唯一工具。白話不是只配拋給狗吃的一塊骨頭，乃是我們全國人都應該賞識的一件好寶貝」。[7]

胡適提倡把文學的題材擴大到社會的各個領域。這說明白話文和白話詩的服務對象，已不再是傳統壟斷文化的少數士大夫，而是人民大眾。廖仲愷說：「鼓吹白話文章，於文章界興一革命，使思想藉文學之媒傳於各社會，以為所造福德，較孔孟大且十倍」。[8]

---

6 陳獨秀，《答適之》，《科學人生觀・序》附錄。

7 胡適，《五十年來中國之文學》，《胡適文存二集》卷2。

8 《廖仲愷致胡適》，《胡適來往書信選》（上），第64頁。

1919年11月，北京政府教育部頒發的《國語統一進行方法的議案》，就是由胡適執筆的。他平素對標點符號的研究心得，都充實在這個《議案》中。《議案》的第三點說：「文字沒有標點符號，便發生種種困難，有了符號的說明，可使文字的效力格外完全，格外廣大。」

教育部在同年通令全國，於秋季開始，所有國民小學第一、二年級的教材，必須完全用白話文，原有的文言老教材，必須完全用白話文，原有的文言老教材一律廢除。三年級的老教材，限用到1921年；四年級的老教材，限止1922年。在1922年以後。所有的小學教材，都應採用白話文的了。

陳獨秀與胡適，在辦《新青年》時「本有一個理想，就是二十年不談政治，二十年離開政治，而從教育思想文化等等非政治的因子上建設政治基礎。但是不容易做得到，因為我們雖抱定不談政治的主張，政治卻逼得我們不得不去談它」。[9]陳獨秀先放棄這個主張，後來胡適也「忍不住」了。胡適說「五四」學生運動是「一種干擾——它把一個文化運動轉變為另一項政治運動——但是對傳播白話文來說五四運動倒是功不可沒」。他甚至說：這是「變態的社會的不得已的事。黃梨洲不但希望國立大學要干預政治，他還希望一切學校都要做成糾彈政治的機關。國立的學校要行使國會的職權，郡縣立的學校是執行郡縣議會的職權」。[10]

由陳獨秀、胡適等人掀起的新文化運動，向全國各地送風播雨，大有使大地復蘇的氣概。孫中山在1920年就這樣說過：「此種新文化運動在吾國今日，誠思想界空前之一大變動，推其原始，不過由於出版界一二覺悟者從事提倡，遂至輿論界放光異彩，學潮彌滿全國。」[11]

胡適對政治革新的方法，是漸進的，不求捷徑——革命的手段達到其目的。1921年5月21日，胡適與丁文江、王征、蔣夢麟等人討論要組織一個「努力會」，由胡適草擬章程。主張「努力謀求我們所做的職業的進

---

9 《陳獨秀與文學革命》，陳曉東編《陳獨秀評論》，第51頁，民國叢書第一編第87號。
10 《黃梨洲論學生運動》，《胡適文存》（三），第32頁。
11 孫中山，《關於五四運動》，《孫中山選集》，第482頁。

步：互相聯絡，互相幫助；謀求中國政治的改善與社會進步（單獨的、或互助的）；隨時隨地援助有用的人才。」活動時「概用西洋通行的議會法規」。《努力週報》作為「努力會」的言論機關，由胡適任主編。第二號上發表《我們的政治主張》，提出建立「憲政的」、「公開的」、「實行計畫政治的」好政府。這就是「努力會」的政治宣言。「努力會」實是政治沙龍式的團體而不是政黨。他們在《我們的政治主張》中，提出「我們應談有政府主義，應談好政府主義」，[12]不可亂談無政府。胡適在此把推翻現政府也視為「無政府主義」的一種。他希望「國內的優秀分子，無論他們理想中的政治組織是什麼，現在都平心降格的公認『好政府』一個目標，作為現在改革中國政治的最低限度的要求」。「好政府主義，……只把政府看作工具，故亦謂之工具的政府觀」。[13]不過，他在這一「工具主義政府觀」中，也能引伸出「革命」來，其「原理」是：「工具不良，……重新改造一個。」不過，胡適在此所說的「革命」，與當時所流行的「根本解決」的革命是完全不同的。他說：「我們是不承認政治上有什麼根本解決，世界上兩大革命，一個法國革命，一個俄國革命，表面上可算是根本解決了，然而骨子裡總逃不了那枝枝節節的具體問題：雖然快意一時，震動百世，而法國與俄國總不能不應付那一點一滴的改造，所以我們不談主義，只談問題，不存大希望，也不致大失望。」[14]

（二）蔣介石的求學與政治革命

1、蔣介石習武

蔣介石的求學，可以1903年為分界線，在此前，讀的四書五經，目標

12 《胡適的日記》（上），北京中華版，第100頁。
13 《好政府主義》，《晨報副利・講演》，1921年11月17、18日。
14 《這一周》，《努力》週刊，第七期。

是進學求功名。1902年，四書五經都已讀完，並已開筆作「策論」了，為了應試，又慕名到岩頭毛思誠的學館複習經書。在毛思誠的輔導下，如魚得水，複習《左傳》、《綱鑒》等，進境很快。他對學塾牆壁上懸掛的「冰清玉潔」四字，創造性解釋為：在亂哄哄的環境裡，一心想求學問，一定能做到。

蔣在寧波縣試中失利時，一些原是進士、舉人出身的人，都在身體力行舉辦學堂，提倡新學。寧波地區的有些學館裡，亦引進了數理化的課程。蔣志清強烈地感受到一種新趨向，決心放棄科舉功名之途。

他的母親曾想叫他去寧波學生意。蔣志清對母親說：「孩兒立志要幹番大事業。做商人最吃香，也得看別人顏色行事，我決心不做生意」。

1903年在奉化鳳麓學堂和寧波金箭學堂學習時，除讀周秦諸子，《說文解字》外，還讀了《孫子兵法》，以備捍衛國家。蔣在寧波金箭學堂受顧清廉的影響，嚮往去異邦留學，1905年向母親提出了這個要求。但當時的社會風氣，視「出洋」為一種不安分的行為，親戚裡鄰多來勸阻。蔣乾脆把辮子剪掉，托人送回溪口家中，表示他的決心。4月毅然東渡。當時中國留學生赴日本學習軍事，必須清廷陸軍部的保送方可。蔣只得轉入東京清華學校，學習日文，冬天即返國。

1906年，清廷陸軍部創設保定通國陸軍速成學堂，即保定軍校的前身。在各省招考學生，每省有四十個名額。其中二十六個名額是留給省武備學堂的，尚有十四個名額，給社會有志於從軍的青年人角逐。而浙江省在杭州報考的有千餘人，蔣帶病前往應試，口試官因他不足二十歲不想錄取他，蔣說明自己一心想報效國家，感動了考官，錄取在炮兵科。蔣在保定陸軍學堂，因沒有髮辮，備受歧視。有一次日本軍醫教官上衛生課時，把一塊泥土放在桌上比喻中國，說這塊泥土裡有四億個微生蟲，就像中國有四億人口一樣。蔣則擅自走上講臺，把那塊泥土分成八塊，然後放到日本教官面前，大聲說道：「日本有五千萬人，是否亦像五千萬微生蟲，寄生在這八分之一的立方英寸土中？日本教官瞠目結舌，看著沒有髮辮的蔣，突然大聲咆哮：

「你、你、你是革命黨」。日本教官要求總辦嚴辦蔣志清，按陸軍學堂法規：凡反對教官，輕則除名，重則監禁，總辦趙理泰同情蔣，未加深究。

同年冬，陸軍部又從學堂裡選派留日學生，蔣越級向總辦趙理泰要求特准應考，又被錄取了。1907年初，蔣即由保定直接赴日，入振武學校。同時被錄取的尚有張群、楊杰、王柏齡、馬曉軍、陸星樞等。

日本振武學校是專為清國委培軍事人才的預備學校。創立於1903年，學制三年，畢業後分發到日軍聯隊見習一年後，再進正式的日本士官學校等軍校，是一條龍式的委培體系。所以清廷陸軍部派良弼同日本政府參謀部福島安正中將、青木宣純少將等共同組成了一個「清國留日學生委員會」，專門管理中國委培的學生。福島任委員長，木村宣明任學監，野村岩藏任舍監。

1909年蔣於振武學校畢業，即分到駐高田的日本陸軍第十三師團野炮兵第十九聯隊入伍，先充當二等兵，後升為「士官候補生」。據蔣所在的第十三師團長長岡外史事後回憶，蔣在聯隊只是一個普通的士兵。「才能膽略，內蘊不露，說不出有出人頭地的表現」。

2、政治革命

蔣介石政治革命的最早引路人，是他的把兄弟陳其美，1907年由陳其美介紹他加入了同盟會。蔣在日本振武學校學習期間，曾身著戎裝照了一張相片，分贈親友、背面有題詩：

騰騰殺氣滿全球，力不如人肯且休，
光我神州完我責，東來志豈在封侯。

（贈表兄維則的照片信）

詩情表達了其報國之志，不過他是以武裝捍衛國家著眼的。近代中國自鴉片戰爭以來，在對外戰爭中屢遭失敗，而致喪權辱國，出國學習現代軍事技術，成了二十世紀初許多青年的一種時尚。

1911年武昌起義爆發，時任中國同盟會中部總會庶務部長陳其美，電召在日本的蔣介石等軍人迅速回國。蔣向聯隊飛松寬吾請假，答覆是，他只有批准48小時外出的許可權，逾期不歸，就要按逃兵捕緝。蔣立即偕張群等從高田直奔東京，向各所在籍的省同盟會支部領取回國路費。然後把軍服和軍刀寄回高田聯隊，以此表示不再回隊。當時，他「連毒藥也都買好了，這是準備在萬一之際就得自殺，的確是有捨生就死的決心。」（據張群回憶）

蔣介石回到上海，據《陳英士先生年譜》記載：蔣「於九月九日（10．30）抵滬，銜先生（陳其美）命主持浙事。遄赴杭垣，運動新軍，得童保瑄、黃元秀、朱瑞等之贊助。部署既定，回滬報告。（陳）先生已與褚輔成、王廉等籌畫佈置，待時舉義，既見蔣公，認時機已至，遂命其率敢死隊赴杭。上海光復之後，第二日夜，與新軍八十二標、八十一標聯合舉義，先後攻克巡撫署及旗營。浙省既下，公推湯壽潛為都督。」

1912年1月1日，孫中山在南京就任臨時大總統，任命浙江都督湯壽潛為交通總長。浙江的革命黨人，醞釀推陶成章繼任浙督。陳英士也在爭浙督。[15]時陶成章適有病住上海廣慈醫院，因而被刺。槍殺陶成章的是蔣介石收買王竹卿所為，蔣對此事公認不諱，是執行任務。但社會震驚，孫中山令陳其美「嚴速究緝，務令兇犯就獲，明正其罪，以慰陶君亡靈，泄天下之憤」。陳其美則資助蔣渡東京暫避。蔣介石這次到日本，則學習德語，準備赴德留學。第一次世界大戰後，德國的國力扶搖直上，日本也在吸取他們的經驗，當時在日本國內學習德文的風氣很盛。

同時，蔣介石在日本還創辦了《軍聲》雜誌。蔣在其發刊辭中這樣寫道：

---

[15] 馬敘倫，《陶成章之死》。

各國抱殖民政策，以兵力為後盾，20世紀以後，太平洋沿岸將成功為各國馳騁角逐之場，禍在眉睫，我人必講求保國之道。

夫太平洋沿岸其為萬國競爭之焦點者，獨我中華土地耳。西人有言：兩平等之國，論公理，不論權力；兩不平等之國，論權力，不論公理，是則俾斯麥所倡之鐵血主義，是我國人所當奉為良師者也。

我國此次之革命，名為對內，實為對外；對外問題最重要者，為軍事。[16]

胡適學文，在美國留學，崇尚實驗主義，選擇以教育為手段提高國民的素質，主張「七年之病當求三年之艾。倘以三年之艾為迂遠而不為，則終亦必亡而已矣。」[17]救國之道在文化。蔣介石習武，在日本學習，信奉俾斯麥的鐵血主義，主張以「武力」解決問題，從掌握國家政權入手，保國之道在軍事，所以蔣介石追隨的是革命領袖孫中山。

蔣介石與孫中山的關係，是陳其美介紹的。蔣對自己所信仰的領袖人物，表現頗為忠心。蔣介石欽慕孫中山，始於寧波箭金學堂由顧清廉講述孫中山倫敦蒙難的故事。1913年反對袁世凱的二次革命失敗，是國民黨在群眾中的威望淪入低谷的時期，黨員在國內幾乎無法公開立足，被稱「匪」而遭通緝。「蓋自武昌起義以還，元氣迄未恢復，人心厭亂，達於極端，故聞革命之聲，無不掩耳而走。」[18]

孫中山認為失敗的原因，是由於官僚與政客混入黨內，使國民黨喪失戰鬥力與革命性，則別立中華革命黨。蔣介石在此時率先於1913年10月29日加入中華革命黨，是國內加入中華革命黨最早的黨員之一。當時在反對袁世凱帝制的護國運動中，中華革命黨無法起領導作用，而由進步黨人梁啟超蔡鍔執其牛耳。值此時際緊跟孫中山，不能說是「革命投機」。

---

16 《發刊詞》，《軍聲》雜誌，1912・11・1。
17 《胡適留學日記》，卷十二、十三。
18 陳功甫，《中國革命史》，見《孫中山年譜長編》上，第847頁。

孫中山重組的中華革命黨，手訂入黨誓約有「附從孫先生再革命」一語。入黨人還必須於署名下蓋指印，部分同志對此表示不能接受。中華革命黨的黨章和綱領與同盟會的綱領相比較是倒退了，似有「專制」的精神，但卻與蔣介石在兩年前《軍聲》上所發表的《軍政統一問題》文中所強調的「開明專制」論精神相一致。他說：

> 吾嘗以為，中國果欲建設強大之共和國，當此十年之內，必不可徒效美法共和之皮毛以為治理，而且絕對地當用開明專制之精神以為之規劃耳。倘正式大總統果有革命之精神與民主之意識，則吾還以其為具華盛頓之懷抱，而用拿破崙之手段，此建造共和民主之規範。

蔣介石在此所闡發的「開明專制」論，可以解讀為：以拿破崙為手段，華盛頓為懷抱，即通過專制的手段，實現民主共和。中華革命黨的黨綱，正符合他這「拿破崙為手段」的理念。

由於黃興等軍事人員不願加入中華革命黨，陡使黨內缺乏軍事人才，陳其美則把蔣介石當作軍事人才推薦給孫中山，1916年陳其美被袁世凱派人暗殺，蔣由此直接受孫中山領導。但蔣一時還難以取代陳其美的位置。1917年孫中山在「護法運動中」，委陳炯明為總司令，直至1921年陳炯明乘孫中山誓師北伐，大本營由桂林移駐韶關之際，則佔領廣州，宣佈叛孫。蔣聞訊火速趕到廣州，7月29日登上永豐艦，孫中山喜出望外，稱「蔣君一人來此，不啻增我兩萬援軍」。蔣介石在關鍵時刻，及時出現在孫中山身邊，臨危受命，與孫中山患難與共四十六天。事後，蔣介石撰《孫大總統廣州蒙難記》，孫中山為之作序說：「陳逆之變，介石赴難來粵，入艦日侍吾側，而籌策多中，樂與予及海軍將士共死生，茲記殆為實錄。」在這件事實中，不僅可證明蔣介石對孫中山的忠心，也可證明孫中山已視蔣介石是親信。孫中山自稱與蔣介石「遊十餘年，共歷險艱，出入死生，如身之臂，如驂之靳，朝夕未嘗離失。」

董顯光在《蔣介石傳》中對此作有以下評價：

從此以後，蔣總統在革命集團中的地位較前遠為重要，他以流星式的速度而興起。

蔣介石在孫中山逝世後所作的《公祭文》中有云：

……黄埔一役，吾師以國民之文天祥自待，而以陸秀夫視中正。

蔣介石雖然獲得了孫中山的信任，但他畢竟不是同盟會的創始人，與孫中山共創同盟會的，此時尚有胡漢民汪精衛，廖仲愷等人。1925年廖仲愷遭暗殺，黨的中堅即是胡漢民汪精衛與蔣介石。孫中山在世時，胡漢民、汪精衛與蔣介石、彼此間大體保持分工合作的和諧。國民黨改組，孫中山委任蔣為陸軍軍官學校籌備委員長。

1925年孫中山北上，在訪晤張作霖時受涼得病，3月12日在北京逝世，遺囑中沒有指定接班人。但顧問鮑羅廷權傾一時。當時鮑有意於汪精衛，在廖仲愷被刺的案件中；受益最大的是汪精衛，但蔣介石亦得著「左派軍人」之美譽。在嗣後的角逐中，蔣把共產黨當作主要的競爭對手，反共得手後，汪精衛被逼出國，蔣介石終於後來居上。

五、訪蘇各有心得

蔣介石於1923年率領孫逸仙代表團訪問蘇俄，歷時三個月。胡適於1926年赴英參加庚款諮詢委員會會議，假道莫斯科，逗留了二天。各有其觀感，但心得各異，幾十年之後終取得一致。

（一）蔣介石由訪蘇而反蘇

孫中山所發動的革命運動，如孫自己所言：「向為各國所不樂聞，故嘗助反對我者以撲滅吾黨。故資本國家斷無表同情於吾黨。所望為同情只有俄國及受屈之國家受屈之人民耳。」[1]因此他密切注意十月革命以後的蘇俄，1919年起，孫中山即與蘇俄電函往還，終於決定「以俄為師」。在孫中山與蘇俄建立合作過程中，蔣介石扮演了一個特別重要的角色，由熱誠訪蘇到堅決反蘇，是他在訪蘇時實地洞察蘇俄、聯共（布）、共產國際對華政策的結果。

1、孫逸仙「以俄為師」

1917年歐戰方酣之際，俄共（布）變國際戰爭為國內戰爭，發動十月革命取得政權。蘇俄經歷了四年的國內戰爭和外國的武裝干涉，迄二十年代初才得穩定下來，則指望進行世界革命，實現「世界蘇維埃社會主義共和國」。原寄望東歐開展的社會主義革命，可以立即實現。此計畫遭到破

[1] 孫中山批鄧澤如等十一人彈劾中共文，1923·12·3。

滅後，轉而制訂「東方路線」，積極在中國等地區尋找夥伴和盟友。希望得到北京政府的法律承認，取得外交上的正常關係：並醞釀另一計畫——謀取中國國內各軍事、政治集團之間的聯盟，建立另一個與蘇俄關係友好的政府。這個計畫最初曾把目光注視在吳佩孚身上，希望他能與南方的孫中山合作，後來吳佩孚被否定，才把注意力集中在孫中山身上。

「東方路線」亦即民族革命，其理論原則，源於1920年列寧為共產國際第二次代表大會所制定的《關於民族與殖民地問題的決議》。決議有如下精神：

> 1、在中國推行的民族革命運動是反帝的，是世界革命的一部分。2、民族革命是資產階級民主革命，由各個階級參加，需要建立一個統一戰線。3、統一戰線由一個資產階級政黨來領導。4、中國無產階級不成熟，在中國組建共產主義政黨，尚不是一支獨立的社會力量。

「民族革命」分兩個方面：「民族」是對外的反帝：「革命」是對內的反軍閥、批封建制度。這場革命被蘇俄視為摧毀資本帝國主義「殖民地後方」的強大手段，是世界革命的「後備力量」，推行民族革命的國家，就是蘇俄的天然盟友。世界革命運動名義上是由共產國際領導，實際上共產國際不過是俄共的一個直屬機構，它與蘇俄政府的外交人民委員部有所不同，外交部直接反映蘇俄國家的利益，而共產國際的政策常常出於不切實際的理想主義。

1923年是關鍵的一年，蘇俄駐北京的代表經兩年的努力未能與北京政府建立正常邦交。則加緊與孫中山之間的聯繫。蘇俄代表越飛向俄共（布）中央建議：「全力支持國民黨」。[2]並言過其實地稱孫中山是「整

---

2 《俄共（布）中央政治局會議第42號記錄》（摘要），《聯共（布）共產國際與中國國民革命運動（1920—1925）》（以下凡屬本書資料，均只列篇名，並注「同前書」），

個中國的實際上的統治者」：並說孫中山本人及其政黨「處在我們的影響之下」。[3]越飛還向俄共（布）中央和蘇俄政府保證：孫中山是「正直的革命者和誠摯的熱心者」，不會像凱末爾那樣欺騙蘇俄領導人；[4]建議保留並扶植華南這個革命運動的基地。[5]

孫中山在同年發表聲明說：由於中國缺乏相應條件，共產主義制度與蘇維埃制度不適用於中國。此主張正符合「東方路線」的要求。越飛認同孫中山的意見，強調：「中國最近迫切和最重要的任務是取得國家的統一和民族完全的獨立」。越飛所說的「民族獨立」是指反對帝國主義。1923年1月23日，越飛和孫中山在上海發表聯合聲明：「越飛君向孫博士保證，中國當得俄國國民最摯熱之同情，且可以俄國援助為依靠」。5月1日越飛電告孫中山，蘇俄政府同意給他200萬金盧布的資助，以用於籌備中國的統一和民族的獨立。[6]同時亦提出了思想政治方面的要求。5月12日，孫中山致電蘇俄外交人民委員部（副本致越飛）說：

> 我們接受您的一切建議，我們將用大部分精力來予以完成。我們將派我們的代表去莫斯科商討細節。[7]

孫中山1921年與馬林晤面時，就曾表示「願意」派一個最能幹的人作使者去莫期科。[8]這任務最終是落實到蔣介石身上。孫中山1923年9月17日在致加拉罕的信中說：「我派他去莫斯科，是為了討論我們在那裡的朋友們能夠用來幫助我們國內的工作的方法和手段。其中包括蔣介石將軍會同您們的政府和軍事專家，討論關於我的部隊在北京的西北及其以外地區採

第187頁。

3 《越飛給俄共（布）、蘇聯政府和共產國際領導人的信》，同前書，第197頁。

4 《越飛給俄共（布）、蘇聯政府和共產國際領導人的信》，同前書，第217頁。

5 《越飛對同孫逸仙合作的前景和可能產生的後果的看法》，同前書，第18-221頁。

6 《孫中山年譜長編》，第1623頁。

7 《孫逸仙誕辰120周年（1866-1986）》，第186頁。

8 《馬林在中國有關資料》，第36頁。

取軍事行動的建議。」[9]代表團8月16日由上海頓輪啟程，由大連經哈爾濱而入俄境，9月2日到達莫斯科，至11月底離開莫斯科返國。

於此同時，1923年7月31日，俄共（布）中央政治局以特別決議的形式，接受史達林的建議：任命鮑羅廷為孫中山的政治顧問。[10]孫中山「以俄為師」，接受列寧的建黨方針與建國原則、改組國民黨，客卿鮑羅廷使廣東政府「布爾什維克化」。[11]

蘇俄派遣鮑羅廷出任孫中山的政治顧問來華之時，正是孫中山派遣孫逸仙代表團訪蘇之日。代表團一行四人，除團長蔣介石外，尚有沈定一、張太雷、王登雲，到莫斯科後，還有駐英國倫敦的非正式代表邵元沖參加。代表團到達莫斯科，蘇俄外交部派員歡迎，到賓館後，得悉列寧積勞成疾，「不能謁晤，而深致感諮」。[12]代表團訪蘇期間，與外交人民委員契切林會晤了兩次，與革命軍事委員會領導人會晤三次，其中包括該委員會主席托洛茨基，以及俄共（布）中央書記魯祖塔克（蔣介石日記寫作「羅素達克」）、蘇聯全俄中央執行委員主席加里寧、教育人民委員盧那察爾斯基。此外還會晤了共產國際遠東局長胡定斯基、東方局長吳廷康（維經斯基）。參加了共產國際執委會的特別會議。參觀一些工廠、農村、訪問了軍隊。並赴彼得格勒和喀琅施塔得參觀訪問其軍校與海軍艦隊。

2、代表團的使命

孫中山此時派蔣介石率團訪蘇，除向蘇聯學習外，最主要的任務是爭取蘇俄支持國民黨在西北建立軍事基地的計畫：其次是宣傳國民黨的主義與革命方針，爭取蘇俄朝野以及共產國際的同情與支持。茲分述為下：

其一，請求援助建立軍事基地與軍校

---

[9] 見A・S・惠廷，《蘇聯在中國的政策（1917-1924）》，第243頁。
[10] 《俄共（布）中央政治局會議第21號記錄》（摘要），同前書，第265頁。
[11] 加拉罕給鮑羅廷的信，同前書，第387頁。
[12] 《蔣介石年譜初稿》，中國第二歷史檔案館編，第133頁。

蔣介石於9月9日與蘇俄革命軍事委員會副主席斯克良斯基和紅軍總司令加米涅夫會晤時提出了這個要求。蔣介石日記載：「下午，訪陸軍部次長司克亮斯克，討研中國現勢」。[13]蔣介石以「擁有孫逸仙授予的全權，奉命就中國作戰計畫問題同革命軍事委員會進行談判。」提出了三個要求：1、希望多派軍事專家去中國南方、照紅軍的模樣訓練中國的軍隊；2、希望提供瞭解蘇紅軍的機會；3、共同討論中國的軍事作戰計畫。俄方對第一個要求的答覆是，蘇俄派人去中國南方，言語不通。可取的辦法是在蘇俄境內成立為中國培養軍事人才的學校；第二個要求完全可滿足：其中第三個要求是重點，蔣介石化了二個小時介紹國內的政治與軍事的現狀，然後提出具體設想，以期與蘇俄政府和軍事專家共同研討。

蔣介石說，華南地區毗鄰香港，「一旦南方軍隊開始向北方勝利挺進，英國人就會立即通過被收買的附近幾個省的督軍在後方暴動。」長江流域，外國人亦擁有大型內河艦隊，很大程度上也妨礙孫逸仙軍隊從長江流域一帶向北方推進。「鑒於上述考慮，南方軍隊總參謀部和國民黨在代表團動身來莫斯科前夕決定。把戰場轉移到中國另一地區，即西北地方。為此目的才派出本代表團。」[14]代表團「報告」書說：

> 中國目前局勢的特點是，不久前在北京舉行違憲選舉（按：指曹錕賄選當了大總統）之後，所有反直勢力的同盟變得更加強大了，所以在最近的將來有可能爆發戰爭。即便考慮到現在國民黨力量還薄弱，即將到來的戰爭的結局也會是反直同盟的勝利。但是從革命的觀點看來，這未必對我們的國家有利。

[15]代表團「報告書」說：

---

13 《蔣介石年譜初稿》，第133頁。

14 《巴拉諾夫斯基關於國民黨代表團拜會斯克良斯基和加米涅夫情況的書面報告》，同前書，第286頁。

15 《國民黨代表團關於中國國民運動和黨內狀況的書面報告》，同前書，第300頁。

基於對革命事業的考慮，所以設想把戰場轉移西北地方。具體的方案是：

「在庫倫以南鄰近蒙中邊界地區建立一支孫逸仙的新軍。由招募來的居住在蒙古、滿州和中國交界地區的中國人，以及滿洲西部招募來的一部分中國人組成。在這裡按照紅軍的模式和樣子組建軍隊，從這裡，也就是從蒙古南部發起第二縱隊的進攻。」

斯克良斯基與加米涅夫，對這個代表團訪蘇的中心任務，沒有立即表態，而是建議代表團「在研究了戰役的一切細節，目前的軍隊部署、未來戰鬥地區的政治狀況等等之後，用書面形式闡明這項計畫。」[16]

蔣按其要求為代表團擬了意見書，「凡八千二百餘言」。並與當時在莫斯科的馬林討論過，代表團內部雖有意見分歧，最後還是以蔣介石的意見為意見。[17]於10月6日「遞外交部、軍務部意見書各一」。[18]既送政府，又送軍方，表明它不僅僅是物資和軍事的問題，也是一個政治外交性質的問題。但蘇俄當局對這書面計畫，擱置了一個多月才予以答覆。因而引起了蔣介石的懷疑，據說還生氣了。[19]

11月11日，斯克良斯基與加米涅夫再次與代表團會談，專門答覆代表團提出的書面計畫。蘇俄的結論意見是：「目前孫逸仙和國民黨應該集中全力在中國做好政治工作，因為不然的話，在現有條件下的一切軍事行動都將註定要失敗。」斯克良斯基舉俄國革命的事例作證。「只有在完成大量的政治工作，準備好那些將大大減輕軍事負擔內部因素以後，才能夠著手進行大規模的作戰行動。」全是政治空話。蔣介石當即辯護說：「在俄國，共產黨只有一個敵人，這就是沙皇政府，而在中國，情況則不同，地

[16] 《巴拉諾夫斯基關於國民黨代表團拜會斯克良斯基和米涅夫情況的書面報告》，同前書，第284-287頁。

[17] 《鮑羅廷與瞿秋白的談話記錄》，同前書，第382-383頁。

[18] 《蔣介石年譜初稿》，中國第二歷史檔案出版社，1992年，第136頁。蔣在其10月12日日記中說「校正意見書交部、見獨霍夫斯基」。

[19] 《鮑羅廷同瞿秋白的談話記錄》，同前書，第328頁。

球上所有國家的帝國主義都反對中國的革命者。在這種情況下，中國的工作遇到了極大的困難。所以在那裡採取軍事行動是必要的。」斯克良斯基仍然維持了原有觀點。[20]

孫中山在國內亦派代表赴京與加拉罕商談在中蒙邊界建立新軍的計畫。加拉罕認為是「空想計畫」。[21]孫中山還向加拉罕「請求提供10000支步槍、10挺機槍、10門輕型火炮和彈藥以及裝備兩個師的電話器材等問題。」加拉罕對此向蘇俄政府「建議減少數量，但不超過二分之一，」並認為「應該給予孫逸仙一點支持，以使他能夠堅持下去」。俄共（布）政治局始終堅持「涉及我們對孫逸仙的態度的問題，不應該單獨研究，而應該全面地同中國的前景聯繫起來研究。」[22]

關於幫助培養軍事人才的問題，開始只同意中國派人來蘇俄學習，蔣介石則援引孫中山在國內與加拉罕的談判中有「在要廣州開辦的學校增加派出人員數量的話。」俄方於是同意「進行一次試驗，如果成立所設想的50人班收到了良好的效果，那麼革命軍事委員會不反對增加派出人員。」[23]

其次，學習蘇俄

代表團訪蘇的另一目的是要學習蘇共（布）。9月7日首先拜訪聯共（布）中央書記魯祖塔克（蔣介石稱為「羅素達克」）。魯祖塔克為代表團介紹了俄國革命最重要的方面，以及實行新經濟政策的原因、共產黨的民族政策、發展工業和組建紅軍的措施等，歷兩個小時。[24]蘇聯的檔案記錄十分簡略，可用蔣介石自己的記錄補充：

---

20 《巴拉諾夫斯基關於國民黨代表團拜會斯克良斯和加米涅夫情況的書面報告》，同前書，第309-313頁。

21 《加拉罕給鮑羅廷的信》，同前書，第295頁。

22 《契切林給季諾維也夫的信》，同前書，第347頁。

23 《巴諾夫斯基關於國民黨代表團拜會斯克良斯基和加米捏夫情況的書面報告》，同前書，第312頁。

24 《巴拉諾夫斯基於國民黨代表團拜會魯祖塔克情況的書面報告》，同前書，第282-283頁。

（俄國）革命成功之點有三：1、工人知革命之必要；2、農民要求共產；3、准俄國150個民族自治，組織聯邦政府。

其缺點有三；充公後無人管理；2、小工廠盡歸國有，集中主義過甚；3、利益分配困難。[25]

再次瞭解軍隊的情況。9月11訪蘇軍教練總監彼祿夫斯基，聽取介紹俄國軍隊的組織內容：「每團由黨部派一政治委員常駐，參與主要任務，命令經其署名方能生效。黨員之為將領及士兵者，皆組有團體，在其團部活動為主幹，凡遇有困難勤務，必有其黨首負責躬先。」[26]9月17日視察步兵144團，軍事院校管理總局秘書盧果夫斯基介紹該團的生活起居、學習。

對組織和軍中的紀律、同志間及與工農間的親密關係，和形成紅軍戰鬥力的因素。蔣介石參觀了該團的連隊、營房……及其士兵每天的食譜。蔣還要求與士兵見面，因此召開了一個有400人參加的大會。蔣在講話中稱讚「紅軍是世界上的一支最強大的軍隊」，「與人民團結一致」。蔣的講話引起了經久不息的掌聲，在國際歌聲中結束，最後高呼「烏啦」！戰士把蔣抬起來，一直到汽車前面告別。蔣通過翻譯告訴盧果夫斯基，他為紅軍的精神所感染，稱紅軍的指揮員與戰士不像首長與部下，而像Farmers。[27]蔣參觀144團後自己留下日記云：其優點「在全團上下親愛，團長專任軍事指揮，政治及知識上事務與精神講話，則由黨代表任之。」19日參觀步兵第二學校。20日參觀軍用化工學校，該校「研究毒氣之使用及防禦法。」22日參觀高級射擊學校，「自十五世紀以來各式槍械約數百種，皆藏於此……，感到俄國武器之研究及進步，可與歐美各國競爭，非若我國之窳敗也。」9月25日至10月2日、訪問彼得格勒，參觀了冬宮及其

---

[25] 《蔣介石年譜初稿》，第133頁。

[26] 《蔣介石年譜初稿》，第133頁。這次訪問蘇共檔案無此記錄。

[27] 《關於國民黨代表團訪問144步後團情況的書面報告》，見前書，第290-293頁。蔣介石在自己的日記中說「全團上下親愛」，其Farmers似是Family的誤譯或誤記。

博物館、海軍大學及海軍學校，以及摩拉塔戰艦。在參觀中均作了詳細記錄，印象是「洵一海軍雄港也。」[28]

此外還參觀了工廠、農村、並考察了蘇俄的教育。

其三，宣傳國民黨的綱領

孫中山為這次代團制訂的一份宣傳提綱——《關於中國國民運動和國民黨的報告》[29]就是蔣介石訪問期間的宣傳基調。11月24日晚，共產國際召開執委會會議，議程為「關於國民黨對共產國際的態度」。代表團應邀參加，「由遠東局長胡定斯基導見主席團。自徐諾維夫（即季諾維也夫）會長以下，各國共產黨主席皆蒞會。」[30]蔣介石在會上說「國民黨代表團是奉國民黨領袖孫逸仙之命派出的」，在莫斯科這個世界革命中心，同共產國際的同志進行坦誠討論。在講話中對三民主義中的民生主義，有著特別強調：

> 第三個主義即民生主義，是通向共產主義的第一步。我們認為，對中國革命來說，目前最好的政策是，作為第一步使用「獨立的中國」、「人民政府」、「民族主義」、「民權主義」之類政治口號。作為第二步，我們將根據共產黨的原則做一些事情。

蔣說「有兩個原因使我們在目前不開始無產階級革命，一是大多數中國人不認識字，宣傳有困難，二是大多數中國人屬於小農階級、小資產階級。如果今天就使用共產主義口號，小土地所有者小資產階級不會加入反對派的陣營。」我們如果使用上述口號，則中國革命將會容易得多。關於世界革命的構想，蔣介石說：

---

28 均見《蔣介石年譜初稿》。
29 《國民黨代表團關於中國國民運動和黨內狀況的書面報告》，同前書，第297-303頁。
30 《蔣介石年譜初稿》，第141頁。

我們認為世界革命的主要基地在俄國。……在俄國的西部戰線，仍然有諸如德國和波蘭這樣一些處於資本主義控制之下的國家，如德國革命不取得勝利，那麼俄國的西部戰線不會安全。」「在俄國的東部戰線有中國，它還處於資本主義和帝國主義的影響下……。國民黨建議：俄國、德國（當然是在德國革命取得成功之後）和中國（在中國革命取得成功之後）組成三大國聯盟來同世界資本主義勢力作鬥爭。借助於德國人民的科學知識、中國革命的成功、俄國同志的革命精神和該國的農產品，我們將輕而易舉地取得世界革命的成功，我們將能推翻全世界的資本主義制度。我們認為，共產國際的同志應該幫助德國的革命，以使它盡可能提前取得巨大勝利。同時我們也希望，共產國際對遠東，特別是對中國革命予以特別的注意。

蔣介石講完後，針對他演說中所提及的小農階級（小土地所在者）和小資產階級，與會的執委當場即有十人次的提問，蔣隨即作了回答。提問結束，然後季諾維也夫說，決議草案已準備好，經與國民黨代表團共同討論後，提出修改意見，再由委員會繼續開會，拿出最後文本。同時說，共產國際「對中國解放運動和解放鬥爭有極大的興趣並特別關注。」對國民黨的三民主義，季諾維也夫指出：「這些口號不是共產主義的口號」，民生主義「完全不是真正的社會主義，但如果它被這樣來運用的話，那麼它有可能導致真正的社會主義目標的發展」。此時蔣介石插話：「我們原則上同意季諾維也夫的講話，但是我們想強調一點，我們不是為資產階級而進行革命工作的。」季諾維也夫接著說，「共產國際並不認為國民黨是資產階級的政黨或資本主義的政黨。……國民黨是人民的政黨，它代表那些為爭取自己的獨立而鬥爭的民族力量……國民黨也是革命的政黨。」[31]

---

[31] 均見《有國民黨代表參加的共產國際執行委員會會議速記記錄》，見前書，第330-338頁。

代表團參加共產國際執委會會議是最後一次公眾會議，第四天即離開莫斯科返國了。

3、與孫中山不同的心得

孫中山領導的南方政府與蘇俄的關係，由此進入了一個具有里程碑意義的關鍵時期。如事態發展的歷史所證明，孫中山聯俄的決心加強了，莫斯科也為孫中山培養軍事幹部，中國軍隊實行紅軍的組織體制；重新解釋三民主義，使之修正成與中共的最低綱領相一致。1924年1月所召開的中國國民黨第一次代表大會，是蘇俄與共產國際把它改變成「中國的雅各賓」黨的關鍵。

鮑羅廷到廣州後，孫中山致電在莫斯科訪問的蔣介石，表達他對俄共的看法：

「誰是我們底良友，誰是我們底敵人，我們胸中都十二分明瞭，所以我們很希望我底良友能夠諒解我們」，又稱「友邦政府及政黨，派代表鮑羅廷到粵援助之熱心與誠意」，並言「中俄兩黨志同道合，利害相共，如能辦到之事，確信其不我卸」。

又囑「吾等與友邦諸同志從長計議」等語。[32]

孫中山此時百分之百地相信友邦友黨的赤誠幫助，就連西北建立新軍事基地計畫的被否定，也持諒解態度，「如能辦到之事，確信其不我卸」。但蔣介石是實地考察，身歷其境，其感受比孫中山通過外交途徑所得的資訊要直接入微得多，所以他對友邦友黨的認識，既與孫中山有共同的地方，亦有獨到的一面。相同的是對蘇俄當時處境的同情，對蘇俄黨政體制也是基本首肯的，他在自己的日記中所作的讚賞可以證明；孫中山通過改組國民黨接受列寧式的建國建軍方針，孫中山去世後，蔣介石仍繼續保留執行。蔣介石對蘇俄認識的獨到之處，表現在把孫中山在給他的電文

[32] 《蔣介石年譜初稿》，第137頁。

中的「中俄兩黨志同道合，利害相共，如能辦到之事，確信其不我卸」幾句，後來親自把它刪除了，是對其援助中國革命的誠意，表示懷疑。

蔣介石究竟從哪些地方產生疑問的？

首先，援助不是無私的。不妨從接待說起，有人說莫斯科對代表團以「最高級別接待」。[33]其實不然。契切林在11月1日致季諾維也夫信中說：「在這裡對孫逸仙的參謀長（指蔣介石）應該表示出親熱，但結果卻相反，除了我之外，同他見面的只有斯克良斯基同志。」[34]後來得知蔣有不滿，才作了一些彌補。

國民黨在西北建立軍事基地的設想請求援助，不是憑空提出的。越飛在1923年5月1日致孫中山電的第三條即主動建議：

> 我們還準備協助您利用中國北方的或中國西部的省分，組織一個大的作戰單位，但遺憾的是我們的物資援助數額很小，最多只能有八千支日本步槍，十五挺機槍，四門OPNcako（奧里薩卡）炮和兩輛裝甲車，如你同意，則可利用我國援助的軍事物資和教練，建立一個包括各兵種內部軍校（而非野戰部隊）、這就可以為北京和西部的革命準備好舉辦政治和軍事訓練的條件。[35]

事隔不到半年，代表團提出此計畫，不過要求兌現以前的承諾而已。蘇俄政府竟自食前言而以空言搪塞！因此引起蔣介石嚴重警惕。

代表團所提擬議中的軍事基地，地點設在庫倫以南的中蒙邊境，觸及蘇蒙之間的敏感問題。契切林下意識地脫口而說：「蒙古人怕中國人」，流露出對外蒙古侵吞的野心。

---

33 《聯共（布）共產國際與中國國民革命運動（1920-1925）》第三部分分綜述，第292頁。
34 《契切林給季諾維也夫的信》，同前書，第307-308頁。
35 《孫中山年譜長編》，第1623-1624頁。

外蒙在辛亥革命之前，帝俄已有覬覦的野心，慫恿外蒙王公於宣統三年密議獨立自治，俄軍已開抵庫倫。武昌起義的消息傳到庫倫後，外蒙即宣佈獨立自治。但名義上尚未隸屬帝俄。1913年中俄協議：俄方承認中國在外蒙的宗主權；中國承認外蒙的自治權，並不得在外蒙駐軍殖民。1915年中俄蒙簽訂《中俄蒙條約》，追認1913年的中俄協議。翌年，外蒙王公有意取消自治而未成。蘇俄十月革命後，外蒙王公取消自治，歸附中國。1919年8月中蒙協議取消1915年的《中俄蒙條約》恢復前清舊制。同年10月西北籌邊使徐樹錚赴外蒙庫倫，擅自將原定協議大加修改，將優待蒙古人的條件多數刪去，致使原來主張取消自治的外蒙王公竟一變而為反對取消自治。1920年白俄叛軍兵侵庫倫，蘇俄紅軍1921年7月由此進入外蒙，成立外蒙臨時人民革命政府，歸附蘇俄勢力範圍。

1923年在孫中山與越飛聯合宣言中，聲稱「俄國現政府決無亦從無意思與目的在外蒙古實施帝國主義政策，或使其與中國分立。孫博士因此以為，俄國軍隊不必立時由外蒙撤退，緣為中國實際利益與必要計，中國北京現政府無力防止因俄軍撤退後白俄反對赤俄陰謀與抵抗行為之發生，以及釀成較現在尤為嚴重之局面。」[36]蔣介石則敏銳地感到其中奧秘，11月26日致函契切林說：

> 那天你說「蒙古人怕中國人」這句話，要知道蒙古之所怕的是現在中國北京政府的軍閥，決不是怕主張民族主義的國民黨。蒙古人惟有怕的心理，所以急要求離開怕的環境。這種動作，在國民黨正想快把能夠從自治的途徑上，達到相互親愛協作底目的。如果蘇俄有誠意，即應該使蒙古人免除怕的狀況。須知國民黨所主張的民族主義，不是說各個民族分立，乃是主張在民族精神上做到相互間親愛的協作，所以西北問題正是包括國民黨要做工作的真意。使他們在

[36] 《孫中山年譜長編》，第1564頁。

實際解除歷史上所遺傳籠統的怕。我們儘量把我們訪問黨部的意旨對我們良友傾談，你那天叫我們訪問黨部的首領談話，我很希望你先把我們這一段意思介紹到黨部。[37]

蔣介石在此強調，他們把軍事基地建立在中蒙邊界，正是貫徹民族主義的親愛協作精神，不讓蒙古分裂出去是國民黨「做工作的真意」。他在代表團內部說「蒙古人不該怕中國，因為中國是主人。後來他們無法平靜下來，因為那裡駐有紅軍」。[38]11月19日，蔣介石寫信給托洛茨基說：「此次負國民黨使命，代表孫先生來此，要求貴政府於本黨所主張西北計畫，力予贊助。華人懷疑俄國侵蒙古一點，務望注意避免。」[39]11月27日，代表團向托洛茨基辭行時，托洛茨基說，「蒙古希望獨立，如果你們想同它建立統一戰線，你們應該把它視為兄弟。並說你們不想主宰它。」[40]契切林由此而說蔣介石「神經敏感到極點」。[41]正是說明蔣介石一語中的。翌年所簽訂的中俄協定中，蘇聯仍承認外蒙為中國領土之一部分。但實際上，外蒙仍為蘇俄所控制。

黎東方在《蔣介石序傳》中說，維經斯基當時曾勸他加入共產黨，並答應給他幾個師的裝備，於西北建軍，統一中國。蔣以請示孫先生而婉拒了。兩種態度，已昭然若揭，焉有不生疑竇的。

其次，蔣說蘇俄「完全不把他放在眼裡」，[42]也不是空穴來風。且不說談吐的話語神情，或行文的字裡行間，僅就黨的關係而言，不以平等相待。蔣介石應邀參加共產國際執委會主席團會議，討論的議題就是「國民黨對共產國際的態度」，一個獨立政黨的政策方針，要由「國際」來討論表決，共產國際並非各國選舉產生。季諾維也夫說，「應當使三民主義變

37 《蔣介石年譜初稿》，第137-138頁。
38 《鮑羅廷同瞿秋白的談話記錄》同前書，第384頁。
39 《蔣介石年譜初稿》，第140頁。
40 《鮑羅廷同瞿秋白的談話記錄》，同前書，第383頁。
41 《契切林給季諾維也夫的信》，1923．11．1。
42 《契切林給季諾維也夫的信》，1923．11．1。

得更具體、更明確。」竟是對國民黨一系列基本方針、包括民族問題、對待工人和農民的態度問題無故指責，並作了任意的修改。雖然蔣介石在會議上有所抗辯，最後由布哈林、柯拉羅夫、阿姆特和維經斯基所起草並在11月28日正式通過的決議，依然如故。決議有八條，首先說國民黨所發起推動的「推翻滿清王朝的辛亥革命」，沒有進行到底，因為沒有吸收城鄉勞動群眾參加，把計畫寄託在軍事上。現在以孫中山為首的國民黨已認識到這點。同時對三民主義將要作「符合時代要求的民族政黨」的解釋：民族主義「為反對世界帝國主義及其走卒」；民權主義「不能當作一般『天賦人權』看待，必須看作是當前中國實行的一條革命原則」。民生主義解釋為「把外國工廠、企業、銀行、鐵路和水路交通收歸國有」，才具有革命意義。第七條指出：「共產國際曾經而且還將指示中國共產黨、工人階級和勞動農民，必須全力支持國民黨。」通篇以總管身分，居高臨下，越俎代庖，不僅指揮中國共產黨，還指揮中國的工人、農民，國民黨亦沒有被視為平等的友黨。當天，蔣介石看到正式文本後，怫然曰：

> 籲，觀其論調，不認識友黨如此，應愧自居為世界革命之中心。[43]

不能平等待友黨，也就不能平等待友好的國家與民族。

其三，發現留蘇青年學生有「自大之心」。代表團在莫斯科期間，適逢雙十國慶日，中國留學生開慶祝會，俄共黨部與外交部都派代表參加祝賀，蔣介石應邀講演辛亥革命的歷史。第二天即有留學生批評蔣的演說「有崇拜個人之弊」。蔣對此認為「中國青年自大之心，及其願為外人支配，而不知尊重祖國領袖，甚為吾黨懼焉」。[44]

所謂「崇拜個人」，是指蔣介石在演說中突出了孫中山在革命中的作用。所謂「自大之心」，即指在莫斯科學習的中國留學生，在意識形態上

---

[43]《蔣介石年譜初稿》，第141頁。

[44]《蔣介石年譜初稿》，第136頁。

信仰了列寧主義。即崇拜馬、恩、列、斯，服膺其理論、學說，看不起祖國的革命領袖孫中山等人，也看不起三民義等理論，奉莫斯科的言論為圭臬。蔣認為如有中國人奮起保衛蘇維埃，就是「願為外人支配」。當時在東方大學學習的趙世賢，與蔣聯繫頗多，蔣則為他講述「此次來俄經過情形，戒其毋為外人支配」。[45]

蔣介石返國時，中國在莫斯科留學的學生，托蔣帶一信給孫中山。蔣在歸國途中看了這信，讀到其中「忠臣多而同志少」之語時，「瞿然」曰：

> 青年見解謬誤若此，共信已失，黨誼不敦、禍變將作矣，予欲無言。[46]

所謂「忠臣」，是指忠於孫中山並信仰三民主主義的民族主義革命者，蔣介石在蘇俄訪問期間即自命為「忠臣」；所謂「同志」，是指信仰列寧主義，並自認為有遠大理想的青年人。在此是說國民黨內的守舊者居多數，具有「先進」思想的是少數。蔣介石稱其「見解謬誤」是指其不以三民主義為黨的「共信」。信仰各異，則「黨誼不敦」，黨內必起矛盾鬥爭。「禍變將作」，即預示著國共兩黨必將相互殘殺。在蔣看來，這些禍根都是莫斯科種下的。

最後，蘇俄政制的「弊病」。蔣在蘇三月餘，「日習其國語，喜弄琵琶與琴，看馬克斯學說上半部，頗欲厭去。至下半部，則生玄悟而不忍釋手矣。」[47]下半部是國家學說，蔣認為「亦有至理」。在訪晤中對蘇俄主要領導人的印象是：共產國際首領季維也夫，「殊無振奮之氣，外強中乾，其成功蓋可知已」；[48]全俄蘇維埃中央執行委員會主席加里寧，「一誠篤農民也，問渠國外大勢，不知所答。其勞工專政之代議士

[45] 《蔣介石年譜初稿》，第141頁。
[46] 《蔣介石年譜初稿》，第142頁。
[47] 《蔣介石年譜初稿》，第138頁。
[48] 《蔣介石年譜初稿》，第141頁。

哉?!」[49]唯對托洛茨基，稱「其人慷爽活潑，如言革命黨之要素：忍耐與活潑，二者不可缺一」。但亦感其「個性消極，尤宜致力乎此」。[50]

11月24日宴請雷文夫婦，蔣在席上所說的一番話，可視為對蘇俄政制的總評價：

> 俄國缺乏中級人才，政治往往為下級所蔽，而一般自滿、專制、輕信、遲疑。尤其最顯著弊病，遇大事不能潛機觀察，好逞客氣，個人無定識，尚不能自立，況於國家乎。

「中級人才」，實是指獨立的自由主義者，有膽有識敢於評論時政：「下級」是指基層幹部；「一般」民眾「自滿、專制、輕信、遲疑」；遇大事不必「潛機觀察」，這是由於要求庶民對俄共的絕對「信任」，有黨的英明領導，庶民則毋庸操心，更毋須有「定識」，也不必「自立」。但他們卻「好逞客氣」。「客氣」者，謂言行虛驕，非出自真誠之謂也。或曰：「客氣者言非出於衷心」。言不由衷還喜歡誇耀也。

這些零星的印象與上述四個方面匯總在一起，就形成了對邦交的疑問：與這樣的國家打交道能「利害相共」？

蔣介石在返國途中，「屬遊俄報告書」，寄廣東孫中山。12月12日上午到上海，沒有直接去廣州覆命，卻於下午回浙江老家，12月30日孫中山電蔣：「兄此行責任至重，望速來粵報告一切，並詳籌中俄合作辦法，台意對於時局、政局所有主張，皆非至粵面談不可」。[51]不過在當時的形勢下，縱然蔣據理力爭，也不可能改變孫中山聯俄圖發展的決策。1924年3月14日，蔣介石寫了一封信給廖仲愷，其中一節說：

---

49 《蔣介石年譜初稿》，第140頁。
50 《蔣介石年譜初稿》，第141頁。
51 《蔣介石年譜初稿》，第144頁。

……尚有一言欲直告於吾兄者，即對俄黨問題是也。對此問題，應有事實與主義之別，吾人不能因其主義之可信，而乃置事實於不顧。以弟觀察，俄黨殊無誠意可言，即弟對兄言俄人之言只有三分可信者，亦以兄過信俄人，而不能盡掃兄之興趣也。至其對孫先生個人致崇仰之意者，非俄國共產黨，而乃國際共產黨員也，至我國黨員在俄國者，對於孫先生惟有詆毀與懷疑而已。俄國對中國之惟一方針，乃在造成中國共產黨為其正統。決不信吾黨可與之始終合作，以互策成功者也。至其對中國之政策，在滿、蒙、回、藏諸部，皆為其蘇維埃之一，而對中國本部未始無染指之意。凡事不能自立，而專求於人而能有成者，決無此理。國人程度卑賤，自居如此，而欲他人替天行道，奉如神明，天下寧有此理耶？彼之所謂國際主義與世界革命者，皆不外凱撒之帝國主義，不過改易名稱，使人迷惑於其間而已。所謂俄與英、法、美、日者，以弟視之，其利於本國而損害他國之心，則五十步與百步之分耳。至兄言中國代表總是倒楣，以張某作比者，乃離事實太遠，未免擬於不倫，其故在於中國人只崇拜外人，而抹煞本國人之人格，如中國共產黨人之在俄者，但罵他人為美奴、英奴與日奴，而不知其身已完全成為一俄奴矣。

吾兄如仍以弟言為不足信而毫不省察，則將來恐不免墮落耳。黨中特派一人赴俄，費時半年，費金萬餘，不可為不鄭重其事，而於弟之見聞報告，毫無省察之價值，此弟當自愧信用全失，人格掃地，亦應引咎不遑也。然弟在俄行動，自覺無可為人誹謗之處，亦無失卻黨體之點。因強入共產黨問題，而弟以需請命孫先生一語，即以弟為個人忠臣相譏刺。弟自知個性如此，殊不能免他人之非笑，然而忠臣報君，不失其報國愛民之心，至於漢奸、漢奴，則賣

國害民而已也。吾寧原負忠臣卑鄙之名，而不願帶洋奴光榮之銜，竊冀與兄共勉之。……[52]

蔣介石寫這封信，是補充前寄《遊俄報告書》未盡意見。同時抄送了各常務委員。蔣事後追述其對蘇俄的認識，完全是在訪蘇期間實地考察中得來的。他說：「在我來訪蘇俄之前乃是十分相信俄共對我們國民革命的援助，是出於平等待我們的至誠，而絕無私心惡意的。但是我一到蘇俄考察的結果，使我的理想和信心完全消失。」這是蔣介石在1956年《蘇俄在中國》中說的，此書由陶希聖代筆，未免有所渲染，但在1924年致廖仲愷信，應該是當時的真實思想。由此而看蔣介石嗣後的一系列反蘇、反共事件，也就不難理解了。

孫中山至死沒有動搖其聯俄政策，蘇俄對他也是放心的，加拉罕說，「國民黨在中國的運動根本不同於土耳其。越飛當時非常正確地指出了這一點，土耳其的民族革命運動把共產黨人投入監獄，或乾脆把他們暗殺，它宣佈共產黨非法，……我們同國民黨則完全是另一種情況。在這裡我們的顧問（指鮑羅廷）參加這個國民革命運動黨的中央，我們在這裡享有極大的威信。而我門的指示和建議對於黨具有特殊的意義……。」[53]1925年孫中山在臨終前遺囑：「必須喚起民眾及聯合世界上以平等待我之民族共同奮鬥。」並向蘇俄政府托孤：讓遺下的國民黨「與你們合力共作」。[54]這個土耳其凱末爾的角色，終於由蔣介石扮演了。但這個中國的凱末爾，實是由蘇俄自己製造的。

[52] 《蔣介石年譜初稿》，第167-168頁。
[53] 《加拉罕給契切林的信》，同前書，第415頁。
[54] 《孫中山致蘇聯政府遺》，《孫中山年譜》，第2131頁。

（二）胡適為蘇俄的政治大試驗所感動

1、驗證蘇俄的「狄克推多」

1926年7月17日，胡適由此北京出發，假道莫斯科，去英國參加中英庚款諮詢委員會會議。胡適這次所以繞道莫斯科，是為了求征他政治理念的假設。前此不久，他撰《我們對於西洋近代文明的態度》，指出「十九世紀以來，個人主義的趨勢的流弊漸漸暴白於此了，資本主義之下的苦痛也漸漸明瞭了。遠識的人知道自由競爭的經濟制度，不能達到真正的自由、平等、博愛的目的」。西方社會向來承認「財產」是神聖的人權之一，但在十九世紀以後，這觀念根本動搖了，有人竟說「財產是掠奪」，所以國家徵收極重的遺產稅，財產已不許完全私有了。近幾十年間，勞動階級已成為社會上有勢力的集團，同盟罷工可以使政府屈服，「俄國的勞農階級竟做了全國的專政階級，這個社會主義的大運動現在還正在進行」。[55]胡適從社會生產的發展，導致社會興起新的勢力，認為這種發展，是一種必然的趨勢。在當時的中國，社會主義已是能與資本主義相匹敵的思潮。但是，對俄國所實行的無產階級專政，一般不為自由主義的知識份子接受。去年，在其周圍的朋友中，還曾有過一場「反赤化」的討論，朋友們要他加入這個討論，他遲疑很久，終沒有表態。他說，「我的實驗主義不容我否認這種政治試驗的正當，更不容我以耳代目，附和傳統的見解與狹窄的成見」。[56]

7月29日，胡適到達蘇聯的首都，當火車馳進市區，他從窗外看到的景物，就給他一個好印象，「早間所過城鎮村落，遠遠可望見者皆金頂之禮拜堂也，其數量之多，建築之佳，均是驚人。及到莫斯科，所在皆見絕

---

55 《胡適文存》三集，卷一，第18頁。
56 《歐遊道中寄書》三，《胡適文存》三集，卷一。

偉大宏偉之禮拜堂。此間人有一句俗話，四十個四十，謂moscow有1600所禮拜堂。『南朝四百八十寺』，此意可想」。[57]看到的是文化的象徵。

胡適在此逗留了三天，參觀了革命博物館，仔細地看了俄國1890-1917年的革命史料展覽；詳盡地考察了第一監獄；訪問了「國際文化關係會」，會晤了于右任、蔡和森、劉伯堅、任××、王達人、馬文彥等人。在這三天時間裡，他看到的是熱火朝天的生產建設。蘇俄的政治家「在這幾年的經驗裡，已知道生產（Production & produtivity）的問題是一個組織問題。資本主義組織發展到了很高的程度，所以有偉大的生產力。社會主義的組織沒有完備，所以趕不上資本主義的國家的生產力」。[58]胡適相信社會主義的生產組織將來亦能趕上資本主義的生產組織。中國「衣食足而後知榮辱，倉廩實而後知禮節」的古訓，證明物質和生產的進步，就是文明的進步，他雖然是走馬看花，卻使他心悅誠服。他在致友人的信中說：

> 此間的人正是我日前信中所說有理想與理想主義的政治家；他們的理想也許有我們愛自由的人，不能完全贊同的，但他們的意志的專篤（Aeriousness of Purpose）卻是我們不能不十分頂禮佩服的。他們在此做一個空前的偉大政治新試驗；他們有理想、有計劃、有絕對的信心，只此三項已是使我們愧死。我們這個醉生夢死的民族怎麼配批評蘇俄！[59]

蘇俄所做的「空前的偉大政治試驗」是什麼？正是指的「無產階級專政」。這個問題上，胡適說，「近世的歷史指出兩個不同的方法：一是蘇俄今日的方法，由無產階級專政，不容有產階級的存在。一是避免『階級鬥爭』的方法，採用三百年來的『社會化』（Socializing）的傾向逐漸

[57] 《胡適的日記》1926年7月29日，《胡適研究叢刊》第二輯，中國青年出版社，1996年，第341頁。
[58] 《歐遊道中寄書》五。
[59] 《歐遊道中寄書》三。

擴充享受自由享受幸福的社會」。[60]胡適自然是主張「避免階級鬥爭的方法」，並說這是「新自由主義」，或「自由的社會主義」。胡適就是帶著這個問題，專程來此尋求答案的。在這三天時間裡，他一方面與外國在俄工作的學者共同探討，一方面則與共產黨人縱談乃至爭辯。

7月30日他訪問「國際文化關係會」時，遇到了美國芝加哥大學的二位教授。一位是C・E・Morrium教授，他著有《American Political Theories》，是研究政治學說史的學者；一位是Harpers教授，他是芝加哥大學校長的兒子，曾在莫斯科留學，專治俄國史，先後來俄國達13次之多。第二天，胡適再訪M教授。問他：

以政治學說史家的眼光看蘇俄，感想為何？以一黨專政，而不容反對黨的存在，於自由的關係如何？所謂Dictatorship的時期究竟何時可終了？既不許反對黨的存在，則此訓政時期豈不是無期的延長嗎？

M教授說：

此間作此絕大的，空前的政治試驗，自不容沒有保障，故摧殘一切所謂「反革命行為」是可以原諒的。向來作Dictator的，總想愚民以自固其權力。此間一切設施，尤其是教育的設施，都注意在實地造成一輩新國民，——所謂「Socialisticgeneiation」，此一輩新國民造成之日即是Dictatorship可以終止時。[61]

這是旁觀者的客觀分析，胡適認為「此論甚公正」。

次則為共產黨人的意見。8月2日胡適在離開莫斯科西行的火車上，遇見一位蘇俄外交委員會的成員Theodere Rathstein，在交談中，使胡適感興

60 《歐遊道中寄書》五。
61 《胡適的日記》1926年7月31日。

趣的是他對蘇俄實行專政的自我辯護。胡適記下了R的辯護的主要內容：

> 你不必對於我們的Dictatoisship懷疑，英美等國名為尊重自由，實是戴假面具，到了微嗅得一點危險時，即將面具撕去了。如此次對付罷工的Eveilyway PoweisAct即是一證。他們也是一種Dictatoiship，只是不肯老實承認。蘇俄卻是言行一致，自認為無產階級專政。[62]

胡適看到蘇俄的《刑事律》及《蘇俄指南》「皆十分老實，毫無偽裝的面孔」。所以認為「此言卻甚有理」。[63]是相信地接受了。

7月31日偕M、H倆教授同參觀第一監獄，給胡適的印象極佳，在日記留下頗為詳細的記載，值得一提。它對胡適判斷問題有頗大作用。他說此監獄在郊外，有392名重犯，本須均隔離，今改為二人一家。每天勞動八小時，所得工資除去必須的費用和作工的原料費外，都可寄回家去。勞動之餘各按其性情與教育程度組織各種活動，如討論教育、甚至討論政治、音樂會、文學討論會等，一般一室放一桌二凳，但有一犯人是音樂家，平日須作譜，所以特地給他一張桌子。「別處監獄皆有自治制，此因係重犯，故除文化的與教室的活動之外，管理仍由專人司之」。犯人的伙食，獄方請胡適等人試吃一點，其「麵包比SavoyHotel的還好，也是犯人自作的。醫務室有常駐醫生，還有花柳病專家不時來出診。「又有心理病專家專研究犯人的心理狀態」。「據導者說，向日此項重犯以隔離之故，多生精神病態，今改革之後，人有工作，病態大減了」。[64]筆下所描寫的是一個理想的監獄，姑不論其是否專供人參觀的窗口，但給胡適的印象，至少是人道主義的。

---

[62] 《胡適的日記》1926年8月2日。

[63] 《胡適的日記》1926年8月2日。

[64] 《胡適的日記》1926年7月31日。

胡適與蔡和森等人的爭辯，也均為蘇俄現行的無產階級專政問題，胡適因此激動不已，8月3日，胡適在日記裡留下如此記述：

> 回想日前與和森的談話，及自己的觀察，頗有作政黨組織的意思。我想，應該出來作政治活動，以改革內政為主旨，可組織一政黨，名曰「自由黨」。充分的承認社會主義的主張，但不以階級鬥爭的手段。共產黨謂自由主義為資本主義之政治哲學，這是錯誤的。歷史上自由主義的傾向是漸漸擴充的，先有貴族的爭自由，資產階級的爭自由，今則為無產階級的爭自由。略如下圖：
>
> 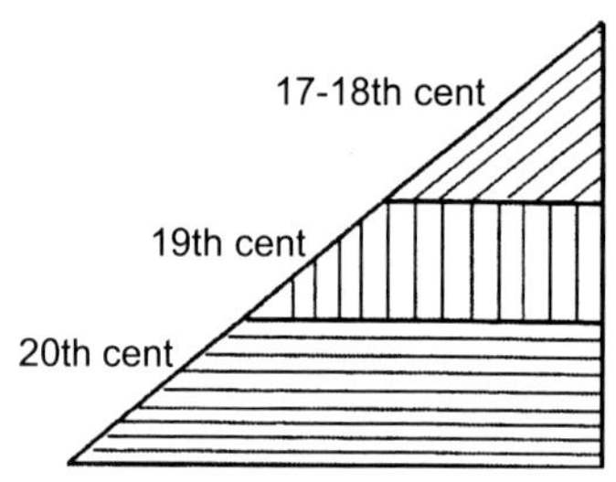
>
>
> 不以歷史「必然論」為哲學，而以「進化論」為哲學，資本主義之流弊，可以為人力的制裁管理。
>
> 黨綱應包括下列各事：
>
> ①有計劃的政治。
>
> ②文官考試法的實行。
>
> ③用有限的外國投資來充分發展中國的交通與實業。
>
> ④社會主義的社會政策。[65]

[65] 《胡適的日記》1926年8月3日。

2、對新俄持理解態度

上述是胡適在莫斯科求證時所作的實驗主義記錄。他說「在世界政治史，從不曾有過這樣大規模的『烏托邦』計畫居然有實地試驗的機會。求之中國史上，只有王莽與王安石做過兩次的社會主義的國家試驗，王莽那一次尤可佩服。他們的失敗應該更使我們瞭解蘇俄的試驗的價值。」他還說這種「大政治試驗」，「與我們試作白話詩，或美國試驗委員會制與經理制的城市政府有同樣的正當」。[66]當然有些問題還需繼續深入取證。

時間又不允許久留，則從長計議，「這回如不能再回到俄國，將來回國之後，很想組織一個俄國考察團，邀一班政治經濟學者及教育家同來作一較長的考察」。[67]

胡適須要求證的問題，初步的結論是滿意的。他為國內的朋友所提供的也即是M教授的意見：

> 狄克推多向來是不肯放棄已得的權力的，故其下的政體總是趨向愚民政策。蘇俄雖是狄克推多，但他卻真是用力辦新教育，努力想造成一個社會主義的新時代，依此趨勢認真做去，將來可以由狄克推多過渡到社會主義的民治制度。

胡適認同M教授的論斷，他也從蘇俄教育部所出版的《公家教育》上看到八年的教育，成績驚人，「可惜此時各學校都放假了，不能看到什麼實際的成績」。這是十分遺憾的事，以後有人問及蘇俄教育，他「不願答辯」，只是說「蘇俄並不是輕視純粹科學與文學……一切科學上的設施，考古學家的大規模的探險與發掘，政府總是竭力贊助的；並說蘇俄的教育制度遍地是公民教育，遍地是職業教育……養成人人的公民程序與生活能

66 《歐遊道中寄書》三。

67 《歐遊道中寄書》三。

力，而同時充分給與有特別天才的人分途專習高等學問的機會」。[68]

胡適對新俄心悅誠服的結論，和衷心讚揚的寄書，在朋友中傳閱，或有媒體如《晨報》編選摘載，「胡適已被赤化」的傳言，則不脛自走。在胡適的朋友中，如錢端升持贊同的態度。他說「你走後的行止，你走後的感觸，我常在《晨報》及其它諸位友人處聽見一二。有人說你很表同情於共產，此真士三日不見，當刮目以待了，真令吾儕欲行不得的人，望洋興羨。」[69]

徐新六的態度客觀、冷靜。為探討這一時代的走向。他希望胡適在這方面下一番工夫。他說：

> 俄國革命對於舊式之社會雖有震撼摧拉之力，我輩亦不能見其力大而以為是。猶之手西歐社會之組織經此震撼，未經摧拉，我輩亦不能認為即應存在之證也。俄國之特色，一為政治上黨治之試驗，一為經濟上共產之試驗。共產未能成功，而行其所謂新經濟政策，然不能謂其說即可廢，故我輩當平心靜氣研究此一點之是否，以及對於我國此時是否為對症之良藥。如其不然，當研究出一方案來，徒為消極anti（反對）確是無聊的。弟所希望於兄者，對於政治如未用過上述幾層工夫以前，不必急提方案，而卻不可不苦用一番工夫，或可終於提出一個方案。[70]

徐志摩不以為然，認真地與胡適辨論，提出蘇俄烏托邦理想在學理上有無根據，方法是否對頭（包括能否走比較平和而犧牲小些的路徑）、有無普遍性等問題。胡適態度認真，憑自己的思考逐一回答。他說，「平心說來，這個世界上有幾個制度是『在學理上有充分的根據』的？」政治的

68 《歐遊道中寄書》五。
69 《胡適來往書信選》（上），第406頁。
70 《胡適來往書信選》（上），第419-420頁。

歷史「不是東風壓了西風，便是西風壓了東風」，事情成功了，學理亦隨之產生了。如說「私有財產廢止之後，人類努力進步的動機就沒有了」。胡適指出，這是「感情與成見」在作崇。他反證說，科學家的創造發明，對人類有絕大的貢獻，「他們自己何嘗因此發大財？」並例舉英國有個醫生發現了一種治肺病的藥方，有85%的成效，但不肯把藥方告人，英國醫學會則指責這醫生玷辱科學家的資格，把他的會員資格取消了，正是證明醫生的尊嚴就是不許他謀私利。胡適說，「無論在共產制或私產制之下，有天才的人總是要努力向上走的。幾百年前，做白話小說的人，不但不能發財做官，並且不敢用真實名字」。

至於用什麼方法？則要視所遇到的對手和碰到的問題而定。胡適說：

> 認真說來，我是主張「那比較平和犧牲小些」的方法的，……共產黨的朋友對我說「自由主義是資本主義的政治哲學」。這是歷史上不能成立的話。自由主義是漸次擴充的。……為什麼一定要把自由主義硬送給資本主義。[71]

漸進是胡適一貫的主張。他說狄克推多「勢不能不靠流氓與暴民作事，亦正非吾輩所不能堪。德國可學，美國可學，他們的基礎皆靠知識與學問，此途雖過緩，然實唯一之大路也」。[72]胡適說的自由主義漸次擴充的原則，與列寧所說民主的範圍逐步擴大的理論似相類，但付諸實踐則迥異。不過胡適在此已認同西方的自由民主有假面具的成分。

蘇俄雖否定自由主義，但胡適在莫斯科感受到的「Aeriouoness of Purpose，真有一種『認真』『發憤有為』的氣象」。他說「我去看那『革命博物館』，看那1890—1917年的革命運動，真使我們的愧死。我想我們應該發憤振作一番，鼓起一點精神來擔當大事，要嚴肅地做個人，

---

[71] 以上均見《歐遊道中寄書》五。

[72] 《胡適的日記》（手稿本）1926年9月18日。

認真地做點事，方才可能對得住我們現在的地位」。[73]他說這幾年在北京「大舒服了，太懶惰了，太不認真了」。與莫斯科政治新試驗的「意志的專篤」相比，感到慚愧。

因此他認為，蘇俄的「一黨專政」，與中國現在所說的「赤化」不同，中國現在的所謂「赤化」，不是什麼「贊成」中國行共產制，而是妄想天上掉一個狄克推多下凡，以拯救這個國家。把「中國的一切罪狀歸咎於外國人」，是不反求諸已的懶惰哲學。他認為中國有人喜歡「狄克推多」，是如「五代時的唐明宗每夜焚香告天，願天早生聖人以安中國」。他說這是妄想。「列寧一班人都是很有學問經驗的人，不是從天上掉下來的。況且『狄克推多』制下，只有順逆，沒有是非——今日之豬仔（不限於議員）正是將來『狄克推多』制下的得意人物，這種制度之下，沒有我獨立思想的人的生活餘地」。胡適認為中國之所以糟到今天如此田地，完全是自己不爭氣的結果，不該把責任推到外國洋鬼子身上，「為什麼外國人不敢去欺侮日本呢？」[74]

蘇俄的制度有無普遍性？胡適的答案是，「什麼制度都有普遍性都沒有普遍性。……我們如果肯『幹』，什麼制度都可以行。如其換湯不換藥，如其不肯認真做去，議會制度只足以養豬仔，總統制度只足以擁戴馮國璋、曹琨，學校只可以造飯桶，政黨只可以賣身」。[75]凡事靠自力更生，這個態度與蔣介石當年訪蘇的心得就類似了。

胡適與蔣介石的訪蘇，兩人的視角不同，代表的利益也各異。蔣介石是從政治出發，是直覺的。一切為國民黨的利益為轉移。胡適的訪問莫斯科，是從文化層面考察世界上出現的新型政權，超越了黨派的利益，是理性的。他說「十八世紀的新宗教信條是自由平等博愛，十九世紀以後的新宗教信仰是社會主義」。

73 《歐遊道中寄書》四。
74 《歐遊道中寄書》五。
75 《歐遊道中寄書》五。

M教授對蘇俄無產階級專政的闡釋，與胡適表述其為：「將來可以由狄克推多過渡到社會主義民治制度」的命題，均不是根據列寧的學說，而是出於各自的理解。就哲學而言，列寧是必然論，M教授與胡適是進化論。西歐社會，自文藝復興以來，即是由封建而專制，再走向民主共和。資本主義發展到正常的共和民主國階段，已是政黨政治，可以相互競爭。而新俄的無產階級專政，則不允許反對黨的存在，「訓政時期」是否會無限期延長？只有寄望其重視教育「造成一輩新國民」。「此一輩新國民造成之日」，大概即是馬克思、恩格斯在《共產黨宣言》中所說的：執政的無產階級「以統治階級資格運用強力去消滅舊的生產關係，那麼它在消滅這種生產關係時也就會一併消滅掉階級對立狀態存在條件以及一般階級存在的條件，因而也就會一併消滅掉它自己這個階級的統治」。這僅是一種理想，在人類社會的歷史上從未有過這樣的事實。

3、蘇俄走的也是美國的路

胡適在莫斯科深受蘇俄人民專心致志的生產建設「幹」勁所刺激，所說十九世紀以後的「新宗教信條是社會主義」，是從生產力進化的角度看的，不是出於意識形態。胡適當時把人力車文明稱為東方文明，摩托車文明稱為西方文明。「人力車代表的文明就是用人作牛馬的文明。摩托車代表的文明就用人的心思才智製作出機械代替人力的文明。」以此駁斥有人說東方文明是精神文明。胡適認為用人的智慧製作機械「卻含有不少理想主義，含有不少精神文明的可能性」。[76]他把哈爾濱當作東西文明的交界點，就是說他承認俄國的文明還優於中國。當時的美國，他認為是世界上生產力最高的國家。蘇俄也是向美國看齊的。他還說「美國是不會社會革命的，因為美國天天在社會革命之中。這種革命是漸進的，天天有進步，故天天是革命。如所得稅的實行……已成了國家稅收的一大宗。巨富家私

[76] 《漫遊的感想》（一），《胡適文存》三集，卷一，第52頁。

有納稅百分之五十以上的。這種社會化的現象隨時都可以看見」。[77]胡適已闊別美國十年，今日重遊，「略觀十年中的進步，更堅信物質文明尚有無窮的進步」。[78]馬克思的預言已不再適用於美國了，他說，「從前馬克思派的經濟學者說資本愈集中則財產所有權也愈集中，必做到資本全歸極少數人之手的地步。但美國近年的變化都是資本集中而所有權分散在民眾。」胡適在紐約參加的一次「兩週討論會上」，聽到一位勞工代表在會上歌頌當今盛世。這位勞工代表說：

> 我們這個時代，可以說是人類有史以來最偉大的時代，最可驚歎的時代。

這是由衷之言，這聲音發於美國，不在莫斯科。胡適十分感動，他說「社會革命的目的，就是要做到被壓迫的社會分子能站在大庭廣眾之中歌頌他的時代為人類有史以來最好的時代」。[79]胡適當時心目中的「自由的社會主義」，實際上就是美國，那裡已有世界上最發達的先進生產力，整個社會正向著「社會化」、「協作化」的方向前進。他說：「用鐵路汽車路來做到統一，用教育與機械來提高生產，用防弊制度來打倒貪污，這才是革命，這才是建設」。[80]他把美國當作一面鏡子，要中國人隨時隨地把美國的生產、教育、制度等方面加以對照，找出差距，明確努力的方向。這種理念對胡適來說可謂終身一以貫之。

所以，胡適沒有在莫斯科止步，繼續西行，並盼望崇拜蘇俄的人「向西去看看，即使不能看美國，至少應該看看德國」。[81]在當時的東方，至少是在中國和日本，人們只有兩種選擇，除了以馬克思的社會主義（實際

---

77 《漫遊的感想》（三），《胡適文存》三集，卷一，第58頁。
78 《胡適致吳稚暉（稿）》，《胡適來往書信選》上，第468頁
79 《漫遊的感想》（三）《胡適文存》三集，卷一，第61頁。
80 《請大家來照照鏡子》，《胡適文存》三集，卷一，第47頁。
81 《漫遊的感想》（三），《胡適文存》三集，卷一，第67頁。

上是列寧主義）就是資本主義（美國亦歸此類）沒有第三條路。而胡適則把美國列為第三路，並鼓勵人們走這條路，這是因為他不為意識形態所囿。在莫斯科參觀時，曾想組織「自由黨」，「充分承認社會主義的主張」之衝動，此後就再也不提了。

有人把胡適對蘇俄的看法分為四個階段：「少年時代的痛恨，青年時代的歌頌，中年以後的期望和懷疑，直到晚年的失望與抨擊」。[82]胡適在少年時代痛恨的是沙俄，青年時代歌頌的是1917年的「二月革命」，歡呼「去獨夫『沙』，張自由幟……拍手高歌，新俄萬歲！」歡呼俄羅斯加入自由世界。步入「中年」，在1921年6月14日的日記中說，蘇俄革命是「平地推翻一切」，美國「但向上努力，而下面自然提高……俄國今日列寧與杜洛司基的生活，遠不如福特廠內的一個工人的安適」。在這次訪問莫斯科以後的歐遊途中，因尚有蘇俄人民生產建設刺激的余緒，曾計畫寫一部書，書名就叫《西洋文明》，自擬十章，其第八章的題目為「社會主義」，第九章為「蘇維埃俄國的大試驗」，與第六章「自由主義」和第十章「社會化的世界」等內容熔於一爐，統稱「西洋文明」。1930年，他仍稱俄國的革命是「真革命」，「俄國最大的成績是在短時期中居然改變了一國的趨向，的確成了一個新民族」，胡適在此強調，「恐怕將來的人會明白這兩種理想原來是一條路，蘇俄走的正是美國的路」。[83]1935年胡適在《個人自由與社會進步》一文中，同樣肯定蘇俄的革命也是為個人爭自由的行為，他說「我們試看蘇俄現在怎樣用種種方法來提倡個人的努力，就可以明白這種人生觀不是資本主義社會所獨有的了」。更有意思的是他把馬克思、恩格斯也歸入「自由思想」、「獨立精神」的產兒。他讚美資本主義的黃金時代「維多利亞時代」的「光華燦爛」，「馬克思、恩格斯都生死在這個時代裡，都是這個時代自由思想獨立精神的產兒，他們都是

---

[82] 李敖，《胡適研究》，臺灣遠景出版社，第239-247頁。

[83] 《胡適的日記》（手稿本），1930年3月5日。

終身自由奮鬥的人」。[84]胡適的這種信念，一直保留到二戰結束，在雅爾達密約的內容暴露於世後，才開始對蘇俄早年的宣言，發生懷疑。這是後話。

有一點與本書的主旨有關，即胡適此時對國民黨的看法也改變了。1923年孫中山與蘇俄的關係進入「蜜月」，史達林派鮑羅廷來華輔佐孫中山的革命事業，出任政治顧問。1924年國民黨改組，全面接受「布爾什維克」化。胡適說國民黨在「民國十三年（1924年）的改組以後，國民黨中吸收了許多少年新分子，黨的大權漸漸移入一班左傾的激進分子手裡，稍稍保守的老黨員卻被擯斥了」。「十三年（1924年）的變化使國民黨有關革命的生力軍，這是歷史的事實」。[85]胡適這時所說「訓政時期豈不是無期延長嗎？」就是針對孫中山《建國大綱》而提出的。他對蘇聯的「狄克推多過渡到社會主義的民治制度」的命題，同樣適用於看待國民黨政權。由此開始，胡適對蔣介石的言行也倍加關注了。

[84] 《獨立評論》150號，1935年5月6日。

[85] 《新文化運動與國民黨》，《新月》2卷，第6、7號，1929年9月10日。

中篇

「介石」與「適之」

綜觀胡適與蔣介石，在讀書時期所追求的雖各自不同，但卻都是祖國所需要。胡適認為當時祖國需要的是思想方法——實驗主義，在實踐中收效甚大。蔣介石一心想學近代的軍事知識，就此登上了權力的頂峰。

本篇是記述他倆相互結緣，由此將二人的位置交換，把蔣介石列於前，作為政治的代表，處於主導地位：胡適置於後，為輔佐。他倆是相異的兩類人，竟能相互結合，不妨先從他倆所行的名和字：「蔣介石」與「胡適之」說起。

蔣中正，字介石，是1900年在村塾讀書時由塾師取的名字，當時未曾使用。1905年又取一個學名「蔣志清」。迄辛亥革命才重新起用「中正」、「介石」的名字，並完全取代了以前所用的名字。「中正」、「介石」出自《易・履》：「『亨』，剛中正、履帝位而不疚、光明也」。疏：「以剛處中得其正位，居九五之尊」。《易・豫》：「六二，介於石，不終日，貞吉」。《象》曰：「不終日貞吉，以中正也」。其大意是，「亨」（指九五爻），是陽剛居中而正，踐在帝位而不害，是光明的。「六二」（倒數第二陰爻）：堅為石，不過一整天。占問吉。《象傳》說：「不終日貞吉」，因為歸於中正，[1]兩卦相通，所以用為名、字。這個名字是十足傳統的，並沒有賦予多少時代的新意。

「胡適之」是在澄衷學堂讀書時，由其二哥以「物競天擇，適者生存」的意思，為他取的表字。他的二哥表字紹之，三哥字振之。在其報考留美預備學校時，所用的「胡適」二字，不是「胡適之」的簡化，而是表達他當時的彷徨，「胡所適從」的心情。翻譯成白話，即是「到哪裡去？」「胡適之」與「胡適」是在兩種不同的境遇下命的名。它在某種意義上說：「胡適」是因禍得福的幸運兒，以此解釋《天演論》則是「物競天擇，幸者生存！」「適之」則強調適應環境，其意是進取的。

[1] 周振甫，《周易注》，中華書局出版社，1991年，第43、64-65頁。

「適之」是柔，「介石」是剛。同性相斥，異性相吸，物理是如此，人事亦一樣。兩者在不同的環境裡形成，把柔、剛聯繫在一起，是時代所選擇。胡適與蔣介石在二十年代末結識以來，在政治上相輔相成終身，恐怕不是偶然的同路。

以下敘述他倆亙古未見的結緣方式：

一、「羅伯斯庇爾」 臥龍新隱士

（一）中國式「羅伯斯庇爾」的形成

1、蔣介石提議北伐

1925年底，蔣介石由汕頭的東征線上回到廣州，以「東征英雄的身份」參加國民黨第二次全國代表大會。由於鮑羅廷在廖仲愷被刺案中排擠了胡漢民，趕走了許崇智，所以在這次「二大」會上，讓蔣介石躋身於中央執委（汪精衛全票、譚延闓、胡漢民、蔣介石次之。在二屆一次中執委會上，蔣又當選為九名常務委員之一）。但軍政大權都集中於汪精衛一人身上（汪為國民政府主席，國民革命軍總黨代表，公認的孫中山事業的繼承人），於是汪精衛從右向左轉，且轉得奇速，一頭裁進了蘇聯顧問團的懷裡。

蔣介石在1926年1月1日—20日在廣州召開的國民黨「二大」上作軍事報告，據《國民週報》當時的報導：「述組織黨軍，擊破楊（希閔）、劉（震寰）、梁（鴻楷）、魏（邦平）諸叛逆，及協同其它革命軍討伐諸逆，戡定內亂的經過。蔣同意並詳述國民政府下之武力與鄰省兵力之比較和攻守之大計。報告畢，全場歡呼。某同志動議，請全體代表起立向蔣同志致敬，並勉其始終為黨為國奮鬥」。蔣同時在會上主張立即北伐，「預定明年8月克服武昌」，[1]在1926年1月4日，蔣在國民政府的春酌演說中又強調：「從敵人內部情形看去，崩潰一天快似一天，本黨今年再加努力，

[1] 《蔣介石日記類鈔·軍務》1925年12月28日，中國第二檔案館。

可以將軍閥一概打倒，直到北京」。[2]可是他這雄心，卻遭到蘇聯顧問團團長季山嘉的反對，說目前的條件尚不成熟，北伐應從緩，彼此就有了裂痕。汪精衛對蔣提出的北伐主張，本是同意的，後又支持季山嘉的意見。蔣對汪精衛染指軍事，無法容忍。1926年2月24日，國民政府成立兩廣統一委員會，季山嘉有意把與汪精衛有關係的軍人提升為軍長，蔣先下手將其驅逐了。蔣與季的矛盾則趨尖銳化。蔣亦自感不安。在1926年3月5日的日記中云：「單槍匹馬、前虎後狼、孤孽顛危，此吾今日之環境也」。3月10日的日記又云：「近日反蔣運動傳單不一，疑我、謗我、誣我、排我、害我者亦漸明顯，遇此拂逆精神打劫，而心志益堅矣」。蔣既感知蘇聯顧問團的提攜，又深感來自蘇聯顧問的威脅。

國民黨第二次全國代表大會，是在統一廣東的革命戰爭取得全面勝利的情勢下召開的，到會的228[3]個代表中，共產黨員和國民左派168人（有人估計共產黨員有一百人左右），中派65人，右派僅45人。吳玉章任大會秘書長，實際主持會議。會議選出的中央執監會中，共產黨員占7人，國民黨左派占15人。在隨後建立的國民黨秘書處、組織部、宣傳部、農民部中都有共產黨員擔任領導工作。這些數字只能說蘇聯顧問團蓄意安排的結果，並不能表示中國共產黨的力量已經壯大的象徵。與此同時，在國民革命軍中，大致已有一千餘名共產黨員。一軍、二軍、三軍、四軍、六軍的政治部主任都有共產黨人擔任。一軍三個師的黨代表，有兩個是共產黨員。九個團的黨代表中，七個是共產黨員。此外，中國共產黨在廣東的群眾中也有強大的影響。這都與蘇聯顧問團在廣州的工作有關。

2、蘇聯顧問團在廣州

自1925年7月以後，亦即在孫中山逝世以後，鮑羅廷決定蘇聯顧問團的成員可以擔任軍職，以便包辦。據顧問團向蘇聯駐華使館的報告說：

2　《廣州國民日報》1926年1月7日。

3　這次會議出席的代表數位，各資料記載不一。

「總參謀部是軍事委員會的專門組織。羅加喬夫，我們的軍事指揮者（團長助理）實際上擔任總參謀長」：「我們的顧問，事實上是所有這些部門的頭頭，只不過在職務上被稱為這些部門首領的顧問。（1925年）12月末，我們的顧問甚至佔有海軍局長（斯米爾諾夫）和空軍局長（列米）的官方位置」。該報告還說：「現存的國民黨是我們建立起來的。他們的計畫、章程、工作都是在我們的政治指導下按照俄國共產黨的標準制訂的，只不過使它適合中國國情罷了。直到最近，黨和政府一直得到我們的政治指導者的周密指導，到目前為止，還不曾有過這樣的情況，當我們提出一項建議時，不為政府所接受和實行」。[4]

廣州政府對蘇聯顧問團的指導意見，所以全部「接受和實行」，是由於政府的主要成員，均由顧問團安排，共產黨員和國民黨左派就是此「接受和實行」的基礎。蘇聯顧問團由此成了中國革命的太上皇，紅色廣東已有小莫斯科之稱。西山會議派就認為「現在的國民政府，名義上是本黨統治的，事實上是被共產黨利用的」。「俄人鮑羅廷操縱一切」，「軍政大權已完全在俄人掌握之中」。蔣介石在3月8日的日記中說「余以為中國國民革命未成功以前，一切實權皆不宜旁落，而與第三國際必能一致行動，但須不失自動地位也」。3月9日的日記又云「又共產分子在黨內活動不能公開，即不能相見以誠，辦世界革命之大事而內部分子貌合神離，則未有能成者」。蔣於4月9日覆汪精衛的信中也說：「自第二次全國代表大會以來，黨務、政治、軍事陷於被動，弟無時不抱悲觀，軍事且無絲毫自動之餘地」。[5]為國民黨領導權的旁落而擔擾。

3、「羅伯斯庇爾的革命獨裁」之形成

1926年2月，俄共中央派了一個權威的考察團來華，準備「就地」解決中國問題，3月到廣州。蔣介石為改變自身處境，則冒著風險利用「汪

[4] 楊天石，《蔣氏秘檔與蔣介石真相》，社會科學文獻出版社，2002年，第127-128頁。

[5] 蔣介石，《覆汪精衛書》，1926年4月9日。

共勾結，劫蔣上中山艦送往蘇俄」的謠言，當機立斷，一舉包圍了蘇俄代表團的住地，發動三二〇事件」（又稱「中山艦事件」）。考察團居然對蔣介石作出讓步，並把原來在中國推行的民族革命的進攻路線，調整為「爭取喘息時間」的方針，作暫時的退卻策略。聯共（布）中央決定對蔣介石作「有條件的妥協」[6]有人說考察團向蔣介石作出讓步，是為了「贏得時間和做好準備除掉這位將軍（蔣介石）。設法以自己受點損失和一定的犧牲來挽回失去的信任和恢復以前的局面」。[7]但考察團的讓步卻使汪精衛感到屈辱，於是躲藏起來，終於匿跡國外「養病」。同時，這讓步也是蔣介石敢進一步發動「清黨」的前兆。

鮑羅廷1926年2月「奉召回國述職」，「三二〇事件」發生時，鮑羅廷不在廣州。2月15日鮑在北京，向聯共（布）中央委員赴華考察團團長布勃諾夫彙報廣東革命根據地的情況。「三二〇事件」發生後，他取消了返國的計畫，繞道海參崴於4月28日回到廣州。（在海參崴與自莫斯科回來的胡漢民一陣）4月中旬中共中央與廣東陳延年等決定改變對蔣介石的妥協退讓政策，擬採取在必要時反擊蔣介石。中共中央決定在廣州成立特別委員會，其成員有彭述之、張國燾、譚平山、陳延年、周恩來、張太雷等。彭述之為書記。就在鮑羅廷回廣州的第二天，彭述之亦由上海到廣州。三天後特委機關成立（存在一月之久）。

彭述之以書記的身份召開了三次特委會。第一次會議上，當彭述之報告中共中央對蔣的政策後，鮑羅廷即作冗長的演說，極力強調廣東局勢異常危險，很有可能發生右派（指吳鐵城、古應芬、伍朝樞等所代表的廣東派）的反革命政變，意在暗示中共中央的反蔣政策是不合時宜的。在第二次特委會上，彭述之說，他質問鮑：「是否同意我們中央的決議？他反而問我：『假使依照中央的決議去作，勢必退出國民黨，你們是否主張我們

---

6 格魯寧，《論三二〇事件中國共產黨的策略問題》，轉引賈比才等，《中國革命與蘇聯顧問》，第146頁，中國社會科學出版社，1981年。

7 《索洛維約夫給加拉軍的信，1926年3月24日》，《聯共（布）共產國際與中國革命運動》上，第9-10頁。

立即退出國民黨』？我對他的回答是：『我們應當立刻準備退出國民黨，實行黨外合作』。鮑說，『必須徵詢國民黨左派領袖的意見』，建議與國民黨左派領袖舉行一次談話會。因此中共特委與國民黨左派在白雲山寺院裡舉行了一次談話會，與會的左派有譚延闓、宋子文、何香凝和甘乃光。會上，只有甘乃光不贊成共產黨退出國民黨。他認為這樣，『左派將更加孤立而被削弱，國民黨將被右派所把持』。鮑即以此否定我們的『準備退出國民黨的』的主張」。翌日，鮑羅廷約彭述之個別談話。彭述之說，在這次談話中，「鮑羅廷第一次表示了他的真實意向，其大要是：在當前局勢異常危險的威脅下，只有成立一個革命的獨裁，像法蘭西兩大革命中羅貝士比爾（Robespierre）的革命獨裁一樣，才能打破右派反革命的陰謀，替革命開闢一條出路，但為了成立革命的獨裁，我們首先就要排除感情上的障礙，冷靜地考察事實，究竟誰可以擔負這個革命獨裁的任務。他承認蔣介石有很多嚴重的缺點，但在現時的國民黨中，沒有人像他有力量有決心，足以打擊右派的反革命陰謀。因此，他認為要打開當前極度危險的僵局，我們不得不對蔣作最大限度的讓步，承認他從三月二十日以來所取得的權力，不要反對他的『整理黨務案』，並支持他儘快進行北伐，將來北伐的進展，形勢會對我們有利的」。[8]

蔣介石的《整理黨務案》提出，是他在3月20日事件以後的乘勝進擊，是與中共組織特別委員會提出反蔣政策同時。鮑羅廷從中左右應付。從蔣的日記中，可見鮑的另一面：蔣介石5月12日起，與鮑商談「黨務整理辦法」，鮑「態度極為緩和」凡蔣所提主張都接受了。[9]14日蔣對鮑說：「對共產黨提出條件雖苛，然大黨允許小黨在黨內活動，無異自取滅亡，余心實不願提此亡黨條件，但總理策略既在聯合各階級，故余不願違教分裂也」。鮑羅廷對之「默然」。[10]15日國民黨召開二屆二中全會，蔣

8 以上均見彭述之，《評張國燾的〈我的回憶〉——中國第二次革命失敗的前因後果和教訓》，前衛出版社，1975年，第8頁。

9 蔣介石，《蘇俄在中國》。

10 《蔣介石日記類鈔・黨政》1926年5月14日。

在會上提出《國民黨與共產黨協議事項》，旨在限制共產黨。與會的委員們「相顧驚惶」，蔣自己也自覺「言之太過[11]」。16日蔣再晤鮑羅廷，聲稱：「余甚以兩黨革命，小黨勝於大黨為憂，又以革命不專制不能成功為憂；又以本黨黨員消極抵制共產而不能積極奮發自強為憂」，[12]據說鮑羅廷「頗感動」。17日，《國民黨與共產黨協定事項》作為《整理黨務第二決議案》通過。20日會議通過《整理黨務決議案》四件。[13]其主要內容是：共產黨人不得批評孫中山的三民主義，共產黨人不得擔任國民黨的中央黨部的部長職位；各地方黨委員會的委員，共產黨人不得占三分之一，中共須將其加入了國民黨的黨員和共產主義青年團團員的名單，交給國民黨中央黨部保管。蔣介石這樣做，是為了實現不使國民黨領導權的旁落。這就是的鮑羅廷所欣賞的「羅伯斯庇爾」精神。

彭述之說，中共對《整理黨務案》是在「鮑羅廷的壓力下被迫接受的」。蘇聯顧問團驟然間由左轉向右，是表示蘇共策略的轉變，它來自史達林。布勃諾夫、鮑羅廷都不過是執行者而已。彭述之說，鮑羅廷這次由北京經符拉迪沃斯托克繞道回廣州，是「從蘇聯帶著史達林的訓令回到那裡的」。[14]

4、黨內合作的本質

「第一次國共合作」的方式是由蘇共規定為黨內合作。蔣介石現在的解釋為：「統一戰線方式不是兩黨站在一條線上的聯合方式，而是共產黨人加入國民黨的一種方式」，「在目前的社會條件下只能進行國民革命，而這一革命的領袖應當是國民黨」。所以他指責「中國共產黨人所犯的錯誤是沒有領會共產黨人加入國民黨後應承擔的基本任務」。[15]而蘇共和共產國際卻仍然要求中國共產黨人在國民黨內「不允許同它混為一體」，並

---

11 《蔣介石日記類鈔‧黨政》1926年5月15日。

12 《蔣介石日記類鈔‧黨政》1926年5月16日。

13 楊天石，《蔣氏秘檔與蔣介石真相》，社會科學文獻出版社，2002年，第146頁。

14 《彭述之選集》（一），十月書屋出版社，第72頁。

15 《邵力子給共產國際執行委員會的補充報告》（不晚於1926年9月22日於莫斯科）《聯共（布）、共產國際與中國國民革命運動》（上），第521-522頁。

必須無條件地保持自己的獨立性，並喻之為兩架賽車競爭，一架是資產階級駕駛的，一架是無產階級駕駛的，看誰超過對方，誰頭一個達到目的。這就是「無產階級與資產階級之間由於爭奪革命的領導權問題而展開競賽」。[16]有人指出：「共產國際採取這個政策——中國共產黨員參加國民黨——的重要原因，在於企圖利用中國反帝的民族運動，以達到自己的目的，即使這個運動在開始階段並不是由無產階級力量領導的。因為在共產國際看來，民族範圍內階級鬥爭的利益應當和國際共產主義的利益，就是說，應當和蘇俄的利益聯繫在一起，並且在國際範圍內協調一致起來」。[17]亦即是，由蘇共指導下的國共合作，是欲通過中共在國民黨內，使之為蘇聯的民族利益服務。蔣介石揭露了其本質，鮑羅廷對此無言以對，只得「默然」。陳獨秀說：「國際代表……繼續極力武裝蔣介石，極力主張我們應將所有的力量擁護蔣介石的軍事獨裁來鞏固廣州國民政府和進行北伐」。[18]中國北伐的勝利，為蘇聯的反帝所需要。

自此以後，國民黨的關鍵領導職位轉移給蔣介石及其追隨者的手中，限制了共產黨人在國民黨中的活動，也削弱了國民黨的左派。蘇俄對國民黨政策的影響，亦相應地大為縮小。蔣介石的不流血軍事政變就此合法化了。

蔣介石的「北伐」方案由此被肯定。不過蘇共（布）中央此時因北方國民軍的軍事行動新敗，怕南方廣州政府的革命行為會引起帝國主義的干涉，為保住這塊革命聖地，則指示中共不准廣東北伐。這個任務只有鮑羅廷來完成，5月1日與蔣介石進行了長達4個小時的談話，由於蔣介石的堅持，鮑羅廷不得不妥協。鮑一方支持北伐，避免與蔣發生任何衝突，一面又設法讓汪精衛回國復職，欲使汪蔣分權，計畫在北伐軍佔領武昌時，由國民黨左派與共產黨重掌政權。但鮑在6月16日對黃埔軍校的學生演講時，卻強調「絕對團結，於革命方有希望，現在四面八方都是敵人，各派

---

16 《譚平山提出的關於中國問題的書面報告》（1926昕11月22日一12月16日，共產國際執委會七次擴大會）《共產國際有關中國革命文獻資料》第一輯，第176頁。

17 郭恆珏，《共產國際與中國革命》（第一次國共合作），東大圖書公司，1991年。

18 《告全黨同志書》，《陳獨秀著作選》（三），上海人民出版社，1993年，第88頁。

一定要聯合起來，共同去打倒敵人」。[19]7月20日，他又在蔣介石就任國民革命軍總司令的宴會上發表演說，號召「在蔣同志（領導）之下，共同前進，打倒敵人」。[20]8月，蔣介石派邵力子代表國民黨赴莫斯科參加共產國際執委第七次全會，面囑他向史達林轉達：「承認世界革命必須由第三國際領導；但要求第三國際直接領導中國國民黨，不要通過中國共產黨」。[21]共產國際雖沒有接納他的要求，但最後在1927年1月6日共產國際主席團決定原則上接受國民黨向共產國際主席派駐代表的建議，交主席委員會討論並解決手續上的問題。[22]1月10日，決定將國民黨代表列為有發言權的共產國際主席團成員。[23]並同意共產國際與國民黨互派代表。由於4月12日，上海「清黨」行動的開始，蔣介石與共產國際的關係自此終結。但史達林為首的蘇共和蘇俄政府並沒有就此與蔣結束關係，在蔣介石「清黨」的前夕，史達林還主張對蔣介石要「利用到底」。[24]把蔣介石造就成中國大革命中的「羅伯斯庇爾」，就是為了「利用」，當初是「利用」來鎮壓國民黨內的右派勢力，蔣介石做了；嗣後的「清黨」，即鎮壓國民黨內的左派和中共，同樣是史達林賦予「羅伯斯庇爾的革命獨裁」的權利。

5、鮑羅廷「迎汪抑蔣」失敗

鮑羅廷為了為迎接汪精衛回國復職創造條件，建議將廣州的國民政府的中央機構遷移到武漢。於1926年12月中旬在武漢成立「臨時聯席會議」（即「中國國民黨中央執行委員會暨國民政府委員會臨時聯席會議」）執行「最高職權」。這個機構以左派為中心，領導成員中沒有蔣介石。對此

---

19 《鮑顧問演詞》，《廣州民國日報》，1926年6月17日。

20 上海《民國日報》，1926年7月20日。

21 《AB列茲科夫》、《共產國際與中國共產黨》、《國外中國近代史研究》（11）第339-340頁。

22 《共產國際主席團會議紀錄》，《聯共（布）、共產國際與中國革命運動》（4），第60頁。

23 《共產國際主席團會議紀錄》，《聯共（布）、共產國際與中國革命運動》（4），第63頁。

24 伊羅生，《中國革命史》，嚮導書局，1947年，第84頁。

蔣表示認同，但決定將中央黨政機構暫時留駐南昌。1927年1月12日蔣介石曾到武漢，街上出現「打倒蔣介石」的標語。蔣介石與鮑羅廷進行一次私人長談。蔣介石聲色俱厲地指責鮑羅廷「跋扈橫行」，並說「就是你來破壞蘇聯以平等待我民族的精神」。[25]1927年3月7日鮑在武漢召開國民黨二屆三中全會，在蔣介石等人沒有參加，由國民黨左派聯盟佔優勢的情勢下，通過了統一黨的領導機關、統一革命勢力、統一財政、統一外交等一系列議案。尤其是黨的中央機構設置的決議，取消主席制，恢復常務委員九人。蔣列於汪精衛、譚延闓之後第三位；汪精衛兼任組織部長；政治會議恢復政治委員會，委員15人，主席團7人中無蔣介石；軍事委員主席團7人，汪為首，蔣列名第6；國民政府常務委員5人，沒有蔣介石。蔣介石原有的職位，如中央主席、組織部長、軍人部長等職，均被撤銷而為他人所代替。僅僅保留國民革命軍總司令一職，而總司令的許可權，也由全會通過的條例加以限制，即總司令是軍委會委員之一，其征伐動員令須由軍委會議決，國民黨中央執會通過，然後交總司令執行之。就此，蔣介石在法制上被排出了決策階層。三中全會剛結束，武漢就出現了「三一八」大遊行，形成反蔣運動的高漲。這是由鮑羅廷和共產國際遠東局精心策劃導演的戲。製造的僅是一種虛偽現象。莫斯科有一個底線是：「不要事態發展到與蔣介石決裂的地步，以蔣介石完全服從國民政府為限」[26]，也屬空想。

上海工人的起義，也是聯共（布）和共產國際安排在蔣介石的北伐軍臨近上海的時候，這表明決定起義的意圖，不是軍事上的考慮，而是為了鞏固武漢政權。「由於國民政府（指武漢）和蔣介石的對抗，國民政府在尋求支持，樂意承認上海的地方政權即『人民代表會議』（這是這一政權擬議中的名稱）」[27]，也是一廂情願。

---

[25] 《蔣介石日記類抄・軍務》，1927年1月12日。

[26] 《聯共（布）中央政治局會議第87號（特字第65號記錄1927年2月17日）》，《聯共（布）、共產國際與中國國民運動（1926年—1927年）》（下），第118頁。

[27] 《阿爾布列赫給皮來特尼茨基的信》，《聯共（布）共產國際與中國國運動（1926-1927）》（下），第126頁。

聯共（布）責成維經斯基於2月22-23日與蔣介石在九江舉行談判。蔣介石以國民黨中央執委會的名義說，南昌與武漢之間「衝突的根子在武昌，……大部分責任要由鮑羅廷來負」。「近年來鮑開始執行分裂國民革命運動的政策，——我認為這不是共產國際的方針」。蔣還責問：「共產國際是否主張國民革命運動分裂？如果不是，那麼作為共產國際代表的鮑為什麼實行這樣的政策呢？」最後提出最後通牒式的「兩點要求：鮑羅廷離開中國，和在國民黨內確立嚴格的紀律」。是要國民政府和國民黨都得服從北伐軍總司令和國民政府中央主席蔣介石。公開宣稱，如不履行，「我們準備決裂」，[28]其後果全由共產國際負責。3月3日俄共中央政治局秘密會議，對中國政策作了一些調整，[29]作為讓步。

汪精衛回到國內時，正是蔣介石醞釀「清黨」之時，4月1日到達上海，蔣介石要他留在上海合作分共，汪精衛卻在4月5日和陳獨秀發表一個聯合宣言，堅持孫中山提出的「聯俄聯共政策」。汪精衛由法國返國的途中，經過莫斯科，蘇俄當局曾允以一千五百萬盧布相助，並告訴他國內能夠能支持他的軍隊，其力量一定超過蔣介石所掌握的兵力。所以汪精衛從上海回到武漢，充滿信心。中共此時對形勢的估計，也認為蔣介石在迎汪高潮中，對汪只有暗鬥，不會有明爭，更不會有武裝衝突。[30]事實證明，這形勢的估計是錯誤的。蘇俄對汪精衛的承諾也是空言。聯共中央和共產國際所擔心的土耳其凱末爾終於在中國也實現了。蔣介石「4・12」鎮壓上海工人糾察隊，7月15日武漢的國民黨中央也與中共斷絕關係，都是以共產黨人的鮮血為代價的。此時，蘇俄仍沒有放棄對蔣介石的支持。是從蘇俄的世界革命的宏觀角度出發，「確信中國革命是破壞；資本主義穩定的最重要和最有力的因素之發展開闢了一個新階段」。[31]

---

[28] 《格里高里同志與蔣介石的談話》，《聯共（布）共產國際與中國民革命運動（1926-1927年）》（下）第，132-134頁。

[29] 《聯共（布）中央政治局秘密會議第89號（特字第67號）記錄》，同前書，第134-137頁。

[30] 《中共局報告（10、11月份）》，《中共中央檔選集》（2），第498頁。

[31] 郭恆珏，《俄共中國革命秘檔（1926）》臺灣東大圖書公司，1997年，第198頁。

（二）臥龍新隱士

1、胡適的新思考與新的抉擇

胡適由莫斯科到歐洲，隨時關注國內形勢的發展。1926年9月3日，胡適在巴黎調閱敦煌文件時，在日記裡記下了當地傳媒報導國內的消息：「這幾天報載吳佩孚大敗受傷，武昌已入南軍之手。我去國時曾說吳佩孚三個月倒，張作霖7個月倒。現在看來，不消三個月了」。同時注意歐洲社會，特別是英國朝野對國民革命軍北伐的態度。自孫中山奉行聯俄政策後，加入了蘇俄的世界革命行列，對外反對帝國主義，英國是被視為反對者之列。所以英國朝野認為國民革命軍排外、仇英、傾向共產國際（蘇俄）。英國政府對廣東政府也是敵視的。8月21日，胡適在倫敦，就聽說「此時（英國外交部）遠東科固然竭力向緩和的道上走，但秋間議會重開後，難保沒有人提出議案為強硬政策之主張。那時萬一保守黨的多數糊塗通過一種強硬的政策，外交部亦無法阻擋。」所指是尚未完全結束的香港大罷工。

英國是率先以大炮把中國大門打開的國家，社會上對中國政情關注的人，多半是曾在中國當過傳教士、或做過生意，或參加過侵略中國的當時人及其後裔。他們把當前所出現的排英現象，均歸咎於國民革命軍。胡適說這些英國人所想像中的中國，依然是當年衛海威的「好百姓」，天臺雁岩的「好和尚」……不瞭解中國現在已改變了，而「他們卻沒有大變，所以憤慨」。[32]

胡對北伐的國民政府寄於很高希望。據當時在英國留學的沈伯剛回憶，胡適曾說：「這是全國民意之所歸，因而斷定國民黨一定可以迅速順

32 《胡適的日記》（手稿本）1926年12月1日。

利的成功」。胡適在英國各大學所作的公開演講，隨時發揮這種觀點。英國的知識界，因受胡適這一思想的影響，改變了其對國民政府的態度的人，頗為不少。沈伯剛曾在私下問胡適，作這樣的演講，是否為一種故意的宣傳？胡適的回答是：「他本來反對武力革命同一黨專政，但是革命既暴發，便只得有助其早日完成，才能減少戰爭，從事建設。目前中國所急需的是一個近代的政府。國民黨總比北洋軍閥有現代知識，只要他們真能實行三民主義，便可有利於國，一般知識份子是應該加以支持的。」[33]

胡適在英國時，有朋友對他說：「蘇俄的Dictatoriship辦法，是最適用於俄國和中國的。曾設想，這樣的農業國之中，若採用民治，必鬧得稀糟，遠不如Dictatiorship的法子」。胡適對他說：「我們愛自由的人，卻有點受不了」。他的朋友說：「那只好要我們自己犧牲一點了」。在莫斯科，胡適曾設想一黨專政是通向民治的一種過渡。因此已有了這樣的思想準備。胡適在日記裡記下了這次談話的內容，並認同「此言有道理，未可全認為不忠恕」。[34]「忠恕」也者，即為了自由，必先有所犧牲，是自我犧牲。

胡適此時對中國將來的前途抱樂觀態度，所以在英國竟作起中國的時政報告來了。平時胡適在國外所作報告、演說，一般為學術性的或文化教育方面的。除了以後的抗戰時期奉命去歐美宣傳抗日，唯有這次，則有以《中國政局》或《中國的學生運動》為題者，頗有點像他在美國留學時，適逢辛亥革命，促使他研究國內時政和歷史浪花中湧現出來的歷史事件和代表人物。都在時代轉型的關頭，情勢相類。當年胡適在美國介紹辛亥革命，頗為滿意。1926年12月6日在英國演說，亦自感「歷來演說以今夜的演說為最好，問答時尤其精彩」。[35]

---

[33] 沈伯剛，《我所認識的胡適之先生》，見《時與潮》第111期，1926年3月。

[34] 《胡適的日記》（手稿本）1926年10月17日。

[35] 《胡適的日記》（手稿本）1926年12月6日。

此時胡適不僅關注國內政情的發展，對蔣介石其人亦密切注意。有一位年青的英國人麥克庫克・路茲（John cook Roots，胡適友人之子）夏天曾去過廣州，見到了鮑羅廷、蔣介石、宋子文等人，使胡適特別感有興趣。1926年10月14日，胡適與他有如下一席談：

> 胡適問：鮑羅廷怎樣？
>
> 他答：「此人極有見地，極有勇氣，廣州人士談及他，無不豎起大拇指稱讚他」。
>
> 「鮑羅廷家中為廣州領袖常來之地，終日有人來請教」。
>
> 胡適問：「蔣介石如何？」
>
> 他答：「只見了他六分鐘。但曾問過鮑羅廷，他說蔣君是一個好革命者
>
> 胡適說：「好革命者，我承認的；可算得政治家嗎？」
>
> Roots不能答。
>
> 胡適說：「此又是一個難題。廣州的領袖人才，我略知其大概。只有介石與鮑羅廷，我沒有見過。伍梯云，我雖未見，卻曾聽鈞任說過。介石之能在軍事上建功，是無疑的。但他有眼光識力做政治上的大事業嗎？此事我很關心。我深盼他能有政治上的手腕與見解」。

當時胡適所考慮的是：

> 鮑羅廷之為奇才，也是無疑的。我很盼望子文諸君在他的訓練之下能有大長進。只怕廣州諸人之中，無一人能繼鮑羅廷之後。子文近年似大有長進。[36]

[36] 《胡適的日記》（手稿本）第五冊，1926年10月14日。

1926年底，胡適橫渡大西洋，到闊別十年的母校哥倫比亞大學，正式領取博士學銜。1927年4月12日，從西雅圖登輪回國。4月24日到日本橫濱，已知國內所發生的「4・12」政變。國內的朋友，聽得胡適於此時歸來，紛紛給他寫信，並提出種種建議。高夢旦在4月26日寫信給胡適說：「時局混亂已極，國共與北方鼎足而三，兵禍黨獄，幾成恐怖世界，言論尤不能自由。吾兄性好發表意見，處此時勢，甚易招忌，如在日本有講授機會，或可研究哲學史材料，少（稍）住數月，實為最好之事」。[37]張慰慈於1月16日致書胡適，稱：「近來北京的局面是差不多到了法國革命時代的Reign of texor（恐怖統治）了，健全的輿論是不可能的事。」[38]

胡適在英國所思考的問題，是南北對峙的中國，他不加思索地選擇了南方。包括鮑羅廷在內的南方革命聖地。現在的問題是國共分裂。他必須再加選擇。為了弄清國內「黨爭」的原由，胡適在日本滯留了幾十日，細讀國內的報紙，為自己的抉擇作參考。

胡適從傳媒中瞭解到，蔣介石所發動的「4・12」政變，是得到吳稚暉、蔡元培、張靜江等一些文人支持的。這些都是他熟悉並敬佩的友人，他們支持蔣介石的行為，對胡適是一有力的參考因素。胡適在東京帝國大旅館，遇到一位剛從上海來的哈佛大學法學院赫貞（ManlyQ・Hudson）教授。他倆有對話：

> 赫：「最近中國的政變是一個大反動」！
>
> 適：「何以見得？」
>
> 赫：「我親自聽見宋子文先生歎氣說，國民革命的主旨是以黨治軍，就是以文人制裁武人。現在都完了！文人制裁武人的局面全被推翻了！」

37 《胡適來往書信選》（上），第427頁。

38 《胡適來往書信選》（上）第421頁。

胡：「我這十個月在歐洲美洲，不知國內的詳細情形。但我看最近的政變，似乎不像宋子文先生說的那樣簡單吧？蔣介石將軍反共的舉動能得著一班元老的支持。你們外國朋友也許不認得吳敬恆（稚暉）、蔡元培（孑民）是什麼人，但我知道這幾個人，很佩服他們的見識與人格。這個新政府能得到這一般元老的支持。是站得住的」。[39]

蔡元培和吳稚暉在「清黨」中確實起了很大作用。

4月9日，蔡元培和吳稚暉、張靜江、李石曾等以國民黨中央監察委員會名義，聯合發表「護黨救國」通電。

「四・一二」政變的第二天，中央監察委員會開會，與會者有蔡元培、吳稚暉、張靜江、李石曾、黃紹竑、鄧澤如、古應芬，作出否定武漢政府，國民政府遷移南京等項決議。

4月18日，蔣介石得到胡漢民的支持，在南京成立國民政府，由蔡元培代表中央黨部授印併發表演說。[40]蔣在會上宣稱：「現在國民政府建都南京，人人都已認為南京是國民黨的政府，武漢是共產黨的政府」。[41]

胡適這在日本對中國留學生談話，對日本報界談話，都是這樣說：

蔡元培，吳敬恆不是反動派，他們只傾向於無政府主義的自由論者。我向來敬重這幾個人。他們以道義力量來支援政府，是可以得著我們同情的。[42]

2、大都會的隱士

胡適在日本只逗留了三個星期。因感到在日本的費用太大，難以久

[39] 《追念吳稚暉先生》，《吳稚暉先生紀念集》，第14-15頁。
[40] 《申報》1927年4月22日。
[41] 《蔣總司令在清黨後對於時局的演講》，1927年6月7日，《革命文獻》（九），第1318頁。
[42] 《追念吳稚暉先生》，《吳稚暉先生紀念集》，第14-15頁。

居。所以在5月17日即從神戶買舟回國，20日到上海，先宿滄洲飯店，第一個去看他的是吳稚暉。6月即在滬西極司斐爾路租賃49號甲樓房一幢，與蔡元培為近鄰，沒有去北京。並把夫人江冬秀和小孩亦從北京接來上海，一直住到1930年11月底。

胡適留居上海埋頭著述，是採納了友生的建議，作一個現代的城市隱士。對此有幾封信是值得一讀的，尤其是顧頡剛的信：

> 有一件事我敢請求先生，先生歸國以後，似以不作政治活動為宜。如果要作，最好加入國民黨。自從北伐軍到了福建，使我認識了幾位軍官，看見了許多印刷品，加入幾次宴會，我深感到國民黨是一個有主義，有組織的政黨，而國民黨的主義是切中於救中國的。又感到這一次的革命比辛亥革命不同。辛亥革命是上級社會的革命，這一次是民眾的革命。我對於他們深表同情，如果學問的嗜好不使我卻絕他種事務，我真要加入國民黨了。
>
> 先生歸國以後，名望過高，遂使一班過時的新人物及懷抱舊見解的新官僚極意拉攏，為盛名之累。現在國民黨中談及先生，皆致惋惜，並以好政府主義失敗，丁在君先生之為孫傳芳僚屬，時加譏評，民眾不能寬容。先生首唱文學革命，提倡思想革命，他們未必記得；但先生為段政府的善後會議議員，反對沒收清宮，他們卻常常說在口頭。如北伐軍節節勝利，而先生歸國之後繼續發表政治主張，恐怕有以「反革命」一名加罪於先生者。但先生此次遊俄，主張我們沒有反對俄化的資格，這句話也常稱道於人口。民眾伐異黨同，如果先生能加入國民黨，他們又一定熱烈的歡迎了……[43]

4月28日，顧頡剛又勸胡適勿去北京：

---

[43] 《胡適來往書信選》（上），第426-427頁。

現在北京內閣，先生的熟人甚多，在這國民革命時期，他們為張作霖辦事，明白是反革命。先生一到北京去，他們未必不拉攏，民眾是不懂寬容的，或將因他們而累及先生。[44]

胡適在北京十年，曾寄望於北洋政府實現他的好政府主義。對孫中山為首的國民黨有所批評。因此國民黨視胡適為異端。胡適亦清楚，國民黨對他有一本清冊，這一點，他在歐洲已嚐到滋味。在法國就收到國民黨旅歐巴黎支部的兩張傳單，其中一張：「警告旅歐華僑同胞，注意孫傳芳的走狗胡適博士來歐的行動」。把胡適與丁文江相提並論。

高夢旦在5月5日的信中相告：「頃聞鄉人之為海軍政治部主任者，言有人主張請胡某為上海市宣傳部主任，徐志摩為之副，業已決定，云云。」陳彬和在5月8日的信中也有同樣的訊息：「前幾天上海中央宣傳委員會開會，郭泰祺先生提議，擬請吾師回國主持一部分工作，眾無異議。」

胡適在上海，主要從事於學術研究。以重價購置《脂硯齋重評（石頭記）》，作古典小說考證的研究；埋頭著《白話文學史》（上）；整理這次在歐洲所得的神會和尚的資料；還以「五十日寫成十萬字」的速度撰述《中古哲學史》，經三、四個月，即寫成兩冊，逐篇油印，分贈友人徵求意見。

國民黨並沒有如傳聞那樣，請他出任上海市宣傳主任，或其它公職。迄蔡元培出任大學院院長（這是蔡仿法國教育行政制度，把教育部改置而成的。他的這個提案在6月13日由國民黨中央執行委員會通過）。大學院設大學委員會，議決全國學術上的一切重要問題，同時設立中央研究院及勞動大學，圖書館、博物館、美術館、觀象臺等國立學術機關。蔡元培聘胡適為大學委員會委員。胡適「辭謝」，請蔡不要發表。胡適在1927年10月24日致蔡元培的信稿中說：

我是愛說老實話的人，先生若放我在會裡，必致有爭論，必致發生意

[44] 《胡適來往書信選》（上），第428頁。

見，不如及早讓我回避，大學院裡少一個搗亂分子，添一點圜融和祥之氣象，豈非好事？例如勞動大學是大學院的第一件設施，我便不能贊同。稚暉明對我說這個勞動大學的宗旨在於，「無政府化」中國的勞工。這是一種主張，其是非自有討論的餘地。然今日之勞動大學成果成為無政府黨的中心，以政府而提倡無政府，用政府的經費來造無政府黨，天下事的矛盾與滑稽，還有更甚於此的嗎？……一面倡清黨，一面卻造黨外之黨，豈非為將來造第二次清黨的禍端嗎？[45]

由此可知，胡適選擇支持國民黨，不是投機，是有其政治理念的，他在此信中的結尾時說，「若我身在大學院而不爭這種根本問題，豈非『枉尋』而求『直尺』？」

1927年8月，胡適受聘於私立光華大學任教授。後又兼東吳法科大學哲學講座。

還有一事很重要，徐志摩等在上海龍華路開辦的新月書店。胡適回國後，即入了百元的股。新月書店是新月社的一項重要的公開事業。新月社成立於1923年，原是以徐志摩為中心結成的文藝小團體。1928年3月創刊《新月》月刊，也是一個純文藝雜誌，不久因對政治不滿，即成了以胡適為中心的政論刊物。以後胡適即用它來與國民黨較量的基地。

胡適在上海作現代的城市「隱士」，冷眼旁觀世界。

3、衆顧「臥龍」胡先生

自1927年以來，中國的局勢，有人說是「五方割據」。[46]真可謂「天下方務於合縱連衡，以攻伐為賢」。說客、謀士縱橫全國，呈現出一片統一前的混沌。胡適十分注意各方的動向。

有人說兩廣、太原、開封這三方都有辦法，個個都在厲兵抹馬，招

45 《胡適來往書信選》（上），第447頁。

46 五方是指蔣、汪、馮、閻、李，不久蔣汪合流而成四方。

攬天下英士。唯南京與漢口兩方「上焉者日日開會，下焉者分贓吃飯而已」。[47]胡適特別注意到開封的「馮氏現有兵八十萬，三十萬在陝甘，五十萬在河南」。河南是馮玉祥的根據地。胡適說：「河南的財政只是『綁票』勒索。財政廳長魏宗晉，當伙夫出身，財政不懂，綁票卻是好手。」胡適還說：「馮玉祥的用人辦法，大似柏拉圖的共和國中的辦法，可惜有家累而無餘財者多不肯去。只有徹底學柏拉圖，實行共產、公妻、兒童公育，方才有人去效力！」

群雄紛爭，逐鹿中原，各路諸侯都在爭取謀士，則有禮聘「臥龍」胡先生者，胡適也因此縱論天下。在胡適的日記裡，可知下列諸侯曾遣特使爭取過胡適。

李宗仁是最早的一個。1928年4月24日的日記記下了來人與來意：

> 上課後到溫佩珊先生（世珍）家吃飯。他因為王季文先生要見我，故邀此局。王君名乃昌，廣西人，與李宗仁同鄉裡。李君的幾個重要提案，都出於他的手……。王君說李、白已與蔣介石攜手，解除嫌隙。李、白決不背叛國民黨，也不要推翻蔣的領袖資格。

這是對胡適所作的遊說，胡適聽其言而察其行，自忖「以我所聞，殊不如此。今早我才知道蔣介石命錢大鈞拘捕XX君，理由是通湖北，（按：李、白今駐軍地）若桂系將領與蔣合作，通湖北何得為罪名？」於是打了一個問號。

隔了兩天，王季文還是表示想請胡適到漢口去和李宗仁白崇禧談談。翌日下午，王季文又陪同吳忠信，溫挺修到胡適家。溫挺修以李宗仁代表的身分，徑向胡適勸駕。胡適即對他倆表示：

---

47 《胡適的日記》（手稿本）1928年3月24日。

留一兩個人獨立於政治黨派之外，也是給國家培養一點元氣。若國民黨真有徵求學者幫助之意，最好還是我去年七月間為蔡先生說的「約法會議」的辦法，根據孫中山《革命方略》所謂訓政時代的約法，請三、四十個人（學者之外，加黨、政、軍富有經驗聲望的人）起草，為國家大政立一根本計畫以代替近年來七拼八湊的方法與組織。

王、吳、溫三人是否瞭解胡適所談的這一番話，姑且不去論它。不過在5月3日，王季文卻轉李宗仁、白崇禧自漢口致胡適的電報，略云：

茲因黨國責重，綆短汲深，擬請先生屈駕來鄂，指導一切，俾宗仁等得時承教益，不勝欣幸。（東未）

胡適覆電說：

很想來看看兩湖劫後兩公的設施，不幸此時為家事校事所羈，無法抽身。暑假中或能西上承教。

胡適沒有去，推遲時間，也許是藉口。暑假期間，正是四個集團軍均北上會師之時，更難實現此行了。

另有唐生智亦遣有使者訪「臥龍」胡先生。6月1日，蕭恩承與唐天如訪胡適。胡適知道對方的來意是遊說，是「勸我幫助唐生智」的。所以胡適有的放矢，「大談近幾十年的大亂，由於用人才之不經濟」。他對來客說：

不經濟者，人各有所長，但各有其限度，用過其限度，五十斤力者乃挑一百斤至二百斤重擔——如馮玉祥、吳佩孚、孫傳芳、唐生智皆是也，故一敗不可收拾，因此禍及國人。

當時，吳佩孚、孫傳芳已經敗北，但馮玉祥還沒有敗，唐生智是想重振旗鼓。胡適勸蕭、唐「陪唐生智到歐美去考察政治一、二年」。第二天唐生智是的外交專員蕭恩承又約蔣百里邀胡適吃飯，胡適在日記裡說：「他們這樣勾搭我，是沒有用的」。當然也毫無結果了。

還見有東北的顧忠林（介眉），代表常槐蔭為張作霖由北京退出關外事，南下磋商事宜，曾到上海。於6月3日訪晤過胡適。其它是否還有未在日記中記的，就不清楚了。但來使均非代表他心目中擇定的人，胡適此時是在擇主而賈。

二、蔣介石統一全國　筆伐國民黨

（一）蔣介石統一全國

1、繼續北伐

寧、漢分裂以後，汪精衛立即在國民黨中執會擴大會議上通過「關於懲罰蔣中正」的決議。六月初，看到共產國際的「五月指示」（內容有：沒收土地要從下級做起；國民黨中央增加工農領袖；改變國民黨的構造：武裝共產黨員及農工分子；由國民黨老黨員組織特別法庭，處分「反革命派」。）仍在6月10日去鄭州與馮玉祥會談，將河南及西北地方的大權交馮，以換取馮的合作。馮玉祥的國民軍素為蘇俄所青睞，汪精衛視為可靠，由鄭州回武漢即準備東征南京。但馮玉祥是十分現實的人，數天後又與蔣介石會面於徐州，竟公然倒向蔣，聲明主張寧漢合作，反對共產黨，這使汪精衛進退維谷。

一般都說汪精衛於7月15日宣佈分共，緊接提出「寧可枉殺一千，不可使一人漏網」的口號。實際上是在7月15日作出分共的決議後，仍與中共合作東征。汪精衛真正與中共分手，是在「八一」南昌起義之後，汪此時才開始大罵共產黨是「狼心狗肺的東西！」深悔看到「五月指示」以後，沒有把鮑羅廷等一批共產黨人「一個個抓來槍斃」。

蔣介石此時因由南京派出的北伐軍，在徐州受挫，曾親自上前線指揮，仍告敗跡。北方軍閥孫傳芳乘勝揮軍直驅長江，加上漢口方面的東征軍，嚴重威脅寧滬的安全。即令李宗仁出兵西上「討汪」。李、白卻主張

「先禮後兵」，拒絕派兵佈陣。白崇禧此時任上海衛戍司令、控制了上海市，擁兵自重。8月8日李宗仁等致電武漢，提議寧漢合流。汪精衛立即回應，12日經馮玉祥撮合，雙方議定在安慶舉行會議。蔣介石感到在北伐初期形成的蔣、馮、閻、桂的體系已離心，形勢對己不利，決定以退為進，於12日宣佈下野。由寧赴滬發表8・8告國人書，述反共經過，並希望：（一）寧漢同志共集南京團結一致；（二）武漢軍隊並力北進，完成國民革命；（三）湘、鄂、贛徹底清黨。胡漢民聞訊立即與蔡元培、張靜江、吳稚暉、李石曾等趕到上海挽留。蔣已回奉化，看到蔣留下的宣言，「讀竟乃大喜」，亦決定與蔣共進退。14日胡漢民、蔡元培等聯名電馮玉祥，解釋追隨蔣引退不參加安慶會議的原因。[1]這是支持蔣介石，也申述了蔣介石未言之意。但由白崇禧控制的上海，9月1日在「國民黨上海市清黨委員會」發表宣言，其中有云：

> 偽革命之流，充塞本黨，在本會以外，偽藉清黨之名，行勒索之實。一時市民怨聲載道，敢怒不敢言，即忠厚同志，亦皆兢然以明哲保身為戒。……忠厚同志之被誣陷者，本會正欲營救，即從而投獄，或竟罹殺身之禍，其慘毒至於如斯。全市黨員在刀鋸鼎鑊之下，憤慨歎息，莫可名狀。[2]

此宣言旨在曝露國民黨「清黨」的重重黑幕，國民黨員的遭遇尚且如此，無論共產黨員及其它人了。亦屬李、白拆蔣介石枱腳的一部分。

汪精衛與中共分手，仍堅持反蔣，與李濟深、李宗仁聯合迫蔣下野後，仍屢遭失敗，又轉而擁蔣自救，並催蔣早日復職，出爾反爾，終於不得不自己引退出國。

---

1 《胡漢民年譜》，第407頁。

2 潘漢年編，《幻洲半月刊》第2卷，第1期下部，1927年10月10日，上海光華書局發行。

蔣介石在這第一次下野後，完成了與宋氏的聯姻，以新的姿態於1928年1月7日向國民政府呈交復職書（他宣佈下野，並未獲得國民黨中央執行委員會的正式批准）2月2日——2月7日，國民黨二屆四中全會在南京召開，蔣介石與譚延闓，于右任等當選為主席團成員。蔣在發言中著重指出：「從前共產黨來妨害我們的革命及本黨的意義，我們已經曉得了他們的陰謀，把他們推翻了……今天的會是本黨中興的一個機會，亦是中國中興的一個機會」。[3]

1928年4月5日，蔣介石在徐州誓師繼續北伐，同時對外發表了《告友邦人士書》：

> 我國民革命軍所到之地，絕對不致有排外之行動，革命軍對於外人之生命財產，必與本國人民同為極嚴密之保護，同時亦願我友邦人士，曉然於接濟軍閥即所以延長中國之內亂，而妨害全世界之和平，應立刻停止其售賣槍械，或秘密貸款於軍閥之行動也。中國革命終必達於成功之境，有以友誼匡持扶助之者，中國人將永感之，基以無理之干涉，障礙其革命，則必徒招中國國民之怨恨而已。中正深信各友邦必能為保持東亞和平，為增進中外睦誼，共同努力也。[4]

這聲音主要是發給日本人聽的，但日本軍國主義者不予理會。

北伐軍於5月3日佔領濟南，正待渡河北上之際，突然遭到日本侵略者的阻撓，醞成濟南慘案。日本政府在此時出兵山東，製造濟南慘案，是對蔣介石的警告，要他對日本在東北的特殊權益予以承認。蔣介石則以先安定內部，再杜絕外人覬覦的方針，一面提出抗議，一面電外交部與日本政府斡旋，同時命令部隊「繞道渡河，繼續北伐」。5月底第三集團軍佔領

---

[3] 《申報》1928年2月10日。

[4] 《自反錄》第二集卷14。

保定，京津地區陷入北伐軍的大包圍中，張作霖於5月9日致電南京，主張合力抗外，6月3日孫傳芳宣佈下野，6月4日張作霖率軍回東北。國民革命軍於6月8日進佔北京。6月21日改北京為北平。

7月2日蔣介石偕夫人宋美齡到達北平，有一件事是值得一提的，即蔣於17日在北京大學講話。他說：

> 今天兄弟來北大講演與別處不同。因北大是最高學府，新文化策源地，自五四運動以來，一切民眾運動，均以北大為中心。此種工作，不數年對於喚醒民眾效力已不小。這次北伐成功，亦深受其賜。兄弟對於北大同學十分佩服，並希望繼續努力，以喚醒尚未十分瞭解之民眾，竟革命未了之功。[5]

蔣介石滯留在北平的主要任務，是為解決東三省問題。由於張作霖在撤出北京前即致電南京主張共禦外侮，電云：「僉以國內苦戰，外侮乘虛而至，亟應止息內爭……幡然釋嫌，合力抗外」。[6]日本政府於是決心拋棄張作霖，最終將他炸死在皇姑屯。同時不准北伐軍和南京國民政府的力量進入東北，如黃郛所言：「彼欲乘機解決滿蒙之心畢露。」[7]張作霖6月4日被炸死後，奉系軍閥一直封鎖這一死訊，直至9月19日張學良從邯鄲回到瀋陽，才發喪，同時宣佈張學良為東三省保安司令，粉碎了日本扶植楊宇霆為東北主的陰謀。日本繼則鼓動張學良宣佈獨立。當時在國民革命軍內部對東北問題的態度也不一：有人認為東北軍今已失重心，主張一舉殲滅：有人主張平分東北。蔣介石對此問題反復考慮了十餘天，終於從大局著想，在7月21日接見東北代表，指示「張學良不可為倭奴恫嚇所屈服，當立即決然通電表示服從中央，以救東北，救中國」。[8]張學良接納

---

5 《革命文獻》第二十一輯，第1671-1672頁。

6 張作霖通電，《晨報》，1928年5月10日；黃郛檔。

7 黃郛檔。

8 蔣介石7月21日日記。

此意見。原先允諾在7月24日易幟。日本於24日進一步威協張學良，如不聽勸告，即不惜使用武力。張則請求把易幟的時間推遲，蔣派專使赴東北晤張，表示理解張的處境，稱可以從長計議，囑以自主原則，堅持到底。蔣亦由此返回南京。張學良感激蔣的信任，電告「一切不成問題」。日本總領事館警告張：「擅自懸掛青天白日旗，則日本必強固其決心，而採取自由行動……。」張學良亦明確回答：「余為中國人，所以余之思想，自以中國為本位，余之所以願與國民政府妥協者，蓋欲完成中國統一，實行分治合作，以實現東三省一般人民所渴望。……倘若以國際關係言之，余想日本政府亦決不敢冒干涉內政之不韙」。[9]雙方氣氛趨於緊張，易幟一事，暫時擱置。

10月，蔣介石當選為國民政府主席，立即任命張學良為國府委員。人們均懷疑張是否會來就任此職，蔣則認為不就亦無妨，更可藉此揭露日本對東北的陰謀，毅然於翌日將此任命公佈於世。張見報後，立即特電接受任命。11月3日張派莫德惠赴東京參加日本天皇的加冕典禮，田中內閣無可奈何地表示，東北易幟是中國內政問題。19月29日，張學良終於在整個東三省懸掛青天白日旗，並向全國通電云：

> 先大帥臨終以力主和平，促成統一為囑。……自應仰承先大帥遺志，力謀統一，貫徹和平，已於即日起宣佈遵守三民主義，服從國民政府，改易旗幟。[10]

這是蔣介石和平統一方針的成功。

---

9 《國聞週報》1928年8月19日，第32期《大事述評》。

10 《申報》1928年12月30日。

2、削平新藩鎮

（1）中央集權

北伐戰爭勝利後，國民黨開始實行黨治即一黨專政。1928年10月3日，國民黨中央常務會議通過《訓政綱領》，其主要精神是：

> 中國國民黨實施三民主義，依照大綱，在訓政時期訓練國民使用政權，至憲政開始，弼成全民政治。

北伐勝利，「則為訓政開始之時。」在此期間的任務是「訓練國民使用政權」，達到「完全自治者，則為憲政開始時期」。《綱領》規定，訓政時期由中國國民黨領導一切，孫中山1925年所制定的《建國大綱》，是接受了列寧的以黨治國的方針之後而制定的，宣稱「國民黨之民權主義，與所謂『天賦人權』殊科，而唯求所以適合於現在中國革命之需要。」[11]孫中山是把一黨專政的訓政，當作通向憲政的過渡。在訓政期間，凡不接受新政權統治的，都是專政的對象，它可能是軍人、言論者或者是民眾的動亂。削藩是征討不服中央的軍人，孫中山鑒於以往的革命失敗，「皆因軍人持權，黨員無力，故黨之主張無力。」[12]聘請鮑羅廷改組國民黨，目的就在於使黨力強化。

訓政時期，黨的權力集中於中央，國民政府置於黨的領導之下。國民革命軍出師北伐，打破了原有割據的傳統局面，但在北伐戰爭的進程中，又隨之形成新的割據之格局。在1928年繼續北伐時，蔣介石重新編組國民革命軍為四個集團軍。迄同年年底全國統一之時，全國軍事勢力的分佈，

---

11 《中國國民黨第一次全國代表大會宣言》，《孫中山選集》，第592頁。

12 廖仲愷，《在中國國民黨幹部會議的報告》，1923年12月9日，《革命文獻》第八輯，第77-78頁。

（即是幾個軍權的中心。）如下：

南京：蔣中山，第一集團軍。

開封：馮玉祥，第二集團軍。

太原：閻錫山，第三集團軍。

武漢：李宗仁，第四集團軍。

廣州：李濟深，第八路軍。

瀋陽：張學良，東北邊防軍。

除南京為中央政府外，其餘除轄有大量軍隊外，也設有政治分會（瀋陽未設政治分會），可以代表中央政府的職務。邊遠地區為川、滇、黔、新疆等省，仍在原地區軍人的統治之下。各地不僅是以軍治民，並且是以軍治黨。各地的軍事中心，仍然都是獨立王國，南京的中央政府是空虛的，尾大不掉。按訓政要求，實行黨治，則必須首先改變既成的軍治分割局面。

蔣介石在全國統一的前夕，即未雨綢繆考慮統一後的軍隊編制問題。1928年6月24日蔣介石即向國民政府建議成立裁軍委員會，7月國民政府即向全國財經會議上提交《建議政府先期裁兵從事建設案》，建議全國先每月削減軍費26%。7月11日，蔣介石在北平西郊湯山與馮玉祥、閻錫山、李宗仁、白崇喜、朱培德等軍事將領共同簽署了《軍事整理案》[13]其內容有兩個方面：（一）軍事整理，（二）部隊編遣。蔣介石對各地區的軍事領袖作過動員，以當年日本的藩主為例，動員他們效仿其深明大義，主動把軍權奉還於中央。他說：

> 要造成現代式國家的條件是什麼？即是：（一）統一；（二）集中。德川末葉，……以長州、薩摩、土佐、肥前諸藩為中堅，組織聯合軍。……苦戰惡鬥的結果，幕軍慘敗，幕府遂倒。這與我們各集團軍一致努力打倒積惡的北洋派頗為相同。

13 《蔣介石裁兵意見書》1928．7．15，上海《中央日報》。

討幕大功告成，照日本歷史的先例，長、薩二藩應代德川氏而興；可是長州藩土木戶孝允、藩主毛利敬親，薩摩藩士大久保利通、藩主島津忠義皆深明大義，……毅然決然奉還大政，歸命中央。幕倒了，藩廢了，全國統一了。……維新諸傑到了此時，絕不畏難，百尺竿頭，再進一步——即主張化除藩兵，改編國軍。」「我們該把日本雄藩作為一面鏡子。[14]

1929年元旦，國軍編遣會議在南京開幕，連續開了二十五天，各重要將領都到南京出席了。會議中爭議很多，可謂不歡而散。但會議還是根據蔣介石的「裁兵意見」，將全國設為六個編遣軍。軍費不超過全國總收入百分之四十。[15]各地的政治分會亦自1929年3月13日起，通令停止開會，並即裁撤。[16]

（2）中原大戰

兵是所有軍閥的生命，喪失軍隊，就將「人為刀俎，我為魚肉」。諸「藩」不甘心俯首就擒，對蔣介石的上述，他們以為是「過激」的措施，迅速引發了一系列反抗。

據說政學系的楊永泰曾向蔣介石提供過一個「削藩策」。其主要精神是：「軍事解決第四集團軍，政治解決第三集團軍，經濟解決第二集團軍，外交解決東北軍。」解決東北軍正是這樣做的，並已經解決了。其它集團軍，大體上也按此策行事的。

首先反抗的是桂系軍人，即李宗仁，與李濟深，他倆在北伐初期，分任革命軍委第七、第四軍軍長。寧漢分裂時，站在寧方。武漢分共後，謀與汪精衛合作，迫使革命軍總司令蔣介石去職，與西山會議派合作成立中

---

14 蔣介石，《關於國軍編遣委員會之希望》，《革命文獻》二十四輯。
15 《國軍編遣委員進行程式大綱》1929．1．10《革命文獻》二十二輯。
16 《胡漢民年譜》，第444頁。

央特別委員會。但汪精衛以黨統自居而反對之，命唐生智、張發奎率軍分取南京廣州。唐為李宗仁挫敗，張入廣州，引發了中共的廣州暴動，為桂系軍人鎮壓，汪亦不為粵人所容。北伐初，二李擁兵數十萬，達到了全盛，大將白崇禧北上繳了張宗昌的槍械，進駐灤東。武漢有李宗仁的總部，李濟深、黃紹竑擁有兩廣，自南及北形成一字長蛇。桂系力主「分治」，對編遣會議持反對態度。蔣介石則於1929年2月以大批彈械，接濟湖南省主席魯滌平，充實其實力，故意刺激桂系。武漢政治分會得訊後，則一怒罷免了魯滌平的職務，又出兵解決了魯的部隊。如此處理兩湖事件，既違反了中執會的決議，又違反編委員會的決議，落入蔣的圈套，構成了違法亂紀。使桂系後悔莫及，惶恐不安。李濟深應召由廣州到南京調解，被扣禁，第四集團軍被孤立。於是蔣介石板起面宣稱：「地方軍人，目無中央，驕恣成習」，歷數第四集團軍的「罪狀」。李宗仁終於被迫應戰，桂軍李明瑞被蔣收買，陣前倒戈，不到兩個月，以桂軍敗北結束。6月，李、白、黃通電下野，政治分會由此不復存在，白崇禧、黃紹竑避入越南。

桂系軍人的反抗剛剛被平定，馮玉祥亦舉兵反抗，馮原屬北洋系軍閥曹錕部屬，第二次直奉戰爭時，馮倒戈入北京，推翻總統曹錕，所部改稱國民軍，北伐時加入國民革命軍，為第二集團軍，轄陝、甘、寧、豫、魯等省，兵額最多。編遣會議時，亦有異議。蔣介石討伐桂系時，馮佯作中立，尚有染指武漢之意。桂系敗，又感到唇亡齒寒。1929年4月決定把散佈在山東、河南、陝西、甘肅、寧夏、青海六省的兵力都集中到西部潼關，馮自任「護黨救國軍西北路總司令」。蔣則收買韓復榘、石友三叛馮，並策動劉鎮華、楊虎城等附蔣。蔣介石又宣稱馮勾結蘇俄，於5月23日，國民黨中常委開除馮的黨籍，革除馮的一切職務。馮於5月27日被迫下野。繼則欲聯合山西閻錫山反蔣，又上了當。閻設計誘馮入晉，被軟禁在建安村。於是閻與蔣介石做交易。蔣懼馮、閻聯合，則委閻為全國海陸空軍副司令。此時馮玉祥的部下也打出擁護中央的旗號，蔣由此拋棄閻錫山。閻錫山即去建安村向馮賠禮道賺，兩人抱頭痛哭，表示「同生死，共患難，反蔣到底」。

閻錫山自辛亥革命後，即統治山西，北伐時回應革命，編為第三集團軍，轄有晉、察、綏、冀等省，經此周折後，閻馮決定九月舉兵反抗中央，此時適值駐防在宜昌的張發奎亦率軍侵入湖南，通電指摘南京中央。張發奎勇敢善戰，譽稱「鐵軍」，這次經湘又入桂，與桂系軍會合，稱「張桂軍」。關內的反中央軍人，終於形成聯合陣線。1930年2月23日，閻、馮、李（宗仁）張等四十五位將領聯名通電，要求對國軍編遣重作決定，實是向中央公開挑戰。4月1日，閻錫山在太原就任「中華民國陸海空軍總司令」，馮玉祥與李宗仁在潼關、桂平分別任「副總司令」。5月以後，南北各地軍隊與中央軍展開激戰，而以河南之隴海、平漢路沿線的戰事最為激烈，史稱「中原大戰」。此時雙方均在爭取東北軍張學良的支持。張學良自1928年易幟以來，擁有東北四省，有舉足輕重之地位，9月18日通電支持南京中央政府，並率軍入關南下，十天內佔領了平津和華北地區。閻馮腹背受敵，迅告失敗，連袂下野、晉軍和西北軍分別由張學良和蔣介石改編，中原大戰由此結束。

（3）黨內的反對派

軍事藩鎮削平了，國民黨黨內的反對派依然存在。這個反對派與蔣「削藩」同時出現，並與「藩鎮」形成聯合，並與人權運動相呼應。

國民黨自1924年改組以來，經歷了兩屆中央，孫中山逝世後，出現了幾次分裂，如1925年「廖仲愷被刺殺」所造成的胡漢民與汪精衛的分裂；同年因不滿汪精衛親共而出現的「西山會議派」；1926年「中山艦事件」是蔣介石與汪精衛的分裂；北伐戰起，義導致寧漢分裂。在1929年3月國民黨召開第三次全國代表大會之前，國民黨內有三大派系：即「西山會議派」，通稱右派；以汪精衛為首的稱「左派」，即後來的「改組派」；南京屬中央地位的是以蔣介石、胡漢民為中心的中央派。

國民黨中央派為了在北伐完成後實施訓政，先在中央黨政機關作大幅度的人事改組，大力汰洗改組派，如1928年10月國民政府的改組，把原來既多且濫的國府委員削減僅存十七名，國府下設的五院八部，名單中均沒有汪精衛的名字與位置。這時蔣介石忙於軍事平藩，實施訓政、改組政府等均由胡漢民在操作。

汪精衛自武漢分共後，反對南京的中央特別委員會，主張在廣州舉行二屆四中全會，響應號召去廣州的國民黨中央委員除汪精衛外，尚有顧孟餘、陳公博、何香凝、王法勤、陳樹人、甘乃光等，後來被稱為「粵方委員」。1928年5月，「粵方委員」在上海成立「中國國民黨改組同志會」（通稱「改組派」），奉汪精衛為精神領袖，宣稱要「恢復十三年改組精神」，即恢復1924年改組的第一次代表大會的精神。分明是與南京爭奪國民黨的領袖地位。在1929年3月15日—27日召開的中國民黨第三次全國代表大會，除汪精衛選舉為中執委外，改組派的其它骨幹無一入選，汪精衛和陳公博、顧孟餘、甘乃光四人且受到警告及開除黨籍的處分。國民黨的第三次全國代表大會排斥改組派最為兇狠；所以反對三全大會的也以改組派最為激烈，他們指摘三全大會代表的產生極不公平，並舉出比較確實的統計數：三大的三百三十六名代表中，只有八個七人是選舉產生的，為總數的24%，其餘二百七十九人，都是指派圈定的，為總數的76%。[17]所以這第三次全國代表大會，不僅改組派反對，非改組派也很不滿意。西山會議派雖在三全大會上獲得「平反」，但仍有一些主要分子在派系紛爭中難以自拔。

因此，在各方對南京中央均感到不滿的情勢下，竟出現了以「反蔣」為共同目標的聯合戰線，實際上也是反對蔣、胡（漢民）合作。軍人閻錫山與馮玉祥；汪、張（發奎）與桂系的李宗仁等，均放下原有的矛盾在共同的利益下走到一起來了。改組派與西山會議派原來亦互不相容，現在竟成為聯合陣線。7月13日在北平組成「中國國民黨中央黨部擴大會議」

[17] 《國民黨上海特別部分聯合會辦事處告眾書》，原載《民意》週刊，234期。

（簡稱「擴大會議」）委員三十人，均是各派系的中堅人物。常務委員為汪精衛、趙戴文、許崇智、王法勤、謝持、柏文蔚、茅祖權。9月1日由擴大會議確定閻錫山、唐紹儀、汪精衛、馮玉祥、李宗仁、張學良、謝持為「國府委員」，在北平成立國民政府，與擴大會議互為表裡，以召開國民會議，公佈約法相號召。這個政府因張學良舉兵入關，支持南京的蔣介石而迅告失敗，但他們以召開國民會議與公佈約法的政治主張，卻使南京政府處於被動的困境，在思想理論方面借助人權運動的社會效應，造成壓力，有人估計不在軍事武力之下。（詳下《與黨內反對派的呼應》）。

國民黨在全國統一後實施的訓政，有人從理論上論證：這種「以黨治國」體制，「是實現『民主憲政』的手段，走向政治民主的橋樑，它本身不是能夠和憲政相對立，甚至取憲政而代的具有長期的政治制度」。[18] 但從事黨務的人則認為「黨治」是無限期的，「憲政不但不是黨治之結束，相反，正是黨治之開始」、「憲政時期的黨治，自然是以國民黨治國」。[19]地位不同，見仁見智。蔣介石當時提出：「以黨統政」，[20]表明這種體制是一黨統政，不許其它黨派參政。他明白宣稱：

> 我們中國要在二十世紀的世界謀生存，沒有第二個適合的主義。三民主義是「中國唯一的思想」，再不許有第二個思想來擾亂中國。在革命沒有成功，三民主義沒有實現以前，不能允許再有第二個黨來為攻擊國民黨。[21]

蔣介石雖亦主張「以黨統政」，但與國民黨中央在南京全由胡漢民一手操辦的「一黨專政」有所不同。黨內的反對派主要是汪精衛的改組派以及社會上嚮往西方民主自由的知識份子，包括對狄克推多有著充分思想準

[18] 張友漁，《中國憲政論》，重慶出版社，1945年，第69-70頁。
[19] 潘公展，《憲治民主與三民主義》，《時代精神》，第一卷第五期。
[20] 引自陳之邁，《中國政府》第一冊，商務印書館，1944年，第34頁。
[21] 蔣介石，《我們為什麼入黨和以黨治國》，《蔣介石全集》上冊。

備的胡適等人，不可避免的會與之發生衝突。但他們所反對的與之正面發生衝突的也正是胡漢民，而不是蔣介石。

（二）胡適筆伐國民黨

1、投石問路

（1）撰寫《名教》

胡適在1928年7月，寫有一篇《名教》的文章，諷刺國民黨不該熱衷標語口號。這是由一次偶然的刺激所引起的動機。

6月15日，胡適參加大學院討論北京大學恢復原名（張作霖統治北京時，曾把北京大學改名為「國立京師大學校」）。討論中追溯到1926年由段祺瑞政府所釀成的「三一八」慘案。吳稚暉脫口對胡適說：「你末，就是反革命！」[22]因當年把東吉祥胡同當作段祺瑞北洋政府的代名詞，但《現代評論》也設在吉祥胡同內，有人把《現代評論》「謚之吉祥系」[23]。指胡適亦是《現代評論》派的人，今國民黨掌政權，當年作為段祺瑞政府的「吉祥」當然就被視為「反革命」了。

「反革命」、「帝國主義」等名詞，已是當時國民黨流行的標語口號，胡適對此本有反感。今受吳稚暉脫口戲言的刺激，乃撰《名教》，測試高層的反應。文章從考證中國傳統崇拜的：名詞「字」說起：

> 孔子說，「必也正名乎」，鄭玄注：正名，謂正書字也。古者曰名，今世曰字。《儀禮‧聘禮》注：名，書文也。今謂之字。
>
> 從歷史考據的眼光看來，口號標語正是「名教」的正傳嫡派。因為

22 《胡適的日記》（手稿本）1928年6月15日。

23 《陳布雷回憶錄》，上海二十世紀出版社，1948年，第2頁。

在絕大多數人的心裡，牆上貼一張「國民政府是全民謀幸福的政府」，正等於門上寫一條「姜太公在此」。

胡適接著說，在牆壁上大書「打倒賣國賊」等標語，是一種發洩情感的方式。長此以往，便成了慣例，每逢「五一」、「五三」、「五四」、「五七」等紀念日，照例放假一天，開個紀念會，，貼無數張標語，喊幾句口號，這正是「老祖宗幾千年相傳的『名教』之道。」

但許多標語，大都為了褒貶。胡適說：

宣傳便是宣傳這褒貶的用意，說某人是忠實同志便是叫人「擁護」他。說某人是「軍閥」、「土豪劣紳」、「反動」、「反革命」、「老朽昏庸」便是叫人打倒他。故「忠實同志」「總理信徒」的名，要引起「擁護」的分。「反動分子」的名，要引起打倒的分。故今日牆上的無數「打倒」與「擁護」，其實都是要寓褒貶，定名分。不幸標語用的太濫了，今天要打倒的，明天卻又在擁護之列了；今天的忠實同志，明天又變為反革命了。於是打倒不足為辱，而反革命有人竟以為榮，於是「名教」失其作用，只成為牆上的符籙而已。

難怪社會上對「反革命」一詞已賦予新意，有人說：「在今日並不是罵人，至少還帶幾分不願隨流同污的意思」。[24]胡適對現在的治國者進言：「治國不在口號標語，顧力行何如耳」。最後亦編了兩句時髦口號：

打倒名教！名教掃地，中國有望！

---

[24] 《高君珊致胡適》，《胡適來往書信選》（上），第491頁。

《名教》發表在1928年7月10日《新月》第1卷5號，立即起了效應。8月2日，《新聞報》北平電訊：

> 政治分會接蔣總司令三十日電：幽燕甫定，殘敵待清，外交懸案既多，地方程序未復，各種標語口號，仍應停止張貼。

蔣介石於7月1日去過北平，25日返回南京，30日即以國民革命軍總司令的名義電北京政治分會停止張貼標語口號。江紹原把此電訊與胡適的《名教》聯繫起來了。他致書胡適說：「對啊！等夜啼郎已經能夠一覺睡到大天亮，再貼那張『天皇皇，地皇皇……』吧！拿蔣電和尊著《名教》相比較，我實在更佩服該寧波人」。[25]

《名教》與8月2日的北平電訊之間的關係，究是納諫，抑或巧合，無從考證，也沒有必要去考證。不過，社會上對這次北伐戰爭頗寄予希望，任鴻雋致書胡適說，「此次革命的結果，至少給了我們一個改良的機會。這個機會，若是輕輕的放過了，豈不可惜」。[26]語氣之間，對這革命軍總司令有著一種信任感。胡適把《名教》當作一石子，投之問路，其效應是良好的，所以同樣很有信心。於是他對這新政權的估量：一分為二。

（2）端詳新政權

1928年年底，全國在形式上已算統一了，胡適認為政局「似一時不會有大的變化」。他分析：「（1）現政府雖不高明，但此外沒有一個有力的反對派，故可倖存。若有一年苟安，中下的人才也都可以做出點事業。（2）馮玉祥似是以保守為目的，不像有什麼舉動。（3）蔣介石雖不能安靜，然此時大家似不敢為戎首。近來外交稍有進步，故更不敢發難而冒破

[25] 《胡適來往書信選》（上），第490頁。
[26] 《胡適來往書信選》（上），第484頁。

壞統一之名」。[27]胡適是鍾情於南京，也注視於河南。

胡適看到這初創國民政府的「不高明」處，尤其是政府的「新組織」，他說，「在文字上看來，本是重皮疊板，屋上架屋。但兩個月的試驗，事實上已變成行政院的政府之局面。所謂國民政府，不過是虛名而已，其實仍以行政院為主體」。他說：「此現像是一種自然的演化，為政治學上的必然現象。將來立法、監察、考試三院似皆會起一種自然變化，漸趨於獨立的地位。不如此，不成其為民治的政府也」。[28]

胡適同時注意到新政府對新聞媒界的控制，比北洋時期更嚴了。他說「上海的報紙都死了，被革命政府壓死了。只有幾個小報，偶然還說說老實話」。胡適發現一張報登載有一篇《煙窟中之總理遺像》，其內容是該報（未見報刊名稱）記者揭露上海的禁煙局黑幕：「現在的所謂煙館，變相的禁煙局，好像是劃出在地方行政之外，像外國人的有治外法權。起初我不信，他們既然和總理遺訓相背，何以必要把總理遺像掛出來。有人說越是和總理遺訓相背，一定要把總理遺像做個幌子。最近有人從蘇州來，說蘇州有幾家煙窟，都懸掛著總理的遺像，遺像之下，還有遺囑。可憐啊！在煙館中，把總理的面容，薰得灰黑，總理也變成了一個老槍。還有人說，看了煙窟裡所掛的總理遺像，一副淒慘情狀，好像總理在那裡墜下淚來，其實是瞻仰遺像的人心理作用罷了，不過煙館中掛著總理遺像，豈是總理生前所料及。我想總理在天之靈，也要痛哭流涕咧！也有人說，財政部裡不大做紀念週，所以財政部屬下的禁煙局，非多掛幾個總理遺像不可。」記者「紅淚」感傷至極，以此報導命名為「《讀拒毒會的報告》」說：「上海為商業繁盛之區，乃萬國觀瞻之所在，土行煙館，星羅棋佈，高懸總理遺像，其辱沒總理，辱沒黨國至此，非喪心病狂，豈忍出此。」「越是和總理遺訓相背，一定要把總理遺像做個幌子」，其義相殊，闢猶水火，相滅亦相生也。這種相反相成幾乎是古今真理。胡適

[27] 《胡適的日記》（手稿本）1928年12月4日。
[28] 《胡適的日記》（手稿本）1928年12月4日。

說這一條新聞，「大可留作革命史料」。[29]政府不准刊登這樣的諷喻性的新聞，一般報紙也不敢刊載。1928年12月23日，南京金陵大學學生會辦的《金陵週刊》因批評了國府領袖，即被教育部下令停刊。但儘管新政權對新聞傳媒控制得比以前更緊了，但還能存在，只是明顯少了。胡適並沒有對此大張伐撻，似乎是表示理解。他只在1928年5月19日南京國民政府的一次宴會上，提出「給我們一點點自由」。但新聞報紙刊載出來時，竟改成「給我們自由」。胡適說，「刪去『一點點』三個字，便失了我的原意了」。

2、人權運動

（1）重操「言論事業」

胡適早就想做一個超然獨立於政黨之外，亦即立於各黨各派之上，調解、評判和監督的政論家，並把它當作一種「言論事業」。他認為自己適合從事這種事業，他說有些人「性情與才氣是不宜於組織政黨的，他們能見事而未必能辦事，能計畫而未必能執行，能評判而未必能對付人，能下筆千言而見了人未必能說一個字，或能作動人的演說而未必能管理一個小團體。他們自然應該利用他們的長處，決不應該誤用他們的短處」。這實是胡適的自我定位：適宜從事政論家。西方國家的情況確是這樣，但他想當超然獨立於政黨之上的政論家，還因為中國尚沒有真正的現代政黨。他說，「在這個本來不須政黨政治，近來更厭惡政黨政治的中國，今日最大的需要決不在政黨的政論家，而在獨立的政論家」，[30]是從中國的國情出發。還可補充一條更具體的例證，1928年4月4日，胡適在赴廬山旅遊途中，與高夢旦有一席談話：

---

29 《胡適的日記》（手稿本）1928年5月16日。

30 《政論家與政黨》，《努力》週報第5期，1922年6月4日。

> 我們這個民族，是一個純粹個人主義的民族，只能人自為戰，人自為謀，而不能組織大規模的事業。政黨是大規模的組織，需要服從與紀律，故舊式的政黨（如復社）與新式的政黨（如國民黨）都不能維持下去。……我們只配作小國寡民的政治，而運會所趨，卻使我們成了世界上最大的帝國！我們只配開豆腐店，而時勢需要卻使我們不能不組織大公司，這便是今日中國種種使人失望的事實的一個解釋。[31]

新式政黨是工業社會的產物，不發達國家「只配作小國寡民的政治」，需要的正是「獨立的政治家」。小國寡民監督政黨的政論家可以在兩個方面產生效力：第一「造輿論」；第二「造成多數」的獨立選民。[32]

胡適在1928年年底，作《新年的好夢》，對1929年有六點夢想。最後一點，即「第六」：

> 我們夢想今年大家有一點點自由。孫中山先生說政府是諸葛亮，國民是阿斗。政府諸公誠然都是諸葛亮，但在這以黨治國的時期，我們老百姓卻不配自命阿斗。可是我們鄉下人有句古話道：「三個臭皮匠，賽過諸葛亮。」諸位諸葛亮先生們運籌決勝，也許有偶然的錯誤。也許有智慧者千慮之一失，倘然我們一班臭皮匠有一點言論出版的自由，偶然插一兩句嘴，偶然指點一兩處錯誤，偶爾訴一兩樁痛苦，大概也無損於諸葛亮先生的尊嚴吧？[33]

文章的全篇主旨是支持蔣介石的國軍編遣方案，第六點則是針對訓政的「以黨治國」，表明他已在「研究事實，觀察時勢」，並將要「提出重要的主張，造成輿論」了。

---

[31] 《胡適的日記》（手稿本）1928年4月4日，第六冊。
[32] 《政論家與政黨》。
[33] 天津《大公報》1929年1月1日。

1929年3月15—27日在南京召開的中國國民黨第三次全國代表大會。大會閉幕的前一天，上海特別市代表陳德征提交了一個「嚴厲處置反革命分子」提案。提案的原文如下：

理由　反革命分子包含共產黨，國家主義者，第三黨及一切違反三民主義之分子。此等分子危害黨國，已成為社會一致公認之事實，吾人應認定對反革命分子應毫不猶豫地予以嚴厲處置。……

辦法　幾經省及特別市黨部書面證明為反革命分子者，法院或其它法定之管理機關應以反革命罪處分之，如不服得上訴，惟上級法院或其它法定之受理機關，如得中央黨部之書面證明，即當駁斥之。

提案中所要嚴厲處置的「反革命」分子，幾乎把所有非國民黨人以及凡被認為「違反三民主義之分子」，都可被包括在內。這提案如被通過，則黨認定你是反革命分子，就得予以嚴厲處置。這個提案，不僅在「黨治」下使行動一律，言論自由的空間都被杜絕了。

胡適從報紙上看到這個提案後，「實在忍不住了」，立即於當天寫信給美國耶魯大學法學博士出身，時任司法院院長王寵惠，怒氣沖沖地說：

先生是研究法律的專門學者，對於此種提議，不知作何感想？在世界法制史上，不知哪一世紀哪一個文明民族曾經有這樣一種辦法，筆之於書，立為制度的嗎？我的淺識寡聞，今日讀各報的專電，真有聞所未聞之感。中國國民黨有這樣黨員，創此新制，大足誇耀全世界了。

陳德征的提案「是說法院往往過於拘泥證據，使反革命分子容易漏網」。「法院可以不須審問，只憑黨部的一紙證明，便須定罪處刑」。所以胡適補充說：

其實陳君之議尚嫌不徹底，審判既不須經過法庭，處刑又何必勞動法庭？不如拘捕、審問、定罪、處刑與執行，皆歸黨部，如今日反日會之所為，完全無須法律，無須政府，豈不更直截了當嗎？

這個提案的實質所在實是在提案的「理由」部分，對「反革命」一詞的含義不清。為什麼非國民黨的其它黨派的人都「危害黨國」並為「社會一致公認是事實」？胡適作為實驗主義者，只把注意力集中在其方法上，竟忽視了此提案的「理由」部分。

胡適向司法院院長提抗議的同時，將此信稿亦發交國聯通信社，想通過新聞媒介向全社會呼籲，竟被上海特別市黨部扣發了。3月29日國聞通信社把原件退回給胡適，附信云：

適之先生，昨稿已為轉送各報，未見刊出，聞已被檢查者扣去，……。

「嚴厲處置反革命分子」的提案，在國民黨三全大會雖未成立，但大會在1929年3月21日所通過的《確定訓政時期黨、政府、人民行使政權治權之際及方略案》，對於人民的權利，仍由黨的機構加以限制，規定：「中國國民黨最高權力機關，……於必要時，得就於人民之集會、結社、言論、出版等自由權，在法律範圍內加以限制」。又「中華民國人民須服從擁護中國國民黨，……始得享受中華民國國民之權力」。[34]所以4月1日的《民國日報》「星期評論」（二卷46期）刊發了《胡說》一文，其云：

不懂得黨，不要瞎充內行，講黨紀；不懂得主義，不要自以為是，對於主義，瞎費平章；不懂得法律，更不要冒充學者，來稱道法

[34] 《革命文獻》第七十六輯，第83頁。

治。在以中國國民黨治中國的今日，老實說，一切國家的最高根本法，都是根據於總理主要的遺教。違反總理遺教，便是違反法律，違反法律，便要處以國法。這是一定的道理，不容胡說博士來胡說的。

胡適無限感慨地說道：「我的文章沒有發表，而陳德徵的反響卻登出來了」。

陳德徵原來是《民國日報》的一個普通編輯，在上海工人武裝起義失敗後的清黨中，他表現極為積極，立了大功，立即成為「紅得發紫」的名人，頓時榮升為上海特別市黨部主任。[35]現在他又在作新的投機。

（2）「人權運動」

胡適本想通過正常管道，以輿論工具，實施自己的自由「言論事業」，在北洋政府時期，他是這樣做的。可是在今天，此路竟不通了，黨決定一切，他嘗到到了「以黨治國」的味道，不得已而利用自己掌握的《新月》月刊，表達自己的抗議。這也說明當時的黨治天下，仍然有隙可乘。胡適在第一回合裡，一連發了三篇文章。

《人權與約法》

《我們什麼時候才可有憲法？》

《知難行亦不易》

文章問世後，社會上引起軒然大波，史稱「人權運動」。「人權運動」與中原大戰同步，前者是筆戰，後者是槍戰。「人權運動」，應該是比「中原大戰」更為重要。

下面看胡適在這三篇文章中說了些什麼！

[35] 徐鑄成，《杜月笙正傳》，浙江人民出版社，1982年，第42頁。

（a）《人權與約法》

這是針對國民政府所發佈的人權命令。國民政府於1929年4月20日下了一道命令，全文是：

> 世界各國人權均受法律之保障。當此訓政開始，法治基礎宜確立。凡在中華民國法權管轄之內，無論個人或團體均不得以非法行為侵害他人身體自由及財產，違者即依法嚴行懲辦不貸。著行政司法各院通飭一體遵照。此令。

命令中仍留有歐美尊崇「自由」的字樣，不如蘇俄專政之直截否定。胡適當即把這則命令從報端剪下貼在日記薄上，在旁邊批了兩條意見：「這道命令奇怪之至！（一）『身體自由』怎講？是『身體』與『自由』呢？還是『身體之自由』呢？（二）此令但禁止個人或團體非法侵害人權，並不曾說政府或黨部也應尊重人權」。[36]這可算是胡適撰寫《人權與約法》的提要。

胡適在《人權與約法》文中指出：「在這個人權被剝奪幾乎沒有絲毫剩餘的時候，忽然有明令保障人權的盛舉，我們老百姓自然是喜出望外，但我們歡喜一陣之後，揩揩眼鏡，仔細重讀這道命令，便不能不感覺太失望」。又指出：命令所禁止的只是「個人或團體」，「但今日我們最感覺痛苦的是種種政府機關或偽藉政府與黨部的機關侵害人民的身體自由及財產」；「命令中說『違者即依法嚴行懲辦不貸』。」胡適問：「是依什麼法？……今日有何種法律可以保障人民的人權。……妨害若以政府或黨部名義行之，人民便完全沒有保障了」。

胡適進一步說，無論什麼人，只須貼上「反動分子」、「土豪劣紳」、「反革命」、「共黨嫌疑」等等招牌，就沒有人權保障可言，剝奪

---

[36] 《胡適的日記》（手稿本）第八冊，1929年2月21日。

其身體自由和財產就都不是非法的了。無論什麼書報，只要貼上「反動刊物」字樣，被禁止也就不是侵害自由……。他更把自己給司法院院長王寵惠所寫信稿，送給國聯通信社發表而被檢查者扣去的事情經過敘述了一番，然後問道：

我不知道我對這封信有什麼軍事上的重要而竟被檢查新聞的人扣去。這封信是我親自負責署名的。我不知道一個公民為什麼不可以負責發表對於國家問題的討論。

他還列舉了黨、政、軍部門侵犯人權具體事例：

又如安徽大學的一個學長，因為語言上挺撞了蔣主席，遂被拘禁了多少天。他的家人朋友只能到處奔走求情，決不能到任何法院去控告蔣主席。只能求情而不能控訴，這是人治，不是法治。

還舉出唐山罷市的案例，當地駐軍無故抓人，非刑拷打，激起民憤，這是在保障人權命令公佈後發生的。因此他說「人權的保障和法治的確定決不是一紙模糊命令所能辦到的。……法治只認法律，不認人。在法治之下，國民政府主席……同樣不得逾越法律規定的許可權。」最後提出：

快快制定約法以確定法治基礎！
快快制定約法以保障人權！

胡適的《人權與約法》作於1929年5月6日，發表在《新月》2卷2號。出版的時間竟署1929年4月10日。一個出版物可以預告在一月後有重要文章發表，如不能兌現，則成空頭支票，卻沒有見過今天寫的文章在一月以前就發表了的，是奇談。這當然是以對付當局的檢查，它要說明的是，他這篇《人權與約法》在「人權命令」發表前十天就已問世了。這固然是荒唐，實是對當局以「人權命令」來文飾「黨治」的諷刺。

《人權與約法》發表時，社會上引起的反響很大，國內外報紙有轉載的、有翻譯的、有作文討論的，作者也收到不少讀者來信，胡適專門整理了一篇《「人權與約法」的討論》，值得介紹的是諸青來的來信，和胡適的答覆。諸青來的信中的第二點說：「民國十三年（1924）春，國民黨改組，援俄意先例，揭櫫以黨治國。……黨治一日存在，則全國人民不論是否黨員，對於黨義政綱、應奉為天經地義，不得稍持異議。即使約法頒佈，人民之言論出版仍須受嚴重限制」。第三點說：「按照國民黨第一次代表大會所定政綱，其中有對內政策第六項，載明人民有集會結社言論出版居住信仰之完全自由權。他日制定約法，無論如何寬大，總不能超過對內政策第六項。……」胡適的回答是：

（二）我們要一個「規定人民的權利義務與政府的統治權」的約法，不但政府的許可權要受約法的制裁，黨的許可權也要受約法的制裁。那就是一國之中仍有特殊階級超出法律的制度之外，那還成法治嗎？……

（三）約法即國民黨實行政綱的機會。政綱中對內政策第六條云：「確定人民有集會結社言論出版信仰的完全自由權」。諸先生忽略了「確定」二字。政綱所主張的，載入約法和法律，才是確定，不然只不過是一種主張而已。

像這樣的討論，至今讀來，仍有現實意義。一個缺乏民主傳統的國家，實行一黨專政，容易被人們接受，實行「法治」，必須經過幾代人的努力。不過在知識份子中，固然也有像諸青來那樣對一黨專政持擁護態度者，但在自由主義的知識份子中，則大多數是抱不滿態度的。在胡適的日記裡，保存著與馬君武的一段對話：

馬君武：「此時應有一個大運動起來，明白否認一黨專政，取消現有的黨的組織，以憲法為號召，恢復民國初年的局面。當日有國會時，我們只見其惡，現在回想起來，無論國會怎樣腐敗，總比沒有國會好。究竟解決於國會會場，總比解決於戰場好的多了」。

胡適為他進一解：「當日袁世凱能出錢買議員，便是怕議會的一票；曹錕肯出錢買一票，也只是看重那一票。他們至少還承認那一票所代表的權力，這便是民治的起點，現在的政治才是無法無天的政治了」。[37]

（b）《我們什麼時候才可有憲法》

胡適在《人權與約法》的後半部分，已從孫中山制定同盟會的《革命方略》中，把革命建國事業的措施程序分成軍法、約法、憲法三個時期。約法時期是「過渡時期」。孫中山在1924年所起草的《建國大綱》，把約法時期改為訓政時期，以後就不提約法了。但胡適仍從孫中山前此的言論中分析，認為孫中山不會不用「一個根本大法的」，並說孫在國民黨一大宣言中說了「以黨為掌握政權之中樞」的話，但沒有一句提到「一黨專政」。以此論證今日施行的訓政，與孫中山的一貫思想不一致。《人權與約法》發表後，立即有人來信指出胡適的錯誤：《建國大綱》不僅訓政時期沒有約法，即到憲政初期尚無憲法等。胡適在自我弄清問題準備解答的過程中，發現孫中山確是認為訓政與憲法不可同時並立。他認為孫中山這個觀點是錯誤的。《我們什麼時候才可有憲法》一文，就是這樣誕生的。

胡適文章開宗即承認《人權與約法》裡所說的：「他不會相信統治這樣一個大國可以不用一個根本大法的」這句話是錯誤的。他說，考察孫中山憲政思想的發展，1924年國民黨改組是其轉捩點。1906年同盟會的《革命方略》起，一直到1924年都主張「約法時期」為過渡時期，以約法「規

[37] 《胡適的日記》（手稿本）1929年4月26日。

定人民權利義務，與革命政府之統治權」。但1924年國民黨改組，把這主張取消了，不僅訓政時期沒有約法，直到憲政開始也還沒有憲法。一直要等到全國有過半數省分的地方自治完全成立之後，才可以有憲法。孫中山取消過渡時期約法的思想早在1919年撰《建國方略》時，就已有了，認為中國人民「久處於專制之下，奴心已深，牢不可破」，不能行使主權，所以必須有一個「訓政時期，以洗除其舊染之污」。他說：

> 是故民國之主人者（國民），實等於初生嬰兒耳。革命黨者，即產此嬰兒之母也。既產之矣，則當保養之，教育之，方盡革命之責也。如革命方略之所以有訓政時期者，為保養教育此主人成年而後還之政也。（《建國方略》第六章）

1924年接受蘇俄的「黨治」體制，就把原來的過渡時期，改為「保育」時期，幼主的權力，都由革命黨代行。

胡適不同意孫中山這主張，他認為人民的參政能力是在實踐中培養出來的，孫中山的「知難行易」學說也是認為「其始則不知而行之，其繼則行之而後知之，其終則因已知而更進於全行」。民治制度本身就是一種教育，人民參政即在約法時期培養自治能力，孫中山取消約法時期，與其「知難行易」學說是相悖的。

胡適說，「民治主義的根本觀念是承認普通民眾的常識是根本可信任的。『三個臭皮匠，賽過一個諸葛亮』。這便是民權主義的根源。因此他認為約法（或憲法）可以並應該與訓政並存。他說憲法不僅規定人民的權利，「更重要的是規定政府各機關的許可權。……人民固然需要訓練，政府也需要訓練。人民需要『入塾讀書』，然而蔣介石先生、馮玉祥先生，以至於許多長衫同志和小同志，生平不曾夢見共和政體是什麼樣子的，也不可不早日『入塾讀書』罷！」胡適特別指明：「人民需要的訓練是憲法之下的公民生活，政府與黨部諸公需要的訓練是憲法之下的法治生活」。

這樣才能訓練國民走上共和的大道，否則口口聲聲說訓政，自己所行皆不足為訓，「小民雖愚，豈易欺哉」？胡適最後說，「我們不信無憲法可以訓政，無憲法的訓政只是專政。我們深信只有實行憲政的政府才配訓政。」

胡適本想以孫中山約法時期的過渡思想，來批評現在國民黨「三大」所追認的訓政，結果弄清這無約法「訓政」恰恰是孫中山自己規定的，是孫中山引進俄國列寧式政黨體制的結果。孫中山當時所以要改變政黨性質的理由是：「以為臨時約法的失敗是由於未經軍政訓政兩時期，而即入於憲政」。胡適則認為自民國元年以來，都處於軍政時期，臨時約法，乃至天壇憲法和曹錕時代的憲法，一天都沒有實行過，「民國十幾年的政治失敗，不是驟行憲政之過，乃是始終不曾實行憲政之過」。

（c）《知難，行亦不易》

本文是對孫中山「行易知難說」的述評，作於1928年7月，十個月以後，將其改訂，亦投入了筆伐之役。

「行易知難說」，是孫中山《建國方略》的導言，當作物質建設，社會建設等先導的心理建設。撰於1918年12月，是他總結三十年革命失敗的教訓，有感而發，說得很悲慨沉痛。孫中山認為推翻滿清的辛亥革命之成功，是貫徹他的思想主義而獲得的，這一步目標實現後，欲繼續實行他的建設主張，竟遭同志黨人所反對。究竟是什麼原因？孫中山說是一種錯誤思想造成的，這錯誤思想就是幾千年前傅說對殷高宗武丁所說的「知之非艱，行之惟艱」。這種知易行難」的思想，現在成了「予生平之最大敵人」，它比滿清王朝和袁世凱更可怕。所以孫中山要首先打倒這「心理之大敵」。也就是孫中山創「孫文學說」的動機。

孫中山認為知與行的關係應該是「行易知難」，列舉了十項證據予以證明。證據中有幾項是「不知亦能行」的，如飲食等。但大部分的證據都是證明知識是難能可貴的。他一面教人知道「行易」，一面更要人知道「知難」。他要人明白「不知亦能行之，知之則必能行之，知之則更易行之。」他把人的性質分成三系：1、先知先覺者，為創造發明；2、後知後覺者為仿效進行；3、不知不覺者，為竭力樂成。其第一系是發明家，第二系是鼓吹家，第三系是實行家。中山當然自居第一系。胡適說「中山先生著書的本意只是要說：服從我。奉行我的建國方略。」

胡適指出：「行易知難的學說是一種革命的哲學。」要人知道「行易」是鼓舞人勇往進取，要人知道「知難」是提倡對先知先覺者信仰與服從，即信仰領袖，服從命令，這就是革命成功的條件。孫中山死後的三四年內，國民黨即繼續奉中山為領袖，奉其遺教為共同信條，極力宣傳。共信既立，以致國民革命軍先聲奪人，所向勝利，證明行之有效。胡適說：「迷信『唯物史觀』的人，聽了這幾句話，也許要皺眉搖頭。但這正是中山先生的中心思想」，也是他「有志竟成」的人生哲學。國民黨承繼了這中心思想。其實，這種「革命哲學」代有傳人，中國近代的歷次革命運動，無不有一種主義、思想或理論，據以統一思想，統一行動，鼓舞多數人勇往進取，並服從領袖。

胡適進一步指出，這革命哲學在政治上固然獲得了成功，更不應忽視這學說本身存在的一些錯誤，及其帶來的「惡影響」。「行易知難」說的根本錯誤，在於把「知」與「行」分作兩種人做的事。孫中山創此學說是「自任知難而勉人以行易」。結果造成兩大惡果：「第一，許多青年同志只認得行易，而不覺得知難。於是有打倒知識階級的喊聲，有輕視學問的風氣」。既然行易，何必問知難？「第二，一般當權執政的人也就藉『行易知難』的招牌，以為知識之事已有先總理擔任做了，政治社會的精義都已包羅在三民主義、建國方略等書之中，中國人民只有服從，更無疑義，更無批評辯論的餘地了。於是他們揹著『訓政』的招牌，背著『共信』的名義，節制一切言論出版的自由，不容許絲毫異己的議論」。這就是胡適所以著此文章的目的所在。他憤慨地說：「知難既有先總理任之，行易又有國民黨大同志任之，輿論自然可以取消了」。胡適在此還弦外有音，雖沒有指名道姓，但我們在前揭4月1日《民國日報》所載的《胡說》一文外，又在6月10日《民國日報》發表《匕首・淺識》一文：其云：「小子識淺，生平只知有三民主義，只知有總理及其遺教，只知有黨。……有人疑我為梁山泊裡的朋友嗎？我卻要說他是沉湎於洋八股的外國宋儒！」胡適在此的鋒向，已非泛指，具體所指正是陳德征之流。胡適說：「可憐的陳德征！」[38]

胡適還以自然科學、社會科學、醫學等方面的角度，對這「革命哲學」本身存在錯誤作有批判，論證知易與行難以絕然分開。同時指出「知固是難，行也不易，這便是行易知難說的第二個根本錯誤」。在此不多作介紹了，不過，文章的總論，看來是說給國民黨高層，包括蔣介石在內的大人物聽的，語重心長，值得一錄。

> 治國是一件最複雜最繁難又最重的技術，知與行都很重要，紙上的空談算不得知，魯莽糊塗也算不得行。……政治的設施往往關係幾千萬人或幾百萬人的利害，興一利可以造福於一縣一省，生一弊可害無數人的生命財產。……政治是無止境的學問，處處是行，刻刻是知，越行方才越知，越知方才可以行的越好。……
>
> 今日最大危險是當國的人不明白他們幹的事是一種絕大繁難的事。以一班沒有現代學術訓練的人，統治一個沒有現代物質基礎的大國家，天下的事有比這個更繁難的嗎？要把這件大事辦的好，沒有別的法子，只有充分請教專家，充分運用科學。然而「行易」之說，可以作一班不學無術的軍人政客的護身符！此說不修正，專家政治決不會實現。

胡適撰寫這三篇文章，分別批判揭露了在這訓政時期，以「保障人權命令」掩蓋其軍、政機關的侵犯人權；和沒有約法的訓政的實質；以及

---

[38] 《胡適的日記》（手稿本）第八冊，1929年6月10日。

「革命哲學」提供軍人、政客箝制人民自由、壓制知識份子和各類專家以理論根據的事實，均擊中要害，激起了新貴政客的憤怒，由此而引來了對胡適的圍剿。

三、國民黨與胡適較量

（一）國民黨圍剿胡適

人權運動，是自由主義知識份子對西方政治人的基本權利的認同，要求政府保障人權。西方爭人權的方式，有1215年的英國大憲章運動，是經濟的、和平的方式；有法國1789年的人權宣言，是政治的、暴力的方式。胡適採用的是前者——和平的方式。

國家，是一個分成政府與人民並具有土地的組織，它的主要功用是保護人權。胡適鑒於現在訓政所實行的黨治，是在破壞人權，「嚴厲處置反革命分子」的提案，是破壞人權的徵象，國民政府4月20日的保障人權命令也是破壞人權的明證，是「朕即國家」老劇的翻新。西方的人權內容，包括「自由、財產、安全及對壓迫的反抗」。（《人權宣言》）對壓迫的反抗，洛克稱之謂「革命的人權」，同樣受法律保護。有人認為中國自古也有此「革命的人權」，孟子的所謂「聞誅一夫紂，未聞弒君也」，就是承認革命人權的開端。但現在中國的革命人權不受法律保護，「成則為王敗則為寇」。國民黨是民國以來第一個以革命武裝奪取政權的，也即第一個行使「革命人權」的政黨，他們取得政權後，卻繼承自古的傳統，不容人權運動諸人批評。整個國民黨的各基層黨部，政府的大小官吏，無一不惱羞成怒，以權力大棒相壓迫圍剿。

1、言不成理的批判開道

南京《中央日報》於1929年8月上旬，刊出了一篇《胡適之所著〈人權與約法〉之荒謬》[1]署名「灼華」。《中央日報》是國民黨的黨報，地位高、影響也大。灼華說胡適的「荒謬」，在於不懂法學和不明事實。「不懂法學」即不懂得「總理遺教，已成為中華民國所由創造之先天的憲法，同時亦為訓政時期之根本法，與憲政時期憲法之準則」。「不明事實」即不懂得「所謂法律，並不限於憲法中所規定者，其它凡政府公告，法院之判決，與一切社會上公認之習慣，均具有法律上之效力，此蓋為世界各國所認同。」對胡適所指黨部與政府的侵害人權，他解釋說：「其實黨部有自由逮捕人民之權，係軍事初定，政局未固時有之，迨本黨清共而後，社會秩序已漸次恢復，即經中央明令制止矣。」對「人權保障命令」公佈以後所發生的唐山罷市案，灼華就避而不論了。文章對胡適指出孫中山遺教中的「遺漏」，則直譏胡適「粗心倨傲」，「不知建國大綱即總理平日所主張之臨時約法」。至於「一黨專政」和總統之如何產生的問題，作者也說胡適「不知國民政府，即係本黨領導監督下之政府」；「國民政府元首之產生，自由本黨負其全責」，與外人無涉。對於胡適文中所列的一些違反人權的具體事例，作者一一作了「駁正」。

1929年9月5日在上海出版的《新生命》上，亦刊出了方岳的《憲法與自由》，以及《人權與約法》和《我們什麼時候可有憲法？》，其他一些批判文章。與灼華是站在同一政治立場，只是不如灼華的觀點明確，在此均略了。

圍剿者是人治集權論者，對胡適等自由主義分子所用的理念是完全相悖的。羅隆基在這次「人權運動」中所著的《論人權》中，提出了三十五條人權的內容。指出人權是先於法律而存在的，只有人民自己制定的法律，人民才有服從的責任。因為法律是人民共同意志的表現，所以爭人權的人，先爭法治，爭法治的人，先爭憲法，憲法是人民統治政府的法。詮釋孫中山在建國大綱二十三條裡「開國民大會，決定憲法而頒佈之」的

[1] 本文原載《中央日報》1929年8月9日—10日，又連載於《民國日報》。

話，就是承認「法律是人民公共意志的表現」，是西方的政治理念。而灼華和方嶽等人所引用的是具有本國特色或謂東方特色的理念，依然是「手握王爵，口含天憲」。雙方沒有共同的焦點，各說各理。灼華等的批判不是以理服人，而是以道伐人。但它是這一時代的反映，我們錄此存照。

上海市《民國日報》在8月9日—10日同步轉載了《中央日報》灼華的文章。8月27日—30日接踵連載了張振之《知難‧行亦不易的根本問題——駁胡適之（知難行亦不易）論》。文章說胡適的這篇文章「不但充滿著惡意的攻擊，並且要想從根本上動搖『知難行易』的學說」。文章分三個部分論述：（一）評胡適的動機與態度；（二）評胡適理論的根據與其錯誤：（三）評述孫文學說知難行易的真義。關於動機，說是胡適不肯屈居在中山先生之下，所以隨時對孫先生譭謗，胡適不僅攻擊孫文學說，而且還想修正孫文學說。孫中山逝世時，胡適送有輓聯：「慈故能勇儉故能廣，行之非艱知之維艱」，是肯定了孫文學說。接著指出胡適的知行合一論，是源於杜威的實驗主義，和王陽明學說，以實驗主義評論孫文學說，只能是一家之言。張振之在文章的第五部分，把孫中山的知難行易說稱為「獨見創獲」，綜合了古今中外諸說之所長。冗長的闡釋，除了肉麻外，也就沒有學術的新意。他批評胡適「只懂老學說，不懂新學說，好比研究經濟學的，只曉得資本主義個人主義的經濟學，而不曉得社會主義的經濟學。」他嘲諷胡適不要老是「在『胡適之』（意思是「何所適從」或「往那裡去」）傍徨的路中，」應「完成中國哲學史大綱，『努力』求知。」「聽說他的哲學店要關門了，哲學飯要不吃了，不曉得是不是作為他不能完成中下兩卷中國哲學史大綱的遮臉的說法！」已是人身攻擊了。

9月10日，《中央日報》又表了一篇署名「無任」的《有憲法才能訓政嗎？》的文章。批判胡適「是代表現在中國一般士大夫階級，來反對中國國民黨的」。文章指出「在胡先生過去的主張是要建立『好人政府』，仍是切望堯舜文武禹湯式的聖君賢相而治天下的。所以，於國民黨的訓政時期特別高呼著：『要有憲法才能訓政』。他忽略了社會的進化和革命的原則，過著無病呻吟的生活」。「現在中國的社會進化的途向，只有在三民主義的途徑上走」。從而批判胡適「太過崇拜『天賦人權』的信念」，「我們看遠一點，在歐美的偽民權，對於人民有什麼利益？」法律是什麼？「法律只是在社會進化過程中，為統治者的一種權力」。

上海的《民國日報》在9月12日以同題發表「社論」，署名「髦公」，實是轉載。胡適批曰：「這樣不通的文章，也要登在黨報上顯醜。」「全抄此文，（即無任《有憲法才能訓政嗎？》）略改幾個字，卑鄙可笑。」

2、各級黨部群起討伐

批判開了路，各黨部就緊接行動了，基層的黨部，尤為憤怒。上海市黨部執行委員會於8月28日的第48次常會上，臨時動議的第五項，（宣傳部提）：「中國公學校長，公然侮辱本黨總理，並詆毀本黨主義，背叛政府，煽動民眾，應請中央轉令國府嚴予懲辦案。」《民國日報》配以醒目的標題：「中公校長胡適反動有據」。天津《大公報》翌日發出上海專電云：「胡適擔不起的罪名：侮辱總理，背叛政府——滬市黨部攻擊胡氏之文」。9月8日北平市國民黨員黃汝翼向黨部提出要求嚴懲胡適，有百餘人附議，在其呈文中揭了胡適的老底：

> 當前段祺瑞政府時代之善後會議委員，在民國時代向遜清廢帝宣統行跪拜禮，並稱呼溥儀為皇上，藉提倡新文化運動招牌冀達其獵取富貴功名目的之胡適，近在上海……侮辱總理……雖經中央各報嚴加駁斥，當此各反動派伺機活動，共產黨文藝政策高唱入雲之時，該胡適原為一喪行文人……若不從嚴懲處，勢必貽患無窮。

北平市第六區常委會議決定，轉呈中央緝拿胡適。國民黨黨務整理委員會經第十二次常會決議：「呈請懲辦反動的胡適，為本黨同志之一致要求」，立即電中央。江蘇省黨部都有同樣議案：懲處胡適。南京電：國民黨「中央訓練部據各級黨部電呈，胡適誤解黨義，不審社會實情，放言空論」，函國府「飭令教部加以警告，並通飭全國各大學校長，切實督飭教職員，詳細研究黨義，以免再有此類似之謬誤見解發生」。

國民黨中執委委員，國民政府立法院院長胡漢民說話了。他說：

> 訓政二字，乃總理在政治學上之創造。凡一國家有一變動，必須從新整理改造，這便是訓政，中國人必須到了能運用自治民權，方能有憲法，否則任其滿清立憲也好，民元約法也好，天壇憲法也好。一切只是沒有用的東西。立憲只是一道命令或一種方式。憲政時期的根本大法必須三民主義完全實現，即如民元約法徒有虛名，中國被誤至十餘年之久，試問人民無法管理整治，是否真正憲政。……殊不知我們現在已有憲法，總理的一切遺教就是成文的憲法。三全大會已確定並分期實施訓政工作，如再要另外一個憲法，豈非怪事。[2]

國民黨圍剿胡適的理論依據，實均出自胡漢民。胡適的人權運動，批判的對象雖是泛指國民黨，卻擊中了訓政時期的設計師。

3、社會上的反響

社會上的反應很不一致，有人說，「在這個年頭，胡適還敢做那篇文章，我們不能不佩服他有點膽氣」。也有人說胡適之沒有做官，「所以他還要揩揩眼鏡。要是胡適之和從前善發議論現今做了委員的一班同志一樣做了官，那眼鏡也只好一任他去霧裡看花，不必揩，並且不敢揩了」。[3]

還有人從陳德徵的相反立場批評胡適在「胡說」，稱國民黨「明明指出『黨治』兩字的招牌，他卻亂七八糟說了許多『法治』的話，難道胡

---

[2] 《中央黨部紀念周》，1929年9月23日。
[3] 剪報，見《胡適的日記》（手稿本）第八冊，1929年6月6日。

適之的眼睛瞎了，耳朵聾了不成」。文章最後聲稱：「我們革命民眾決不會向統治者要求頒佈什麼約法，請他們保障什麼人權，我們只有向著敵人猛攻，以取得我們的法，我們的權，和我們的自由。」更指出胡適此舉「無裨於實際，只有幫助統治者緩和民眾鬥爭的作用」。[4]這是推倒重米的革命論者，與胡適思路是相反的。《自由》雜誌說，「共和政體早已滅亡，蔣中正今日之做黨皇帝和日後之做皇帝」，沒有多大差別。「像某先生（指的是胡適）一樣，向黨國諸公要求御賜一種『欽定的約法』，則證明『黨國』有可能變成『帝國』。」「憲政正是帝王登極的一種最好的禮物。」聲稱要另覓一種推倒「黨治」的革命方式。

張孝若也在致胡適的信中說：「最痛心的，從前是官國、兵國、匪國，到了現在，又加上黨國，不知中華幾時才有民國呢？」[5]《光報》第三期刊載署名「玉菱」的《關於胡適之最近之胡說》一文，說，「記者對『胡說』，除其反對孫說及反對國民黨兩點外，大概表相當之同情，尤希望當局平心靜氣，痛自檢省：三年以來，專政獨裁，有幾何能符於孫先生之理想，使老百姓稍享革命之福？而嚴刑酷法及反革命一詞之濫用，實不足以盡塞反對者之口，維持政權。若嚴刑酷法可以盡塞反對者之口，維持政權，則秦始皇之焚書坑儒，則真可傳之萬世，……今事實所昭示於吾人者，猶不足打破槍桿子崇拜，朕即國家之迷夢乎？」誠一腔熱血之忠言。

在一片紛雜的輿論中，1929年8月27日，上海的《時事新報》發表了一篇折衷調和的社論，引人注目。是為胡適的言論打圓場。據瞭解是楊杏佛的主意，是他要程蒼波寫的文章，指出胡適的「主張極平常」，國民黨沒有干涉的必要，也要求不妨「指駁」胡適的「『一部分』的話」[6]程滄波客觀地介紹了批、擁兩方面的情況。但對「指駁」胡的一部分言論，做

4 依生，《爭自由與胡適的「胡說」》，《白話三日刊》1929年6月6日。
5 《胡適來往書信選》（上），第525-526頁。
6 《胡適的日記》（手稿本）1928年8月27日。

得十分少，沒有達到預期的效果。當時的大報紙，均立足於「批」，只有小報才有不軌的「擁胡」之言。

胡適所在的中國公學，這年暑期報考該校的竟有四百七十六人，「為中公有史以來所未有」。胡適很感欣慰，他說「青年人居然不怕『反革命』的招牌，這是絕可安慰我們的一件事」。對此1929年9月6日，上海《工商新聞副刊・禮拜三》27期刊有一篇老神寫的短文《市執委議懲胡適之》，他說：

> 「胡適之長中國公學也，力主造成一思想自由，言論自由之最高學府，……幾有欲自由而不得自由之慨。今日黨治下所特有之象徵，但強以一，……胡氏終不免於吃眼前虧。」

當胡適與國民黨的關係出現緊張時，胡適的朋友們莫不為他捏一把冷汗。張元濟既贊許，又擔憂，他說：「現在街上有一群瘋狗在那裡亂咬人，避的避，逃的逃，忽然間有個人出來打這些瘋狗，那有個不讚歎他呢？但是要防著不要沒有打死瘋狗，反被他咬一口，豈不是將來反少了一個打狗的人！」[7]有一位與胡適素昧平生的人，迫於一種莫明其妙的力量，一半為發洩自己的牢騷，同時為勸胡適少說話，寫信給胡適說：「我們中華民國，尤其是革命以後的民國，倒還不如帝國之自由，……君不聞乎？法律以外無自由。……你看人家魯迅先生便比你乖，雖然他常說：『真的猛士，敢面慘談的人生』」，但就是不作政論。張孝若對他說：「我肚皮裡也有許多和你一類感想的文字好寫，然而一想，我比不得你，你是金剛，不怕小鬼，我是爛泥菩薩，經不起他們敲，還是擺在肚裡罷」。又認為「國民黨真有人，不應不容納這類忠告」。[8]但依然建議胡適適可而止，贈詩云：

---

7 張元濟致胡適的信，1929年6月3日影印件。
8 《胡適來往書信選》（上），第544頁。

許久不相見，異常相念你，
我昨讀你文，浩然氣滿紙。
義正詞自嚴，鞭辟真入裡，
中山即再生，定說你有理。
他們那懂得，反放無的矢，
一黨說你非，萬人說你是，
忠言不入耳，勸你就此止。[9]

當國民黨拿辦胡適之聲甚囂塵上之時，周作人勸他暫避北京。胡適說，不能「連累北大做反革命的逋逃藪。」並說，「我也可以捲旗息鼓，重做故紙生涯了。但事實上也許不能如此樂觀，若到逼人太甚的時候，我也許會被『逼上梁山』的」。[10]也不時有人在報紙上為胡適鼓勁，說「這不特是胡先生個人的願望，同時我可大膽的說，這亦是我們四萬萬人民最迫切的要求」。[11]

此時國民黨則把各地的批胡文章集結成《評胡適反黨義近著》，1929年11月出第一集，預告要出第二集，是對胡適圍剿的持續措施之一。《評胡適反黨義近著》由上海光明書局出版，潘公展題簽，陶其情作序。收入的文章有張振之《知難行易的根本問題》，《再論知難行易的根本問題》；潘公展的《「行易知難」的解釋》：王健民的《「知難行亦不易」的商榷》；陶其情的《辟胡適博士「知難行亦不易」論》；盧白《「知難行易」辨》；灼華的《胡適所著「人權與約法」之荒謬》；無任《有憲法才能訓政嗎？》；方岳《憲法與自由》。

9　見《胡適的日記》（手稿本）第九冊，1929年9月10日。
10　《胡適來往書信選》（上），第542頁。
11　《我們需要一個什麼樣的憲法》，《北京民言報》，1929年10月5日。

（二）胡適不服、反攻

1、不服

由於胡漢民出面講了話，乃有國民黨中訓部函國府，飭教育部警告胡適。9月25日，國民政府飭令教育部警告胡適。

據南京電：

> 國府二十五日令行政院，為令遵事，案准中央訓練部函開：本中央常務委員會交下上海特別市執委會呈，內稱胡適近年來凡發言論，每多荒謬，請予嚴懲。查胡適年來言論確有不合，最近新月雜誌發表《人權與約法》、《我們什麼時候才可以有憲法》以及《知難行亦不易》等篇，不諳社會實際情況，誤解本黨黨義及總理學說，並溢出討論範圍，放言空論。本黨黨義博大精深，自不厭黨內外人士反復研究探討，以期有所申明。（按：著重點是筆者加的）惟胡適身為大學校長，不但誤解黨義，且逾越學術研究範圍，任意攻擊，其影響所及，既失大學校長尊嚴，並易使社會缺乏定見之人民，對黨政生不良印象，自不能不加糾正，以昭警戒。為此擬請貴府轉飭教育部，對胡適言論不合之處，加以警告，並希通飭全國各大學校長，切實督率教職員，詳細精研本黨黨義，以免再有與此類似之謬誤發生等因准此，著該院轉飭教育部遵照辦理。[12]

10月4日教育部發給中國公學字第1582號訓令，事由：「該校長言論不合，奉令警告」。把國民政府的訓令轉抄一遍。最後加上「等因，合行

[12] 此據《胡適的日記》中的剪報，與《教育部訓令》（京第1282）有詳略之別。胡適在10月7日致蔣夢麟部長的信中所引是「部令」的內容。

令仰該校長知照，此令」。下署「部長」二字，沒有簽名，更沒有蓋章。這是表示教育部轉飭國府的訓令，教育部沒有人負其責。有人從報端見到後，在翌日把剪報寄給胡適，並在信中說，「飭令所云『本黨黨義博大精深，自不厭黨內外人士反復研究探討，以期有所申明』這幾句話，我相信這可算是你爭出來的結果，你也應該表示滿意。現在我以十二分至誠勸你不再對這問題發表什麼意見。」[13]張元濟於10月7日致書胡適說，「願我兄置之不答，正所以保我尊嚴也」。又叮嚀：「若在前清康雍王朝，此又不知鬧成何等風波矣。畢竟民國政府程度不同，吾輩於此應進民德頌也，一歎。」[14]

但胡適不服，把訓令退還，並於10月7日直接寫信給教育部部長蔣夢麟：

夢麟部長先生：

十月四日的「該校長言論不合，奉令警告」的部令，已讀過了。

這件事完全是我胡適個人的事，我做了三篇文字，用的是我自己名字，與中國公學何干？你為什麼「令中國公學」？該令殊屬不合，故將原件退還。

又該令文中引了六件公文，其中我的罪名殊不一致，我看了完全不懂得此令用意所在。究竟是為了言論「悖謬」在受警告呢？還是僅僅為了言論「不合」呢？還是為了「頭腦之頑舊」，「思想沒有進境」呢？還是為了「放言空論」呢？還是為了「語侵個人」呢？（既為「空論」，則不得為「語侵個人」；既為「語侵個人」，叫不得為「空論」。）若云「誤解黨義」，則應指出誤在那一點，若云「語侵個人」，則應指出我的文字得罪了什麼人。貴部下次來文，千萬明白指示。若下次來文仍是這樣含糊攏統，則不得謂為「警告」，更不得謂為「糾正」，我只好依舊退還貴部。

[13] 《胡適的日記》（手稿本）第九冊，1929年9月27日。
[14] 《胡適的日記》（手稿本）第九冊，1929年10月7日。

又該令文所引文件中有別字二處。又誤稱我為「國立學校之校長」一處，皆應校改。

胡適．十八．十．七

2、尋機回敬

胡適在國民黨的圍剿聲中，鎮定自如，且頗具信心，正如他在覆張元濟的信中所說的：

我有一種信仰，「天下無白白糟塌的努力」，種豆種瓜總有相當收穫。不種而獲則為不可能的事。自由是爭出來的，「邦有道」也在人為，故我們似宜量力作點爭人格的事業。老虎亂撲人，不甚可怕。[15]

這種自信實出於對蔣介石的信任。1929年10月10日，國民黨宣傳部長葉楚傖為配合紀念國慶日，寫了一篇《由黨的力行來挽回風氣》的評論，文章中有這樣一段話：

話要說回來，中國本來是一個由美德築成的黃金世界，自從覺羅皇帝、袁皇帝、馮爵帥、徐閣老，以及文武百官，衣缽相傳，掘下個大坑，政治道德，掃地無遺。洋大人，外交人才，買辦，跑街，以及西崽，也掘下個大坑，民族氣節，又掃地無遺。張獻忠、白蓮教、紅燈罩、共產黨——這一套；保皇黨，研究系，同善社，性慾叢書——這又一套；大家在那裡炫奇鬥勝，分頭並作，一坑又一坑，將社會風尚又攪成個落花流水。這樣一個不幸的環境，擺佈在眼前，憑你是誰，偶一不慎，便會失足滅頂。出賣革命歷史的，未必真天生反骨，多分是內體不充，外邪易入，立足一不穩，便下流

15 《致張元濟》，1929年6月2日（手稿影印）。

忘返，自投於坑了。所以我們對於這些不幸者，應該哀矜弗喜，鑒於過去的不幸，與其不斷地枝枝節節處分，不如根本努力填平此葬送一切革命黨人的陷坑。……

胡適讀過後，即覺得其中「『中國本來是由美德築成的黃金世界』一句名言，最可以代表國民黨的昏憒」，即將這篇文章，從報上剪了下來，留在手頭。一個月後，胡適又得知在原文的「性慾叢書」之下本有「《嘗試集》」三個字。後來由作者發電給各報刪去了。胡適感到「可惜的很！」於是忍不住了。在11月12日-19日，又寫成一篇《新文化運動與國民黨》一文，再次向國民黨批判。或可謂對國民黨圍剿的反攻。胡適說：「我看完了這一篇文章，心裡很有點感觸。這一個月來，我時時想到葉楚傖先生的話，時時問自己：『覺羅皇帝』以前的中國，是不是『一個由美德築成的黃金世界？』這個問題涉及到一個新舊文化的遞嬗問題，如果三百年前的中國真是由美德築成的黃金世界，只須回到覺羅皇帝以前的時代就行了，何必「還做什麼新文化運動呢？」他列舉了許多中國歷史上的種種腐朽的文化現象，從新文化運動的立場，宣告葉楚傖是一個反動分子，其思想也是反動思想。

胡適從三個方面歷數國民黨的反動走向。

文學的反動。他說國民黨黨員張振之在《知難行易的根本問題》中引用戴季陶的話：「民國三年的時候，大家倘若一致贊成『文學革命』的主張，以革命黨的黨義來鼓吹起來，何至於要等到民國八年才讓陳獨秀胡適之來出風頭」。但如今國民黨當國已近兩年，駢文的函電，古文的宣言，報紙、法令仍為文言。在徐世昌做總統，傅嶽棻做教育總長時，他們居然敢下令廢止文言，小學教科書改用國語課本。自命革命的政府，居然連徐世昌、傅嶽棻都不如。

思想的反動。思想解放是新文化運動的一件大事。批評孔孟，彈劾程朱，反對孔教，否認上帝，是打倒一尊，提倡懷疑和批評的精神，但在國民黨一大以後，出現了「絕對專制」的局面，上帝可以否認，而孫中山不許批評，曹錕、吳佩孚未曾禁止的教科書，國民政府竟不准發行了。「一個負責任的學者說幾句負責任的話，討論一個中國國民應該討論的問題，便惹起了五六個省市黨部出來呈請政府通緝他。革掉他的校長，嚴辦他，剝奪他的公權！然而蔣介石先生在北京演說，葉楚傖在南京演說，都說，上海的各大報怎麼沒有論說呢？」

文化的反動。「新文化運動的根本意義是承認中國舊文化不適宜於現代的環境，而提倡充分接受世界的新文化。但國民黨至今還在那裡高唱『抵制文化侵略』！還在那裡高談『王道』和『精神文明』！還在那裡提倡『國術』和『打擂臺』！祀禮廢止了，但兩個軍人（魯滌平、何鍵）的一道電報便可以叫國民政府馬上恢復孔子紀念日。……說現在的思想紊亂和道德墮落都是『陳匪獨秀、胡適』兩個人的罪惡！」

為什麼會這樣？胡適追究其根源：「根本上國民黨的運動是一種極端的民族主義的運動」，自始便含有保守性和維護傳統文化的成分。凡受外力壓迫厲害的國民，擁護舊文化的態度就越堅強。中國即是如此，「不甘心承認這種外力背後的文化」。這是強烈的感情作用，偏向理性的新文化運動總敵不住這種感情的保守態度。

胡適說我國的新文化運動始於戊戌維新運動，要求以新政制代替舊政體制。國內由此出現「保守國粹」運動，如王先謙、葉德輝、毛慶蕃等人是反動的。另有一批新少年所設「國學保存會」，「神州國光社」、「南社」等，表彰宋明遺民，鼓吹種族革命。他們藉學術來鼓吹民族的愛國心，葉部長就是其中的一人。孫中山雖不是《國粹學報》或「南社」中人，但他頌揚擁護中國固有文明，他是基督徒，世界主義者，但他的民族思想很強，晚年更「認定民族主義是俄國革命成功的要素」，因此在他的《三民主義》第四、第六講裡，講了很多誇大中國固有文化的話，助長了頑固思想，障礙了新思想的傳播，養成了國民黨的誇大狂心理。胡適說：陳獨秀指出新文化只是擁護德（民治）賽（科學）二先生，吳稚暉加了一位穆姑娘（道德）。孫中山既歡迎科學，又推崇民治，卻又「抬高中國的舊政治思想和舊道德」，則使人感到孫先生相信「歐洲的新文化都是我們中國幾千年以前的舊東西」。

胡適更指出，在五四運動後，「國民黨受了新文化運動的大震動」，黨內吸收了許多新力量，反動傾向就此不見了。「直到近兩年中，鐘擺又回到極右的一邊」。暴烈分子固然被淘汰，有革命傾向的人也被淘汰運動趕出黨外，「革命的國民黨成了專政的國民黨了」。

胡適說，從歷史上看，國民黨的領袖人物，如孫中山、汪精衛、王寵惠等對新文學（白話文）運動是不贊成的。但在1919年5月以後，國民黨的刊物如《星期評論》、《建設》等也都採用了白話，成了南方的新文學運動重要中心，現在國民黨執政了，「新文學和新思想的假面具都可以用不著了」，保存國粹聲，和古文、駢文又死灰復燃了。「八九年前在新文學的旗幟之下搖旗吶喊的人物，到今年雙十節便公然宣告胡適的《嘗試集》和同善社和性慾叢書是同樣害人的惡勢力了」。毫不奇怪，它「不過是國民黨原有的反動思想的原形呈現而已」。

孫中山在五四運動後曾讚揚過新文化運動，雖然「只把新文化看作政治革命的一種有力的工具，但他已很明白承認『吾黨欲取革命之成功，必有賴於思想之變化』」。今日國民黨天天念「革命尚未成功」，卻全不想促進思想的變化。胡適總結說：

> 十年以來，國民黨所以勝利，全靠國民黨有幾分新覺悟，能明白思想變化的重要。」「現在國民黨所以大失人心，一半固然是因為政治上的設施不能滿足人民的希望，一半卻是因為思想的僵化不能吸引前進的思想界的同情。前進的思想界的同情完全失掉之日，便是國民黨油乾燈草盡之時。

最後，胡適向國民黨提出了關於言論自由最低限度改革的五條意見（略）後說：

如果這幾件最低限度的改革還不能做到，那麼，我的骨頭燒成灰，將來總有人會替國民黨上「反動」的謚號的。

3、國民黨無力的迴響

上海特別市黨部也有更強烈的反應，1930年1月20日市宣傳部第42次會議，討論：

新月書店出版之《新月》月刊，登載胡適詆毀本黨言論，……議決：1、查封新月書店；2、呈請中執委轉呈中央將中國公學校長胡適迅予撤職；3、呈請市執委會轉呈中央將胡適被褫奪公權，並嚴行通緝，使在黨政府下不得活動。[16]

上海六區執委會於1930年1月25日的呈文，胡適稱其「文字絕妙」，值得一錄。其云：

（上略）案據區屬三分部呈稱，中國公學校長胡適，疊發反動言論，尤以最近在《新月》雜誌上之刊物，更屬目無本黨，此而不除，試問何以警頑。況胡氏醉心歐化，而鄙夷三民主義，不獨為本黨之罪人，且屬媚外敗類分子之顯著者，故從嚴懲辦，實非過苛。加以胡氏身為校長，在青白旌旗之下，應如何自勉自奮，以期適合黨化教育這精神。乃頑石不蹶，點鐵乏術。既不能沐黨義之化雨，而作三民主義之推進器；又不能閉戶藏拙，以期無損於社會。而乃冒執教育之牛耳，誘惑青年之思想，其為狂悖，自不待言。為此具呈，伏乞逐級轉呈中央，明令規定非黨員不得作學校校長。（下略）

16 《時事新報》1930年1月20日。

在當時的報刊上，確實刊有這樣的「國府令」：

用人先盡黨員任用，裁員先從非黨員裁減，須一體遵照辦理。

1930年2月1日，上海特別市執行委員會第91次常會，由執委陳德征、潘公展、吳開先、童行白、湯德民、鄧通偉、陶百川、監委朱應鵬等列席討論了撤查吳淞中國公學的呈文，議決：附具意見轉呈中央。教育部因此接到國民黨「中央執行委員會秘書處公函」（1281），（文略），教育部部長蔣夢麟授意司長朱經農將此文件帶交胡適。胡適看了後即告訴朱經農：「不用什麼干涉，我是一月十二日辭職的了。」（據2月8日報載：胡適博士「近因將赴美國講學，故辭去校長之職，經一月十二日中公校董事會挽留無效，已准其辭職：並公推校董馬君武博士為繼任校長，於本學期開始就職）。」胡適已先辭去中公校長。中國公學是私立學校，校長的任免全由董事會議決，與政府無涉。胡適如觸犯國法，可依法懲處，政府干涉私立學校的任免，也屬侵民權的一種。

胡適為了與國民黨的圍剿針鋒相對，則把《新月》上發表的《人權與約法》及其《討論》、《我們什麼時候才可有憲法》、《新文化運動與國民黨》、《知難行亦不易》，加上羅隆基的《論人權》，《告壓迫言論自由者》，《專家政治》以及梁實秋的《論思想統一》，後又加上《名教》一文，編成《人權論集》，於新月書店出版。胡適在書前加了一篇《小序》，序中說：「我們所要建立的是批評國民黨的自由，和批評孫中山的自由。上帝我們尚且可以批評，何況國民黨與孫中山？」同時援引《周櫟園影》裡的一則故事：「昔有鸚武飛集陀山，山中大火，鸚武遙見，入水濡羽，就而灑之。天神言，『爾雖有志意，何足云也』？對曰，『嘗僑居是山，不忍見耳』。今日正是大火的時候，我們骨頭燒成灰終究是中國人，實在不忍袖手旁觀。我們明知小小的翅膀上滴下的水點未必能救火。我們不過盡我們的一點微弱的力量，減少良心上的一點譴責而已」。

1930年2月15日新月書店送交胡適一分中國國民黨上海特別市執行委員會宣傳部下達的密令，全文為：

> 敬啟者，本部頃奉中央宣傳部密令，內開：為密令飭遵事：查最近在上海出版之《新月》第二卷第六、七期，載有胡適作之《新文化運動與國民黨》，及羅隆基作之《告壓迫言論自由者》二文，詆諆本黨，肆行反動，應由該部密查當地各書店有無該書出售。若有發現，即行設法沒收焚毀。除分行外，合亟密令，仰該部遵照，嚴密執行具復為要。等因。奉此，查該刊累載反動文字，早經本部查禁有案。茲奉前因，相應備函轉達，即希貴局勿為代售，致干禁令，為要。此致
>
> 新月書店
>
> 中國國民黨上海特別市執行委員會宣傳部　二月五日

胡適看到這「密令」後說：「密令這樣公開，真是妙不可言！此令是犯法的，我不能不取法律手續對付他們」。胡適同時注意到，南京衛戍部解散曉莊師範的佈告，和政府通緝陶行知的密令，是「為曉莊師範反動事」。胡適認為這都是非法的，曾在2月16日與律師徐士浩談論此事，徐說「沒有受理的法庭」。又與鄭天錫和高崇佑討論此事，則說可以起訴。胡也「決意起訴」。但未見下文。從胡適的態度看來，依然很堅定，沒有一點示弱的跡象。上海特別市黨部和各地黨部的圍剿，調門唱得越來越高，但是溫度老是升不了級。這是耐人尋味的問題。

4、社會餘音

1930年初，除了黨部採用行政措施，予以壓制之外，輿論界的奉命討伐之聲，已日益零落。但在胡適的《人權論集》出版以後，仍有一位叫陳九皋的寫了一篇《胡適博士可以休矣》的批判短文。他說胡適的《人權論

集》的「小序」，「談到『今日正是大火的時候，我們骨頭燒成灰了』。真是滑天下之大稽，今日正是大火，倒底什麼火？幾時燒起來的？……『救國』，誰沒有邦國念頭，還要等到博士來提創！」。看來愛國救國也大有學問，不是誰都能救得或愛得得體的。

更多的是讚賞並鼓勵胡適。有一位叫「自在」的人，在《中國晚報》（2．11）上發表致胡適的公開信。因為他欽敬胡適，對胡適的一言一行，也異常關注。在這次圍剿中，對胡適所加的惡聲，他都一一加以譬解，如說：「有人批評你不應該去見廢帝溥儀小赤老。但在我看來，沒有什麼要緊。見見溥儀，即如到城隍廟看看木偶一樣。又有人批評你出席善後會議，我也覺得沒有什麼關係，因為從事社會運動的人，有時加入政治集團去看看，知道它的內容是什麼，也如我們入跑狗場觀察一樣，知道狗是什麼的跑，賭博的人是怎樣的賭法，做文章是要有些材料而已。就是你在《新月》雜誌發表幾篇文章，我也十分愛讀，雖然你所說的話對不對，理由充分不充分，又是一個問題。不過在眾人不敢說話的時候，你肯挺身而出，大聲疾呼，不避一切，那真是有膽有識的大丈夫了」。但是，「關於男扮女性來唱戲的梅蘭芳出洋」，（他聽說胡適親自去送行），他很感惋惜地說「好像這宗事不是你胡適之所應該做的事」。「我真估不到新文化運動的領導者如先生，竟無聊至此，親送男扮女裝的戲子出洋，中國哲學史綱還未完稿，你又何必化有用的光陰，去做那無聊的事體，實在替你十分可惜」。「欽敬崇拜心理，降至零度以下」。

高夢旦的哥哥（九兄），平素「最守舊」，讀了《人權論集》後，特致信致意說：「自梁任公以後，可以胡先生首屈一指，不特文筆縱橫，一往無敵，而威武不屈，膽略過人，兄擬上胡先生諡號，稱之為龍膽公，取趙子龍一身是膽之義。」張元濟讀《新月》，說胡適的文章「真人人之所欲言而不能言者」。還有一位本較保守的高風池，在致高夢旦的信中說及胡適先生的書，稱為「揭奸誅意，大有董孤直筆氣概，讀之如炎暑飲冰，沁人肺腑，既爽快又警惕，一種愛國熱忱，其直言之膽魂，令人起敬不已。尤可重者，胡君心細思密，每著眼在人所忽而不經意處，不愧一時才子。然而言者諄諄，聽者藐藐，剛愎之政府肆行其矛盾自利政策，不加以反革命罪名，亦云幸矣」。

胡適所在的中國公學，在胡適辭職後，全體教職員曾推舉黃念遠、胡耀楣兩位教授帶著全體員工的信請胡適回校。信中有說：

> 道路傳言，先生因爭自由，致招某方之忌。此事確否不可知，然既有此傳說，我們更覺得有點不甘心，環顧國內，最能領導青年如先生者，能有幾人？如某方因忌先生而有去之之心，我們全體誓為後盾，以抗此摧殘教育之惡勢力。……

以上道義支持，其意可嘉，繞樑迴旋，三日不絕！

四、蔣介石與胡適相知

（一）黨政部門的感應與相知

國民黨圍剿胡適等人所發動的「人權運動」，已用盡了輿論討伐及行政手段的高壓與恫嚇，終未曾完全撲滅，則在社會上出現了勢不兩立，壁壘分明的對峙局面。在國民黨削藩大戰大獲全勝後實行黨治的訓政時期，竟然允許這種「人權」力量的存在，確是奇觀。這不僅僅在於胡適等人的智與勇，奇就奇在討伐的一方屢次添柴助焰，卻總是升不了溫。究是為什麼？原因有幾種：國民黨政府內有著一群「自由主義分子」，即西化的民主派，他們有條件地接納胡適等人的人權主張；在國民黨內部也有被主流排擠的反對派，乘機因勢與人權運動相呼應，這或可謂是「人權運動」賴以生存的基礎，但最主要的還在於權力之顛峰的容忍與感應，這是值得一書的。

1、與政府中「民主派」的感應

（1）「治權行使之規律案」

胡適在《新月》上發表的《人權與約法》才一個多月，1929年6月10日—18日，國民黨在南京召開三屆二中全會，會上公佈了一個「治權行使之規律案」，其中第二項規定：

> 人民之生命財產與身體之自由，皆受法律之保障，非經合法程序，不得剝奪，其未經合法程序而剝奪之者，司法院及其所屬有提出質

詢之責，其非法剝奪者以越權論。司法院及其所屬不提出質詢者以廢職論。

這個文字表述，比兩個月前「三大」的「人權命令」所說「無論個人或團體均不得以非法行為侵害他人身體自由及財產。違者即依法嚴行懲辦不貸」的提法要具體，明確了「生命財產與身體之自由」。「治權行使之規律案」還有一段前言：「國民政府五院及所屬機關，現已漸次成立，國家大政，各有專司，亟應認明許可權，各盡其職，以立法治基礎，而免治絲益棼，自今以後，政府所屬各機關，應嚴守規範，毋得越權或廢職」。胡適指出：

> 《規律案》共舉五端，其第四端是監察，規定：「凡對於公務人員過失之舉發，應是由監察院處理……其不經監察院而公然攻訐公務人員，或受理此項攻訐者以越權論。」所謂「治權行使」即是把人民的基本權利與政府機關的許可權，均以法律的形式規定下來，不得越過限度。實是接受了胡適在《人權與約法》文中的批評。也感到「治權行使之規律案」的「第二項與我的《人權與約法》一文有關」。

這個「治權行使之規律案」，已具約法性質，但不叫「約法」，也不稱其為「人權命令」，究是什麼原因？胡適恍然有悟：王寵惠在前往參加三屆二中全會的前一天，曾對他說：「只要避免『約法』二字，其餘都可以辦到。」實際採納，不用其名。胡適認為「大約即是指這種辦法」。[1]

我們在上文所說1929年9月26日「國府令」《警告胡適》中有一段：「本黨黨義博大精深，自不厭黨內外人士反覆研究探討，以期有所申

---

1 《胡適的日記》（手稿本）第八冊，1929年6月19日。

明」，是字斟句酌的表述，它承認黨義允許「黨內外人士」提出異議，有心人體察到這是胡適「爭來的結果」。[2]此外，它還與西方輿論的支持有關。North China Daily Drive，China Daity News等在華英文報紙對「人權運動」都作了報導，並譯載《人權與約法》、《我們什麼時候才有憲法》等文章。南京政府下「國府令」警告胡適時，《紐約時報》刊載了一篇《使說真話的中國人沈默》的評論，是對「人權運動」的聲援。[3]

（2）「人權法草案」

1930年1月21日，在同一張《時事新報》上，刊載了相反又相成的二則新聞，一則是：「（上海）市宣傳部（第四十二次）會議，呈請緝辦胡適」的消息；另一則是由立法院法制委員會委員長焦易堂提出，業經王寵惠、胡漢民、譚延闓等審查過的「人權法草案」十三條。這兩條新聞同與1929年4月22日國民政府所頒佈的「人權命令」有關。胡適藉此發難，掀起了「人權運動」。「緝辦」胡適，是對「人權運動」的負面反應；《人權法草案》是去歲「治權行使規律案」的進一步完善，是「人權運動」的正面成果。兩條消息同時出現在同一版面上，是巧合。

「人權法草案」是立法院的法制委員會委員長焦易堂於年初在國民黨中央常會上提出的。1月18日司法院院長王寵惠，立法院長胡漢民，行政院院長譚延闓等對此草案審查結束，定於二十日提交中政會討論。第一條為平等權，「中華民國人民無種族、階級、宗教、男女之區別，於法律上一律平等。第二條至第九條為自由權。第十條為財產權。第十一條為不法救濟權（關係個人權利之請願）。第十二條為生存權。第十三條為教育權。

焦易堂在《人權法原則草案提議書》中說，「現行之國民政府建國大綱，國民政府組織法，及五院組織法等，均為國家重要機關之組織，及

2 《胡適的日記》（手稿本）第九冊，1929年9月27日。

3 《胡適的日記》（手稿本）第八冊，1929年6月23日；第九冊，1929年10月13日；10月10日等日所附英文剪報。

其相互之關係，詳晰規定，了無剩義，謂之為訓政時期之約法，亦無不可。只未有人民基本權利之規定耳！故謂今日需要約法，毋寧謂為需要人權法也」。又說「本黨訓政固以促進憲政為旨歸，總理所謂『促進民權發達』在此也。」「人權法草案」中的「民權」，包括政權與人權兩個方面：

> 人民基本權利，人權也；選舉、罷免、創制、複決、政權也。政權非經訓練，不能為適當之運用。人權則與人之生而俱有，無待於訓練者。故關於四權行使，及各國憲法上所謂選舉、被選舉、任公職、請願等權，非政權即參政權，訓政期內暫不給予人民，自為合理。若夫關於平等、自由、財產、生存、教育各權，人類生活限度內必不可少之要求，則斷斷乎不可不給予公法上強固之保障也。……國民政府有見於此，於十八年四月二十二日特下保障人權之令。惟命令保障究不若法律保障之強固也。……如此乃能完成實質的約法之一部之效力，人民基本權利之保障，乃不慮為命令所變動，亦不慮為法律所變動也。

焦易堂提出的「人權法草案」，是為了彌補總理遺教中忽視基本人權的缺失。該提案的前提和依歸，都與胡適的「人權運動」有密切關係。

在人權法（原則）草案於報端公佈的當天，黃懺華把一分抄件寄給胡適，在附信中說，「你是很注意這個問題的，現在把一分提議書寄一分給你，請你批評」。（1月21日）胡適對此草案本身尚感有不滿意的地方，但因已來不及討論，只有「暫等此案的命運決定時」再說。1月28日胡適見到報載中常會決定「緩議」此草案，（由胡漢民阻擾所致）則在覆黃懺華的信中說：「提案書中說，『人民基本權利之被侵害，往往出於國家機關之本身，又將如何所依據以保障之耶？』這一句話是今日最犯忌諱的。黨國當局最怕這句話，胡適之說了幾乎遭通緝，焦易堂先生今日又說此話，不遭通緝，已為大幸，否決此案自是意中事，何足奇怪？但立法院的法制委員會委員長能說出這樣觸犯忌諱的話，大可洗刷『御用機關』的罪名，我不能不給焦先生道賀。」胡適請黃懺華把此意轉告焦易堂，「希望他們繼續努力，再提出一個更滿意的人權法案」來。

（3）勵行國語教育

1930年2月3日，教育部通令全國的中小學校勵行國語教育，禁止採用文言教科書，這是經國民黨中執會同意的。其令文如下：

> 此事本部接到中央執行委員會常會廳第一三四號公函，如所抄送「上海特別市執行委員會轉據上海學生聯合會呈請通飭全國中小學校勵行國語教育」的呈文各一件。
>
> 公函上說這件呈文奉常務委員會批：「交教育部核覆」，所以抄送前來，希望查照見覆，呈文的內容，大略這樣說：「各國都有標準語通行全國，我國自教育部國語統一籌備委員會議決以北平語為標準語以來，各小學並不注意實行，仍以方言教學，我國人心不齊，全國人數雖多，竟如一片散沙毫無團結力量。這雖然不全是因為言語隔膜緣故，可是言語隔膜，也是一個最大的原因。為此，懇請中央令教育部通飭全國中小學校在最短期間，勵行國語教育。」本部以為語言是造成民族的一種自然力；語言的統一與否，和民族的團結與否，當然極有關係。總理在民族主義的講演中，常常勸告我們民族應團結合群。學校實行國語教育，以期全國語言統一，情意相通，增加民族的合群團結力，這是和總理的遺教很相符合的。前大學院曾經通令所屬各機關，提倡語體文，禁止小學採用文言文教科書，這是勵行國語教育的第一步，第二步的辦法，應由各該「廳」、「局」一面遵照前令，切實通令所屬各小學，不得再用文言教科書，務必遵照部頒小學國語課程暫行標準，嚴厲推行，一面

轉飭所屬高中、師範科或師範學校，積極的教學標準國語，以期養成師資，這是很要緊的，望各該「廳」、「局」遵照辦理，此令。

這個公文中說通令全國中小學勵行國語教育的原始動力是上海市學生聯合會。實是對胡適在1929年11月所寫的《新文化運動與國民黨》一文的回應。胡適在該文中說：「一個革命的政府居然維持古文駢文的壽命，豈不是連徐世昌、傅嶽棻的膽氣都沒有嗎？」更值得注意的是，這個通令推行國語教育的公文，是用白話文寫的，這就徹底改變了胡適所指責的「小學用國語課本，而報紙和法令公文仍舊用古文……學了國語文而不能看報，不能做訪員，不配做小書記」的局面。就更可明白這個「通令」與「人權運動」的關係了。胡適看到這個通令後說：「這是白話的令文，當是劉大白先生的手筆。」劉大白先生不得政府中樞的受命，是不敢如此造次的。

胡適的筆伐，與國民黨的圍剿，儘管嚴陣對壘，但並不影響彼此溝通，從而起感應。這種溝通與感應是機制自身尚有生命力的表現。胡適的筆伐見效了。

2、國民黨黨內反對派的應對

國民黨內意見有分歧，是對「人權運動」支持的一個重要方面。國民黨內的反對派，聯合起來反對南京中央的，除編造軍隊外，則是反對胡漢民所設計的黨治體制。在北平召開的「擴大會議」，提出的主張，也是響應「人權運動」，其實質是針對胡漢民設計的黨治體制，則為蔣介石認同接納。

（1）胡漢民對黨治體制的設計

蔣介石北伐、清共，在南京成立國民政府，寧漢分裂，廣州方面的支持寧方促使武漢失勢，終成統一全國，與胡漢民的合作有關。當時國民黨的格局，仍然是蔣、汪、胡的三角關係。胡、汪之間已成水火。1927年汪精衛引退出走，胡漢民即於1928年從歐洲回國，有人勸他不要為反汪而去南京為蔣所用，胡卻說：「自古武人只能馬上得天下，沒有文人就不能馬上治天下。漢高祖有個叔孫通幫他定朝儀，現在只要做到不打仗，就可用法治的力量來約束住槍桿子。即使我不去南京，也自會有人去受他利用。」胡漢民雄心勃勃，到南京是想以法治約束槍桿子的。

依照孫中山生前制定的《國民政府建國大綱》規定，與原先的《建國方略》有所不同，軍政時期結束，進入訓政時期，以為到達憲政時期的過渡。北伐勝利，全國統一了，亦即軍政時期的結束。胡漢民尚在歐洲考察時，即已在設計下一步訓政時期的黨治體制：（1）以黨統一，以黨訓政，培植憲政基礎。（2）發動訓政由黨負責，實行訓政由政府負責。（3）建立五權制度。在胡漢民回國前，蔣介石身邊的謀士，也曾提出孫中山說過的「以黨治國」的原則，但未能就統治體制作出具體規則。胡漢民回國後，首先說服當時正在宣導「分治合作」的李石曾，把「分治合作」正名為「分工合作」。9月15日正式發表他的《訓政大綱提要說明書》，系統提出國民黨統治體制的設想。特別突出「政治會議」的地位和職權，把「政治會議」置於國民黨中常會之下、國民政府之上的一個權力機關，是「黨國連鎖」、「訓政之發動機關」。《訓政綱領》、《中華民國國民政府組織法》規定，在訓政時期，國民黨的全國代表大會代替國民大會，閉會期間，以政權付託中國國民黨中央委員會執行之，治權貫徹保證「一切權力皆由黨集中，由黨發施。政府由黨負保姆之責，故由黨指導，由黨擁護。在人民經政治訓練，及未完全瞭解實行三民主義以前，唯有黨能代表全國人民負建國之大任」[4]諸原則。這就是「以黨治政」，即後來稱之為「一黨專政」。

胡漢民所設想的「以黨治國」、「軍隊黨化」，是要把權力「集中在全體同志所付託的中央」，而不是集於個人。[5]提倡「政治和黨應該打成一片，不可分離」。「黨外無黨，黨內無派」、「黨外無黨，政外無

[4] 胡漢民，《訓政大綱提案說明書》。
[5] 胡漢民，《何謂民主主義的集權制度》。

黨」。[6]胡漢民認為這樣可確保國民黨獨佔統治地位，黨內可防止個人獨裁。他在國民黨《第三次全國代表大會的使命》（開幕詞）中說，「總理（孫中山）在世，漢民以總理為黨，總理去世，漢民便以黨為總理」。以孫中山的嫡傳，國民黨的化身自居。

胡漢民所設計的訓政時期黨治體制，孫中山的《建國大綱》是其王牌依據。但平心而論，兩者有著根本差異；《建國大綱》的第八條規定：「在訓政時期，政府當派曾經訓練考試合格之員，到各縣協助人民籌備自治，……」。第十四條規定：每縣地方自治政府成立之後，得選國民代表一員，以組織代表會，參預中央政事，規定訓練時期的工作，是由下而上，由縣而省而到中央，以民治為基礎。第十六條規定：「凡一省全數之縣皆達完全自治者，則為憲政開始時期。」第十九條規定：「在憲政開始時期，中央政府當完成設立五院，以試行五權之治。」而胡漢民在北伐以後所實施的訓政，是由上而下，而且只在中央，不到省縣。且在訓政開始時期即實施五權之治，而不是在憲政開始時期才設立五院，並且還是「試行」。同樣設想以黨治為基礎，兩者的精神頗不相同。胡漢民這樣設計實有他自己的權欲考慮，既排斥汪精衛也約束蔣介石。但黨內的反對派則以「國民會議」和「訓政時期的約法」，同樣說是貫徹總理遺教，與之抗衡。

（2）胡漢民不與胡適「共中國」

胡適發動「人權運動」，提出人民的基本權利應受到法律的保護：抨擊孫中山1924年把原來的約法過渡改變為訓政過渡，使憲法與訓政不能同時並存是一種根本大錯誤，即是對國民黨實施訓政黨治的最早挑戰者。竟然擊中了其《訓政綱領》要害。胡適當時不知道北伐後的訓政黨治體制的設計師是胡漢民，胡漢民則以立法院長的身分出面批判「人權運動」，以

6 胡漢民，《怎樣做到以黨治國與何以要完成地方自治》，《黨外無黨，政外無黨》。

捍衛自己的主張。1929年9月23日在中央黨治紀念週上的講話，就是針對胡適的。為了扼殺胡適的挑戰，聲言在「訓政時期，一方面要掃除反動保障，一方面來建設，……我們要用積極的方法，必須使民眾見著反動言論就輕視之，拋棄之，才算做到宣傳極點」。[7]

胡漢民在五四時期，也受到新文化運動的影響，與戴傳賢、廖仲愷、朱執信等，在上海辦有《星期評論》和《建設》雜誌，與胡適在北京所主持的《每週評論》視為兄弟刊物，當時北洋軍閥也把這兩個刊物等量齊觀，均視為「過激主義」的宣傳品。《建設》、《星期評論》亦全部採用新式標點的白話文。胡適曾同廖仲愷、胡漢民、朱執信等人在《建設》雜誌以通信的方式辯論過井田制度的有無問題。當時的胡漢民與自由主義的胡適，能平心靜氣「以文會友」交往。1927年6月，胡適剛從美國歸來，已抉擇傾向國民黨，曾致信胡漢民說：「一別八年，當日文字討論的樂趣，至今無緣贅續」。胡漢民時任宣傳工作，覆函說：「現在還是治標之標，快要到治標之本了……最近宣傳部發刊《中央半月刊》似乎近於治標之本，很望先生說明做些治本的文字，更其討論到治本的方法。」[8]雖然這時的國民黨已非昔比了，但仍是北伐未成之時，追念舊日友情，尚能平等相待。

兩年之後，國民黨北伐成功，胡漢民身居高位，胡適未能「說明他做治本的文字」，卻公然對他所設計的訓政黨治體制提出挑戰，胡漢民則以黨閥的姿態對「異端」加以討伐了。胡漢民1929年9月的講話，尚只是泛指。1930年11月21日在立法院紀念週的講演，題為《談所謂『言論自由』》，則不僅僅為迎擊胡適的自由言論，也為批判黨內與胡適「人權運動」有感應的人。他說「自由」必須在「國家民族的利益範圍以內」。他援引孫中山論述中國革命的目的與歐洲不同，為要能抵抗外國的侵略，「就要打破各人的自由，結成鞏固的團體」。「危害國家民族利益的放任

7 《中央黨部紀念周》1929年9月23日。

8 均見《胡適來往書信選》（上），第436-438頁。

的自由，中國過去實在已經太充分了」。接著他把話題轉向胡適：

> 最近見到中國有一位切求自由的所謂哲學博士，在倫敦《泰晤士報》上發表一篇長長的論文，認為廢除不平等條約不是中國急切的要求……。當我們正在苦心孤詣向帝國主義者交涉廢約的時候，而我們中國的所謂著名學者，卻會來此一著，加多一切帝國主義者的藉口，以稽遲我們自由平等的求取！在他個人無論是想藉此取得帝國主義者的贊助和榮寵，或發揮他「遇見溥儀稱皇上」的自由，然而影響所及，究竟又如何呢？此其居心之險惡，行為卑劣，真可以「不與共中國」了。

胡漢民接著說：「要把它研究一番，也必須純粹拿『中國』學者的態度來研究，才不致上帝國主義的大當，做帝國主義的工具。」這實是指桑「罵」「槐」。

此時胡適正在舉家遷居北京，見到上海《民國日報》刊載此文後，匆匆於11月25日給胡漢民寫了一信。

胡適在信中說：

> 這一段文字很像是指著我說的，我知道先生自己不會看《太晤士報》，必定有人向先生這樣說。我盼望先生請這個人找出我在那一天的倫敦《太晤士報》上發表何種長長的文章或短短的文章，其中有這樣一句「居心險惡，行為卑劣」的話。倘蒙這個人把原來的報紙剪下寄給我看看，我格外感謝。

胡漢民此時的權勢已達頂峰，而胡適卻似乎有恃無恐。胡適密切注視著胡漢民與蔣介石關係的變化，樂觀胡漢民被囚於湯山，卻致力於促成汪蔣合作。

（3）汪精衛充當黨內「民主」派

1929年3月在南京召開的國民黨第三次全國代表大會，是蔣、胡合作的黃金時期，也是排斥異己最烈的一次，其排斥的對象主要是汪精衛一系的改組派，而此時汪精衛不在國內，1929年3月21日，改組派發表《最近黨務政治宣言》，由汪精衛領銜。宣言中有云：

> 在本黨第三次全國代表大會召集，以為真正代表民意之大會一開，或使真正民意可以表現，黨的危機可以挽回。乃現在中央歷次所決定之全國代表大會選舉辦法及各地代表產生法，益促成本黨之官僚化而使民眾絕望。依照該代表選舉法與代表產生法，將近百分之八十之代表，為中央所圈定與指派，將本黨民主制度之精神，蹂躪殆盡，本黨曾反對段棋瑞之善後會議，以其為少數軍閥政客所操縱，今本黨最高權力機關代表之產生，亦與類似，其將何以自解於國人？……

胡適注意到這個宣言在國民黨的黨報上不予登載，在其日記簿中的剪報旁有批語：「這宣言，上海各報都不敢登，只有《江南晚報》與《東方晚報》登出。流露出同情與不平之情。

胡適與汪精衛相識在1923年，時胡適在杭州休養，汪精衛在上海，聽說胡適在南方，則通過任鴻雋約見胡適，9月28日汪精衛與徐志摩、任鴻雋、陳衡哲、朱經農等一行由上海乘專車到杭州，會同胡適與曹誠英、陶行知同去海寧觀潮，以後曾有書信往返，討論過新詩問題。10月胡適由杭返滬，與汪又常相聚，並「談政治」。

當時，汪精衛在國民黨黨內，以民主派的姿態出現。1927年6月15日，他在法國接受天津《大公報》記者的採訪，聲稱：「欲永絕軍閥的根株，惟有培植民主勢力。」他說「黨的專政，本來是用以培植民主勢力的，如今用以摧殘民主勢力」。汪於同年10月回到香港後，接連發表《怎樣樹立民主勢力》，《怎樣實現民主政治》等文章。12月1日，又對《中央晚報》記者談《什麼是黨治》，表示「深信非勵行黨治，無以扶植民權」。他針對胡漢民提出的「黨外無黨」和「黨內無派」口號，指出：「所謂『黨外無黨』，其實黨外人民之言論集會出版之自由悉被剝奪，不如謂之『黨外無民』；所謂『黨內無派』，其實黨員之言論集會出版之自由若稍不利於其個人獨裁者，則摧殘之唯恐不力，然則不如謂之『黨內無人』。」這些言論都是為胡適所密切關注的，並剪報保存。以汪精衛為首的改組派今與鄒魯為代表的西山會議後，聯合晉軍閻錫山、西北軍馮玉祥，桂系李宗仁等反蔣力量進行護黨救國運動，1930年7月13日在北平召開「中國國民黨中央黨部擴大會議」預備會時，大會即電催汪北上主持，奉之為正統「領袖」。汪在8月7日所發表的《擴大會議宣言》中，提出的七大主張，都是針對南京訓政的缺失。[9]

8月26日北平擴大會議通過起草約法案，規定「約法起草，由約法起草委員會行之」。9月17日陳公博、郭泰祺由北平電邀胡適為「約法起草委員」，因第二天張學良通電將出兵入關，胡適估計北京的政局將有大變，所以沒有答覆。9月21日接北平協和醫院定於10月4日開會的通知，即於9月29日動身北上。10月11日胡適由北平至天津，以履行「擴大會議」聘任的「約法起草委員」之責。此時羅鈞任（文榦）亦由東北來天津，羅於9月11日在瀋陽發表聲明：「反對一黨專政，主召集國民會議制定憲法，與國民更始，政權還之國人，本人加入北平新政府與否，視參加後能否裨益上述政綱之實施為準，並須與張學良商洽。」所以羅亦被聘為約法起草委員，就在當日下午，胡、羅二人討論約法問題，鑒於10月3日蔣介石自蘭封電南京中央黨部，主張提早召集國民黨第四次全國代表大會，制定訓政時期適用之約法。所以他倆主張擬一約法草案，公佈於報紙，而不參加南北約法起草之事。今在《胡適的日記》中，有二人商討的大意

9 《大公報》1930年8月8日，第三版。

（略）。「鈞任主張『元首制』，議會舉元首（一人或數人均可），元首任命內閣，內閣對元首負責，不對議會負責。我初意主張內閣制，後來我也贊成此意，以圖政府安定」。

胡適認為：「約法憲法與國民會議，既由南京承認，是他們（指改組派或擴大會議）的主張已勝利，此時惟望黨人監視代表大會，使他成功，國人監視國民會議，使他成功。如此下臺，豈不冠冕多了？」胡適勸「汪精衛此時應站的高一點，不可令人輕視」。

汪精衛夫人陳璧君說：「無論如何，精衛必不能放棄『黨的立場』。」汪精衛正是以國民黨的「正統」領袖的身份被請來主持「擴大會議」的。但胡適卻對她說：

> 老實說，黨到今日，還有救嗎？是否靠北平會館住著等候差使，月領四五塊的生活費的二千多人，來中興國民黨嗎？精衛還是願得這二千人的同情呢？還是站在「國的立場」來博我們多數人的同情呢？

胡適的「人權運動」已超出黨派之囿。汪精衛等想拉胡適為自己張目，胡適則把他們的黨爭納入了「人權運動」。

在北平召開的「中國國民黨中央黨部擴大會議」和北平相繼成立的國民政府剛滿一星期，張學良忽統兵入關而夭折，惟約法草案10月27日在太原完成並通過。全文有八章二百一十一條，史稱《太原約法草案》，公開發表以三月為期，「徵求全國人民真實意見及正當批評」。約法全文在天津《大公報》公諸於世，由此載入史冊。

南京政府在軍事方面取得了勝利，但國民黨南京中央設計的黨治體制輸了人權的理。

3、蔣介石採納反對者的意見

（1）蔣介石的「江電」

胡漢民今設計並貫徹黨治體制，自居為黨的化身，亦即是他繼承了孫中山的位置。蔣介石對此焉能孰視無睹。

南京的國民黨中央在人權、約法問題上與自由民主派以及黨內反對派相抗衡的過程中，國府主席蔣介石始終沒有在這個問題上表過態。1930年10月3日，他終於在河南蘭封前線致電中央，提議提前召集四全大會，確定召集國民會議，及制定訓政時期的約法問題，並詳其原由，他說：

> 謹以管見所及，為鈞會述之：本黨遵奉總理遺教，實施建國程序，暫定一黨專政之制，期成天下為公之志。而速開國民會議，尤為總理遺囑所明示，早應切實奉行，惟以統一甫告成功，軍閥割據之惡習，尚未完全打破，深慮國民會議召集之際，不免有恃兵力劫持選舉，收買政客偽造民意者，轉將引起糾紛，妨礙建設。故先從事於編遣會議，以謀軍閥之實際消滅。不意引起假革命真軍閥之叛亂。中央亦不得已而興師討逆……此戰之後，決不至再有軍閥復敢破壞統一與叛亂黨國。故本黨於此乃可徵詢全國國民之公意，準備以國家政權奉還於全國國民，使國民共同負責，以建設我三民主義之國家……茲特提議本黨第四次全國代表大會於三個月後提早開會，如鈞會不以為謬，並請於最短期間召集本居中央執行委員會第四次全體會議，以便決定此重要之問題，俾慰全國人民之望。
>
> 蔣中正叩江

這江電的基本精神與胡漢民的黨治體制是相左的。蔣介石在此對全國人民說，他是遵奉孫中山的程序，訓政時期所實施的一黨專政，是「暫定」，國民會議由黨代會代替，是因軍閥勢力尚未肅清。現在不再有軍閥敢破壞統一與叛亂黨國，所以準備還政於民。

蔣介石在同一天內，還發了大赦政治犯和軍事犯（請於軍事大定後或明年元旦實行）電。此電於翌日即由南京傳媒發表了。唯還政於民的「江電」於十五日「始由開封用普通電發出」，竟被胡漢民扣發了，胡囑中央通信社勿予發表，以候討論。後經蔣介石將原電發往上海，才得面世。這二個江電，「表現蔣對解決時局之全部主張」。《大公報》就此發表了一篇「社評」，題為《請開國民會議之江電》，分析二電發表的背景與原因。社評開宗即指出：「中央軍前夜已入鄭州，中原軍事於此告一段落。然政治方面之轉變，更有較此重要者，則轉請召集國民會議之江電是也。」社評注意到，這一通電所以引起全國廣泛矚睹，「蓋為制度上之重要改革，且與汪精衛等之主張略相一致故也」。社評核查年來汪氏的言論與蔣的江電相比較：

> 七月二十五日，汪、謝（持）、鄒（魯）等在北平曾發表過七項基礎條件，其中第一項籌備召集國民會議，第二項按照建國大綱制定一種基本大法，其名稱用約法抑用憲法再定。其後於八月七日發表一宣言，仍本此立論。旋設立國民會議籌備會，及約法起草委員會，迨上月張學良巧電發表，汪於十九日致張一電，表示四項意見：第一，開國民會議；第二，開合法之全國代表大會；第三，制定約法；第四，防剿共黨，是以就政治的立腳點言，汪等始終所抱定者，為國民會議與基本大法。今蔣之提議，自繫其本身主張，毫不含承認前北平擴大會議地位如何之意，然最可注目者，即由此證明現在主持中央者與反對者，對於黨治之解釋，及今後之方針，大體一致。而其一致之點，在共同承認應開國民會議，應先制定約法，應促成憲政。頃就常理論之，以黨言，又得恢復合作之機會；以政言，漸開民主制度之端倪，和平統一之一線曙光，應在於此。

最後指出，連年的內戰、民怨沸騰「為撥亂反治之計，必須先將軍事的變為政治的，蔣氏此電，是開政治的解決之端乎？吾人拭目以觀之」。

（2）軟禁胡漢民

胡漢民對蔣介石的提議大加反對，說這不僅接受了反叛者的主張，也推翻了三全大會的決議。在11月12日-18日召集的三屆四中全會的開幕式上，胡漢民在《開幕詞》中說：

> 在歐戰時候，法國有一個飛行師，駕馭飛機的技術非常高明，一天回巴黎……當時有一輛迎接他的汽車，請他上車，他認為開馬達總是他的拿手戲，便要求自己開車。於是他以飛行家的資格乘著在天空中縱橫自如開機法，開他所坐的汽車，橫衝直撞，撞死了五六十個歡迎者，不好如何責備他，只好勸他停止了。

胡漢民講述這個故事，分明是說蔣介石不懂政治，仍以馬上得天下的老辦法用於治天下，亂了套，言下之意，不懂政治的人也只好「勸他停止」了。張群針對胡漢民，在會上提出了一個長達萬言的議案，要求速開國民會議制定約法，列有五項理由。[10]此提案是秉承蔣介石的意圖，李石曾、吳敬恆等支持。胡漢民堅持反對，會上引起激烈爭議，雙方勢均力敵，最後決議先召集國民會議，制定約法的問題緩議。由此匯出胡漢民被囚的事件。

1931年2月，戴季陶向蔣介石供獻了一條軟禁胡漢民的計策。26日給胡漢民發一請柬，約胡於28日晚至蔣宅赴宴。軟禁胡漢民的經過（略）[11]

第二天（3月1日）晨，胡漢民因吳稚暉等之請，赴湯山休息，送胡漢民去湯山的汽車達三十餘輛。

---

[10] 蔣永敬，《胡漢民年譜》，第493-494頁。

[11] 軟禁胡漢民的經過，據《世界日報》1931年3月6日；《胡漢民自傳續篇》所記與此不同，請參閱《近代史資料》總52號。

蔣介石在3月12日的國府紀念週演說：「國民會議開時，決制定約法，使人民生命財產得有保障，為永久統一關鍵。奈胡漢民同志獨持異議，曲解遺教。制定約法為本黨及全國人民公意，決不能以個人私見打銷，更不能以立法院長地位，造法違法。此一語之出，可以起有約法無約法之爭，為禍亂之源，胡現已引咎辭職，中央對此決不姑息，希望渠個人勿犧牲革命歷史……。」紀念會之後，即召集中央常委第130次會議，決議三案：（1）胡漢民辭去本兼各職案。照準。（2）推原立法院副院長林森為立法院院長。推邵元沖為國民政府委員，兼立法院副院長。在林森未回京前，由邵元沖代理。（3）蔣介石、戴季陶、于右任、丁惟汾、吳稚暉、王寵惠等十二人關於起草約法提案，表示以「堅定不移之決心，並應排除一切困難與謬見」，決議組織起草委員會，由吳稚暉、王寵惠二人為召集人。

胡適從報端看到消息後說：

> 今日報上登出蔣介石與胡漢民的決裂，這是一我早已預料到的。但去一胡漢民，來一邵元沖，真是每下愈壞。[12]

4月，起草委員會通過了訓政時期約法草案，經國民黨中常委137次會議通過，交國民會議核定。5月5日-19日國民會議召開，全案通過。

蔣胡約法之爭，終以蔣的勝利暫告一段落。在這場鬥爭中，蔣介石抓住由「人權運動」掀起的人們關心訓政時期一切建國根本問題，應與國民共約，以樹立國家長治久安之計，冠冕堂皇提出制定約法，有「政治刷新」的契機。胡漢民反對制定約法，最大的理由就是孫中山沒有說國民會議要制定約法。這個理由不僅不能說服一般國民黨人，反而令人有頭腦冬烘之感。這兩年立法院通過的法律有多少是孫中山說過的？這一點又正好為反對派汪精衛所用。不過胡手定的《訓政綱領》全文仍被列入6月1日公佈施行的

[12] 《胡適的日記》（手稿本）1931年3月3日。

《中華民國訓政時期約法》中，胡漢民的黨治精神，沒有完全被拋棄。

（3）宋子文找胡適聯絡

幾乎與國民黨向「人權運動」大張伐撻的同時，蔣介石的特使即開始與胡適單獨接觸，徵詢意見了。這位特使即是南京國民政府的財神爺，又是國舅宋子文。這就是胡適在國民黨的圍剿面前有峙無恐，並屢屢反攻，致使國民黨屢屢添柴助焰，而總是升不了溫的原因所在。南京的國民政府成立後，宋子文籲請海內「負責任的在野人士，納稅人代表來批評我們（按：指政府），協助我們和指導我們」。並說這是「邁向中國民主制度的一步」。他強調「除非人民參與政策的厘定，否則政府無法贏得人民的信任」。[13]宋子文曾想聯絡上海財團支持蔣介石，也制約蔣介石，及時結束內戰，推進經濟建設，但未能如願。則找胡適尋求支持，要胡適「他們想想國家的重要問題」。當時「人權運動」剛發難，蔣桂戰爭剛結束。胡適對他說「現在的局面又稍有轉機，又是大有可為的時期了。若不謀一點根本的改革，必定不久又要打起來。我們希望他們能『逆取而順守』」；[14]這僅是開端，貫穿「人權運動」始終，蔣介石間接與胡適聯繫，從未有中斷。

（二）胡適擬徹底「修正」國民黨

1、「修正」方案

（1）七條改革國民黨的方案

1929年7月2日，正是上海市黨部開始圍剿胡適之時，胡適向宋子文提供了七個方面的改革方案。大旨如下：

---

[13] 史海肅，《宋家王朝》，第379-380、383頁，正平出版社，1984年。

[14] 《胡適的日記》（手稿本）1929年7月2日。

（一）召開約法會議，制定約法。（十七年八月十日五中全會第三次大會決議：訓政時期，依照總理遺教，頒佈約法。）

（二）約法修正之前，可修正國民政府組織法。（十七年十月三日中央政治會議決，組織法修正及解釋，均由中央執行委員會政治會議決行之。）

原則：（1）以行政院為政府。（2）司法院獨立，改為大理院。（3）立法院獨立。（4）考試院獨立。（5）監察院獨立。

（三）組織法修正後，即改組政府及四院。

原則：（1）淘汰最不適宜的人選。（2）充分實行專家政治：交通、考試、衛生、農礦……均宜用專家。（3）充分容納異己人才：如監察院宜用無黨或左派人才。（4）實行文官保障。

（四）黨的問題，宜有冷靜的考慮。

原則：黨部今日只能暫行「議會」的職權，在中央則為中央的一個議會，在地方的則為地方議會。但須明定黨部與行政機關的職權與相互關係。黨部應該可以監督行政，可以對行政機關建議，但行政可以有veto（否裁）權。否裁有不當時，應如何救濟，也應有規定。否裁之後，原議可送回覆議，覆議須有更大多數之通過，始得成立。此美國通行之原則。否裁權之外，應有解散權否？此問題也值得討論。

（五）裁兵問題，是專門問題，不是軍人自身所能了，當延請國外專家與國內學者及商界代表共同研究一個方案。

（六）提倡工商業最急之務：

（1）改善勞工待遇，宜用「勞工立法」，不當鼓勵罷工怠工。

（2）勞資仲裁宜有公正之仲裁機關，不當令黨部干預。

（七）用人宜實行考試，但考試不可限於黨員，也不可用黨義為考試科目」。[15]

這是一個要把現有政制改革為另一種政制的徹底方案。改革意見的第一點，正是他發動的人權運動的論題中心。第二點修正國民政府的組織法，即是要使五院各自獨立，行政院相當西方的內閣即為國民政府。使國民政府與其它四院並列，而不是五院均由國民政府統率，形成政府與司法、立法、考試、監察五權分立制衡。以與世界近代政制接軌，又保留了自己的特色。

既欲使五權分立制衡，則必須改變「以黨治國」的根本方針，淡化國民黨的作用，即是第四點要求國民黨放棄絕對權威的全能性質，暫退居於「議會」的監督地位，監督也不是絕對的，行政還具有否裁權。

第五點裁兵問題，是以軍隊國家化的角度看待這個問題的，不是從軍隊私人化的軍閥立場，更不是從黨控制的立場出發。所以主張請專家學者和工商界的代表參加討論。第六點所謂「工商業最急之務」，是認同當前的勞工捍衛自身利益的工運。但他不主張以階級鬥爭的方式，也不同意由黨派操縱工運，是主張勞工立法，勞資仲裁。

關於第七點，在此只是提出問題，它不僅僅是用人問題。國民黨在此時實行的一黨專政，他清楚「是事實上不可避免的」。[16]但應找新的出路，由一黨專政而走向「無黨政治」。

（2）前所未有的革新創見

這是臥龍先生在「隆中」所設計的藍圖，今日以正面建議的方式相酬，與他以批評方式的「人權運動」相表裡。總的意向，是想把國民黨現有的蘇式集權體制改革成英美式代議體制。

---

[15] 文中所引原文，凡具年月日者，均出自《胡適的日記》，非一注出。

[16] 《胡適的日記》（手稿本）1932年2月13日。

國民黨現行的「以黨治國」體制，是孫中山在革命中逐漸形成的。當孫中山在反清革命中組織同盟會時，以西方三權分立精神作為黨的組織原則。民國初年，仍熱心政黨政治。但經袁氏帝制、張勳復辟，繼而段祺瑞破壞約法，他則認為，「約法」無法實施，現在的政黨政治與「共和」政府，仍由腐敗的官僚，跋扈的武人，作惡的政客所把持。必須再舉革命，「重新創造一個國民所有的新國家」。[17]把「革命時期」規定為從起義日起，直至憲政頒佈之日止，包括軍政、訓政兩個階段。革命「未成功時要以黨為生命，成功後仍絕對用黨來維持」。[18]正當孫中山的革命遇到嚴重挫折時，蘇俄十月革命成功了。於是把目光移向列寧的經驗，提出「欲以黨治國，應效法俄人」。[19]孫中山感到西方英美式政黨政治一時尚不適應中國，於是暫放棄國會的意向。選擇走以黨奪取政權，以黨掌握政權的道路。中國國民黨第一次全國代表大會確定了這一原則方針，孫中山也由此「不是再拿護法問題來做工夫」，[20]蔣介石本此原則進入北伐的國民革命運動階段。

蔣介石與蘇共的合作雖然已經破裂，但對其政治體制仍然繼承，在二屆四中全會上，蔣介石對「以黨治國」的原則卻有所發展，但在胡漢民回國後，他所設計的黨治體制，通過「三大」，成了主流，並已將其全面法制化，理論化了。

胡適欲改變這種體制，所採用的改革方式，可謂別創一格，是一個大膽的嘗試。中國傳統的改革，除個別的例外，一般總是與革命相聯繫，即革天命或革王命，以轉移政權為前提。政權轉移後，則輕徭薄賦，與民休息，在政制上一般均因襲舊制（辛亥革命例外）。胡適創導的改革則不同，他不強調轉移政權，而是承認既存的政權和政制，卻要求從根本上改革既存的政制。上述改革方案，寫成一分英文備忘錄，給T．V．Soong轉交宋子文。宋子文有否將這個方案轉呈蔣介石？無可稽考。

17 《孫中山全集》卷五，第148頁。
18 《孫中山全集》卷五，第263頁。
19 《孫中山全集》卷五，第268頁。
20 《孫中山全集》卷九，第102頁。

胡適把自己所主張的改革，稱作「修正」。他說：

我們的態度是「修正」的態度，我們不問誰在臺上，只希望做點補偏救弊的工作，補得一分是一分，救得一弊是一利。[21]

胡適的這種「修正」態度出自他的「好政府主義」。「好政府主義」的基本理念是政治的工具主義，他說「政治組織是人類發明的最大工具，有許多事業，個人或小團體無法實現，則有這大工具——政府的需要。這工具是一種有組織、有公共目的的權力，法律制度是這種權力的表現。政府指引各方面的能力向一個共同的趨向走去，猶如交通警察指揮車輛一樣，這種工具，若用的得當，可發生絕大的效果，可以促進社會全體的進步。人類社會的惰性極大，偏向保守『習慣的生活』。若靠自然的演進，必須沒有進步，或進步極慢。政府的機關，若用的得當，乃是督促社會進步，打破社會惰性的唯一利器」。衡量政府的標準：凡能為社會「謀最大多數的最大福利」的是好政府，「不能盡此職務的是壞政府，妨礙和摧殘社會的公共福利的是惡政府」。「政府是人做成的工具，更須時時監督修理，……凡憲法、公法、議會等等都是根據這個原理的」。由此也能得出一個革命的原理：「工具不良，修好也。修不好時，另換一個。政府不良，監督他，修正他；他不受監督，不受修正時，換掉他。一部分的不良，去了這部分；全部不良，拆開了，打倒了，得新創造一個！一切暗殺，反抗，革命，都根據於此」。胡適還特別指出：「要一班『好人』，都結合起來，為這個目標作積極的奮鬥。好人不出頭，壞人背著世界走」。[22]

胡適曾在北京對軍閥政府推行過「好政府主義」，繼則支持國民黨推倒這無可救治的軍閥政府，現在要「修正」國民黨，都是出諸此「好政府主義」，政治的工具主義。

---

21 《胡適的日記》（手稿本）1929年7月2日。

22 「好政府主義」演講，見《胡適的日記》（上）1921年8月5日，中華書局，第173-174頁。

2、使政府像個近代政府

胡適自公開批判國民黨之日起，就希望國民黨政府能「像個政府」。在宋子文與胡適聯繫之前，以《新月》同人為班底的胡適的友人，結集為一個「平社」，彷彿是「努力會」的延續，第一次聚餐會是1929年4月21日，此時「人權運動」的第一顆炮彈《人權與約法》尚未發表，（是在此後兩個星期才草成）。5月11日第四次集會，羅隆基動議按英國費邊社的方式進行活動，定期討論「中國問題」。從種族、社會、經濟、科學、思想、文學、道德、教育、財政、政治、國際、法律等方面探討中國的現狀，「請同人各預備一篇論文，每人各任一方面」，[23]一星期交流一次。參加的成員約有梁實秋、徐志摩、羅隆基、葉公超、吳澤霖、潘光旦、張禹九、劉英士等。在胡適的日記裡有一張《平社中國問題研究日期單》，上述12個方面，列有12個人準備論文，從五月講起到八月才講完。

平社是一個知識份子的沙龍群體，他們不是革命者，也不是革命論者，而是自由主義者。但是他們渴望中國在改革中前進，適應世界潮流。他們所主張的改革方法，在二、三十年代的中國，是非主流的。不妨先介紹他們在一年以後所作的總結，然後再對照胡適在這段時間的言行，眉目自然會清楚一些。

（1）擇自覺努力革命之路

1930年4月，平社成員對「中國問題」的探討已有一年多，「在討論分題之前」，則委託胡適寫一篇《我們走那條路》[24]，表明他們所持的態度，作為引論。引論中除探討應走那一條路，即用什麼方法外，還認為有一個明智的領路人，也是問題的關鍵。他說：

---

[23] 《胡適的日記》（手稿本）1929年5月19日。

[24] 《新月》二卷十號。

> 如果我們的領導者是真真睜開眼睛看過世界的人，如果他們確是睜著眼睛領導我們，那麼，我們也許可以跟著他走上平陽大路上去。但是，萬一我們的領導也都是瞎子，也在那裡被人牽著鼻子走，那麼，我們真有「盲人騎瞎馬，夜半臨深池」的大危險了。

胡適在此認為在探路之前，先確定目標：消極的是打倒五大仇敵：貧窮、疾病、愚昧、貪污、擾亂；積極的目標是建立一個「治安的、普遍繁榮的、文明的、現代統一的國家。」走那條路才能達此目標？先看面前有幾個岔路：自然演進之路；自覺努力的革命之路；武力暴動的革命之路。胡適說，「歷史演進往往多是不知不覺的自然變化」，很遲慢、很不經濟，還「往往留下許多久已失其功用的舊制度和舊勢力」；「而自覺的人功促進，往往可以縮短改革的時間」，這「自覺的革命往往能多劃除一些陳腐的東西。」演進與自覺的革命，兩者是相對的，而不是絕對相反的。自覺的革命優於不自覺的演進。

胡適要否定的是武力暴動的革命方法。這種革命方法，他說「在紛亂的中國卻成了革命的唯一方法，於是你打我叫革命，我打你也叫革命。……他們主持勝利的局面，最怕別人來革命，故自稱為『革命的』。而反對他的人都叫做『反革命』。然而孔夫子正名的方法終不能叫人不革命；而終日憑藉武力提防革命也終不能消除革命。於是人人自居於革命，而革命永遠是『尚未成功』，而一切興利除弊的改革都擱起不做不辦。於是『革命』便完全失掉用人功促進改革的原意了」。胡適在文中「誠懇的宣言」：

> 中國今日需要的，不是那用暴力專制而製造革命的革命，也不是那用暴力推翻暴力的革命，也不是那懸空捏造革命對象因而來鼓吹革命的革命。……因為這種革命，都只是浪費精力，煽動盲動殘忍的劣根性，擾亂社會國家的安寧，種下相殘害相屠殺的根苗，而對我

們的真正敵人，反讓他們消遙自在，氣焰更凶，而對我們所應該建立的國家，反越走越遠。

胡適所選擇的道路是「多含一點自覺努力的」革命方法，並選擇一個睜開眼睛看的領導人。他自己的任務則是時時提醒這個領路人，睜眼看世界，走在平陽大路上。胡適筆伐國民黨，就是要執政的國民黨睜眼看世界。

（2）不以「征服」求統一

胡適筆伐國民黨與蔣介石削平新藩鎮幾乎是同時。他衷心擁護蔣介石提出的軍事整理、軍隊編遣，「夢想全國裁兵，軍費減去一大半」。所以1929年8月5日，宋子文因編遣實施會議未能使軍費撙縮，預算仍不能施行，財政上已乏術應付困難時，胡適同情宋的處境，並為他代擬辭呈向蔣要脅，「所謂『魚電』是也」。[25]

1929年12月17日，胡適去拜訪甘末爾（Eawin Walter Kemmerer）甘末爾是美國著名的財政學者，南京國民政府1929年聘他擔任財政部設計委員會主席，兼銀行幣制專門委員，這時他主持的財政設計計畫已經完成，報告書有三十五冊，約計二千頁。胡適此去既是為辭行，主要的目的是「勸他們把報告書作一個提要，先行發表，使國人可以明白他們的主張，萬一政局有變，此報告書也不致埋沒在公文堆裡，將來的政府也可以施行」，[26]以期在中國實施甘末爾財政計畫，約束內戰，大幅度削減軍費，以便將整個財政轉向經濟建設。這正是宋子文所想的。胡適此舉是對蔣介石的支持。

蔣介石以武力削藩，胡適不以為然。他說「蔣介石一面要改革政治，一面又極力擴充他的軍備，怕人不信他的誠心罷！」[27]1930年8月23日，

---

[25] 《胡適的日記》（手稿本）1929年8月6日。
[26] 所引原文，凡具年月日者，均出自《胡適的日記》，不一一注出。
[27] 《胡適的日記》（手稿本）1930年2月12日。

中原大戰方酣之際，有人大罵反蔣勢力，以為南京皆是不得已而戰，胡適說，我「也不贊成閻馮，但我主張此次戰事是蔣介石造成的。若去年南京不打桂系，那有這回戰事？十七年（1928）『統一』以後，已無人敢為戎首，而蔣介石逼成十八（1928）年的戰事，遂重開內戰之局，遂並那表面的統一都破壞了。」胡適主張「南京政府應趁戰勝之時，提議停戰主和。若再戰下去，即使再勝，亦不能解決中國的問題」。1930年9月6日，胡適要宋子文「勸老蔣講和」。宋亦主張和平，但又認為「時機未到，他的意思似乎是要等到隴海線上打了大勝仗再講和」。9月9日，胡適又對《紐約時報》記者Alead說：「和平之議只可有五點來源：一是老百姓，二是列強，三是奉天，四是南京政府，五是南京的將軍，前二者是不會出來要求的。奉天有此能力，而未必能用。最光榮的方式，莫如南京自動加總，若必等到將來南京將領通電停戰主和，那才更糟呢？」Mead說，那第五個可能他沒有想到。胡適回答說：「其實1927年，蔣介石又何嘗想到自己的將領請他下野呢？」你用戰爭解決問題，別人也會用戰爭提出問題。胡適把自己的這一觀點，以英文撰成一文，送《字林西報》，發表於1930年8月30日。文章說：

> 現在的唯一出路是和平——立即要和平，無論什麼代價的和平，和平的代價無論多大，總比戰爭便宜的多多，這是絕對的真理，我希望蔣介石先生和宋子文先生能夠懂得的。如果南京真要和平，此時此地便是適當的機會了。津浦線上的勝利，濟南的奪回，尤其是廣西、江西、湖南各地的敵軍的失敗，南京政府在這些勝利之上，若想得到一更好更光榮的勝利，莫如自己提議一個光榮的和平。……如果國民會議是和平必要的，或者如果黨的公平改組是可以做到和平的，或者如果一個更民主更負責的政府是和平的條件，那麼，南京政府盡可以提出這些辦法，如果裁兵是和平的保障，那麼，南京何妨提議裁減自己的軍隊呢，如果有某一個人的辭職就可以使馮玉

祥、閻錫山重提他們久延的出洋計畫，那麼，那一個人對於國家也應該可以歇歇了。如果北方不接受這些條件，又怎麼辦呢？到那時候，南京才可以坦然無愧於的對全國和全世界人說，他們確是力謀中國的統一和平的了。到那時候，上海一般殷實的銀行家也可以坦然無愧的捧了整百萬的銀子為幫助政府作戰到最後的勝利了。[28]

1929年5月22日，胡適碰見蔣介石的軍師蔣百里。蔣百里十分得意地告訴胡適他策劃對付馮玉祥的辦法：「這回有兩大股文章做的真好：上股做一個『誘』字，下股更難做，做的是一個『逼』字。老馮是向來不肯為天下先的，這回逼出他的通電。這一股文章真不好做，現在總算做成了」。這是胡適與張東蓀去徐新六家時遇上蔣百里的。胡適在徐府聽到上海銀行界發行三千萬新公債的消息，徐新六說：「太少了，三萬萬還可以說說」。胡適把此公債與對馮玉祥「誘」的政策聯繫起來說：「要把『誘』的一大股文章做的滿意，三萬萬元自然不可少的。」胡似乎默認了『誘』與『逼』的方法」。因為它符合「和平的代價無論多大，總比戰爭便宜的多多」的原則。

胡適對統一有個原則：「統一應是協商的，而非征服的」。[29]胡適不僅對國民黨內的軍事分裂行為主張以和平方式解決。即使共產黨的安內政策，同樣不主張用武裝暴力。1930年9月4日，他與青年黨的首領陳啟天談及共產黨，陳啟天說：

劃共之法，最要是比共產黨更厲害的屠殺，方才立威儆眾！

陳啟天對胡適說：「他因為做政治活動，故曾遍考中外歷史，凡新國秩序建立之先，必須大屠殺以立威！」胡適聽了很不高興，問他：「什麼

[28] 《字林西報》1930年8月30日，又《時事新報》1930年9月30日。
[29] 《給宋子文的信》，《胡適的日記》（手稿本）1930年10月12日。

國的歷史有這樣的教訓？」陳啟天答不出來，「只舉清初揚州嘉定之屠殺為例」。胡適對他說；

> 你忘了曹彬下江南不妄殺人一類的故事。即以滿清之事而論，朱舜水明說滿人入關，宣言均產均役，以收人心，故兵力所至，往往傳檄而定。揚州嘉定皆非亂區，但以文風之高，知識階級有勢力，故抵抗外族最力，竟遭屠殺。

胡適還問他：

> 我們痛恨共產，究竟為了什麼？還是為了意氣，還是為了主義？還是為了痛恨他屠殺的方法？……今以更利害的屠殺來剷共，那又何必剷共呢？這豈不是甚於「以暴易暴」了嗎？

胡適既不同意中央政府以征服的方式來統一，也反對地方勢力以武力與中央對抗。1930年8月31日《國民日報》譯載日本聯合通信社電，報導改組派太原會議的組閣名單，他得悉北方的「擴大會議」又另立國民政府與南京對抗時，他大不以為然，說：「他們為什麼如此呢？豈不是也感到難為情嗎？努力革命，殺人無數，而結果只得著這樣一個『革命政府』」[30]。

（3）使國民政府成為「穩固」的中央政府

在當時的南京國民政府裡，已聘有歐美的客卿，有的為專業部門的專家，有的任顧問，取代了1927年以前蘇聯人的位置，這是胡適樂於看到的。1930年2月12日，蔣介石的政治顧問英人懷德爵士（Sir Alexander Frdeerick Whyte）約胡適「會談」，他倆談了一個半鐘。內容大概是「三

[30] 《胡適的日記》（手稿本）1930年9月2日。

月一日的三中全會上，蔣介石要提出一個政治改革案。據懷德說，此案有兩要旨，一是政府內部組織的改革，一是要政府和輿論接近。」這個「會談」實際上是蔣介石派私人代表來向胡適求征意見的，這就比宋子文更直接了。饒有興趣的是，蔣介石政治顧問來與胡適溝通之時，正是國民黨中宣部禁售《新月》雜誌的密令下達的一星期後。胡適對懷德說：

> 今日的急務在於怎樣使政府像個政府。你儘管說要與輿論接近，然而今日什麼陳德征、朱應鵬皆可壓迫輿論，而一個教育部長不能干預各省教育廳長的人選，而蔣介石可以下手諭取消教育衛生兩部取締中醫的命令。怎樣才能免除這種無政府狀態呢？

胡適在此是說，領導人不遵循規則辦事，不是獨裁而是「打雜」，就不能發揮政府的正常作用，使政治呈無政府狀態。

懷德於1920—1926年曾任印度立法院長，1925年著有一本《印度，一個聯邦》的書。1928年懷德被蔣介石聘為政治顧問後，曾把此書贈送一本給胡適。胡適對書中所說：「印度有了一個穩固的中央政府，再來解決聯邦的問題，這是很僥倖的事」。胡適對此很有感慨地說：

> 這個政府固然是外國人組成的，但有個中央政府究竟是一個大便宜。我們從前談聯省自治，近來的人談分治合作，都缺少這一個條件。今人要廢除政治分會，政治分會廢了固不足為統一，但單有割據而不合力造成一個穩固而有威信的中央，也沒有辦法。[31]

印度有了穩固的中央政府，能「僥倖」地解決聯邦問題，胡適聯想到中國，從前談聯省自治，今人談分治合作形式上都有一個中央政府存在，

---

[31] 《胡適的日記》（手稿本）1928年9月3日。

卻總是解決不了問題。究其原因，是因為這個中央政府不穩固，也沒有威信，以致「單有割據而不合力」。1928年北伐勝利而出現的「表面統一」，沒有在此基礎上尋求「合力造成一個穩固而有威信的中央」。都因方法不當，未能妥然把握。如中原大戰在決定性的關鍵時刻，即1930年9月18日張學良通電出兵，一般史家都說這是支持中央政府之舉，事後作為史事的結論是可以的。但在當時，胡適認為存在著變數，他說：

> 張學良此舉，意思不甚明瞭，然閻錫山立即通電辭職，並撤退京師軍隊，其與奉天有妥協，自不待言。此是我前次所說五個和平來源之第二與第五兩項已實現了。主和之議出於奉天，那裡還有個『中央』存在？將來奉天聯合各地之灰色將領，有所主張，南京還是答應，還是拒絕呢？但奉天此舉，若無較遠大的政治眼光作指導，終於國家無大利益，但放出一群無知武人重來糟蹋國家而已。

（4）中央政府應為社會的共信物

如何能使中央政府穩固而有威信？下面的一次談話與一封信，表達了胡適的主張。1930年9月25日，與李仲揆談國事。胡適說：

> 今日所要者，第一，在這中央權力未造成的時候，要明瞭分權的必要，在分治之上或可逐漸築成一個統一國家。第二，要明瞭文治勢力是制裁武力的唯一武器，須充分培養文治勢力。第三，要明瞭一個「國家政策」比一切「民族主義」都要重要。當盡力造成一些全國的（整個國家的）機關與制度。

10月13日，胡適在天津托董顯光致宋子文的一封信，有所建議，可謂是完整的提綱：

1、解放言論：取消報紙檢查，凡負責之記事與言論皆不得禁止。

2、監察審計機關皆宜容納反對黨。

3、對東北、西北，宜有根本方針，宜認清「統一」之性質。統一應是協商的，而非征服的，應是側重地方分治的，而非驟然中央集權的。總之，應明白認定「聯邦式的統一國家」的原則。其涵義為：①凡政權統一之區域，皆認為自治區域。②中央列舉其許可權，此外皆由自治區自主。③凡屬於中央集權內之事項，皆歸還中央。④各自治區域合組聯邦統一國家。

這信是要宋轉達蔣介石的。10月27日胡適在離北平南歸的船上，有感觸而寫了一封信給張學良，大意是說，「他機會太好，責任太大，不可不存敬慎之心，不可不把一些根本問題細細籌慮過。凡執事不敬，未有不敗亡的」。這是對張學良的警告。由此可知，胡適在國民黨的一片圍剿聲中，卻一心想促成一個穩定而具有威信的中央政府。有理論主張，也有實際行動。

什麼樣的中央政府才是穩固而有威信的？胡適有個說明：

> 要知政府之為物，本是一種紙老虎，經不起戳穿，全靠政治家之能運用耳。紙老虎不戳穿，故雍正帝一紙詔書可使年羹堯來京受戳。紙老虎一戳穿了，故蔡鍔、陳宧一舉兵而袁世凱震恐而死。十七年至十八年的統一局面是個紙老虎，留得住才可以弄假成真。留不住則兵戈四起了。[32]

胡適在此所說的「紙老虎」，是一個大家都遵守的共信物，每一個歷史時期都有與這一時代相適應的共信物——紙老虎，古今中外，概莫能

32 《胡適的日記》（手稿本）1930年9月12日-21日。

外。不僅一個地區、一個國家需要這紙老虎，國際上也應該有這樣的紙老虎。胡適在此所說「紙老虎」概念，與毛澤東所說的「紙老虎」概念，是完全不同的。前者是共遵的信物，後者是要打倒的偶像。出發點也完全不一樣。前者是建設，後者是破壞。

中央政府能否為社會的共信物，「全靠政治家之能運用耳」，問題則集中到蔣介石身上。蔣介石是一個革命家，是不是一個合格的政治家？美國駐華公使詹森（Nelson Truster Johnson）於1930年7月23日與胡適討論「中國政治的出路」，就涉及這個問題，詹森對胡說：「書生文人很難合作，很難有真正的領袖從文人裡出來。如威爾遜總統，實非領袖，只能唱獨腳戲而已。所以希望中國有華盛頓、哈彌爾敦從軍人裡出來，為國家的領袖。凡能帶二萬兵士走二萬里路的人，都有不能不與人合作的機會，這便是學做領袖的第一步，普通文人無此機會」。胡適從這談話中得到一個資訊：美國支持蔣介石這一類人，但胡適不完全同意詹森的看法，他在日記中寫道：

> 此言也不無可味。三十年中出來的軍人，很有幾個有領袖氣象的人，如張作霖之用王永江、楊宇霆、常陰槐，均不失為領袖風度；閻錫山之治一省，孫傳芳之治軍，皆有長處。到後來，用過其量，任過其力，皆露出馬腳來了。此則學識不夠，故眼光胸襟都不夠，在治安的國家，則可保全其成功，在亂世則終不免於失敗。詹森之言但知其一，未知其二也。

胡適同意把蔣介石視為從「軍人裡出來」，但從不把他與張作霖、閻錫山、孫傳芳等割據者等量齊觀，雖尚不完全具有政治家素質，但認為可造就。

胡適是實驗主義者，對自己的新抉擇是基本滿意的。在1930年9月3日的日記中說：

近來與人談政治，常說：民國十一年，我們發表一個政治主張，要一個「好政府」。現在——民國十九年——如果再發表一政治主張，我願意再讓一步，把「好」，字去了，只要一個政府。

還有一個條件：

政府的最低任務是「警察權」——保境安民——凡不能做到這點的，夠不上政府。

（三）較量而相知

中國有句諺言：不打不相識。較量之後，相知就更深了。「九一八」事變之後，有消息說：「丁文江、胡適來京謁蔣。此來係奉蔣召，對大局有所垂詢。國府以丁、胡卓識碩學，擬聘為立法委員」。[33]所謂奉召、「擬聘」，均非事實。但自此以後，胡適就與國民黨的最高當局建立了聯繫。胡適敢於犯上，批評國民黨，在一些人的心目中，「形象」更高大了。據吳經熊，從美國回來說，「美國只知道中國有三個人：蔣介石、宋子文、胡適之是也」。[34]蔣能容忍批評，亦顯示了其豁達大度之風。

胡蔣事實上早已互有交流，可是在媒體上仍如同水火，兩者不可能遽爾公開「擁抱」，必有一轉化過程。在1931年3月清華大學學生代表赴南京請願，要求任命胡適為清華校長。蔣介石告訴學生代表隊說：「已決派吳南軒為校長，政府非不欲容納學生意見，但先徵周貽春未得同意。胡適係反黨，不能派。囑各生安心讀書」。[35]胡適看到這則消息後心照不宣，會心地說：「今日報載蔣介石給了我一個頭銜。」蔣得照顧下屬各黨部思想認識的拐彎，表象與實質總是不完全一致的。

---

33 《申報》1931年10月14日。

34 《胡適的日記》（手稿本）1930年8月24日。

35 《大公報》，1931年3月18日。

胡適說「救世之道不在祈禱上帝，乃在改善提高人的智慧」。[36]胡適嚴厲批評國民黨，目的不是要把它罵倒，而是為了提高他們的智慧。說是「小罵大幫忙」亦無不可。

所以胡適的積極進言，是對蔣介石抱有信心的表現。

36 《胡適的日記》（手稿本）1930年8月5日。

後篇1

鞏固政制無黨政治

一、重擇高效政制

（一）蔣介石擬選擇高效政制

1、蔣汪接近

胡汉民被軟禁後，政府公職雖被免除，但仍是國民黨中常委。他的這派勢力去廣州後即與原北方「擴大會議」的勢力相結合。北方「擴大會議」的組織雖無形解散了，但力量依然，今與胡漢民係相聯合後，聲勢大振。國民黨內的反蔣派與粵方軍人於1931年5月27日成立「中國國民黨中央執監委員會非常會議」，發表宣言，指責「南京之黨部為個人勢力所劫持，實無存在之價值」。又在廣州成立「國民政府」與南京公開對抗，全國文武老少反蔣勢力全部結集在廣州。

就在南京與廣州分裂對峙之際，日本軍國主義者乘隙製造事端，如6月初在東北興安嶺的中村事件，7月在長春發生的萬寶山事件，9月發生在瀋陽的「九・一八」事件。於是全國發出「團結禦侮，共赴國難」的呼聲。蔣介石則一方面派人去兩廣聯絡，一方面親自探望胡汉民（胡此時已由湯山遷回南京雙龍巷寓所），以「團結禦侮」的姿態，對胡說：「過去的一切，我都錯了，請胡先生原諒，以後遇事，還得請胡先生指教」。於是，胡漢民赴上海。

南京與廣東也在上海舉行「和平統一會議」。10月」日，蔣親自到上海，與汪精衛、胡漢民共商「團結」問題。在這上海會議期間，蔣介石通過宋子文做汪精衛的工作，汪心動了，這恐怕算是這次會議的大收穫。

汪精衛是這次會議的粵方首席代表，11月9日粵方代表回廣東，汪精衛給他們帶回一封致粵四全會代表的信，同一天又發表了一封公開信，是給「數年來夙共患難之同志」的，信中介紹了這次和平會議雙方的態度。全文如下：

各同志公鑒：此次和議結束，已於昨日聯合通電，備述梗概，想承鑒及。爾受命留滬，未獲即回廣州與諸同志相聚。諸同志對於和議結果有所垂詢，未獲面覆，謹擬問答如左：

（一）問：據雙方通電原稿，是主張以統一會議產生統一政府，今若此，豈非與原主張不符。

答：所謂統一會議，並未想定其構成方法為如何，今由四屆中央第一次全體會議決定修改國民政府組織法，及改組政府，則是所謂統一會議即以四屆中央第一次全體會議當之也。

（二）問：蔣先生下野與否，何以不即決定？

答：此是雙方爭持的焦點，從前對此爭持，舍以軍事解決外，別無方法。但軍事決不可輕用，如政治方法可以解決，則何取於軍事解決乎？四屆中央第一次全體會議，決定修改國民政府組織法，及改組政府，即所謂政治解決之方法也。修改國民政府組織法，乃關於制度的問題，改組政府，則關於人選的問題。就制度的問題來說，現在公議已決定中央政制改革草案，如能實行，則可將政治從軍事勢力支配下解放出來，以實現民主政治之先著。就人選的問題來說，逆料屆時必有蔣先生下野與留任兩種主張，以此兩種主張取決於會議而服從之，較之以軍事之勝敗，決個人之進退，經濟多矣。欲使中國政治現象得入於軌道，非以政治解決代軍事解決，無他法也。財政委員會，得拒絕內戰之負擔，關於政治之糾紛，不輕以兵力解決，種種決議，皆為杜絕內戰之方法。吾黨同志，倘能實力奉行，則不使訓政時期復歸於軍政，而漸進於憲政，始有望也。

以上二者，乃舉其大者而言。要之，吾黨同志，數年以來，不知犧牲幾許生命，幾許自由，今惟有繼續努力，成此一簣之功，於黨恢復民主集權，於國扶植民主政治，胥有賴於是，外抗強權，內固國本，亦胥有賴於此。惟垂鑒之。

胡適十分關注這次會議，看到這封公開信後，認為「和議的結果，不算是失敗」。[1]

上海「京粵代表會議」，雙方妥協，決定國民黨第四屆全國代表大會由廣東、南京各自召開，而後在南京召開四屆一中全會，改組南京政府，實現寧粵的統一。（汪精衛和孫科因不滿陳濟棠對大會的包辦，有二百餘名代表離開廣州至上海，單獨於12月3日-5日召開汪記的四大。）國民黨仍恢復蔣、汪、胡三套馬車的格局。

但是當南京電邀於粵、滬產生的四屆中委到南京開一中全會時，粵、滬雙方仍堅持要蔣介石下野，然後參加在南京召開的一中全會，否則一中全會在上海召開。上海汪精衛以權力分配未解決，對蔣的合作意願則不立即明確回應。蔣介石乃於12月15日通電，略謂：「胡漢民等同志微日（五日）通電，且有中正必須下野，解除兵權，始赴京出席等語，是必欲中正解職於先，和平統一方得實現，……再四思維，惟有懇請中央准予辭去國民政府主席等本兼各職。」蔣介石宣佈下野後，各地中委紛紛到南京，1931年12月22日至29日，國民黨四屆一中全會在南京召開，蔣、胡、汪三派實現了形式的統一。會議通過《國民政府組織法》，規定國府主席為中華民國元首，只代表國家，不負實際責任，並不兼其它官職；行政院只對國府委員會負責。會議選舉胡漢民、汪兆民、蔣中正等九人為中央常務委員會委員。推林森為國府主席，蔣中正、胡漢民、汪兆銘等為國府委員，孫科為行政院院長。

---

[1] 《胡適的日記》（手稿本）1931年11月10日。

蔣介石出席了一中全會的開幕式後，即攜宋美齡乘飛機回家鄉奉化溪口。蔣在臨離開南京時，曾約陳公博、顧孟餘、王法勤談話，表示：「本人甚盼汪先生能不顧一切任此艱難……中興本黨，非汪先生莫屬。」又留函于右任，何應欽、孫科諸人，內稱：「全會既開，弟責即完，故須還鄉歸田，還我自由。」並說「此去須入山靜養，請勿有函電來往，即有函電，弟亦不析閱也」。蔣介石對諸事都作了安排，說明他的這次下野，是去渡假的。廣州的反蔣力量，同樣也沒有因蔣的下野而停止活動。他們在12月30、31日兩天舉行了兩次聯席會議，取消原成立的中央黨部和國民政府的名稱，卻另成立國民黨西南執行部，國民政府西南政務委員會、軍事委員會西南分會，把黨政軍的力量原封不動地保存了下來。

蔣介石離開南京後，其它兩派的領袖胡漢民與汪精衛也都分別在香港和上海，彼此仍是貌合神離。南京的國民政府即由行政院院長孫科在維持著。孫科是一位大少爺，對面臨的問題，一籌莫展，則出現了財政與外交的危機。財政部由黃漢梁署理，前部長宋子文留下的是一大筆赤字。外交部由陳友仁代替顧維鈞，竟欲一改「九・一八」以來的不抵抗政策，提出「積極抵抗」、「死守錦州」的主張。時值日寇準備進攻上海「一・二八」的前夕，日艦分佈於淞滬的長江水面示威。為要與「主張抗日」的方針相符，提出「與日本和平絕交」的外交方針。為證明「絕交」的「和平」誠意，則擬把守在滬、寧的軍隊調去江西「剿共」。孫科坐困在一座危城之中，局面難以撐持。

1932年1月2日，國民黨中央政治會議緊急會議，決議把蔣介石重新請回南京，孫科給蔣發求救電：「黨國失卻重心，……務望蒞京坐鎮，則中樞有主，人心自安」，電報發出後，自己就悄悄地乘車去上海，一走了之。

蔣介石接到電報後，在1月16日約汪精衛赴杭州西湖湖風景幽靜的煙霞洞會晤。汪精衛在臨行前發電致胡漢民，亦致電孫科與陳銘樞，告訴他們他已應邀赴杭。汪到杭與蔣晤面後，合電告孫科，併合電致胡漢民，請他「一同入京，協助哲生及諸同志」。胡漢民當日覆電，稱他的病需「長期休養」。張繼與張靜江當日由南京趕來。孫科與何應欽、吳鐵城於18日到達。在煙霞洞商議，蔣說：「余不入京，則政府必貿然與日絕交，絕無通盤計畫，妄逞一時血氣，孤注一擲，國必亡滅。故余不顧一切，決計入京，以助林主席挽救危機，本我良心，盡我天職而已。」會議決定成立以蔣作賓為首的外交委員會，否定陳友仁的外交方針；同意孫科辭職，由汪精衛出場組織行政院。1月21日，汪、蔣先後入京。

蔣介石自北伐軍興，開始問鼎權力的頂峰，但在北伐勝利後，其領袖地位尚未穩固。一九二七年與一九三一年，國共分裂後，擔任國民軍總司令與國民政府主席的蔣介石，在唐生智、程潛、李濟深及汪精衛等人的壓力下，兩次被迫辭職，自己宣佈「下野」，但局勢又總是離不開他，而又被請了回來。由此證明，蔣的地位無人可以替代，在這第二次下野被中央恭請回來之後，亦即蔣汪再次合作之後，蔣介石由原來的「蔣主席」，成為軍事委員會的「委員長」，掌軍權；汪精衛為中央政府會議主席，掌行政院。胡漢民則一直堅持抗日反蔣，與南京政府不即不離，直至1936年齎志以歿。

2、擬選擇法西斯主義

1931年5月5日國民會議在南京正式召開，蔣介石在會議的第一天所作的開幕詞中，強調召開國民會議的目的「在於和平統一救中國」。在訓政時期必須「對於訓政之理論，應有正確的瞭解」。想在現世界各國的政治體制學說中，引進一種高效政制。除了傳統的「君權神授」說不計外，他說他考察了三種學說：法西斯、共產、自由民主，「而主張黨治者有其二」。他說：

> 第一，法西斯蒂之政治理論。本超象主義之精神，依國家機體學說為根據，以工團組織為運用。認為國家為至高無上之實體，國家得要求國民任何之犧牲，為民族生命之綿延，非以目前福利為準

則。統治權乃與社會並存，而無後先，操之者即係進化階段中統治最有效能者。國家主權，既為神聖，縱橫發展，遑恤其他。國際上之影響，是否合於大同原則，不待智者而知。……而所以致民治之道，則必經過訓政之階段，挽救迫不及待之國家危難，領導素無政治經驗之民族，是非藉經過較有效能的統治权之行施不可，況既明定為過渡階段，自與法西斯蒂理論有別……而以大同為鵠的可知矣！

第二，共產主義之政治理論，以唯物史觀為立場，依定命主義作推論。認為國家及統治權係階級合為一體，以為昔者由資產階級據為己有，今則無產階級亦當據為己有，以消滅其它階級。待其它階級消滅淨盡，乃可共躋於共產社會，國家亦即從此消滅。故以一黨當政之國家，而階級鬥爭，反更殘酷，消滅反對者之過程，雖列寧亦難為之預期，但斷其必久。此種殘酷手段，尤不適於中國產業落後情形及中國固有道德，中國亦無須乎此，可斷言也。

第三，自由民治主義之政治理論，本以個人主義為出發`點，附以天賦人權之說，持主權屬於全民之論，動以個人自由為重。英美民治，本長期演進之歷史，人民習於民权之運用，雖有時不免生效能遲純之感，然亦可以進行。若在無此項歷史社會背景之國家行之，則義大利在法西斯蒂當政以前之紛亂情形，可以借鑒，聯邦會議政治之弱點，已充分暴露，而予論者以疑難，自由必與責任並存，自由乃有意義，否則發言盈庭，誰任其咎，此事之最可痛心者。

蔣介石不選「自由民治主義」，因在北伐以來，國內不能算是真正得到統一，訓政時期尚不宜採用。但對蘇俄的共產主義理論，蔣1923年訪蘇，只感到援華的居心可疑，對其主義與體制是肯定的。「清黨」前還在爭取加入共產國際，1926年6月7日，他在黃埔軍校演說，稱：「中國要革命，也要一切勢力集中，學俄國革命的辦法，革命非由一黨來專政和專制是不行的」。[2]二十世紀三十年代的蘇聯，仍被進步人士視為人類解放的燈塔，「那裡烏托邦正在轉化為現實」。法國的紀德就是這樣認為的。為什麼幾年後，竟選擇了法西斯蒂的政治理論？一般的詮釋是因他已拋棄了孫中山親手定的聯俄、聯共政策。法西斯蒂與共產主義都實行黨治，所提出的口號目標也基本一致。其實，在民初的軍閥割據時代，「中國式的法西斯主義（英雄主義）」，即列為當時諸種「救中國」的方法之一。它「主張中國要找一個莫索利尼，現在中國社會……一切所謂梟雄英傑差不多完全失敗了，是因為他們不能代表一個真正政黨的意志，……只有自己建築基礎於民眾的意志上，凝聚這種意志於代表民眾利益的政府黨裡的人，才能真正做中國國民運動的領袖」。[3]現在不過是重新襲用而已。此外，還有胡漢民的原因。在蔣介石的日記裡，自1931年2月起，就出現了對胡漢民的強烈不滿和攻擊之詞，如2月15日指責胡「破壞黨國，阻礙革命」，「以司大令（史達林）自居，而視人為托爾斯基（托洛茨基）」。25日日記則稱：「今日之胡漢民，即昔日之鮑爾廷（鮑羅廷），余前後遇此二大奸，一生倒楣不盡。鮑爾廷使國民黨徒受惡名，而共產黨沾其實惠。今胡則使國民黨受害，而彼自取利，鮑爾廷使國民革命破壞而不能建設，胡則使國民革命阻礙而不能進取。」[4]

這時正是設法軟禁胡漢民的前夕，胡堅決反對制訂約法，說「總理在《建國大綱》內，就沒有提到約法兩個字，而單講訓政了」，[5]在他設計的黨治體制下，他就成了黨內至尊，蔣在25日日記中說：「彼堅不欲有約

2 廣州《民國日報》1926年6月26-30日。

3 當時的派別和主張有五：1、立憲派（研究系等）2、聯省自治派3、和平會議派4、商人政府派5、中國式的法西斯主義（英雄主義）。見《中國共產黨・中國社會主義青年團中央局對於國民全國大會意見（1994年1月）》附錄：《國民黨之政綱・中國之現狀》，中央檔案油印本，《中共中央文件選集》（1），第219頁。這大概是《中國國民黨第一次全國代表大會宣言》草案，正式發表的《宣言》中已將《中國之現狀》的第五項刪除了。

4 《蔣介石日記類抄・黨政》未刊，中國第二歷史檔案館藏。

5 蔣永敬，《胡漢民先生年譜》，第496頁。

法，思以立法院任意毀法、亂法，以便其私圖，而置黨國安危於不顧。又言國民會議是為求中國之統一與建設，而不言約法，試問無約法何能言建設！」

胡漢民此時所言的黨治，實是聯共黨治的翻版，他壟斷了孫中山著作的解說權，其抵制不同意見者的手段，也是抄襲史達林排除異己的故技。這一切都是胡漢民在訪蘇期間學得的。使蔣介石有感威脅，因而蔣不擇共產主義理論，改選法西斯蒂，以與新約法相輔而行。當時因反對者的反彈力大，未付諸實施。蔣第二次下野重新上臺後，則掀起了一股鼓吹法西斯主義的聲浪。

3、鼓吹法西斯主義

法西斯主義是十月革命後出現在歐洲的一種思潮。「法西斯」一詞來自拉丁文fasces，原指古羅馬官吏出巡時所執的權杖，形狀為一束棒，中間插一把斧頭，象徵暴力和權威。第一次歐戰後由義大利墨索里尼首先提出，繼則為德國的民族社會主義。這種法西斯主義在20年代就傳入中國。最初根據義大利語發音為「法西斯主義」。在上海就有日本法西斯黨徒的活動，《東方雜誌》也曾介紹評述過墨索里尼。

到30年代，法西斯主義所以能在中國時髦一時，有著其歷史背景和社會基礎。德國和義大利都是第一次世界大戰的戰敗國，而推行法西斯主義後，竟然能在10餘年時間裡，使瘡痍滿目的國家變得井井有條。且德國作為凡爾賽條約的簽字國，同樣備受英法等國的欺壓，處境與中國相類似。中國在巴黎和會以後的十年間，未能有效振興地起來。1927年清黨以來，中國共產黨走武裝鬥爭的道路，迅速壯大，蔣介石三次「圍剿」均告失敗。1931年「九一八」事變猶如晴天霹靂，社會危機與民族危亡已瀕崩潰的邊緣。法西斯主義以「最有效能的統治權」的面目呈現於世，具有強大的吸引力。它的罪惡面目當時還沒有充分暴露出來，所以蔣介石提出以法西斯主義復興三民主義。除了同一政治目的的鼓吹者外，社會上尚有相當一部分人深以為然。蔣介石當時所謂法西斯主義「最有效能」，除指其對人民群眾所實行的軍事專政、特務統治外，還在於思想上的文化專制。

力行社首先在輿論界太肆鼓吹法西斯主義，各級組織先後主辦各式刊物。在南京有「拔提書店」，《中國時報》（《中國革命週刊》、《我們的路》；在上海有《前途》、《民眾喉舌》；在南昌有《掃蕩日報》、《青年與戰爭》；在東北有《北方日報》、《老實話》：在漢口有《掃蕩報》。此外尚有文化書局、前途書局、新生命書店、正中書店、新光書店、辛墾書店等，以及《中國日報》、《晨報》、《社會主義月刊》、《文化建設》、《復興月刊》、《人民評論》、《汗血月刊》、《中國與蘇俄》等。廣州、長沙、西安、重慶、成都等地都有這樣的書店與刊物。不下二百餘種，充斥全國各地。在1932年至1935年間，宣傳法西斯主義的書籍大批出籠，如《法西斯主義與義大利》、《法西蒂主義運動論》、《法西斯主義之組織理論》、《法西斯主義之經濟基礎》、《法西斯主義運動論》、《法西斯蒂之怒潮》、《法西斯蒂及其政治》、《法西斯蒂教育》、《法西斯聖意》、《法西斯主義研究》、《法西斯主義淺說》、《法西斯國家論》、《法西斯義大利政治制度》以及《希特勒生活思想和事業》、《希特拉》、《希特勒組閣》、《希特勒與國社黨》、《希特勒》、《希特勒成功史》、《希特勒征服歐洲的計畫》、《我之奮鬥》和《墨索里尼傳》、《墨索里尼與新義大利》等等。以上的翻譯與專著，均以「獨裁政治論叢」，「社會科學小叢書」、「法西斯蒂小叢書」、「國際名人傳記叢書」、「初中學生文庫」等名目發行的。

在狂熱鼓吹法西斯主義聲中，力行社主辦的各色刊物更為系統、露骨，也很典型，有代表性。以此為例，可見一般。

其一，救國獨裁論。力行社的喉舌《社會新聞》的社論說：「法西斯主義是瀕臨毀滅的國家自救的唯一工具，它已經拯救了義大利和德國……（我們）最終也沒有別的路可走了，只有仿效義大利和德國的法西斯殘酷的鬥爭的精神了。」[6]所以有人說，「中國的出路，無疑是法西斯主義的出路……中國的前途，無疑是法西斯主義的前途」。[7]

奉行一個獨裁領袖的主張，必須放棄個人主義與自由主義，才能全面提高國家利益。國家往往是由領袖來體現的，「服從領袖是無條件的，是復興中國革命的第一步。我們不必隱瞞，我們需要中國的墨索里尼」。[8]誰是中國的墨索里尼？賀衷寒說：「在今天革命陣線上，德力足以感人，威力足以創業的，就莫如蔣介石先生了！……因此我說蔣介石先生是中國革命的唯一領袖」。[9]

其次，文化統制論。法西斯蒂「它是民族復興的靈魂」。[10]他們極端仇視西方文化中的『自由主義』和『個人主義』，認為這種思想帶著一種頹廢的消極主義觀念。充斥於小說、戲劇和報刊中、文學中的浪漫主義，藝術中的「為藝術而藝術」，都是集中的表現。[11]自由主義更迷漫於普通百姓的生活中，頹廢輕佻無聊和縱情逸樂的消費則比比皆是。「總而言之，亡國的氣氛瀰漫世上」，「如果這種文化的趨勢不迅速改變的話，不但要亡國，而且要滅種！」[12]為了戰勝這種文化上的「癌症」必須堅持用「國家至上」、「建設性的、進步的和勇敢的文化」，去取代上述「頹廢的文化」。希特勒、墨索里尼對舊文化發起毫不憐憫的進攻，猶如我國秦始皇焚書坑儒，才奠定了秦王朝建國的基礎。文化統制的目標，不僅僅局限在文化上，所有的社會現象，所有的社會行為，在理論上說也是文化統制所干預的對象。他們說，「秦朝文化統制的成功，恰好是我們今天要仿

---

6 社論《國民黨與法西斯運動》，《社會新聞》，1933年8月24日。

7 陳穆和，《法西斯蒂與中國出路》，《社會主義月刊》第1卷7期。

8 社論《組織與領袖》，《社會新聞》1933年5月15日。

9 賀衷寒，《文化統制的根本意義與民族前途》，1933年9月，文載《領袖的認識》，中國文化服務社北平分社，1945年。

10 茹春浦，《文化統制的根本意義與民族前途》，《前途》第2卷8期。

11 社論《改造文化的急務》，《社會新聞》1933年5月30日；社論《我們需要怎樣的文化》，《社會新聞》1933年6月9日。

12 張雲伏，《文化統制意義及方法》，《前途》第2卷8期。

效的」。[13]這就是說他們的目的要根除文化上的自由和民主，由他們心目中的「新的共同生活的文化模式」熔化進人民習慣中去。[14]這就是文化專制主義。

其三，改造文化的手段是教育，賀衷寒聲稱：「今天中國最大的問題是教育，中國最傷腦筋的問題就是教育的失敗」。[15]因此，他們提出教育「國家化、軍事化和生產化」。所謂「國家化」，即是所有學校由國民黨政權來管理操縱，由教育部集中領導，取消地方自治的學校；教會學校和私立學校，均由政府接管或關閉。學校的課程同樣要「國家化」，重點講授中國文化和中國問題，目標是使學生產生對國家忠貞不貳的愛，隨時準備為國犧牲。強調集體活動與集體談論，如能這樣做，即能將個人主義與家庭主義的邪念均根除掉。[16]所謂「軍事化」，即訓練在校學生成為能在大規模戰爭中作戰的戰士，[17]關鍵要運用「軍事化」的原則以建立「無形的力量」去控制政局。軍訓的目的，蔣介石說是「養成青年為國民之模範，救國之先鋒」，根除「青年自私自利的弊病以為救國的基礎」。[18]所謂「生產化」，主張低年級學生以四分之一的課程改為體力勞動。中學生和大學生必須有相當的時間下農村和工廠或商業界從事勞動。他們把這「生產化」稱為對傳統輕視勞動教育觀的否定。

據一般史學家認定，法西斯主義意識形態的特徵有：（1）提高國家地位，鼓吹極權主義；（2）反對民主制，主張一黨專政統治，頌揚領袖；（3）宣揚國家主義，復興傳統文化的價值；（4）主張製造統一的國家精神：（5）崇拜暴力。[19]把上述蔣介石所推行的種種，大體上與這五

---

13 李若冰，《中國歷史上的文化統制》，《前途》第2卷8期。
14 茹春浦，《文化統制的根本意義與民族前途》，《前途》第2卷8期。
15 賀君山（衷寒），《今日教師應有的認識與責任》，《前途》第2卷8期。
16 伊靜，《民族教育的要義》，《前途》1卷7期；邱椿《教育與中華民族性改造》，《前途》1卷7期。
17 林適存，《國家總動員》，《前途》第2卷第2期。
18 《中央日報》1936年5月3日。
19 S.伍爾夫（S.Woolf）編，《法西斯主義的實質》（The Nature of Fascism），紐約，1969年，第11-18頁。

個特徵是符合的。蔣介石具有濃烈的中國傳統文化色彩，亦仿效德國的民族復興運動，打出「民族復興」的旗號。無論於理論上引用王陽明的主觀唯心論，儒家的禮義廉恥，或是承襲封建王朝的東廠、西廠、錦衣衛等特務組織形態，高度集權專制獨裁的大一統皇權思想模式，以及明顯的宗法制度特徵的保甲制度等，均與法西斯堪相匹敵。不過，亦有不同之處，德國的「民族復興」，是對外擴張並奴役其它民族的「納粹主義」，蔣介石所提倡的民族復興，卻是尚有自衛性質。蔣介石引進法西斯主義是洋為中用，即所謂「藉法西斯之魂，還國民黨之屍」，以「三民主義為體，法西斯主義為用」，其根本目的就是要藉法西斯主義思想模式和統治方式來達到擁蔣反共與反日。

唯其如此，國民黨在當時並沒有打出法西斯化的標幟，仍是以黨化教育（即三民主義教育）推行於學校與社會，不久對法西斯的主義，實際上就放棄了。

4、新生活運動

1934年2月，蔣介石在南昌發起新生活運動，是把法西斯主義付諸實踐，通過「社會教育」，使一般國民日常生活達到軍事化、生產化和藝術化的目標。[20]

「新生活」，本是五四時期提倡自由、平等與個性解放、講究人性、活潑生動、奮發向上的個人主義生活，是背叛封建主義舊生活的生活新方式。此時蔣介石所提倡的新生活，與「五四」時期的新生活是「完全兩樣絕對不同的東西」。[21]五四時期的新生活，「是借他人的新衣穿」，今天的新生活則是「把我們固有的舊大衣，送到洗染公司去洗涮一下，目的是要把中國固有精神加以發揚[22]

---

20 蔣介石，《新生活運動的綱要》。
21 賀衷寒，《新活動運動之要義》。
22 賀衷寒，《新活動運動之要義》。

蔣介石的新生活運動，是以中國固有儒家文化（四維八德）為基礎，吸取西方國家現代文明的某些形式（文明禮貌）和德、意法西斯的紀律（整齊劃一），使三者熔於一爐。「禮、義、廉、恥，國之四維；國維不張，國乃滅亡」，我國的歷史統治者，均用以維繫社會，防亂於未然，其核心是「禮」。蔣介石新詮的所謂「『禮』是規規矩矩的態度，『義』是正正當當的行為，『廉』是清清白白的辨別，『恥』是切切實實的覺悟」[23]「規規矩矩」者，即是：「教恭是主，守法循理，戒慎將事，和氣肅容，善與人處，孝親敬長，克敦倫紀」。[24]強調「禮」不單講儀式，而是重秩序，守紀律。它實是新的「三綱」。蔣介石指摘當時中國社會「禮義淪亡，廉恥喪盡」，實行新生活運動，就是「對症下藥，確是救國的萬應靈丹，並且是中國的獨步丹方」。蔣介石在此是把儒家傳統教義當作意識形態，以抵制共產主義的宣傳。

新生活運動要求「禮義廉恥」落實在國民的衣食住行上，「不能一日離異」，「從衣食住行之中，隨時隨地都表現出來」。[25]《新生活運動綱要》規定，「及衣食住行之遂行，可分為資料之獲得，品質之選擇，與方法之運用三個方面」。「資料之獲得應合乎廉……須以自己勞力換得，或以正當名分取予」；「品質之選擇應合乎義」，「因人制宜，因時制宜，因地制宜」；「方法之運用應合乎禮」，即「合乎自然的定律，合乎社會的規律，合乎國家的紀律。」並以此比方為西方國家的文明禮貌。總之，教人循規蹈矩，安分守己，也是針對造反者的。

蔣介石在《新生活行動綱要》中，要求一般的國家能夠「整齊、清潔、簡樸、勤勞、迅速、確實」，從而達到「使反乎粗野卑陋之行為，求國民生活之藝術化」，「使反乎強盜竊乞之行為，求國民生活之生產化」；「使反乎亂邪昏懦之行為，求國民生活之軍事化」。在這三化中，

[23] 蔣介石，《新生活運動綱要》。
[24] 蔣介石，《新生活須知》。
[25] 《新生活運動之理論與實踐》。

軍事化是其出發點和依歸。

反對毒品也被蔣介石納入新生活運動。在剿共的江西和其他地區展開禁止鴉片運動。對製造、販賣和運輸鴉片的下令處死刑：吸鴉片的國民黨和政府官員，限定在三年內戒煙。還成立戒煙協會。諸多的戒煙法亦隨之產生。「一般說，產生於新生活運動的禁毒比前者本身成就更大」。

蔣介石把新生活運動貫徹到基層時，所提出的是「管教養衛」政策。即是實行保甲制以後，加強地方統治，捍衛中央政權的一種措施。新生活運動開始在江西實行，1934年設立促進會，會長由蔣介石擔任，繼則推廣全國，各省、市、縣，鐵路系統也依例照套，形成一個全國的組織網路。1935年4月，新生活運動促進總會頒發施行三化的初步方案。1936年起，新運總會由南昌遷至南京，改任錢大鈞為主任幹事。在總會下增設婦女新運會指導委員會，宋美齡任指導長。新生活運動遂由「城市推廣至鄉村」，但已入尾聲。蔣介石推行新生活運動，在組織手段上，思想文化的專制上，都可謂是史無前例的。但不是絕後的，也沒有達到其「安內」的目的。

蔣介石發動新生活運動中軍事化所要求的國民軍訓，既包含有反共內容，也有對付外敵入侵的另一方面，即增強青年的救國意識，提高青年的身體素質，培養他們的軍事知識，均有強烈的民族主義思想，他們的攘外固然必須以安內為前提，但「攘外」並沒有取消。如長城抗戰和華北事變以及熱河抗戰，力行社即表現出很高的抗日積極性。日本軍方因此強行要求中國接受的《何梅協議》中明文規定，不允許所謂「藍衣社、復興社」的存在。

抗戰期間，新運會則參加戰時服務工作，支援抗戰。日本陸軍大將阿部信行曾說，中國有三件事不可輕視，即：整理財政、整理軍備和新生活運動。[26]新運會副主任幹事（後任為總幹事）黃仁霖在《十三年來之

---

[26] 張其昀，《黨史概要》II，第770頁。

新生活運動》中說：「新生活運動，實是發動抗戰的基本力量」。成績雖不像他們自報的那樣大，但也不能一筆抹煞，它在抗戰中有一定的歷史地位。

（二）蔣介石、胡適晤面

1、蔣、胡第一次相晤

1932年11月27日，胡適應武漢大學校長王世杰之邀到武漢講學，此時正是國民黨向江西蘇區發動第四次圍剿之際，蔣介石親自指揮，以武漢與廬山為中心。胡適在此赴武漢期間，曾三次晤蔣介石。在胡適的日記裡，記錄了蔣、胡的互動關係。

11月28日晚蔣在寓內宴請胡適，據胡適說是「第一次和他相見」。陪客有陳布雷、裴復恆，就餐時夫人宋美齡也出來相見」，29日又在蔣宅晚餐，有顧孟餘、陳布雷、陳立夫陪座，因沒有談話的機會，胡即送蔣介石一本《淮南王書》。12月2日下午蔣介石又派秘書黎琬來接胡適去蔣宅吃晚飯。胡適「本以為這是最好一個談話的機會，故預備與他談一點根本問題。」但胡適一進門即見雷孟強先生已在宅內，吃飯時，楊永泰先生又來了，二客皆不走，主人亦不辭客。所以，胡適即打消了「深談」的念頭，隨便談了一會，十點即辭出。但總感到納悶，他在當天的日記中說：「我至今不明白，他為什麼要我來。今日之事，我確有點生氣，因為我下午還託雪艇告知他前日之約，我一定能來。他下午也還有信重申前日之約」。蔣今晚不僅又約了別人，而且在席上卻提出兩個問題，要胡適注意研究：

（1）中國教育制度應該如何改革？（2）學風應該如何整頓？

也許是蔣介石兼任教育部長，並且12月召開的國民黨三中全會上將通過「教育改革案」（大學教育側重實科及本國教育）所以關心這方面的事。但聽來似乎要胡適退到學術的「象牙塔」裡去。胡適不悅，就「很不客氣」地對他說：

> 教育制度並不壞，千萬不要輕易改動了。教育之壞，與制度無關。十一年的學制，十八年的學制，都是專家定的，都是很好的制度。可惜不曾好好的試行。經費不足，政治波動，人才缺乏，辦學者不安定，無計畫之可能，……此皆教育崩壞之真因，與制度無關。
>
> 學風也是如此。學風之壞由於校長不得人，教員不能安心治學，政府不悅學，政治不清明，用人不由考試，不重學績……學生大都是好的，學風之壞，決不能歸罪學生。
>
> 今之詆毀學制者，正如不曾試行議會政治，就說議會政治決不可用。（見《日記》）

胡適在12月21日，回答《晨報》記者問及三中全會所提出的「改革高等教育案」意見時，仍然重申：「（今日）教育之好壞，在於教育經費之充足與否及教育人材之優劣，不在於教育制度如何。」他說：

> 現行之教育制度，原為民十一年（1922）本人所起草者，可謂世界上最適當之制度。雖民十八（1929）曾經修改，但在原則上，仍依照過去。自民十八改革學制以來，實行僅三年，何能判斷學制之好壞。夫政府對教育應負之責任，為教育經費之維持，教育人材之選任與撤換，對教育進行之方針，則應委之教育人員，政府不應過問。乃現政府對教育經費之供給，不但不能用之於擴充教育，雖現狀之維持，亦有岌岌可危之勢。至教育人才之選任，適宜與否，成

績如何，政府向未加注意。若此而求教育之進展，自難實現，豈能諉之於教育制度之好壞哉。[27]

胡適認為當前中國急須改革的是政治制度，所以在11月29日，擬定了一個「論代表民意機關選舉原則」，交給蔣介石的左右顧孟餘。內容有三點：

1、以法團為預選機關，選出候選人；2、預選會在選舉前三個月，候選人二倍於應選出之名額，候選人名單發表後，一千個選民簽名蓋章的請願書亦可推出一個候選人，呈請選舉監督與預選當選人同列入選舉票上，此項請願須選舉期一個月前；3、全省應出之議員（或代表），由全省選民於候選人名單內投票選舉，不分區支配。[28]

這裡所說的民意機關，實即指國難會議上決議成立的國民代表大會，後被中政會改為國民參政會。當政者想把這個機構成為個御用機構，而胡適則主張使它仍能成為「一個能監督同時也能贊助政府」的參政會。他說：「只有能搗亂也能監督政府的參政代表的贊助是有力量的。御用走狗的贊助是不值得要的。」政府不怕搗亂，不怕監督，在關鍵時刻「人民自然會誠意的擁護政府」。所以胡適同意這樣的意見：「國民參政會雖去民權甚遠，但指出走向民權主義的路」，希望參政會能成為「第一個民選的雛形國會」。1933年元旦，胡適把《論代表民意機關選舉原則》敷衍成《國民參政會應該如何組織》[29]一文。

---

[27] 《晨報》1932年12月21日。
[28] 《胡適的日記》（手稿本）1932年11月29日。
[29] 《獨立評論》第34號。

2、「建設的政治哲學」提綱

胡適這次南下，在武漢住了六天，湖南省主席何鍵（芸樵）派劉廷芳專程到武漢，於12月4日把他迎迓到長沙，兩天之後才離開。在此期間，胡適在武漢大學、湖南國立大學、湘雅學校等大、中學校演講十餘次，講題多半為歷史、文化教育、宗教等方面的內容。唯在長沙中山堂的黨政軍擴大紀念週上的演講，似可視為與蔣介石「深談」的「根本問題」之藍本。

1932年12月5日，胡適在長沙中山堂參加全省紀念週，由省主席何芸樵主持會議，胡適演說《中國政治的出路》，（日記裡保存了其提綱，和一則「附論」）。系統地表述了他對中國政治前途的設想及其哲學。大意是：

Ⅰ、不可不認清政治的目標（為什麼？）

目標是「建立一個統一的、治安的、普遍繁榮的文明的國家」。

Ⅱ、不可不認清敵人（要打倒什麼？）五鬼：「貧、病、愚、貪、亂」。

Ⅲ、這五鬼古已有之，不自今日始；不是帝國主義帶來的，也不是胡適、陳獨秀提倡出來的。（前四年，魯滌平、何鍵曾通過電，說道德墮落與社會崩潰是胡適與「陳逆獨秀」提倡出來的。）

Ⅳ、古文化對於這五鬼全無辦法，至多勉強做到「不亂」（小安）而已。

Ⅴ、「不亂」亦值得研究，其故有三：1、無強敵。2、重心未失。3、有維繫全國的制度。

Ⅵ、今日此三因都不存在，所以連那最低限度的「不亂」也不易做到了。

Ⅷ、今日的出路：

1、努力造成一個重心，國民黨若能瞭解他的使命，努力做到這一點，我們祝他成功。否則又得浪費一二十年重覓一個重心。

2、努力建設一些可以維繫全國人心的制度：如國會、如考試制度。

3、建立一種建設的政治哲學。「知難行易」是革命的哲學，不適於建設，建設的政治哲學，要人人知道：「知難，行亦不易」。此非胡適之胡說，乃是孔子舊說。

定公問：「一言而可以興邦，有諸？」孔子對曰：「言不可以若是，其幾（接近也）也。」人之言曰：「為君難，為臣不易」。如知為君之難也，不幾乎一言而興邦乎？

《論語》十三明

乎此，然後可望有專家政治。[30]

這實是胡適在人權運動中言論的概括，曾被當時國民黨圍剿而稱之為「胡說」。今天，胡適已成了國民黨黨外的高級顧問了，正是這位在四年前通電要國民政府馬上恢復孔子紀念日，把思想紊亂和道德墜落的罪名歸諸胡適和陳獨秀的湖南省主席何鍵（健），把胡適請來「胡說」（宣傳），並尊為上賓，以彌補當年的損失。胡適演說的主旨是寄望於國民黨能成為社會的重心，肩負建設近代國家的重任；亦希望蔣介石不要走個人獨裁，而走民主憲政的坦途。

胡適在此提出要建立的「建設的政治哲學」，其實也正是蔣介石在武漢未得機會想同胡適討論的問題。蔣介石送了五本「力行叢書」給胡適，胡適仔細讀了，並寫了「附記」。稱其中第四冊《自述研究革命哲學經過的階級》「比較最扼要」。胡適對此在日記裡留下「附記」說：

---

30 《胡適的日記》（手稿本）第11冊，1932年12月5日。

> 他想把王陽明「知行合一」「致良知」的道理來闡明我們總理「知難行易」的學說。（該書第四頁）他解釋中山先生的「知難行易」是要人服從領袖（服從我「孫文」），此說似是採用我的解釋。他似乎也明白陽明與中山的思想有根本不同；如說：「照這樣說，王陽明所講『良知』的知是人的良心上的知覺、不待外求；而總理所講『知難』的知，是一切學問的知識，是不易強求；而知識的『知』，不必人人去求，只在人人去『行』。我們理解了這點，便知總理所講的『知難行易』的知，同王陽明所講的『致良知』與『知行合一』的知，其為知的本體雖有不同，而其作用是要人去行，就是注重行的哲學之意，完全是一致的。（見該書P11-12）。

胡適以為，蔣介石「明知二說不同，偏要用陽明來說中山，大概是他不曾明白懂得二說的真正區別在那兒」。他說：「簡單說來，二說之區別如下」：

> 陽明之說是知易行易。中山之說是知難行易。良知是人人所同具，是你自家的準則，他是便知是，非便知非。如真有此物，豈不甚妙？若無此種良知，則「知易」之說不能成立。「知易」不立，則行亦不易。然陽明之說先假定有此良知，故可以說「知行合一」。知善知惡是良知，行善行惡即是致良知。中山之說以「知難」屬於領袖，以「行易」望之眾人，必人人信仰領袖，然後可以「知行合一」。然既謂「行易」，則不必一定信仰領袖了。以吃飯說話等等譬喻「行易」，眾人自然可以自信皆能吃飯說話了！所以必須明瞭「行亦不易」，然後可以信仰專家。

胡適在準備「中國政治的出路」的演講時，連日來都考慮這個問題，所以在12月5日中山堂演說時，在末尾又以《論語》（十三）孔子的話深化其意：

> 定公又問：「一言而喪邦，有諸？」
>
> 孔子對曰：「言不可以若是其幾也。人之言曰：『予無樂乎為君，唯其言而莫予違也。』如其善而莫之違也，不亦善乎？如不善而莫之違也，不幾乎是一言而喪邦乎？」

胡適說：「此段說的更透闢。為政者必須防到此一著，故『法家拂士』是不可少的。為政者若誤信真有所謂『良知』，則必不信專家之有用；他若誤信『行易』，則亦必不會深信『知難』。故陽明之說與中山之說，若不審慎解，都可一言喪邦！」[31]

胡適在此一方面高興看到蔣介石接受了他「知難行亦不易」的新命題，但又不解蔣介石為什麼不把孫中山的「知行合一」與王陽明的「知行合一」加以區別。蔣介石固然採用了孫中山、王陽明都注意「行的哲學」一致的方面：對其「知」的本體則相容孫中山知識的「知」，與王陽明「良知」的「知」既把「知難」與「行易」分屬領袖與眾人，教人服從領袖，又同意有假定的「良知」，承認「知易」而不信專家之有用。胡適為要讓蔣介石能傾聽他們這樣專家的意見，卻忽略了蔣介石亦有與孫中山同樣的需要，——要人服從領袖，在此是「難得糊塗」。

在中山堂演說完後，又去湖南大學作《我們必須認清文化的趨勢》的報告，強調文化的科學性，仍是此建設的哲學的延伸。日記中亦留有提綱，大旨是：

---

[31] 《胡適的日記》（手稿本）1932年12月5日。

Ⅰ、湖南人向來是走極端，故新舊勢力往往相消而不相助。其為浪費時力與才力，最可痛惜，今後當認清方向，合力齊功，成績自大。

Ⅱ、中國固有文化，可用「正德、利用、厚生」三個目標為最有意義的目標。（此語雖出於偽書，然偽作此語正可表示古人心中有此目標。）

Ⅲ、後來此目標漸漸忘了，因為吸上了一種精神上的鴉片煙（印度化），振作不起來了，不能「厚生」而輕生了，不能「利用」而求無用了。

Ⅳ、佛教的千年麻醉最能使我們喪失固有之人生觀。

Ⅴ、理學雖努力要建設一個「人的文化」而中含麻醉成分太多，終歸於靜坐主敬，而不能「利用厚生」。不能利用厚生，也必不能「正德」。

Ⅵ、中西文化之區別於科學之有無。

Ⅷ、科學的文化是我們的路。[32]

這種文化趨向，正是他「建設的政治哲學」的主題。

---

[32] 《胡適的日記》（手稿本）1932年12月5日。

二、檢討民主進程

（一）《新月》等刊物的回應

1、國民會的權限

胡適曾說過：「一個在野黨的言論有錯誤，只是他自身負責，一個當國政黨的主張，便成了一國政策的依據，要是不合時代潮流，將影響一國的進步」。[1]1931年1月12日，國民黨中常會議制訂國民會議組織法，這些舉措，立即引起了社會的關注，並寄予希望。《新月》就成了評論的主要場所。

「國民會議」的名稱，源於西歐，中國共產黨曾提出召開國民會議解決中國政治問題，孫中山在1924年的《北上宣言》中接受了這個主張，「以謀中國之統一與建設」，但一直未得實現。自胡適在「人權運動」中提出憲法問題以後，國民黨左右派黨員則紛紛提出「成文憲法」與「不成文憲法」等名詞來反駁胡適等人，有的說總理遺教是中國一部不成文的憲法，有的說《中山全書》是一部成文憲法。羅隆基在《我們要什麼樣的政治制度》中指出：新的憲法的誕生，唯一的方法是召集國民大會，「不但憲法應由國民大會制定，目前解決國事的唯一方法，亦只有國民大會」。他說；

> 關於召集國民大會解決國事的理論，民國十三十四兩年間，孫中山先生發揮得很透徹。我們相信假使國民黨到南京的時候，即用

[1] 《新文化運動與國民黨》，《新月》2卷，6、7號，19，9年9月10日。

國民會議解決國事，中國或不至鬧到今日這個局面。……國民大會為國民黨先總理的最後主張，然而一班同志，於憲政時期的五院亟亟提前組織，於遺囑上所謂「最短期間促其實現」的國民大會，反擱置不問。

國家政治紛擾的時候，用國民大會制定憲法，解決國事，這在西洋歷史上的實例很多。美國獨立時的國民會議，法國幾次革命時召開的國民會議，都可以做我們的先例。……我們贊成孫中山從前所主張的先召集國民會議預備會議的步驟。……預備會議在我們看來，應以左列各種代表組織之：（一）職業團體代表；（二）地方代表；（三）政黨代表；（四）專家。預備會的職權，極有限制，代表的人數，以少為宜，以期召集手續的簡單，會議的便利，約束的迅速。[2]

這裡的抨擊對象是胡漢民的《訓政綱領》。

今由蔣介石提出召開國民會議，《大公報》則呼籲國民黨從速明確國民會議的職權，發表《國民會議職權私議》一文，對國民會議的許可權，從「國民」和「政府」兩個不同的角度，提出「私議」。這是一篇值得注意的文章，胡適在1931年1月28日山東之旅的日記中，剪貼了此文。可視為胡適認同的意見。

文章首先指出：「民主國家，主權在民，國民會議，既為國民代表，則是國家主人委託代表，行使其固有之權能，不應更受何等制限。」但是，一、中國現在的國民會議，本非法律上的國會性質，政府對其權力加以限制，殆不足怪：二、中國現在的「國家政權，事實上係以革命形式入於革命黨人之手」，所謂「政權」，乃是一種「有強制力的國家支配權」。在憲法尚未實現以前，將國民之政治權利有所限制，「就政治論觀之」亦事實所許。文章指出：

2　羅隆基，《我們要什麼樣的政治制度》《新月》二卷十二號，1930年2月10日。

查現代世界獨裁政治制度下，有兩種議會形式：一為義大利，仍有國會之名，而其分子乃由泛系黨（即法西斯蒂）人認許之職業團體中選出。一為俄羅斯，其蘇維埃政權，乃賴農工群眾為之維持。兩國皆以泛系黨或共產黨主攬大政，而以各該黨承認下或組織下之民眾團體支援其政權。此與中國國民黨有期限的訓政制度比較，當然不能相提並論，然亦不無參考之用。

其次「從政府的地位」論。國民黨應訴求國民贊助，今日雖「魁柄在握」，但與國民仍若相去遙遠，這是由於黨與民互不聯繫所致。國民黨要保證其政權確立，首先求得群眾的瞭解與贊助。在訓政時召開國民會議，原「非法律性質而為政治作用」，是為了密切與國民的關係。文章說：

孫中山先生往歲主張開會，不過欲藉以宣傳政策，進取政權。今日時移勢異，政權雖已到手，而對內對外，猶有許多問題，應當訴之公眾，相與提攜。因之今日召集國民會議，決非簡單的履踐遺囑，敷衍對付，便為完成其重要之使命，必也對國民有所予而後可以有所取，否則政府不但無所得，且或有所失……。明告國民，勿過奢望；同時，喚醒政府，不宜漠視，務於相當範圍，使國民與聞大政，提高其政治興趣，而後國民黨之政權，乃能博得公眾之擁護以利一切建設事業之進行。

文章列出國民會議應有的權能八條，以示政府與國民的權利與義務關係，「所謂有所予而後有所取者，此其一端。要之，惟名與器不可假人，政府既以國民代表名義予人，若不賦以相當權能，使得代表民意，實際贊助立法行政事業，則民眾失望，其影響於黨治前途，較之不開國民會議，孰得孰失，殆有非吾人所敢言者矣」。這是對蔣介石在江電中所說「速開國民會議……準備以國家政權奉還於全國國民」諾言的督促與期待。

2、對蔣介石演詞的批評

蔣介石在5月5日國民會議開幕式上的演詞，其中對黨治的選擇，與胡漢民有關；對「自由民治主義」的異議，則是對《新月》人權運動的回應，卻表達了執政黨對政制的價值取向，不可忽視。《新月》發表羅隆基的《國民會議的開幕詞》一文，首先對「自由民治主義」一詞揶揄說「前此我很少聽到過」，「確實嶄新」。

「亦使我們莫知所云」。羅隆基說，他只好把「自由民治主義」當作通常聽說的「民治主義」來理解。蔣在演詞中否定「自由民治主義」，雖沒有說所指是誰，但社會上都把目光注視於《新月》，說《新月》的一班人是主張天賦人權的。

羅隆基針對蔣介石欲引進「進化階段中統治最有效能者」的政制，借題發揮：

> 我們希望「有效能的統治」，但我們絕對反對「有效能的代治」，換言之，「統治」要拿人們自己統治自己的原則。西方有句話：「好政府不是自治的代替」（Good government is no sulstiution for goverment）。單單在「有效能的統治」上說話。印度人不應該反對英國的統治，菲島人不應該反對美國的統治，誰敢出來說，英國人統治印度的效能不大？誰敢出來說，美國人統治菲島的成績不好？……然而誰又願喪心病狂來這樣主張。畢竟我還說，「好政府不是自治的代替」！自治是真正的民治。[3]

蔣介石在演說中對「民治主義」的反駁是這樣說的：

[3] 努生，《國民會議的開幕詞》，《新月》三卷八號。

> 國內乃有倡英美十九世紀初葉自由民治之說以相炫者，其說至無足奇，其具體表現亦不過議會政治。不知總理在民國十三年以前，不但為力事贊助國會之人，而且疊興護法之師，播遷流離，集非常國會於粵於川，可謂勞矣。然第一屆國會之經過，無一不與人以慘痛的失望，以後自安福國會以至曹錕賄選國會，亦無人不啟人鄙視厭惡之心理。以言憲法，則自天壇憲法以至曹錕憲法，果何如者？此種經驗，國人當不能盡忘，若謂得此即可以致郅治，是何異挾此以自救，築室道謀，將何補於緊急時艱！況帝國主義之侵略，軍閥之叛變，共產黨挾其國際背景之軍事行動，決非可以猶豫之心理，無謂之辯論所得而卻之者，即使主張民治高唱自由者，各據議席，任其論安內言計，動引西人，亦不過非疑滿腹，眾難塞胸。今歲不征，明年不戰，使共產黨軍閥，坐大於中原也。今日舉國所要求者，為有效能的統治權之行施，以達到解除民眾痛苦的目的，而中國偉大且有光榮歷史之革命集團，厥惟國民黨。

蔣介石說以往的議會與憲法，「無不啟人鄙視厭惡之心理」，所謂「議會政治」，不過是「築室道謀」，議而不決，放言空論而貽誤時機，因此，不如採用「有效能的」獨裁統治，速戰速決。對此羅隆基反駁說：

> 民治主義的政治，最要緊的，是人人有份的政治。民治主義議會，要人民選舉的議會，不要某人或某部分人指派的議會，民治主義要憲法，要人民自己訂定且承認的憲法，不要某人或某部分人自己制定而後強迫人接受的憲法，法國拿破倫時代有議會，有憲法，德國維廉第二時代有議會有憲法，如今的俄國意國有議會有憲法。然這一切，都不是民治政治；有議會有憲法，我們絕對不承認這是有民治政治的證據。議會失敗，憲法失敗，同時要認清，更不是民治政治的罪惡。民治主義者所爭的是自治，所反對的是被

治，所要求的是自己做自己的主人，所攻擊的是他人拿我們當亡國的奴隸。[4]

3、對《約法》的批評

1931年5月12日，通過訓政時期的約法草案，6月公佈實施。社會上的反應不一，自由民主派表示不滿意，以羅隆基為代表的一派「絕對不滿意」。《新月》三卷八期發表羅隆基《對訓政時期約法的批評》，並把《訓政時期約法》全文附錄文後。對《約法》所規定的人權、人民的權利與義務以及政府的職權範圍等提出批評。

首先說主權。約法上規定「中華民國的主權，屬於國民全體」，但另有許多規定卻把此主權剝奪了，如第三章三十一條又規定國民的「選舉罷免創制複決四種政權之行使，由國民政府訓導之。」所以羅隆基說「主權屬於國民全體」是騙人的空話，像母親對孩子說：「這錢是你的，你不許用，暫時存在我這裡。」「黨治之下，完完全全剝奪人民的主權，約法上說句『主權在黨』倒是光明痛快的辦法」。

由此，進一步探究約法第三十條所謂的「中央統治權」究是什麼？是「政權」抑或是「治權」？如是「政權」，它就是主權。主權既不能委託，不能委託給國民會議，更不能給一部分人所組成的團體——黨派，以及不能委託給這個黨派最高領導人。如果說「中央統治權」是「治權」，「那麼，代行治權的黨不能產生行使治權的政府。換言之，根據約法第二條『民國主權屬於國民全體』的規定，只有國民全體，行使主權的時候，才能產生政府。約法中人民沒有行使主權的機會，全體國民，不能產生他們自己政府」。這「主權屬民」究作何解？

其次，是人民的權利與義務。約法規定人民享有那些權利？羅隆基說，在這「權利義務」的第二章中，共二十二條，屬權利的有十九條，除

---

4 努生，《國民會議的開幕詞》，《新月》第三卷第八號。

三項權利（第六條在法律上一律平等；第二十條請願權，第十一條信仰宗教之自由）外，其它十六項，則都有現行法律的限制或被取消。「左手與之，右手取之，這是戲法，這是掩眼法。」羅隆基說，「我輩要約法來保障人權，……人民權利章，又有極重要的遺漏。試問，人民可以有宗教信仰之自由，何以不可有政治信仰的自由？」約法第六條規定「中華民國國民……在法律上一律平等」。所謂「一律平等，只能從狹義上解釋為人民在司法上受同樣的待遇，受同樣的法庭審判，受同樣的法律制裁」。為什麼不能從廣義上解釋為人民在國家政治上負同樣的義務，享同樣的權利？「試問，約法三十條規定國民黨人代行中央統治權，非國民黨人為被治階級，這是法律上一律平等嗎？試問，約法八十五條規定約法解釋權由國民黨中央執行委員會行使之，全國人共守的約法，國中一部分人有解釋的權利，這是法律上一種平等嗎？」所以他說：

> 如今的立法權在什麼人手裡？解釋約法的權，又在什麼人手裡？在這種情形底下，所以說約法上的自由、不算自由；約法上的權利，不算權利。

羅隆基說，原有的制度是「以黨建國」，「黨在國上」。前此，他有過批評：「國雖然成了黨人的國，黨又非全國人的黨，……『黨國』這名詞，影響於國民的國家觀念很大。」他舉例說，不久前的中俄戰爭（中東路事件）人民都知道其嚴重性不在「二十一條」與顧正洪慘案（五卅運動）之下，「不過從前的事，是中國全國人的事，如今中俄的事，是『黨國』對俄國的事。一字之差，在心理上就千里之別了。一個人已被人看做亡國奴，看做被統治階級，被治於白人，被治於同族的黃人」。[5]羅隆基還把「黨在國上」的體制的實行視為「亡國」，並以古證今：「秦始皇打

[5] 《我們要什麼樣的政治制度》，《新月》二卷十二號。

到了天下，自己做皇帝。劉邦打到了天下，當然亦做皇帝。曹操、司馬懿打到了天下，當然亦做皇帝。這就是『家天下』的故事。國民黨革命成功，可以說『黨在國上』，其它的黨革命成功，當然亦可以說，『黨在國上』。這當然成了繼續不斷的『黨天下』。那麼，以黨建國，國在那裡？」[6]

上面的的批評，多屬於「保障人權」方面，羅隆基對約法的生計章，也有專題批評，茲從略。

一個訓政時期的約法，用西方憲法的標準來衡量，當然極不滿意。但從本來不設約法到採納反對者的意見而制定約法，已是一個突破，約法對人權固然有種種限制，但政府承認「約」與「法」，就是一大進步。

戴季陶說：

> 總理在日曾有數次演講，述及約法之事。辛亥革命後曾模仿歐洲憲法格式，頒佈約法，但此非總理所希望之約法，總理所主張之約法，即負責建國之本黨與全國國民相約，如何建設民國，建國之權應交給誰，故約法之意義，與歷史上約法三章之意義大致相同，與憲法之意義則大有差別。[7]

戴季陶所說的「歷史上約法三章」，如果是指劉邦亡秦入關的事，則有人說，其約法三章，僅僅是去秦之苛法。沒有把「建國的權，應交給誰」的內容，三章本身，就是幾條刑法，相當於黨國制定的懲治反革命法，和新近的危害民國緊急治罪法等。「如何建設民國，建國之權應交給誰」，「與民相約」等這是徵求人民的同意，即治者要被治者承認的意思（Government by concern of governed）這是走上民主道路的初步。[8]羅隆基在批評之餘也說：「好法律勝於惡法律，惡法律勝於無法律」。「法律，

6 《我們要什麼樣的政治制度》。
7 魯參，《約法與憲法》，《新月》三卷五、六期。
8 魯參，《約法與憲法》，《新月》三卷五、六期。

從一方面說，亦可以看做有機的東西，他的美滿，亦要經過演進的程序。對法律的將來，我們絕對不悲觀，我們覺得走上法治的軌道，條件是守法精神」，所以他亦要求「（1）黨國的領袖們，做守法的榜樣！（2）國民黨的黨員，做個守法的榜樣！」

羅隆基的批評十分犀利，但未免有些情緒化，缺乏胡適的「修正」態度。胡適此時已去北京，沒有發表批評文章，但是支持《新月》的言論。刊有羅隆基評約法文章的三卷八期出版後，北平的《新月書店》被『拘去店員二人，並搜去《新月》第二卷第八期（即努生評約法的一期）幾百冊。[9]天津公安局也嚴令取締。

此種民治派的努力，在「九一八」事變以後，支持國民黨一黨專政和蔣介石個人獨裁的呼聲越來越大，主張自由民主的言論，似乎有被法西斯主義的鼓吹所湮沒之勢。這樣「美意的忠告，和負責任的言論」，越來越不被允許。《新月》力量的星散，《獨立評論》就在此時應運而生。

4、為新生活運動進一解

胡適得悉蔣介石在南昌發起新生活運動，並從傳媒報導中得悉，由中央黨部決議，交中央組織宣傳民運三委員會及內政教育兩部會同擬具新生活推行辦法，則指出這樣的聲勢與排場，「很像是用政府的權力推行這個運動」的。並對蔣介石在二月十九日的講演，「感覺到一個宗教家的熱誠，有了這個熱誠又有身體力行的榜樣，我們可以想像他在南昌宣導的新生活，應該有不少的成績」。但是他看了南昌印發的《新生活須知》和經過一個月來的觀察，則有一點「過慮」。因此寫了一篇《為新生活運動進一解》，提了三點意見；第一「不可太誇張這種新生活運動的效能，《須知》裡面並沒有什麼救國靈方，也不會有什麼復興民族的奇跡。把這些文明人最低限度的常識，說它就是『報仇雪恥』的法門，那是要遺笑於世人的。」第二「新生

[9] 《胡適的日記》（手稿本）十冊，1931年7月30日，日記把刊載羅隆基評約法的三卷八期誤記為《新月》第二卷八期。在《丁文江的傳記》裡同樣因襲了日記的錯誤。

活運動應該是一個教育運動，而不是一個政治運動。生活是習慣，道德是習慣」。習慣的改革，「不是開會貼標語所能收效的……若靠一班生活習慣早已固定的官僚政客來開會提倡新生活，那只可以引起種種揣摩風氣，虛應故事的惡習慣，只可以增加虛偽而已」。第三，「不要忘記生活的基礎是經濟的、物質的。許多壞習慣都是貧窮的陋巷裡的產物。……凡此種種都是因為生活太窮，眼光只看見小錢，看不見道德。提倡新生活的人不可忘記；政府的第一責任是要叫人民能生活，第二責任是提高他們的生活力，最後一步才是教他們過新生活。」[10]是對蔣介石的諷喻。

（二）應建具中國特色的憲政

胡適所以要建立一種「建設的政治哲學」——「知難行亦不易」，目的是在努力建立一種能維繫全國人心的制度，同時造成一個社會重心。

1、南京政府的大病所在

政治體制檢討的公開辨論開始後，胡適對各種政治力量和政治人物，尤其是對國民黨和國民政府時刻留心觀察與分析。1934年1月底至舊曆新年，胡適南下南京而上海，他在日記中記下了程蒼波的看法，南京的政治：「只看見行政上小有進步，政治上危機很大，領袖人物多不懂政治，甚可焦慮。」對汪精衛，很有一部分人「甚不滿意」，但說，「孫哲生（科）近來有進步，宋子文也有進步」。胡適則認為宋子文也不懂政治，「他的毛病在於不知守法為何事」。

孫科曾在2月5日邀胡適討論政治。孫科對胡適「談國民黨近年領袖不合作的經過，直談到最近他的提案的失敗」。胡適對孫科說：「幾個老一輩的領袖不能合作，難道幾個後起的少年領袖就無法出頭撇開他們，另打

---

10 （天津）《大公報》星期論文。1934．3．25；又《獨立評論》95號．1934．4．8。

開了一個新局面嗎？你談的都是汪蔣合作……等等。何不進一步撇開他們人的問題，另想想制度的問題呢？」這時，胡適認為，根本的問題是制度問題。下面一番話就是胡適在聽了孫哲生談話後，從制度著眼所發的議論。值得一錄：

> 現在有許多缺陷都是制度不完備之過。稍加補綴，便可增進效能。如中央政治會議，名義上為最高機關，實則全仰一個人的鼻息，究竟中政會能制裁軍事委員會否？能制裁行政院否？中政會開會時，有何制度可以使會議中人人能表現其意志？此皆無有規定，又無有確實可行的手續，故一人的專制可以操縱一切機關；雖人人皆認為不當，而無法可以使抗議發生效力。
>
> 今日軍事委員會的設施簡直是絕對無限的。萬一此中有一重大過失，中政會如何制止挽救他？
>
> 行政院萬一有一件大過失，國府主席有拒絕簽字之規定否？中政會有否決權否？
>
> 例如宋子文被迫辭職事，蔣介石趕來開中政會，他主席，精衛報告，全會無一人敢發言討論，亦無人敢反對。你們一班文治派何以這樣不中用？何不造一種制度使人人得自由表示良心的主張？何不規定「無記名投票」？無記名投票即是保障弱者使他不受強者威嚇利誘之最有效辦法。
>
> 總之，今日政治制度皆是不懂政治的人所制定，止有空文，而無實施手續，所以彼此之間全無連絡，又無相互制裁的辦法。

胡適還直截了當地指出：「南京政治的大病，在於文人無氣節，無肩膀……武人之橫行，皆是文人無節氣所致。」

胡適批評的對象是國民黨的高層官員。首先指出黨內的政治大老政見相左，不按程序進行，而以磨擦、內鬥，即所謂「不合作」的方式進行，力量內耗，不能起正面效果。黨內實際上是一人說了算，中央政治會議的成員都「仰一人的鼻息」。這種一言堂的後盾是軍隊。近幾年來的政潮起伏，都是幾個大老的悲歡離合，有人說：「國民黨的領袖離合，可以蔣汪胡表其大半⋯⋯永遠以蔣為中心，汪胡左右起伏，好像有一定的規律。」[11]更有人說：「過去政潮每以軍事為轉移，以致每有政潮，即繼以內戰，誠屬政治未上軌道，難達民治之埂。」[12]

胡適尖銳地批評文治派不中用，甚至說「文人無節氣，無肩膀⋯⋯」。胡適是認為一個權力的擁有者，必須有監督與幫助，才能「制止」他少犯錯誤，才能挽救他，這是文治派的責任，而文治派沒有盡到此責。

胡適說使中國政治走上軌道的步伐有三：

文治—法治—民治

要求文人有氣節，是要文治派負起應負的責任來，使之實現名符其實的文治；文治可以是政黨政治，使黨內分化產生新黨，也可以使黨外有黨，形成多黨競爭以替代以槍桿子戰爭，由此亦結束一黨專政的格局，文治也應該制定各類現代法制，按程序運作，使政治生活、社會生活實現法治；由此還政於民，實行憲政，則順理成章了。

胡適把制度不完備的「缺陷」，歸結為「不懂政治的人所制定。」所謂「不懂政治」，應該是不懂民主政治，唯其不懂，所以「只具空文」。中國無民主政治的傳統，完全靠國外引入，且尚缺乏實踐經驗，無法驗證其實效。猶如胡適對一位軍校的政治學教官所說：「你教政治，無論怎樣負責任，都不過是書本上的政治；你講英國政治，你看見過英國政治沒有？你講美國政治，你看見過美國政治沒有？⋯⋯」都不過是紙上談兵，與我國第一部《臨時約法》一樣，多半是抄襲西方的東西，不免有「空文而無實施手續」，即使在三十年代，對西方政治仍然是嚮往而又感陌生。不過，中國執政的人，雖不懂得現代政治，卻懂得中國傳統政治。幾個政

11 《短評》，《大公報》1930．12．26。
12 《甘乃光先生談話》，《中央日報》，1930．12．28。

治大老的不合作黨爭方式，就是傳統政治的反映，連喝洋墨水成長的宋子文，也竟不懂「守法」為何物，可見傳統政治的深入人心。不懂政治的人當政，更是中國社會的辨證法。

國難會議的失敗，就在於統治者畏懼人民參政，所以在國難會議的會員中，「一批一批的增加國民黨員，惟恐黨外會員太多了要和政府為難。」[13]一些誠意與政府共赴國難的人士感到失望而退出了。政府不能收容國中的英才，以致南京政府人才缺乏，無後備力量。他說：

> 我在南京的觀察，可用四個字來包括：「野無遺賢」！今日稍有才能的人，誰不有事做？往往還是用過其長。國家的致命傷，也就在此四字。人才實不夠用。（《日記》1934·2·9）

胡適此後的言論，大體構基於這次實際的觀察。

2、走中國特殊風範的憲政之路——無黨政治

由於蔣介石始終把主要精力放在對內的剿共上，對外只是尋求妥協，以爭取時間。華北事變以來，外界更感到中樞的決策是「補苴應付，如堵罅隙，緊急搪塞，但求苟免。」關心政治的人，都認為政府的散漫無力，其根本原因在政治不良。時值宣佈即將召開六中全會，為五大的召開作準備。因此把改革政制問題，希望列為四屆六中全會暨第五次全國代表大會的主要議題。《獨立評論》帶頭製造輿論，在第162號上發表陳之邁《政制改革之必要》，錢端升《對於六中全會的期望》，引發了全國輿論界的回應。胡適也發表《政制改革的大路》（《獨立評論》163號），北平《晨報》發表《舉國人心與政制改革》（8月17日），《獨立評論》還發表了君衡《當前的三個問題》和碩人《政制問題的討論》（164

[13] 胡適，《國民參政會應該為何組織》，《獨立評論》第34號。

號），《大公報》發表《汪院長打消辭意》的社評等（8月23日）。頗具一些氣勢。

陳之邁不是國民黨黨員，但他不主張開放政權，還嫌目前的國民黨獨裁不力。君衡亦認為「開放黨禁，不特無需，亦且有害」，而提倡黨政分界。錢端升是國民黨黨員，亦主張在黨治下謀求改革。陳錢二人對中政會議要改革這點是相同的，但端升不期望國民黨內的派別發展成小政黨，而陳之邁沒有提出要一個強有力的領袖。胡適針對陳錢二人的意見撰《政制改革的大路》，指出「把這兩種不同的前提綜合起來想想，再看中樞政制應該如何改革。」他希望陳錢二人考慮，也希望別的政治學者想想。

胡適在文章中明確提出「拋棄黨治，公開政權」的主張，他同意錢端升所說「中央現行政制，既不合政治學原理，又不適目前的國情，無怪其既無力量又無效能」。所以有改革政制的必要，但胡適不同意陳錢二人在不開放政權的前提下改革，認為他倆所說的理由不充分。錢端升的理由是「在此國難嚴重之中，維持黨政的系統為最方便的改良內政之道」，陳之邁則說這時開放政權，組織另外政黨相競爭，「在民主政治未曾確立以前，沒有主權者來裁制哪個政黨應當執政，哪個政黨應當下臺。現在去玩民選把戲，是不會比民初或民二十（1931）高明多少」。

胡適指出，今日政制所以有改革的必要，都與政權不開放的黨治有關。在《憲法草案》裡已規定主權者即為國民大會，它是主持政權更替的合法機關。「今日黨治的腐敗，大半多由於沒有合法的政敵的監督。樹立一個或多個競爭的政黨正是改良國民黨自身的最好方法。」

胡適主張開放政權，《獨立評論》在創辦之初，即主張促使取消黨內無派讓國民黨外能有政黨發生。胡適此時則主張由政權開放到無黨政治，他說：「『黨內無派』的口號久已拋棄了，當日創此下半句口號的人（按：指胡漢民）也早已建立新派系了。還有那上半句『黨外無黨』也沒有存在的理由。既許黨內有派，何以不許黨外有黨？」胡適聲明他本人不贊成政黨政治，「為公道計，為收拾全國人心計，國民黨應該公開政權，容許全國民自由組織政治團體。」胡適所主張的由黨內分化成為政黨，也不是如陳之邁說由中執委會來抉擇，而是「在憲政之下，接受人民的命令，執掌政權」。胡適說要國民黨拋棄黨治，公開政權，並不要求國民黨立即下臺，而是要求它建立在憲法基礎上。胡適說「這四年的歷史的教訓是：統一全國容易，團結黨內很難。全國人心易收拾，當淞滬血戰時，全國的人真是『萬眾一心』』。而今日收拾全國人心的方法，除了一致禦侮之外，莫如廢除黨治，公開政權，實行憲政。在憲政之下，黨內如有不合作的領袖，他們盡可以自由分化，另組政黨。如此，則黨內派別的紛歧，首領的不合作，都不了而自了了。」胡適說「這是政制改革的大路」。

對中政會議的改革，胡適的看法亦不同。他說，「九一八」事變之後，上海南京大談全國團結，當時就有人建議，把中政會議放大，請黨外名人加入十八人。吳稚暉則說，中政會議是「中國國民黨中央政治會議」，加入的黨外委員必須有中委兩個介紹，加入黨籍。「可是那就又不成其為『開放政權』的表示了。於是一場議論終於沒有辦法而散。」現在再提改革中政會議，正是四年前的老話。胡適說「中政會議是無法改革的，因為它是代表黨來監督政府的……所以改革中政會議，不如實行憲政，讓人民的代表機關來監督政府，這是改革政制的大路。」

《晨報》的社評十分同情胡適的意見。陳之邁在《再論政制改革》中說，胡適與北平《晨報》記者的憲政論，「是最『烏托邦』不過的」了。主張維持黨治為前提進行改革，只是從現實的可行性出發，並非反對中國實現民主化。一位清華大學學政治學的學生碩人就敏銳地指出：「在黨治的局面下去培植或設置多種帶有民治色彩的制度，這非但是理論上的矛盾，事實也無異是想在黨治之外求出路——積極把問題擴大，消極地使改革無從下手。陳之邁先生的《政制改革的必要》一文，便具有這種矛盾的嫌疑。」[14]

---

[14] 碩人，《政制問題的討論》，《獨立評論》164號。

羅隆基再次握筆為胡適助陣。他說中國國民黨今日的黨治是極不聰明的辦法，它把黨與人民分成兩個階級，政府與人民也脫離了關係，政府是黨產生的，「黨即政府，政府即黨」。俄、意、德國家的黨治，政府尚是選舉產生的。羅隆基進一步分析現在政府機關的組織，是蘇俄政制與孫中山原有的五權分立體制的拼湊。中央政府的五院，是孫中山脫胎於西方三權分立說；五院之上的委員會，是代表人民執行政權的黨，諸如中全會，中政會議等。所謂黨在國之上，是接受蘇俄的黨治政制。兩者是矛盾的，但現在結合在一體，所以常呈散漫而無力。他追溯西方近代政體發展的歷史：

> 從一七八九年美國公佈憲法，直到一九一七年俄國共產黨起首革命，這一百多年是三權分立說做政治中心思想的時期。亦可以說是議會政治最興盛的時期。議會政治的優點是防止個人專制。他的劣點卻是立法牽制行政，使行政缺乏效率。共產主義者看到了這一點，共產主義者要提高行政效率，以達到經濟改革的目的，所以要推翻議會政治，打倒三權分立說。右派的法西斯蒂也是這樣，他們也要推翻議會政治，他們亦要根本打倒三權分立說。左派的共產主義與右派的法西斯主義，都是三權分立的革命者，他們的政治方式是立法行政合一。[15]

羅隆基還揭示了現行政制效率所以低下的根本原因，是因政體內存在著兩種互相對立而又彼此排斥的矛盾因素。他認為要改革這政治機器，「結束訓政，廢除黨治為先決條件」。對於訓政結束以後，中國政制應該走什麼道路，是取消五院保存一切委員會，還是取消黨治發揚五權分立的精神，「畢竟還是第二步的問題」。

---

[15] 羅隆基《訓政應該結束了》，《獨立評論》171號。

胡適則在《大公報》上發表《一黨到無黨的政治》，正是回答了這個問題。「無黨政治」實是他早先通過宋子文等人條陳蔣介石的「修正」意見，現在不過把它公開發表罷了。他在七八年來對黨治的觀察，說：「今日的黨治制度決不是孫中山先生的本意，也不是首創國民黨的領袖諸公的本意。國民黨原來不認為一黨專政是永久的。黨治的目標是訓政，是訓練民眾作憲政的準備。」可是現行的黨治，沒有訓練民眾作憲政的準備，卻為「絕少數的人把持政治的權利，是永不會使民眾得著現代政治的訓練的」。他認為學遊泳的人必須下水，學彈琴的人必先操琴，憲政則是現代政治的最好訓練。並指出孫中山的五權憲法，「可以防止政黨政治的流弊」。因此他主張發揚五權憲法中的「無黨政治」精神，是中國政治走向憲政的必由之路。他說：

> 五權之中，司法當然應該是無黨的（在文明國家早已如此，法官與軍人都是無黨的），考試權也應該是無黨的，考試的意思是為事擇人，只求得人，不應問人的政治派別（在這一點上英國的文官考試制度最可取法）；監察權也當然是無黨的，監察制度起於「鐵面無私」的監察御史，內不避親，外不避仇，何況黨派？剩下的只是行政和立法兩權了。立法一權在國外屬於議會，而在孫中山先生的政治想思裡，議會的質問彈劾權已劃到監察權去了，分贓式的任官承認權也被考試制度代替了，所以立法權只成了一種制定法律和修改法律的專門技術事業，這當然也可以無黨的人。所剩的只有行政一部，然而一切事務官如果全用考試制度，那麼，行政權的絕大部分也可以不受黨派政爭的支配了。……從一黨的政治，走上無黨的政治，使政治制度在中國建立一個為世界取法的特殊風範，這似乎是中山先生的本意。[16]

[16] 胡適，《從一黨到無黨的政治》，《大公報・星期論文》1935・9・29；1931年7月31日，胡適與美國Alfre M. Bingham談話就提出了這無黨政治的想法，並鄭重強調「此言不

3、中國極需恢復社會重心

在「九一八」事變一周年之後，胡適作《慘痛的回憶與反省》。在反省中找出了諸種中國所以落後的大病源，如「三大害」、「五鬼」等，同時指出了一個「使一切療治無從下手」的困難：社會沒有重心，「就像一個身體沒有一個神經中樞，醫頭醫腳好像都搔不著真正的痛癢」。他說日本的維新「在六十年中收絕大的功效，其中關鍵就在日本的社會組織始終沒有失掉它的重心」。其重心先在幕府，繼散在各強藩，後歸天皇。以致能剷除割據，憲政成立。中國帝制時代的重心在帝室，太平天國起義，帝室也失去重心資格。雖然發生過許多次自救運動，欲「尋求一個社會重心而終不可得」。如「中興」將曾國藩、李鴻章，戊戌的維新領袖以及辛亥革命等幾乎形成，但終未形成。1924年國共合作後的國民黨又「成為一個簇新的社會重心」，不幸孫中山死了，這個重心即缺乏「活的領袖，缺乏遠大的政治眼光與計畫，能唱高調而不能做實事，能破壞而不能建設，能箝制人民而不能收拾人心，這四五年來，又漸漸失去做社會重心的資格了」。比較中、日兩國的近代社會，日本在近六七十年來，不僅解決了民族自救，還一躍為世界三五個強國之一，因為它「一點一滴的努力都積聚在一個有重心的政治組織之上」。而我們中國始終沒有重心，同時中國的「無論什麼工作，做到了一點成績，政局完全變了，機關改組了或取消了，領袖換了人了，一切都被推翻，都得從頭做起，沒有一項事業有長期計畫的可能，……沒有一種制度有依據過去經驗積漸改善的幸運。……我們的第一次國會比日本不過遲二十一年，但是是曇花一現之後，我們的聰明人就宣告議會政治是不值得再試了。……」他說：「如果這個解釋是不錯的，就應該早日建立這個重心。」他分析中國與英國、德國和日本不同，自傳統的重心失效後，沒有一個天然候補的社會重心，只能用人工創造一個出來，於是胡適提出下列條件：

是戲言。」（《胡適的日記》（手稿本）1931・7・31）這實是胡適1929年7月2日對宋子文系列改革建議的補充。

第一，必不是任何個人，而是一個大的團結；第二，必不是一個階級，而是擁有各種社會階級的同情的團體；第三，必須能吸收容納國中的優秀人才；第四，必須有一個能號召全國多數人民的感情和意志的大目標：他們的目標必須是全國的福利；第五，必須有事功上的成績使人民信任；第六，必須有制度化的組織使他可以有持續性。

胡適是以一種「自覺心」討論這個問題，把這候補新重心設定為非個人的，多黨的（或曰無黨的），民主的、彙集全國英才的群體——國會。這實是一種應付國難的辦法，借鑒1870年普法戰爭時期的法國，國防政府抗敵失敗了，忍痛簽約，割地（兩省）賠款（五萬萬法朗），法國經受了這重大刺激後，在政府方面，原來絕對不合作的政黨，如保皇黨、帝制黨、共和黨、左派急進黨等，統統聯合在國民會議下。萬眾一心的愛國行動，是政府民眾合作，共赴國難的榜樣。[17]

這個大團結的團體是在朝的，前面所說的「建國大同盟」則是在野的。胡適所設計營造的社會重心，走的仍是憲政之途，以期在這關健時刻朝野合作。此途似乎迂緩，但他說：「迂緩的路，也許倒是最快捷的路。」但這樣一個大團結的團體，亦必須有一個合適的領袖，這也正是胡適此時所精心營造和物色的。這個問題，在此後的一段時間裡，仍在繼續討論著。應該指出，他們與CC、力行社等擁戴法西斯式的領袖完全是不同視角，方向正是相反的。

1935年11-12月間，國民黨連續舉行了四屆六中全會，第五次全國代表大會，五屆一中全會，決議於1936年制定並公佈憲法，結束訓政，實行憲法。全國上下歡欣鼓舞。錢瑞生在《對於六中全會的期望》一文中提出要擁戴一個最高領袖。他認為這個人蔣介石最適宜。當時的政治體制是黨

[17] 參閱費彝民，《看人家怎樣應付國難》（通信），《獨立評論》18號。

治，黨在國之上，按理說，黨是代表人民行使主權者，黨的最高領袖，理應就是全國人民的領袖，邏輯是通順的。但胡適不以為然，他說：

> 蔣先生是不是一個黨的最高領袖，那不過一黨的私事，與我們何干？何必要我們「非黨員」……來擁護他，承認他，……我們此時需要一個偉大的領袖來領導解救國難，但這個領袖必須是一國的領袖，而不是一黨一派的領袖。

胡適從憲政的立場出發，認為這個人可以也是一黨的領袖，「但他的眼光必須遠超出黨的利益之外，必須看到整個國家的利益」。否則就沒有資格。在這個問題上，他也就否認了「黨在國上」的原則。關於具體人選，胡適同樣認同蔣介石。

但是這個最高領袖，又要叫他不獨裁，即是要求這個領袖置於議會政治的基礎上，在憲法範圍內行使其職權，蔣介石則不容易做到。胡適指出，蔣介石不能明白規定自己的許可權，愛干涉他職權以外的事，是他最大的缺點。胡適要求蔣介石認清自己的「官守」，明定他的許可權。「同時，他的領袖地位使他當然與聞國家的大政方針，他在這方面應該自處於備政府諮詢的地位，而不當取直接干預的方式。」[18]於此同時，胡適曾通過友人書諫蔣介石。[19]

胡適的根本目的是希望蔣介石「用他的聲望與地位」，毅然進一步主張憲政，擁護憲法草案，促使憲政實行，不僅僅是不為獨裁者，還要他能作繭自縛。他說：「只有一個守法的領袖是真正不獨裁而可以得全國擁戴的最高領袖。」[20]

---

[18] 以上引文均見胡適《政制改革的大路》，《獨立評論》163號，1935年8月11日。

[19] 《胡適的日記》（手稿本）1935年7月26日。這是一封致羅隆基的信，日記手稿本置附於1935年6月30日。

[20] 《政制改革的大路》。

胡適對蔣介石原先只承認他是一個革命者，能否算是一個政治家，還打了問號。現在承認是一個事實上的領袖，但還不是以憲政為基礎的領袖。胡適在抗戰全面爆發的前夕，仍殷殷「期望蔣介石先生努力做一個『憲政的中國』的領袖。近年因軍事的需要和外患的嚴重，……應該使他明白他從前那樣『一日萬幾』（幾是極微細的東西）的幹法於個人是浪費精力，於國家是不合治體。」因此在1937年的《新年的幾個期望》中，慶倖「多年夢寐裡害怕的『一九三六』，居然度過去了」。在這送舊迎新之際，他提出的三點期望中，除了期望收復華北失地之外，另外兩點即是「今年必須做到憲政的實行」，和期望蔣介石做領袖。因此語重心長地指出：

> 憲政的實行不僅是頒佈憲法，依照條文改換政府機關的名稱而已。憲政就是法治，而「徒法不能以自行」。憲政的成功需要法治習慣的養成，而法治習慣的養成又必須有領袖人物以身作則，隨時隨地把自己放在憲法之下，而不放在憲法之外。……我們希望蔣介石先生能明白他的地位重要，希望他無論在憲政之前或憲政之下都能用他的地位來做一個實行法治的國家領袖。[21]

[21] 胡適，《新年的幾個期望》，《大公報》1937‧1‧3。

後篇2

抗日戰爭

一、臥薪嚐膽　低調抵抗

（一）蔣介石臥薪嚐膽

1931年7月23日，蔣介石在南昌發出《告全國同胞書》，提出：「惟攘外應先安內，去腐乃能防蠹」。其「攘外」是指在1928年第二次北伐途中所發生的「濟南慘案」，和1929年的中東路事件。「九一八」事變發生後，「攘外」則專指日本軍國主義的侵略。1931年11月30日蔣介石仍然強調：「攘外必先安內，統一方能禦侮。」經1932年的淞滬抗戰，「安內攘外」即成了國民黨及其政府的基本國策。不過，在1937年「七七」事變之前，重點在「安內」。安內的對象，1931年9月以前有「赤匪」和「粵逆」（胡漢民），「九一八」事變後，主要是剿共，但也包含了對黨內的防範與調整。「閩變」是防範，「兩廣事件」是調整；與共產黨的關係先是勢不兩立，繼而在外力促進下，勉強轉為並肩對外。

「九一八」事變發生之時，蔣介石從南京赴江西「剿共」，得訊後，在9月19日的日記中說：「……是其欲乘此粵逆叛變，內部分裂之機會，據有我之東三省矣！……我所持者，惟此一片血誠。明知危亡在即，亦惟有鞠躬盡瘁，死而後已。」第二天又云：「苟為吾祖吾宗之子孫，則不收回東北，永無人格矣！小子勉之！」也曾寄希望於外交的努力。國際聯盟於9月22日決議，聽候聯盟派員調查。但日本不把國聯放在眼裡，拒絕調查，聲稱「滿洲事件」不容國聯及第三國置喙，國聯態度軟化。蔣曾設想遷都西北，集中主力於隴海路，9月25日，決心「與其不戰而亡，不如戰而亡」。立下遺囑：

持此復仇之志，奮吾吞虜之氣。兄弟鬩牆，外禦其侮。願我同胞團結一致，在我中國國民黨領導指揮之下，堅忍刻苦，生聚教訓，嚴守秩序，服從紀律，期於十年之內，湔雪今日無上之恥辱，完成國民革命之大業。[1]

但他在10月7日日記又說：「徒憑一時之奮興，不惟於國無益，而且徒速其亡，故無可恃也。而所恃者，惟在我一已之良心與人格，以及革命之精神與主義而已。」並說：「成敗利鈍，自不能顧，惟有犧牲一己，……明知戰無幸勝。」面對現代化的強敵，當然不能憑一時的「奮興」，由此轉為忍辱抵抗，臥薪嚐膽。10月，日本政府為欺騙國際輿論，擬訂《中日和平基本大綱》，在聲稱「尊重中國領土之完整」的言詞下，要求「尊重在滿洲之日本既成條約」。蔣這次是通過外交途徑，國聯終於提出決議，限日軍在11月16日以前完全撤兵。蔣說：「倭寇雖未承認，但公理與正義已表顯於世界。」（10月25日日記）此時蔣基本上立足於「事在自強，而不在人助」（1931年10月14日日記）希望「留民族人格與革命精神於歷史，以期引起太平洋之戰爭，而謀國家之復興」，（1931年11月24日）「決一死戰」，[2]號召全軍將士「為國家爭人格，為民族求生存……」。[3]事實上採取的是一面抵抗，一面交涉的方針。

1931年11月22日，日本向錦州進攻。國民政府提出如果保證日軍不再進攻，中國軍隊可撤至山海關。並向國聯提議把錦州劃為中立區。胡適則建議當局與日本直接交涉。

1932年1月28日，日本又接踵在上海製造「一二八」事變。蔣介石提出「不絕交，不宣戰、不講和、不訂約」的「四不」方針。所謂「不絕交、不宣戰」，是針對交涉而言，即在不講和不訂約的前提下盡可能與日

---

1 均見《蔣介石日記類抄・黨政》，1931年9月28日，11月17日。

2 蔣介石日記，轉引自《總統蔣公大事長編初稿》卷2，第168頁。

3 《蔣委員中正告全國將士書》，1932年1月30日，《中央週報》第191期。

本交涉，達成協議。「不講和，不訂約」，即是針對抵抗而言，在不絕交不宣戰的範圍內進行有限度的局部抵抗。這是蔣介石在國內輿論壓力下，訴諸國聯又無成效的情勢下，對不抵抗方針所作的稍微修正。蔣此時與胡漢民分離，與汪精衛合作。汪精衛完全同意蔣介石「四不」方針。汪精衛說：「日侵東北，吾人認為強盜黑夜打劫，當一面在室抵抗，一面呼援於維持治安之警察，即請國聯公斷。」汪精衛出任行政院院長之後，對此外交方針，又作了進一步的闡述：「一面抵抗，一面交涉，同時並行。」「軍事上要抵抗，外交上要交涉」。[4]並把蔣介石的「四不」方針化為政府今後的措施，應嚴格規定最低限度的標準，所謂「最低限度」即是忍受，也即是交涉；忍受不了，則拒絕。拒絕，即是抵抗。[5]汪精衛把「抵抗」當作一種策略，不等於作戰。所謂「抵抗」，並非要把日本侵略者趕出國境，而是為了交涉。交涉是為了不發生外戰。

上海十九路軍在淞滬抗戰中英勇抗擊，第一週即給日寇以重創。2月20日，日軍增兵發起第三次總攻，十九路軍在全國人民的支持下，堅持苦戰兩月有餘，蔣介石在公開場合表示決心，並大張旗鼓進行支援。

在淞滬抗戰之時，政府從1月20日至2月13日，在英國美國公使、領事的斡旋下，先後三次派代表與日方接觸。13日蔣介石電十九路軍，主張再保持十幾日的勝利而趁此收兵，避免決戰。但日方竟增兵發動更大的攻勢，國民黨也只得調江西、河南等地的軍隊赴滬參加戰鬥。3月3日國聯開會，提議中日雙方停戰。日本竟在這同一天，突然宣稱保護上海的日僑的目的已達，決定在現在戰地停止戰鬥。究其所以然，原來日本發動「一二八」事件是聲東擊西，掩護其在東北成立的偽滿洲國。

日本發動「九一八」事變後，軍方本想赤裸裸地把我東北三省從中國的版圖上分離出去，成為「日本一切政策中心」。但日本國內有人提出

---

4 汪精衛，《政府對日方針》1932年2月15日，《革命文獻》第36輯，第1572頁。

5 轉引曹鳴，《汪精衛先生傳》，上海《政治月刊》社，1944年，第229頁。

「必須在這個方案上包上一層糖衣」。[6]因此，1932年3月1日，宣佈成立「滿洲國」。日本在上海發動戰爭，旨在轉移世人的視線，今目的已遂，即乘機接受國聯的調停，同意與國民政府談判。5月5日簽訂《淞滬停戰協定》，上海劃為非軍事區，中國軍隊不得在上海及其周圍駐兵，日軍在上海的一些地區則仍有駐兵權。全國輿論沸然，汪精衛在多方壓力下提出辭職，10月21日以養病為名去了德國，蔣介石給假三月。國聯則派以李頓為首的調查團來中國實際調查。（報告內容詳後）

1932年12月，蔣預計日軍即將侵略熱河，致電張學良按預定計劃火速佈置，聲稱「今日之事，惟有決戰，可以挽回民心，雖敗猶可圖存」。[7]1933年1月，日軍攻克山海關，蔣估計下一個目標是平津，則積極備戰。3月6日，蔣秘密離開「剿共」的中心南昌，9日抵達保定。13日胡適從北京來問策，蔣表示中國方面須有三個月的準備才能作戰，而且還只能「在幾處地方用精兵死守，不許一個人生存而退卻」，「叫全世界人知道我們不是怕死的」。[8]話語之間自認中國的戰爭實力不如日本。3月25日，因江西「剿共」失利，蔣則匆匆南返。華北戰場自3月始，一直持續到5月下旬，中國方面共投入軍隊30餘萬，依然節節後退，使日軍攻過長城，直下北平附近。

南京政府為了與日本交涉方便，在北方成立政務委員會，直轄於南京行政院，設行署於北平，黃郛為該會委員長，與何應欽領導的北平軍分會共掌華北全域。汪精衛密電黃郛：「除簽字於承認偽國，割讓東四省之條約外，其他條件皆可答應。」[9]5月31日，在蔣汪同意下，中日雙方簽訂《塘沽協定》，規定中國軍隊撤至指定地區，由日軍確認後，日軍再自動歸還於長城之線。實是默認日軍對長城以北的中國領土的佔領。華北的大

---

6 山浦貫一，《森恪》，1940年，第636-637頁。
7 《蔣委員長致張學良主任電》，《中華國民重要史料初編——對日抗戰時期》緒編（一），第563頁。
8 《胡適的日記》（手稿本）1933年3月13日。
9 轉引謝國興，《親日衛國——黃郛》，臺灣久大文化有限公司，1989．10，第156頁。

門由此敞開。《國聞週報》發表《停戰與華北前途》一文譴責南京政府，尤其是蔣汪二人，實是出賣中國領土主權，出賣流血犧牲的愛國官兵，出賣愛國民眾的「千古罪人」。蔣此時所以決定對「寇患」「取守勢」；是為了對「匪禍」「準備速剿」，由於他見到日軍的武器精良，技術高明，如與硬拼，估量日軍在三天內可以佔領中國沿江沿海要害地區，切斷軍事、交通、金融等命脈。[10]他相信「假以時日，國際環境當有轉機」。[11]由此蔣反對孤注一擲的作戰方法，強調持久戰，「以時間為基礎，與敵相持，在久而不在一時」。[12]1934年蔣介石制訂了一份《救國方略》，以圖表的形式表達，分「安內」與「攘外」兩部分。其「攘外」部分是：

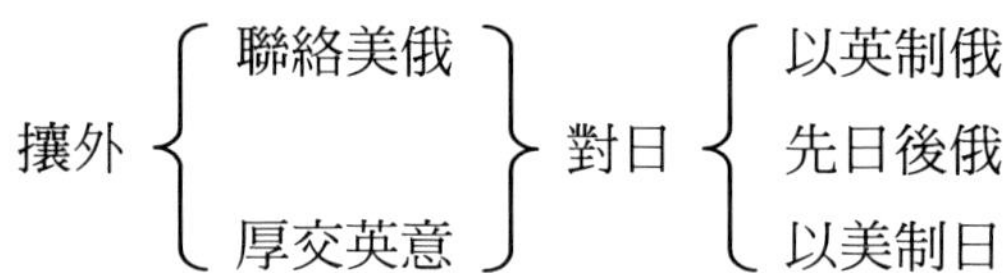

承襲了「以夷制夷」的傳統，也就是「以空間換時間」戰略的雛型。

1935年6月，南京國民政府頒佈《申儆國民對於友邦務敦睦誼會》（「敦睦邦交會」），聲明對外在確守「國際信義」共同維護國際的和平。對於友邦（日本），務敦睦誼，不得有排斥及挑撥惡感之言論行為，尤其不得組織任何以抗日為宗旨的團體，「以妨礙國交」，「如有違背，定予嚴懲」。此後，國內報紙，亦不准出現「抗日」字樣，只能以「抗X」來表示。接著又與日本簽訂《秦土協定》和《何梅協定》，實際上是把包括北平、天津在內的河北、察哈爾兩省大部分主權都拱手給了日本，這就是蔣介石由「一時之興奮」轉為「一時的理智」。在盧構橋事變之前，蔣介石對日外交是「妥協外交」，是一種暫時的「雌伏」，目的為了

10 《電覆陳濟宗總司令》，《總統蔣公大事長編初稿》卷2，第312頁。

11 《東北問題與對日方針》，《中華國民重要史料初編——對日抗戰時期》緒編（二），第317頁。

12 蔣介石日記，轉引自《總統蔣公大事長編初稿》卷2，第340頁。

他日「雄起」，用他自己的話來說：「我們現在要忍受暫時的退屈，來謀將來的最大進展。」[13]與獻媚外敵，屈膝投降有所不同。

（二）胡適低調抵抗

「九一八」事變發生後，胡適專心致志辦《獨立評論》，以求「能夠公開的為國家想想，替人民說話」。[14]不入政府任公職，也不參加政府所控制的機構（如，聲明不參加華北政務委員會），又辭謝汪精衛一再邀請他出任教育部長、駐德公使等職。1938年接受駐美大使的任命，是出於非常時期的使命感。

在此抗戰時期，胡適所思考的問題或發表的言論，多半有書卷氣，但卻是理智的、客觀的。許多主張的提出，與發展的事實基本相符，與當政者的實踐常可互補。一個知識份子，在國難當頭之際，如此全身心關注國事，古今罕見。

1、低調與抵抗

胡適在抗戰前期是用不爭哲學盱衡世界大勢和中日關係。這思想在他留學美國時就形成了的，迄中日戰爭於1937年爆發，這思想依然如故。不過所謂不爭哲學，乃無不爭也。胡適主張抗戰，但認同「低調」。

（1）主張交涉、求得十年的和平

「九一八」事變之後，胡適為政府謀劃抗日國策，是以下列二個假定為前提的：「1、在眼前日本的獨霸東亞是無法能制裁的；2、在不很遠的將來也許有一個太平洋大戰，我們也許可以翻身。」他的這個對國際形勢的大膽假設，為以後的形勢發展所證實。在1935年以前，胡適主張與日

13 《政府與人民共同救國之道》，《總統蔣公大事長編初稿》卷3，第272頁。
14 《胡適致李石曾》，《胡適來往書信選》（中），第95頁。

本公開的直接交涉，「解決一切懸案」，「目的在於謀求一個喘氣的時間」。[15]

當初國民政府除迷信國聯的權威性外，還存在一種虛驕情緒，以為「堅持一、二年，不怕小鬼不來請我們交涉」。[16]國聯曾兩次決議促使日本撤兵，但日本方面為欺騙國際輿論，卻在1931年10月26日向國聯提出中日直接交涉基本大綱五條。但南京政府鑒於民眾反日情緒之高漲，則對「交涉」持反對態度。並認為「若在日軍未撤之先，與之直接交涉，恐將成為城下盟之變相」。[17]胡適則認為這正是解決問題的良機。1931年11月25日曾致函宋子文「建議當局應該接受日本向國聯提出的五條，開始交涉」。[18]因南京政府怕低調外交，將使青年群眾接受共產黨的指導，遂不果行。[19]淞滬停戰協定的簽訂，胡適說，這個協定本為「城下之盟」，但它是直接談判的結果，「確定了日本撤兵的原則」，收回了被占的各地，又是「失敗之中的成功」。進行直接談判，也能「稍稍引起政府的責任心」。[20]

胡適主張直接交涉，即不通過第三者的中間繞彎，「所得之條件必較任何國際處理所得之條件為更優」。[21]在主張直接交涉的同時，他建議政府「不能不早早地打算一個挽救目前僵局的計畫」，[22]不能任其自流，坐失良機。何應欽事後即有所檢討。他說：「九一八事變既起，彼時中國輿情即異常興奮，但也有一部分人燭及機先，主張相機及早解決。例如胡適先生等即有不惜依據日本所提出五項原則，毅然直接交涉的主張。當局終於遲迴卻顧，堅持不撤兵不交涉這原則，致使日本緩和派不能抬頭，軍人

15 與羅努生書，《年譜》（四），第1398頁。
16 《羅文幹致胡適》，《胡適來往書信選》（中），第155頁。
17 《國民黨中央秘書處覆汪精衛等電》，《中央日報》，民國二十年二月十一日（1931．12．11）。
18 丁文江，《再論民治與獨裁》，《獨立評論》，第137號。
19 梁敬錞，《九一八事變史述》，臺北世界書局，1968年版，第113頁。
20 《上海戰爭的結束》，《獨立評論》1號，1932年5月8日。
21 《胡適致羅文幹（稿），1932年9月15日》，《胡適來往書信選》（中），第134頁。
22 《胡適致羅文幹（稿），1932年9月15日》。

氣勢日深。問題越陷越僵化」。[23]

胡適這第一方案「原則為求得十年和平，方法為有代價的讓步」。所謂「有代價的讓步，即是通過討價還價，爭取收回一些既失的權利與土地。例如，對滿洲偽國的承認，是讓步，爭取的代價有三：熱河歸還，長城歸我防守；華北停戰協定完全取消；日本自動放棄親日和約。及附帶文中種種條件，如平、津、沽、榆一帶的駐兵及鐵路路線上我國駐兵之限制等等。」[24]

1935年日軍製造「河北事件」，迫使中國政府接受《何梅協定》。胡適認識到日本外相廣田所推行的「日、滿、支提攜」的方針，是個幌子。他說「提攜」只配用在平等國家的相互關係上，[25]平等是實力的平等。由此他認識到以前他希望華北停戰來阻止日本魔爪南進是完全錯了。於是胡適提出第二方案：「如何可以促進那個『不很遠的將來』的國際大戰，如何可以『促其實現』？」他認為坐待歐美國家來發動是不可能的，促其實現這國際大戰的是中日雙方，誰先發難。胡適說日本早已發難了，由於我國不抵抗，所以未變成國際大戰，「非有中國下絕大犧牲的決心不可」。「我們必須咬定牙根，認定在三四年中我們不能期望他國加入戰爭，我們只能期望我們打的稀爛而敵人也打的疲於奔命的時候才可以有國際的參加與援助。這是破釜沉舟的故智。」[26]

他這第二方案，是從第一方案的反面想的，是「另訂苦戰四年的計畫」。「第二方案只是第一方案的後盾。如蘇俄在這三四年中，天天用外交作掩護，實行其備戰的工作。此最可借鑒的政治手腕，我們不可不深思」。[27]

胡適設計這些方案，通過王世杰等人轉達最高軍事當局為參考。由於王世杰等人只贊成胡適的第二方案，對第一方案雖贊成「公開交涉」，卻

---

[23] 何應欽，《八年抗戰與臺灣光復》，臺灣彩色製版印刷中心出版，1970年，第104頁。
[24] 《與羅努生書》，《年譜》，第1398頁。
[25] 《沉默的忍受》，《獨立評論》155號，1935年6月1日。
[26] 《與雪艇書》，《胡適的日記》（手稿本）1935年6月27日。
[27] 《與羅努生書》，《胡適的日記》（手稿本）1935年6月26日。

是把「解決一切懸案」的一句話抹去了，等於把所以交涉的宗旨丟掉了，尤其不願談及偽國的承認問題。所以沒有把原電及原函轉呈蔣介石，其實他們沒有理解胡適的第二方案不是孤立的，它不過是第一方案的補充，也因他們不願胡適為主張妥協者張目。胡適說「其實我的方案亦不是妥協論，『有代價的公開交涉，與妥協論者根本上大異也」。[28]

胡適還認為，在這爭取十年和平的同時，最高當局無論對「和、戰、守」都應有決心，隨時準備不測。「不甘屈辱，必須有不屈辱的決心與籌畫」。但是蔣介石「還沒有不顧一切，破釜沉舟的決心。我在二十二年（1933年）熱河失守在保定見他，他就說『我們現在不能打』，三年過去了，我看他似乎沒有對日作苦戰的計畫。他的全副精神用在剿匪上」。胡適認為若要作戰，就「必須放棄『準備好了再打』的根本錯誤心理」。「因為敵人不是傻子，他們必不許我們『準備好了打他們』。老實說，無論從海陸空的任何方面著想，我們決無準備到可以打勝仗的日子」。[29]

（2）感謝李頓調查團

國聯於1932年元月14日，決定成立調查團赴我東三省調查，由英、美、法、德、意五國組成。英國爵士李頓（前香港代理總督）為團長。經東京、上海、北京，4月21日到達瀋陽，至6月4日，調查近兩月。李頓的調查報告書9月4日在北京完成，報告書的前半部分斷定是日本「違背公理」侵略東北。後半部分則認為東北有其「特殊情況」，「即使恢復『九一八』以前的原狀，不過徒使糾紛重現，無濟無事」。又說「維持及承認現時組織（偽滿）也非適當」。（第九章）則迫使中國作重大讓步，在東北成立「自治政府」。這「自治政府」的成立，彷彿是對日本製造的「滿洲國」現狀加以追認和固定化。

28 《與羅努生書》，《胡適的日記》（手稿本）1935年6月26日。
29 《與雪艇書（三）》，《年譜》（四），第1388頁。

外交部於10月3日公佈了國聯調查團關於中日問題報告書的摘要（凡十章）。胡適對此本不寄於希望，但讀了其譯文，又用英文原文對勘，於次日即發表《一個代表世界公論的報告》，表示佩服並感謝代表團的「審慎的考查」，「公平的判斷和他們為國際謀和平的熱心」。還指出（「九一八」事件和成立「滿洲國」）這二點，「最足以喚起世界的注意，最足以掃除一切淆亂是非的謬論，而樹立中日關係史上兩大事件的鐵案」。不過，他又說「那真正根本的問題還是：日本的侵略主義者能不能接受國際調處的原則？……整個文明世界的道德制裁力，已到了千鈞一髮的試驗時期了」。對報告書的自身價值和國際組織所起的影響和作用，胡適歸納有下列三點：

首先，調查團裡有顯然袒護日本的人，居然能全體一致於一個明白指斥日本理屈的報告裡，使這次爭端的是非大白於世界，不能不說是世界正誼的最大勝利。[30]報告書的結論「確切的判斷東三省是中國主權之下的一塊領土：凡俄國和日本在滿洲所得的權利是根據於中國的主權的。這就是說，如果中國在這裡沒有主權，日、俄所得的權利都沒有法律的根據了」。[31]胡適說，「可以使中國的主權與行政權重新行使於東三省，我以為這種條件是我們可以考慮的」。[32]

其次，國聯的這次調查報告，使這次爭執的真是非大白全世界。試作外交的解決，「總比現在這樣不戰不和不死不活的局勢強一點」。[33]

再次，國聯受理這件事，使中、日兩國的衝突成了世界的大問題，侵略者不能不有所瞻望顧忌，按照舊日的國際公法的原則，只是中日兩國的事，「別的國可以趁火打劫，或者宣告中立，都沒有參預評判或調解的義務」。[34]胡適相信：「今日的國聯已不是幾個大國所能完全操縱的了……

---

[30] 《國聯報告書與建議案的述評》，《獨立評論》39號，1933年2月21日。
[31] 《國聯報告書與建議案的述評》，《獨立評論》39號，1933年2月21日。
[32] 《一個代表世界公論的報告》。
[33] 《國聯新決議草案的重大意義》，《獨立評論》32號，1932年12月19日。
[34] 《我們可以等候五十年》，《獨立評論》44號，1933年3月27日。

至少應該可以使我們相信它寧願得罪一個跋扈的強國而不肯失去世界的公論的同情的。」[35]

這顯示了胡適超常人的卓識，以此可視為「求」得十年和平措施之一。

當時國民政府已注意到該報告書中確認「滿洲國是中國的領土」，並斥責日本的行為是「未經宣戰而強使中國領土分離、獨立」，「違反了國聯盟約及非戰公約等條約的義務」。所以蔣介石在1932年10月9日的日記中說：

「李頓對於調停之主張，亦太怕日寇矣！但報告書中前八章調查之日本責任尚屬公道，余對此認為有修正或保留之接受，而不拒絕。嗚呼！以弱國而談外交，又欲於外交中，圖自主自強之道，乃非此不可。余於是又知昔者鄭子產之慎於辭令用心矣！」

胡適與蔣介石沒有交流看法，卻不謀而合。

（3）要學到「能弱」

當時有少數人對戰事的看法，與一般慷慨激昂、以死相拚的調門不同，對官方所宣傳的「抗戰到底」的口號也不反對。這些意見相投的人士常在一起議論時局，人稱「低調俱樂部」。[36]或曰「和平派」。[37]胡適稱高宗武、周佛海、程滄波為「低調同志」。[38]但胡適對抗戰的看法由他自己的特徵。

胡適認同低調，批評「以為中日衝突越擴越好」的論調為「短見」，這與對戰爭的認識有關。

熱河失守，長城的爭奪戰正在全國拚搏之際，徐旭生要求《獨立評論》的同仁們與大家一起聯合起來，宣言「主張堅決的戰爭」，並指名「以右派著名的」胡適公開表態。胡適援引馬舍夫斯基對戰爭的描述：

---

35 《跋蔣廷黻先生的論文》，《論文評論》第45號，1933年4月9日。

36 J·H·波義耳，《中日戰爭期間的通敵內幕》有低調俱樂部專節，中譯本，商務印書館，1978年。

37 今井武夫，《今井武夫回憶錄》中譯本，上海譯文出版社，1978年。

38 《胡適的日記》（手稿本）1939年8月19日。

「吾人所可想見之將來戰爭，為大量之軍隊，在物質方面有豐厚之供給，交戰之各方必竭其一切之能力，一切之方法，直至一方完全疲盡為止」。（《未來戰爭的研究》《東北月刊》二卷二期）戰爭是政治的另一種手段的繼續，面臨決定國家民族生死存亡的大戰，當政者應有統籌的應對方案。決定是否投入大規模的戰爭；除了衡量實力，還得選擇時機。胡適說：「我不能昧著我的良心出來主張作戰，……我自己的理智與訓練都不許我主張作戰。」

同時另有一位董時進者，主張以「無組織」和「非現代」的方式來與日本一拚。他說「我們的老百姓到草根樹皮都沒有，他們不吃也成，到餓死也不會騷動，更不會同士兵爭糧餉。……到必要時，就拉他們上前線去死，盡其所有拿去供軍需，他們也不會出一句怨言」。[39]胡適指出：『這樣到餓死也不會騷動的百姓裡決不會產生董先生所希望的拚命為國家作戰的武士！」並責問董時進：「如果這才是救國，亡國又是什麼？」驅使「好對付、能吃苦、肯服從」的人民「上前線去死，」如果這叫作戰，「我情願亡國，決不願學著這種壯語主張作戰！」[40]

日本發動這場侵略戰爭，是企圖以暴力征服中國，而我國的抗戰，實是一種不徹底的戰爭，但依然有個如何判斷時機，以何種方式作戰的問題。左右戰爭的主要因素仍是政治，所以在戰爭中同樣必須注意「忠」、「信」、「仁」等問題。不能不擇手段，更不能不負責地任性一逞。衛國抗戰須首先考慮的應該是避免犧牲而求達到目的；其次才是以最小的犧牲求取最大的成功。硬拚是匹夫之勇，不是上策。

胡適認為徐董二人不相信國際局勢能「為我們收復土地」，而只相信以自己的驅使相「拚」才能救亡。至於這樣的「拚」，能否湊效，則無周密考慮，是感情的驅使，一旦被屈伏，則精神崩潰。必須理智對待，即使一時屈伏，也能臥薪嚐膽，東山再起。

---

39 董時進，《就利用無組織和非現代來與日本一拼》，《大公報》1933年4月3-4日。

40 《我的意見也不過如此》。

戰爭是國力的較量，中國的根本問題在於目前「這個國家上上下下整個的沒有現代化，整個的沒有走上科學工業的道路」。胡適認為這樣的國家「是不能自存於這個現代世界的」。[41]中國為什麼至今不得現代化？胡適說，根本的原因是這個民族生存在現代世界裡，由於其虛驕與自大，卻不肯接受現代化。胡適恨鐵不成鋼。但「多難可以興邦」，唯一出路：「要學到『能弱』，即承認我們今日不中用。」「不恥不若，何若人有？」要自恥事事不如人，自恥我們既不如人，又還不知恥，然後認清方向，拚命去追求。[42]否則「既不能強，又不能弱，所以斃也」。

41 《全國震驚以後》，《獨立評論》41號，1933年3月6日。
42 《整整三年了》，《獨立評論》119號。

二、「內安」憲政

蔣介石多半把安內置於首位，認為「不先消滅赤匪、恢復民族之元氣，則不能禦侮；不先削平粵逆完成國家之統一，則不能攘外」。[1]以平「赤」為攘外之本，平粵為統一之本。閩變是突發，被迅速平定。

胡適等人認為「安內」必以憲政，社會輿論由此引起兩度政制檢討的辯難，這也可視為蔣介石選擇有效政制辯難的餘波。

（一）蔣介石安內的演變

蔣介石的《救國方略》，在其「安內」部分：

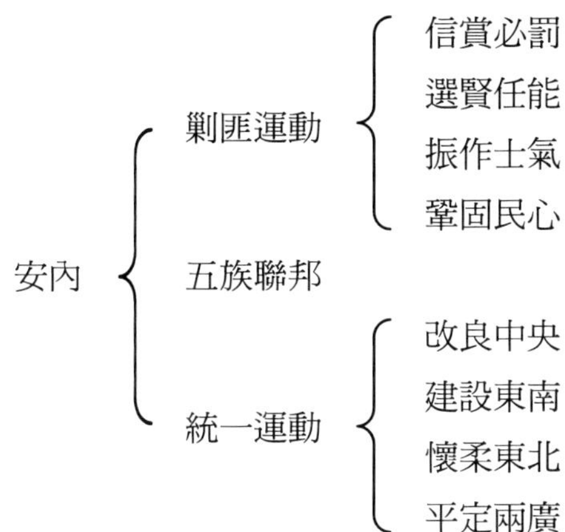

1 《先總統蔣介公思想言論總集》卷30，臺北中國之民黨史會，1984年，第15頁。

有三項：其中「五族聯邦」是針對當時東北有溥儀稱帝，內蒙古德王勾結日本，新疆有蘇聯滲透，西藏有英國覬覦，擔心幾年之後，可能「盡失邊疆」。[2]所以設想以「民族平等為原則，組織五族聯邦制度」。[3]或在十年內，在滿、蒙、藏等地進行「自治試驗」。「剿匪運動」是對辣手的「赤色割據」，其主張以武力，這是他的重中之重。對此列有四條措施；「信賞必罰，選賢任能，振作士氣，鞏固民心」，以期「剿匪」能切實收效。「統一運動」，是對地方實力派，其態度比較溫和，手段是「改良中央，建設東南，懷柔華北，平定兩廣」。第二項與外患有關，茲不論。第一、三項均屬內憂。

1、對地方勢力的「統一」

（1）突發的「閩變」

閩變，是突然冒出來的。1931年11月7日江西瑞金宣告「中華蘇維埃共和國」成立。1932年3月9日偽滿洲國於長春成立。1933年11月20日，十九路軍陳銘樞、蔣光鼐蔡廷鍇等聯合國民黨內的反對派李濟深等在福建也成立「中華共和人民革命政府」，22日更定年號為「中華共和國」元年，宣佈脫離南京政府，反蔣抗日，更換國旗，發佈《中華人民臨時政府代表大會人民權利宣言書》，指出「中國革命之中斷，與年來中國殖民化之加強以及人民種種痛苦，皆由蔣中正媚外殘民之結果」。新成立的政府與中華蘇維埃訂立抗日反蔣協定。蔣介石指責福建的人民政府「撕毀了總理遺像、遺囑：禁用青天白日旗和黨徽，不僅背棄中國國民黨和三民主義，而且連中華民國的國號也要根本推翻，偽稱一個什麼『中華共和國』，這真是倒行逆施，喪心病狂的反動」。蔣介石指責他們「在福建公然造反」。親自到建甌設立行轅，動用嫡系海、陸、空、炮的力量全力圍剿。國民黨

---

[2] 《蔣介石日記》（仿抄本）1934．5．6
[3] 《蔣介石日記》（仿抄本）1934．5．7

內的其他派別也紛紛通電擁護。尤其是以胡漢民為首的粵方也聲援蔣介石的行動。中華蘇維埃共和國與之雖有名義的協定，實持觀望態度，毛澤東說：「人民革命政府的出現是反動統治階級的一部分，為著挽救自己將死命運而起的一個欺騙民眾的新花樣，他們覺得蘇維埃是他的仇敵，而國民黨這塊招牌又太爛了，所以彈什麼人民革命政府，以第三條道路為號召，這樣來欺騙群眾，沒有絲毫革命意義」。[4]所以不予支援。福建「人民革命政府」不到兩個月就宣告失敗。

（2）粵桂之患

所用的策略是懷柔與籠絡，有時聯桂制粵，或聯湘制粵；最後以分化廣東內部，或發表《劃分中央與地方權責宣言》，提出「和平統一」以「緩和」之。1935年11月1日，國民黨六中全會在南京開幕，馮玉祥、陳濟棠與李宗仁組成反蔣聯合陣線。蔣介石當時忙著剿共，只得容忍。待第五次圍剿「成功」，紅軍主力開始長征，兩廣與蔣介石之間的關係驟然緊張起來。胡漢民1936年1月由歐洲回國，5月即患腦溢血病故。蔣介石乘機向兩廣施加壓力，要他們取消半獨立的狀態。陳濟棠認為「與其坐待中央部署妥當，各個擊破，何妨搶先一步，採取主動」則「揹起抗日大纛，要求中央領導抗日」。[5]1936年6月1日，國民黨西南執行部和西南政務委員會正式集會，次日發「冬」電，逼中央領導全國從事對日抗戰，並通電全國黨政軍民各界籲請一致督促中樞領導全國從事抗日。西南將領（即第一和第四集團軍總司令陳濟棠和李宗仁）立即回應。4日粵桂聯軍向湖南出動。要求蔣介石讓他們北上。

但在7月粵方空軍四十八架飛機向南京投誠，粵軍的第一軍軍長余漢謀等通電擁蔣，並限令陳濟棠在二十四小時內離開廣東。據說蔣介石花在投誠者身上的錢，比陳濟棠添置飛機的錢還多。國民黨五屆二中全會撤銷

[4] 《紅色革命》二蘇大會特刊第五期，1934年1月31日。

[5] 《李宗仁回憶錄》，華東師大出版社，1995年12月，第486頁。

西南執行部和西南政務委會，陳濟棠宣佈下野，隨即去了香港。臨行前，送李宗仁大洋20萬元，「囑緩圖善後」。廣東的問題算是解決了。

8月蔣介石親赴廣州，解決廣西問題。李、白向蔣介石提出六條要求，以進為退。蔣介石表示贊同，李宗仁於9月17日見蔣，據陳布雷的日記：「歸還軍權，完成統一。」蔣介石解決兩廣事變是和平方式，對閩變，是用武力鎮壓。對此蔣經國有解釋：

> 粵桂軍閥雖反對我父親，但他們也反共。福建的蔣、蔡等人反對我父親，卻又聯共並公然成立什麼人民政府。性質不同，處理的方法自然兩樣。

國民黨內的軍人，尤其是中原大戰聯合反蔣的老對手，在「九一八」事變以後，仍然各自盤踞一方，伺機待起。他們「慫恿他（蔣）抗日，因為如果抗日而失敗的話，他們就可以對他的王國進行瓜分」。[6]馮玉祥在1933年5月曾與吉鴻昌、方振武組織察哈爾民眾抗日同盟軍，任總司令。8月即辭職，仍回泰山隱居。閻錫山在中原大戰失敗後，一度遁居大連。「九一八」事變後仍返回山西，接受蔣介石的安撫。

2、調整對中共的策略

1933年1月20日，國民黨正在組織對紅軍第四次圍剿前，蔣對安內與攘外的關係，曾有調整的構思。

他在日記中說：

> 近日甚思赤匪與倭寇，二者必捨其一而對其一，如專對倭寇，則恐始末之匪亂以至覆亡，或如蘇俄之克倫斯基及土耳其之青年黨，晝

---

6 （美）布賴恩・克羅澤，《蔣介石》，內蒙人民出版社，1933年，第166、170頁。

虎不成，貽笑中外。惟以天理與人情推之，則今日之事，應先倭寇而後赤匪也。

開始考慮外侮與內亂的先後抉擇，孰得孰失，難以同時並舉，二者必擇其一為主。若全力抗日，赤色割據地必乘機發展起來，終將威脅自身；反之，若全力剿匪，值此日寇大敵前的情勢下，有感不合「天理與人情」。但在第四次圍剿失敗後，1933年4月4日，他從河北保定匆匆趕回江西，在撫州發佈命令稱：「外寇不足慮，而內匪實為心腹之患」。[7]4月11日在南昌軍事整理會議上講話又稱：「中國存亡之關鍵，不在外患，而在內憂，不在步步侵入的日本帝國主義，而在盤踞國內為國家心腹之禍的土匪。目前我們只要能安內，則攘外就不成問題，把匪肅清以後，來對付日本帝國主義。」[8]還稱中共為「惟一之大患」。[9]視日本侵華為「皮膚小病」。[10]當國民黨軍隊佔領了中央蘇區，第五次圍剿取得勝利，1934年底，蔣介石又在日記中說，「救國之道，惟在免除內戰」（1934年11月15日日記）則指派陳果夫、陳立夫兄弟著手解決中共問題，並於翌年6月，雙方代表在香港會面，開始了國共兩黨間的艱難談判。

1934年以後，蔣介石認真準備對日抗戰，加快了國防建設，在備戰的同時，考慮抗戰的長期性，則必有後方和根據地。自1932年11月起，蔣介石等人曾提出以長安為陪部，洛陽為行都的建議。為了加強後方，1934年1月24日的日記中則有「國防據點，分東北與西北兩部乎」？的記載。東北據點，旨在防禦，西北據點是為了鞏固後方。在國民黨召開的四屆四中全會上，蔣決定將國民經濟中心逐漸西移。提議國家及私人大工業今後避免集中海口，開闢道路、航路，完成西向幹線：建設不受海上敵國封鎖的

7 《蔣委員長告各將領先請內匪再言抗日電》，《中華民國重要史料初稿——對日抗戰時期》（緒編）（三），第35頁。

8 《總統蔣公大事長編初稿》，卷2，第293頁。

9 蔣介石日記，轉引自《總統蔣公大事長編初稿》卷2，第302頁。

10 《革命軍的責任是安內與攘外》（1933年5月8日），中華民國重要史料初稿——對日抗戰時期》（緒編）（三），第36頁。

出入口，於經濟中心附近不受外國兵力威脅之地區；確定國防軍事中心地。全國大工廠、鐵路及電線等項建設，均應以國防軍事計畫及國民經濟計劃為綱領等等。提出「救亡圖存大計」的宣言，要求集中國力，充實國力，鞏固國家統一，完成一切建設，以立禦侮之根本。[11]1934—1935年經營西北為復興之基地。同時又設想以西南為根據地。1934年10月，中國工農紅軍撤離蘇區，開始長征之日，正是蔣決定經營四川之時。11月23日日記有云：「如經營四川，應注重駐地，以對倭、俄寇，與兩廣皆能顧到為要也。」[12]這就形成了以「剿共」掩飾建設四川為抗日根據地的謀略。早在第五次圍剿開始之時，這個問題就已在考慮了。1933年8月17日，他在日記中說：「大戰未起之前，如何掩護準備，使敵不加注意，其惟經營西北與四川乎？」翌年12月29日日記說：「若為對倭計，以剿匪為掩護抗日之原則言之，避免內戰，使倭無隙可乘，並可得眾同情，乃仍以親剿川、黔殘匪以為經營西南根據地之張本，亦未始非策也。當再熟籌之！」不失為有遠見的策略。

紅軍得以能完成二萬五千里長征，當與蔣先後「熟籌」之策有關。它符合「天理與人情」。1936年1月，蔣介石在一次報告中稱，日本之所以在華北挑釁，就是害怕四川、雲南、貴州三省的統一，成為中國復興基地，因此千方百計干擾。他「看穿日本的詭計，無論如何，駐在四川不動」。[13]蔣以駐節四川，巡視雲、貴，積極整頓三省的政治經濟，加強工業建設，發展交通等種種措施，對日後的抗戰確實起了重要作用。同年6月，蔣在和李滋羅斯談話時，亦如是說：「當戰爭來臨時，我將在沿海地區做可能最強烈的抵抗，然後逐步向內地撤退，繼續抵抗。最後，我們將在西部某省，可能是四川，維持一個自由中國，以待英美的參戰，共同抵抗侵略者。」[14]

[11] 《總統蔣公大事長編初稿》卷3，第6-7頁。
[12] 《蔣介石日記》（仿抄本），1934年卷首。
[13] 《對全國中等以上學校校長與學生講話》，《中華民國重要史料初編——對日抗戰時期》，《緒編》（一），第745-746頁。
[14] Fredevic Leich-Ross: Money Talk-Fifty Years of Intemmional Finance London, E221。

（二）胡適主張憲政「安內」

1、憲政安內

（1）專制不是現代建國的必要階段

福建出現「中華共和國」後[15]蔣廷黻對此十分悲觀，他說，「自閩變的消息傳出以後，全國人士都覺得國家的前途是漆黑的，中國現在似乎到了一種田地：不革命沒有出路，革命也沒有出路」。他說：

> 我們雖經過幾千年的專制，不幸我們的專制君主，因為環境的特別，沒有盡他們歷史職責。滿清給民國的遺產是極壞的，不夠作革命的資本的。第一，我們的國家仍舊是個朝代國家，不是個民族國家。一班人民的公忠是對個人或家庭或地方的，不是對國家的。第二，我們的專制君主並沒有遺留可作新政權中心的階級。其實中國專制政體的歷史使命就是摧殘皇室以外的一切可作政權中心的階級和制度。結果皇室倒了，國家就成了一盤散沙了。第三，在專制政體之下，我們的物質文明太落伍了，我們一起革命，外人就能漁利，我們簡直無抵抗的能力。[16]

因此，他提倡需要來一次專制的補課。這就成了政制檢討辯難的引線。

胡適不同意蔣廷黻的意見，連續寫了《建國與專制》（《獨立評論》81號）、《再論建國與專制》（《獨立評論》82號）兩文。指出建國固然要統一的政權，但統一政權不一定只靠獨裁專制。我們今日所談的

---

15 胡適，《福建的大變局》，《獨立評論》79號，1933年12月3日。

16 蔣廷黻《革命與專制》，《獨立評論》80號。

「建國」，不僅要建設一個民族國家，更是要使這個國家在現代世界站得住腳。

胡適說：二十多年前，人們欣羨民主立憲政治，近十年來，議會政治已被說成資本主義的副產品，不時髦了。專制與獨裁忽然大時髦起來，有人對中國過去二十年的空頭共和感到失望，從而萌發試行專制；還有一些人則是明白地要想模仿俄意的一黨專政。他說：

> 現在人所謂專制，至少有三個方式：一是領袖的獨裁，二是一黨的專政，三是一階級的專政。

他說「為君難」，殊不知「專制訓政是人世最複雜繁難的事業」，拿破崙、列寧等是非常傑出而富有學問的人，俄國共產黨是「百餘年整個歐洲文明教育訓練出來的」，義大利的專制也非偶然，這個小小的島上有幾十個世間最古的大學……。在中國今天找不出這樣的人和這樣的黨或階級來。他指出：「向來崇拜議會或民主政治的人，說那是人類政治天才的最高發明；向來攻擊議會政治的人，又說它是私人資本的附屬品，這都是不合歷史事實的評判。」其實資本主義社會，第一流的聰明才智都走向科學工業的路上去了，很少集中於政治。

柏萊士（Bryce）在《美洲民主國》中曾歷數美國大總統之中很少第一流英才。在此胡適提出了一個「很狂妄的僻見」：

> 「總而言之，民主政治是常識的政治，而開明專制是特別英傑的政治。特別英傑不可必得，而常識比較容易訓練……中國的阿斗固然應該受訓練，中國的諸葛亮也應該多受一點訓練。而我們看看世界的政治制度，只有民治是最幼稚的政治，最適宜於收容我們這種幼稚阿斗。我們小心翼翼的經過三五十年的民主憲政的訓練之後，將來也許可以有發憤實行一種開明專制的機會。這種僻見好像是戲

言。其實是慎重考慮的結果，我認為值得為研究政治思想的學者們的思考的。」[17]他在日記中說，這個觀點他是第一次表達。

（2）民主政治是時代的趨勢

蔣廷黻作《論專制並答胡適之先生》堅持認為中國尚非民族國家，中國人沒有國家民族觀念，只有地方觀念和割據思想。要使中國統一，「惟一的過渡辦法是個人專制」，用大專制去對付小專制，以更大的武力去打倒二等軍閥。[18]吳景超寫了一篇《革命與建國》附議蔣說，強調「武力統一」的作用。胡適撰《武力統一論》，指出「今日武力統一是走不通的」。[19]胡適又撰《政治統一的途徑》。他說以政治方法挽回分裂的辦法很多，在此只舉國會一例。「各省要搗亂，就請到國會裡來大家一塊兒搗亂。各省要建設，就請到國會來大家一塊兒建設。無論如何，總比『機關槍對打』要文明一點。」他也知道他的主張與現行政治有矛盾的地方，誠如他所指出的：

> 現在最奇怪的現狀是把黨放在國家上面。這樣如何養成「公忠」？國會是代表全國的議會，是一個有形的國家象徵，人民參加國會的選舉，就是直接對那個高於一切的國家盡義務。現在沒有一個可以代表整個國家的機關，也沒有一個國家可以使人民有參加干預的機會，人民又從何處去報效他的「公忠」呢？[20]

這種憲政理想與現實「黨國」體制的矛盾，正是胡適在承認既有事實的前提下從事根本改造的「修正」方案之核心問題。

---

[17] 胡適，《再論建國與專制》，《獨立評論》82號，1933年12月24日。
[18] 《獨立評論》83號。
[19] 胡適，《武力統一論》，《獨立評論》85號。
[20] 《政治統一的途徑》，《獨立評論》86號。

有人從國際競爭的角度來贊同專制制度。錢端升在《東方雜誌》發表的《民主政治乎？極權政治乎？》，就是從這一角度論證的。他說「獨裁是一種最有力的制度」。他首先提出，民主政治的基礎，在第一次世界大戰中，「已為蘇俄革命所震盪，法西斯蒂不久亦在義大利等國取得勝利，其原因是：無產階級意識的發達，和國家經濟職能的增加，民主政治由此趨於衰頹」。[21]

胡適說，始看錢先生的概論部分，覺得很動人，「細看了就不能完全叫人心服」。他不同意說民主政治是「衰頹」了，而認為「歐戰的終局實在是民主政治進入一個偉大的新發展的開始」，差不多征服了全歐，俄、德、奧、土四個根深蒂固的帝制均被推翻……。他更指出，十八、九世紀的民主革命，和十九世紀中葉以後的社會主義革命運動，並不是兩個相反的潮流，而是一個大運動裡兩個相連貫又相補充的階段，從這樣的理解去看歐戰結束以後十幾年的歷史，就會發現「民主政治不但不曾衰頹崩潰，竟是在量的方面有了長足的進展，在質的方面也走上了一條更偉大的新發展的路」。[22]

迄1934年下半年，民主與獨裁的討論基本上告一段落。胡適為《東方雜誌》寫《一年來關於民治與獨裁的討論》，算是對這次討論的一個小結。指出：論戰的雙方，目的似乎都是為了快速有效振興祖國，各自把主張的民主或專制當作達到目的的手段。有些原本為民主自由論者，今轉變「成見」，提倡獨裁論者，是對蔣介石選擇「統治有效能」政制方案的認同。不過，專制主義以國家主權為神聖，民主主義則以個人主權為基礎。兩者是矛盾的，正如陶孟和在《民治與獨裁》中所說：「因為獨裁注重特才，所以一般人為無足輕重，……民治則使每個人都得發展，才是真的發展。」錢端升從「經濟的民族主義」出發，完全相信獨裁者能代表「幾乎

[21] 在1930年錢端升就寫了《德謨克拉西的危機》，《社會科學系刊》（武漢大學）一卷一號。

[22] 胡適《一年來關於民主與獨裁的討論》，《東方雜誌》32卷1號。

是全體人民」的利益，故甘心情願犧牲個人的自由，並要求他人亦同樣這樣做。胡適則認為各個國家在各個歷史時期把專制視作一時的過渡，或可補救一時的危機。但中國在二十世紀的國際環境裡快速有效趕先進，亦沒有必要重蹈此覆轍。胡適對民主自由，不僅僅當作一種手段，而是視為一種目的在追求。

2、新式獨裁在中國亦無必要

1934年10月，國民黨軍隊佔領江西中央蘇區，這是1934年秋發動第五次圍剿的成果。在軍事上取得勝利的形勢下，在政治上則呼籲與各方合作，強調「集中國力」，一致對外。1934年11月27日汪精衛蔣介石聯名通電全國，聲稱：

> 今日救國之道，莫要於統一，而實現統一，端在和平，吾人當此歷史上空前未有之國難，若非舉國一致，精誠團結，避免以武力為解決內政之工具，消彌隔閡，促成全國真正之和平統一，實無以充實國力，樹立安內攘外之根基。

並列出五條標準，明訂中央與地方的關係，以求消除隔閡。這是欲以團結國內似乎也包括共產黨在內的政治力量，因這正是蔣介石對共產黨政策有所調整，以掩護經營西南後方之時。在電文中有這樣一段話：

> 國內問題，取決於政治，不取決於武力，不獨中央地方間對此原則應恪守弗渝，即人民與社會團體間依法享有言論結社自由，但使不以武力及暴力的背景，則政府當予以保障而不加以防制。蓋以黨治國，固為我人不易之主張，然其道當在以主義為準繩，納全國國民於整體國策之下，為救國建國而努力，決不願徒襲一黨專政之虛名，強為形式上之整齊劃一，而限制國民思想之發展，致反失訓政

保育之精神。蓋中國今日之環境與時代，實無產生意、俄制之必要與可能也。

電文有云：「決不願徒襲一黨專政之虛名，強為形式上之整齊劃一……蓋中國今日之環境與時代，實無產生意、俄政制之必要與可能」。是國民黨向國人所表示無意實行獨裁的許諾，同時是對共產黨示意，只要能放棄武裝割據承認國民黨的主義，接受國民黨的領導，可以「不加防制」。納入「整體國策之下。為救國建國而努力」。因國民黨即將於翌年1月召開四屆五中全會，這也是對全國人民所作出的一種姿態。

同一天，蔣介石接見日本大阪《每日新聞》記者時也表示：「中國與義大利、德意志、土耳其國情不同，故無獨裁之必要。」[23]

（1）汪蔣的許諾應予肯定

國民黨兩位領袖的聯名表態，引起社會各界的注意，輿論媒體也紛紛評議。胡適抓住這個機會，立即撰文《中國無獨裁的必要與可能》。指出：「在今日不少政客與學者公然鼓吹中國應採取獨裁政制的空氣裡，上述的兩句宣言是值得全國注意的。」他們心目中比較最有獨裁資格的領袖都公然這樣宣言了，已可說明問題。「在今日何以有這樣一個宣言的必要呢？豈不是因為『中國人的意態和物質狀況』（環境與時代）都不容許『義俄政制』的產生嗎？」文章的末尾又強調：「我們很誠懇的贊成這個宣言，並且很誠懇的希望作此宣言的人不要忘了這樣嚴重的一個宣言。」[24]接著又寫了一篇《汪蔣通電提起的自由》，則提出保障自由的五條辦法。最後第五條說：

領袖諸公應該早日停止一切「統制文化」的迷夢。有人說：「凡挑動階級鬥爭的感情的文學藝術都應該禁止」，那麼，杜甫的名句

---

23 《大公報》（天津），1934年11月28日。

24 胡適，《中國無獨裁的必要與可能》，《獨立評論》130號。

「朱門酒肉臭，路有凍死骨」也該挖板焚毀了！《詩經》裡「不稼不穡，胡取禾三百廛兮」一類名句也該禁止發行了！亞聖孟夫子的「庖有肥肉，廄有肥馬，野有餓莩」也該毀板禁止了！舉此一例，可見「文化統制」不是可以輕易談或做的事。

胡適抓住蔣、汪發動政治攻勢的通電，乘機提出的「條陳」，被丁文江稱之為「有意利用汪蔣感電來『趁火打劫』」。[25]丁文江想阻制胡適的「打劫」行為，於是辯論重開。

（2）新式獨裁不如幼稚園政制

丁文江1933年夏赴美國參加國際地質學會的第十六次大會，然後又由英國、瑞典、德國到蘇俄，自8月底到10月底，在蘇俄各地考察旅行，為蘇俄共產主義試驗的成功感到鼓舞，聯繫當時中國的現狀，感到必須採用獨裁政治才能收拾此紛亂的局面。胡適說：「他在一九三三年出國，不但是希特拉剛登臺，不但是史太林的第一個五年計劃剛結束，他到美國時又正值羅斯福的『新政』的第一個半年，正當美國國會把許多緊急時期的國家大權都授予羅斯福的時期。所以在君（丁文江）環遊世界歸來，不免受了那個時期的政治影響，他不但對於議會政體『沒有興趣』，他要公開的討論『新式的獨裁政治了』。」[26]這次辯難，無異是對政制有效性的再探討。

丁文江在《大公報．星期論文》欄發表《民主政治與獨裁政治》一文，反駁胡適的「民主憲政只是一種幼稚的政治制度」的觀點。他說：「這句話是不可通的……實事上看起來，民主憲政有相當成績的國家，都是政治經驗最豐富的民族。反過來說，政治經驗比較缺乏的民族，如俄、如意、如德，都放棄了民主政治，採用了獨裁制度。足見民主憲政不是如胡適之先生所說的那樣幼稚的。」他的結論是：「在今日的中國，獨裁政

[25] 《一九三四年的回憶》，《胡適的日記》1935年1月2日。
[26] 胡適，《丁文江的傳記．蘇俄的旅行》。

治與民主政治都是不可能的，但是民主政治不可能的程序比獨裁政治更大。」「領導四萬萬個阿斗建設一個新國家，固屬不易，但『要四萬萬個阿斗』自己領導自己」，新的國家則永遠建設不起來。

不過丁文江所設想的「獨裁」，是美國出現經濟危機時，由國會授權給羅斯福，試行的一種有效方式（即新式的獨裁）。丁還設想了「新式的獨裁」四個條件：

一、獨裁的首領是要完全以國家的利害為利害

二、要徹底瞭解現代化國家的性質；

三、要能夠利用全國的專門人才；

四、獨裁的領袖要利用目前的國難問題來號召全國有參與政治資格的人的情緒與理智，使他們站在一個旗幟之下。

胡適說丁文江「對於英美的政治實在不很瞭解，所以他不能瞭解我說的民治是幼稚園政治的話」。他說英美民主政治的長處，正在於不干擾人民的日常生活。「英美國家知道絕大多數的阿斗是不配干預政治，也不愛干預政治，只要他們『逢時逢節』來畫個諾，投張票，做個臨時諸葛亮就行了。這正是幼稚園的政治」。他們可以畫「諾」，也可以畫「N0」。獨裁政治下的阿斗，只能畫「諾」，而不能畫「NO」。民主國家有失政時，只消把畫「諾」改畫「N0」。獨裁國家則無權說一個「NO」字。胡適告誡說：「今日提倡獨裁的危險，豈但是『教猱升木』而已，簡直是教三歲孩子放火」。他還說「中國今日若真走上獨裁的政治，所得的決不會是新式獨裁！而一定是那殘民以逞的舊式專制」。[27]

丁文江寫《再論民治與獨裁》，[28]由這個「老題目」再度引起的辯論中，陶孟和、吳景超、張熙若、陳之邁、陶希聖等都在《大公報》、《獨立評論》、《國聞週報》等刊物上發表文章。此時蔣廷黻出訪歐洲，沒有參加討論，這次的主角所以是丁文江。

---

[27] 《答丁在君先生論民主與獨裁》，《獨立評論》133號。

[28] 丁文江，《再論民主與獨裁》，《獨立評論》137號。

吳景超雖是主張完成統一唯有以武力，但在《中國的政制問題》中對民主理念的闡述，卻與胡適類同。[29]陶孟和說民主政治可以避免革命的痛苦，不必用激烈的外科手術。[30]在《民主與獨裁的討（爭）論》中，陳之邁綜述去年年終的討論為三種意見後說，這樣的專制或獨裁，「固然盡善盡美，沒有人能反對，也沒有人應該反對」。但他又不禁地問：「假如獨裁建立以後，它不是『開明』了，不『新式』了，沒有『能力』和『理想』了，不『深得人心』了，除了『弔民伐罪』以外，有何辦法？我們願意再動干戈嗎？不動干戈，我們甘心受它蹂躪嗎？」陳之邁繼續說「傳統的民主政治（根據於三權分立，相互制衡的政治）笨重遲鈍，獨裁政治敏捷靈活，都是可以承認的」。但是民主政治同樣可以產生最有效率的政府，「獨裁」的高效能政府，如在沒有民主傳統的國家行使，即是「教三歲孩子放火」。最後他說，我們既不「瞎著眼去學人家獨裁的道理」；「對於民主政治，不可陳義太高，太重理想，而是著眼於它的根本」——認定「汪蔣宣言」中所云「國內問題取決於政治而不取決於武力」的道路，才是「救亡圖存」[31]的基礎。

陶希聖不愧為國民黨的政論家，他把這場爭論的本質，歸結是「主張或反對現在諸領袖裡面最有力的一位來集中軍政大權」。他說「現行的黨治，在黨外的人已經看著是獨裁，在黨內的還有人以為算不得獨裁」。他又認為「現行的黨治也要修改的」。但他又說「黨內主張民主政治的人，卻不一定主張議會政治」。孫中山所主張開的國民會議，與議會政治的主張不同，而胡適所主張的民主政治是議會政治。「參加國民會議的團體，是要在國民革命運動指導之下的」。換言之，必須接受國民黨的指導，仍是「黨治」的原則。因此陶希聖警告說：「如果以議會政治和國民黨相

[29] 《大公報》1935年12月30日。

[30] 陶孟和，《民主與獨裁——對丁文江先生（民主政治與獨裁政治）的批評》，《國聞週報》12卷1期。

[31] 陳之邁，《民主與獨裁的討論》，《獨立評論》136號，1935年1月20日。

爭，國民黨內沒有人能夠同意」。[32]

（3）求一政治的共信

胡適在發表《答丁在君先生論民主與獨裁》一文以後，即赴南方出遊了五個星期，回來後細讀這一個多月裡的討論文章，則寫了一篇綜述之綜述的文章：《從民主與獨裁的討論裡求得一個共同政治信仰》。指出，討論了一年多的老題目，「這回經過了這幾位學者——尤其是吳景超陳之邁兩先生的清楚明銳的分析——已可算是得著一點新的意義了」。胡適說：

> 我說的是，做那些英美式的代議制下的選民阿斗，是不難學到幼稚園程度。做那獨裁政制下的三五百萬的血脈僨張的專政諸葛亮，是最難的事，是研究院的程度，現在沒有一個民族配做這事；將來大概也不會有一個民族配做這事。[33]

胡適在此對幼稚園政治說得更自圓了。至於陶希聖所說「現行的黨治也要修改」，是代表國民黨的自我完善，決不容他人染指。胡適領悟陶所說的「即令按照建國大綱召開國民大會，那個暫行三民主義的縣民代表會議也與多黨議會不同」。一黨獨控的政權，是不讓他人問鼎也。胡適以自己的思路闡釋國民黨的過去與未來，特作聲明：

> 我所主張的議會是很有伸縮的餘地的：從民主的臨時參議院，到將來普選產生的國會，——凡是代表全國多個區域，象徵一個統一國家，做一國的各個部分與中央政府的合法維繫，而有權可以用和平的方法轉移政權的，都不違反我想像中的議會。我們有歷史

[32] 陶希聖，《民主與獨裁的爭論》，《獨立評論》136號，1935年1月20日。
[33] 《編輯後記》，《獨立評論》239號。

眼光的人，當然不妄想「把在英美實行而成效的民主政治硬搬到中國來」，但是我們當然也不輕視一切逐漸走向民主政治的嘗試與練習。

我們現在也可以明白告訴陶希聖先生和國民黨朋友，我們現在並不願意「以議會政治和國民黨爭」，因為依我們的看法，國民黨的「法源」，建國大綱的第十四和二十四條都是一種議會政治論。所以新憲草規定的國民大會、立法院、監察院、省參議會、縣議會等，都是議會政治的幾種方式。國民黨如果不推翻中山先生的遺教，遲早總得走上民主憲政的路。而在這樣走上民主憲政的過程上，國民黨是可以得著黨外關心國事的人的好意的贊助的。反過來說，我們恐怕今日有許多求治過急的人的夢想領袖獨裁，是不但不能得著黨外的同情，還可以引起黨內的破裂和內訌的。憲政有中山先生的遺教作根據，是無法隱諱的。獨裁的政制如果實現，將來必有人抬出中山遺教來做「護法」，「救黨」的運動。求統一而反致分裂，求救國而反增加國家的危機。

最後他說：「為國家民族的前途計，無論黨內或黨外的人，都應該平心靜氣考慮一條最低限度的共同信仰，大略如陳之邁先生指出的路線，即是汪蔣兩先生感電提出的『國內問題取決於政治而不取決於武力』的坦坦大路。」[34]

這次論難雖未涉及中共的問題，但汪蔣聯名通電與對中共的政策調整有關，而這次討論亦由此引發，採取政治而不用武力決解國內問題，包括紅色割據在內，胡適對中共的態度基本上並不支援其武裝割據，但主張以和平方式解決問題。

[34] 《從民主與獨裁的討論裡求得一個共同的信仰》，《獨立評論》141號。

（三）「安內」與「攘外」的關係

過去一般論者均說蔣介石的「攘外必先安內」是繼承曾國藩的衣缽而加以批判。其實在內憂外患同時出現時，無不首先考慮自身的安全，必然先解除後顧之憂。如果貿然振臂「攘外」，陷入腹背受敵，自身難保，其他「正義」行為則無從談起。當時尖銳對立的國共兩黨，其實都是如此考慮問題的。「九一八」事變發生後，中國共產黨於9月20日發表反對日本帝國主義侵略中國的宣言。9月22日作出《關於日本帝國主義強佔滿洲事變的決議》，9月30日發表第二次宣言，重申中共對事變的主張，批判國民黨蔣介石「無抵抗主義」、「逆來順受」和所謂「鎮靜外交」等妥協投降論調，以及希望依賴國聯主持「公道」的幻想。在理論上壓倒國民黨，對全國民眾抗戰怒潮起了推波助瀾的作用。值得注意的是，中國共產黨的宣言和主張，與國民黨對付共產黨的態度基本相同：國民黨以消滅共產黨為「攘外」的前提，而中共亦是以否定國民黨和國民政府作為抗日的前提；他們多次強調：「只有推翻地主階級的國民政府才能真正地進行革命的民族戰爭。」又說：「要打倒帝國主義，必須打倒這一投降帝國主義的國民黨。」

中國共產黨1931年11月在江西瑞金成立了中國蘇維埃共和國臨時政府以來，不僅有政府、軍隊、還有自己的憲法。這時提出的反蔣、推翻國民政府，也屬安內性質，抗日就是攘外。中國蘇維埃共和國臨時中央政府1932年4月15日發表對日戰爭宣言中，就明白指出：「要真正實行民族革命戰爭，直接與日本帝國主義作戰，必須首先推翻幫助帝國主義壓迫民族革命運動，阻礙民族革命戰爭發展的國民黨反動統治，才能直接的毫無障礙的與日本帝國主義作戰。才能使民族革命戰爭在全國大大的發展起來。……」「蘇維埃臨時中央政府在領導全國工農紅軍和蘇區廣大工農勞苦群眾，積極進行革命戰爭，奪取中心城市，來摧毀國民黨的統治，這只是實際地去進行民族革命戰爭，是直接與日本帝國主義作戰的前提」。[35] 同年6月17日，蘇區中央局在《關於爭取和完成江西及鄰近省區革命首先勝利的決議》中更有進一步的說明：

> 國內兩個政權（蘇維埃政權與國民黨政權）的對立的尖銳，已經到了「你死我活」的地步，……。擴大蘇區，消滅國民黨武力，奪取中心城市，正是給帝國主義的直接打擊，是實際地去進行民族革命戰爭，是與帝國主義直接作戰的必要前提。[36]

毛澤東在1933年7月所撰《新形勢與新任務》中說：「依靠黨的正確進攻路線和蘇維埃政權的積極領導……我們基本上擊破了敵人的四次圍剿……這是一個偉大的歷史關鍵，兩個政權……將在即將來到的更大規模的戰爭中，實現這樣一個前途——我們蘇維埃政權的更加的勝利發展，他們國民黨政權的更加死亡崩潰！」[37]這些言論與蔣介石的言論相對照，實是異曲同工。

國共雙方奉行的都是「攘外必先安內」的同一原則。問題的癥結是在「安內」的方式，是否只有以武力消滅對方一途。中國自有古訓：「兄弟鬩於牆，外禦其務（侮）。」（《詩、小雅常棣》）大敵當前。國內的兩政黨以主要的精力進行「圍剿」與「反圍剿」，不僅不符合古訓精神，還無異於鷸蚌相爭，讓漁翁乘隙。

當時的中國共產黨為共產國際的一個中國支部，其革命方針均執行共產國際的路線。30年代，莫斯科放棄了在中國實行中心城市暴動的想法，改變在農村建立根據地的觀點，於是中華蘇維埃共和國即應運而生。這個

---

35 《中共中央檔選集》（第8冊），第637頁。

36 《中共中央檔選集》，第8冊，第6254頁。

37 《紅色中華》97期，1933年7月29日。毛澤東在《論聯合政府》中說：「到了日本侵略者打入東三省以後，中國共產黨就在一九三三年向一切進攻革命根據地和紅軍的國民黨軍隊提議：在停止進攻，給予人民以自由權利和武裝人民這樣三個條件之下，訂立停戰協議，以便一致抗日，但國民黨當局拒絕了這個提議。」

政權就是模仿蘇俄的政權體制。1935年蘇聯為建立廣泛的反法西斯人民陣線，要求聯合蔣介石抗日，7月8日在莫斯科召開的共產國際第七次代表大會，貫徹了此方針。中共駐共產國際代表團於8月1日發表《為抗日救國告全體同胞書》（即「八一宣言」）。呼籲：「無論各黨派間在過去和現在有任何敵對行動，大家都應當有『兄弟鬩於牆外禦其侮』的真誠覺悟，首先大家應當停止內戰！」這宣言是以「中國蘇維埃中央政府，中共中央」的名義發表。《宣言》還號召一切願意抗日救國的人民，要共同組織國防政府和抗日聯軍，聲言中共願意充當這政府的發起者，紅軍則願首先加入這支隊伍。這一《宣言》長期被譽為「高瞻遠矚」。不過「八一宣言」發表時，中共中央尚跋涉在長征途中，時時處處受到國民黨軍隊的追擊，當時其直觀的敵人是國民黨，日本帝國主義則尚只是間接的、理論上的敵人。長征到達陝北後所發出的《為目前反日討蔣的秘密指示信》中，仍然說：「抗日必先討蔣，只有討蔣才能順利的抗日」。11月13日中共中央發表《為日本帝國主義侵吞華北及蔣介石出賣中國宣言》，重申了上述方針。與「八一宣言」的精神南轅北轍。直至11月底，張浩（林育英）自莫斯科回到陝北，才得知共產國際的方針和「八一宣言」的內容。由此把口號改為「抗日反蔣」。1936年5月5日的通電中，已稱蔣介石為「蔣氏」，不罵為「漢奸賣國賊」了。在5月至7月期間，國共雙方派代表開始接觸，對停戰、組織國防政府、對軍隊的統一編制等問題進行談判。

1936年8月25日，中共發表告國民黨書，公開表示願意同對方「結成一個堅固的革命統一戰線」。呼籲建立包括國共兩黨、白區與蘇區在內的全國統一的民主共和國。在黨內發出指示：「目前的主要敵人是日本，所以把日帝與蔣介石等量齊看是錯誤的，『抗日反蔣』的口號也是不適當的」。[38]

國共兩黨的談判仍在繼續，但蔣以紅軍長征到達陝北的人數銳減，僅存三萬多人，力量已大不如前，欲乘機在談判中提出苛求。並在此談判期

[38] 《中共中央檔選集》（第11冊），第89頁。

間，親往西北部署兵力，認為是一舉消滅紅軍「十載以來的難得良機」。調集嫡系部隊蔣鼎文、樊松甫、萬耀煌等所屬二十個師到西北，加上原駐在西北的嫡系部隊，總兵力達六十多師，計三十萬中央軍兵力。結果，激發了「西安事變」。

這次兵諫最終是以和平方式解決的。社會的反應，認為是雙贏，據陳公博說：「我們但知蔣先生離陝的那夜，全國都在放鞭炮，並且警察沿街拍老百姓的門叫放鞭炮，說張楊服從蔣先生的命令了。然而西安那夜也全城放鞭炮，警察亦一樣的拍老百姓的門叫放鞭炮，說蔣先生服從張楊的主張了。」[39]

蔣介石在《西安半月記》中沉痛地說：「八年剿匪之功，預計將於二星期（至多一個月）可竟全功者，幾乎墮於一旦。」引為終身憾事。

「西安事變」以後，國民黨停止了「剿匪」，撤銷了設立在西安的西北剿匪總司令部。

第二次國共合作就此正式形成。安內與攘外的關係終於理順了。不過這種拉郎配式的聯合，無非是同床異夢。

[39] 陳公博，《苦笑集》，第253頁。

三、長期抗戰　理智苦撐

（一）蔣介石長期抗戰

1、第一階段

蔣介石對抗戰，並非在蘆溝橋事變後臨時抱佛腳，在軍事的防衛和軍事的設施均有一定準備，有案可查。

從蘆溝橋事變到武漢失守為抗戰的第一時期。

日本從7月底前先後攻陷平、津，一方面掃蕩華北，一方面把主力南調，在上海發動「八一三」事件，由此窺視南京首都，欲控制華北與華東，對中原形成挾擊之勢。揚言三個月滅亡中國。國民黨軍隊也在南北兩線作戰，保衛上海的淞滬會戰是重點。胡適建議蔣介石外交不能中斷。仍與日本政府談判，蔣派胡適去歐美宣傳抗日。

東南的淞滬會戰，是我抗日戰爭的全面展開的標誌。這次「八一三」淞滬抗戰，與1932年的「一二八」淞滬抗戰情況大不相同。1932年的淞滬抗戰，南京下關日艦的炮聲一響，國民黨即遷都洛陽，奮起抗擊的卻是十九路軍。這次已有三個教導師在戰前就已駐守在常熟、江陰、無錫、蘇州一帶。國防陸軍已化裝成保安隊進駐上海市區。會戰一開始，雙方仍不斷在增兵，日方有十個師團的陸軍和海軍陸戰隊，不下三十萬人。其「戰鬥力之強，火力之旺，一時無兩。」國民政府投入十餘師約七十萬人。戰鬥空前激烈，每小時的傷亡的人數均以千計，在我民族禦外史上鮮有前例。日軍有優勢的裝備，但每得一村一鎮，均十分艱困，有些據點，白天為日本所奪，在晚上又被國軍奪回，雙方緊咬，互為拉鋸。國軍的主力師都補充到四次或五次，連後方各省的保安隊也整團整團地補充上去。原有的下級軍官和士兵傷亡達三分之二，旅團長的死亡數也已過半，可歌可泣，極為悲壯，極為殘酷。

蔣介石兼淞滬會戰的總司令，（副司令是顧祝同）親自調兵遣將。從現已公佈之蔣日記看，蔣指揮淞滬地區作戰，缺乏經驗，最初希望以優勢兵力消滅敵人據點，此計未酬，他即下令嚴守一九三二年第五軍及第十九路軍在一二八戰役之防線，逼近黃浦江西岸，此陣線被突破。他再扼羅店，大場，蘊藻濱線，距原陣地仍不過五至十五公里。[1]缺乏全盤作戰計畫。

迄11月初，國軍已無法堅持，因九國公約會議即將召開，又堅守了兩天。11月9日才分兩路向杭州和南京方向撤退。此時九國公約已在布魯塞爾召開。11月11日，蔣電九國公約會議說：「中國軍隊自上海撤退，乃戰略關係，且長期抗戰計，中國主權若一日受威脅，則中國軍隊當賡續抗戰一日。」

11月12日，日軍佔領上海。11月20日國民政府正式宣佈遷都重慶。財政、外交兩部遷駐武漢。

淞滬抗戰堅守了三個月時間，中國軍隊固然死傷慘重。但據日本陸軍省於11月初宣佈，日軍在上海戰場上死傷達四萬餘。

日軍由東西兩面在數週內跟蹤進迫京畿。蔣介石於12月7日晨偕宋美齡乘飛機去廬山。13日南京失守。日軍展開了滅絕人性的大屠殺。蔣介石在日本增援隊在11月6日在金山衛登陸之後次日的日記中說：「保持戰鬥力必持久抗戰，與消失戰鬥力維持一時體面，兩相比較，當以前者為重也。」國民政府於11月20日正式宣告遷都，蔣在日記中說「逼我遷都或屈服，其實惟有增強我抵抗之決心而已。」他沒有立即離開南京，並於26日謁辭總理陵寢及陳亡將士公墓，在日記中寫道：「南京孤城不能守，然

[1] 引自黃仁宇《從大歷史的角度讀蔣介石日記》，中國社會科學出版社，1998年，第170頁。

不能不守，對國對民殊難為懷也。」「對上對下對生對死，對締造艱難之首都實不忍一日捨棄，依依之心不勝言矣！」是感情的流露。但有人說他在此時對作戰計畫缺乏「縱深」。「八一三」以後的慘敗，他應負指揮不當之責。不過他對自己逗留在南京的解釋是：「余能多留京一日，則國家與人民及前方軍隊，則多得一日之益。總理與陣亡將士，亦多得一日之安。」（1937，11，27）[2]

南京失守，保衛武漢就成當務之急。日軍想南北相鉗，把津浦路打通，掌握其全線，以掃除他西進的右側威脅。所以國軍為能在津浦線上把敵人拖住數月，武漢後方即有充分的時間重新部署，否則，日軍一舉攻下武漢，即可囊括中原。當時津浦線的北段，即山東境內的一段，由韓復榘第三集團軍駐守。南端徐州，由第五戰區長官李宗仁駐守。北部在日軍攻擊下，韓復榘竟捨棄津浦路向魯西撤退，使第五戰區的「津浦路正面，大門洞開。」蔣介石在1938年1月10日至11日開封軍事會議上說：「自從上海南京失守，我們唯一的政治外交經濟中心，就在武漢……我們要維持國家的命脈，就一定要死守住武漢。但要鞏固武漢，就要東守津浦，北守道清。」[3]蔣介石斥責韓復榘說：

> 敵人由濟南攻下泰安的部隊，不足一師人，而且不是正式軍隊，……這完全是我們等敵人到了就退，既不攻擊，也不死守的緣故。
>
> 就是我們高級將領中間，懷著一種保存實力的卑鄙心理，不顧國家的存亡，不顧民族的生死，就是望風退卻。

於是，立即下令捕逮韓復榘。半月後韓被槍斃。蔣介石殺韓復榘的起因深遠，但在當時來說，這樣的懲處，「確使抗戰陣營中精神為之一

---

2 黃仁宇，《從大歷史的角度讀蔣介石日記》，第171-172頁。

3 「道清」，是道清鐵路，由河南濬二浚縣道口鎮至沁陽縣清華鎮，橫越平漢線的新鄉站。

振」。[4]「振奮了士氣和民心」。[5]

據李宗仁在《回憶錄》中說1938．1．11在歸德召集團長以上軍官訓話，「到師長以上軍官八十餘人，蔣當場講出：『尤其我作為全軍統帥，第一個有罪過，我們對不起已死的官兵和同胞，對不起國家，尤其對不起自已的良心』。」能自責，也就能自拔。

在津浦路的南端，1938年1月以來，國軍利用明光縣以南的複雜嶇崎有利地形，在張八嶺、岱山鋪、株龍橋、藕塘一帶，有效堵襲日軍，日軍曾增集了三個師的兵力，相當於我好幾倍的兵力（三十一軍）。他們本打算以旅次行軍方式，直趨蚌埠，沒有料到竟被堵於明光縣城以南，血戰逾月，繼則把日軍引入明光一帶，突然在正面讓開，讓日軍衝過明光，然後又把日軍阻擋於淮河南岸，「被我吸引牽制，大受打擊」。

津浦路的北端魯南之日軍，自1938年3月15日起，分頭由兗州、臨沂南犯，企圖於台兒莊會師，以策應津浦南端的日軍發動攻勢，形成南北日軍嚮應會攻徐州的第五戰區長官的駐地。

台兒莊屬山東嶧縣，扼運河咽喉，清代的江淮糟米均由此北運，棗莊的煤田靠此處出口。從台兒莊到徐州，走津浦路為一百四十公里，走隴海路則只有一百公里。由於磯谷師團所率日軍是以孤軍向台兒莊挺進。另一支扳垣師團在行軍途中被臨沂的守軍龐炳勳，和前來增援的張自忠部夾擊挫敗，損失慘重，倉皇撤至莒縣，據城死守，不能如期到達台兒莊。蔣介石此時向台兒莊增兵，把第一戰區的第二集團軍孫連仲調來台兒莊駐守。3月24日，蔣介石偕白崇禧到徐州台兒莊「指示機宜」。國軍第二集團軍與日軍磯谷師團於台兒莊由此展開激戰。湯恩伯軍團如期趕到了台兒莊，戰役取得了巨大勝利。日軍死傷一萬六千，磯谷師團潰不成軍，殘部萬餘人突圍竄往嶧縣，龜縮城內。台兒莊大捷的消息傳出後，舉國若狂，全國的悲觀氣氛至此一掃而空。

---

[4] 李守仁回憶錄（下），第716頁。

[5] 《第二次中日戰爭史》（上），第436頁。

據日本方面的資料說，蔣介石對台兒莊戰役宣傳作有如下指示：（一）台兒莊之戰，不過是第二期抗戰的初始勝利，應力戒驕傲。（二）長期抗戰，主要在於消耗敵人之戰鬥力，而不在一城一池之得失。（三）闡明本黨宣言及抗戰建國綱領等重大意義。（四）所有宣傳應努力報導事實，慎勿誇張。（五）對敵加以筆伐之時，應止於攻擊日本軍閥，決不可對日本皇室及日本民族有所誹謗[6]。蔣介石對此確實是低調處理的。

蔣介石亦在一月之內調集了六十多萬兵力，準備擴大台兒莊的戰果，與日本決一雌雄。但在分析情勢之後，鑒於京滬戰役的教訓，還是決定於5月初旬，從徐州等地有計劃地撤退。

為保衛武漢，在中原地區展開遊擊戰，利用長江兩岸的天險形勝作持久戰，日軍於1938年於臺灣結集部隊四萬人，在海南大亞灣澳頭附近國軍防守薄弱處強行登陸，猛撲廣州。蔣介石說：「日寇在大亞灣登陸之目的：一、表示其非達到使中國屈服不可；二、對英國示威……三、希望分化廣東，不加抵抗；四、至於截斷廣九鐵路之目的猶在其次。」[7]10月21日廣州失陷，我國際聯絡線由此被切斷，形勢由此大變。蔣介石說：「此時武漢地位已失重要性……不如決心自動放棄，保全若干力量，以為持久戰與最後勝利之根基。」[8]10月25日武漢陷落。

從抗戰開始迄今，陳誠稱這一段抗戰是「最困難之時期」。他總結說：

> ……以主力毅然使用於淞滬方面，然上海乃我經濟重心，中外觀瞻所繫，故我不惜任何犧牲，予以強韌作戰。雙方作戰重心，乃有華北移至華中，相峙三月以上，使我長江下游工廠物資，得以內遷。國際觀感就為之一新。所獲政略上之成效尤偉。此役強韌之作戰，大出敵作戰指導預想之外。……使我奪取有利時間，而轉入第二期作戰。[9]

---

6 日本防衛廳防衛研究所戰史室，《中國事變陸軍戰史》，第1卷第1冊。
7 《蔣介石日記》，1938．10．12，《蔣總統秘錄》第十一冊，第149-150頁。
8 《蔣介石日記》，1938．10．22，《蔣總統秘錄》第十一冊，第150頁。
9 陳誠，《八年抗戰經過概要》。

2、相持階段

1938年9月，在武漢保衛戰時間，毛澤東給周恩來帶給蔣介石的一封信中說：

> 先生領導全民族進行空前偉大的革命戰爭，凡是國人，無不崇仰。十五個月之抗戰，愈挫愈奮，再接再厲，雖頑寇尚未戢其凶鋒，然勝利之始基，業已奠定。前途之光明，希望無窮……[10]

蔣認為此信是蘇聯主使。是年初中國曾數度向蘇聯提議結盟或成立互助協定，均被史達林所拒絕，此時因歐局緊張，史達林深恐兩面受敵，此時外間又有蔣政權即與日方媾和之傳說，蘇大使亦以六十師裝備及飛機五百架相助示意。

武漢失守以後相峙階段，蔣介石重新劃分戰區，國民軍事委員會制定《第二期作戰指導方針》，提出：

> 連續發動有限度之攻勢與反攻，以牽制消耗敵人。策應敵後之遊擊部隊，加強敵後之控制與擾襲，化敵人後方為前方，迫敵局促於點線，阻止其全面統治與物資掠奪，粉碎其以華制華以戰養戰之企圖，同時抽出部隊輪流整訓，強化戰力，準備總反攻。

據陳誠在事後總結說：第二期的抗戰也分三階段：武漢失守到1940年3月為第一階段，1940年3月至太平洋戰爭為第二階段；1941年12月8日至抗戰勝利為第三階段。總的來說，在此期間，仍堅持持久戰的方針，主要是戰略防禦，「少主動出擊，步步為營，處處設防，……穩打穩紮」。正

---

[10] 《蔣總統秘錄》第一冊，第71頁。

面戰場與敵後戰鬥共舉，游擊戰術與正規戰術並重。並制定了《游擊戰綱要》。同時，實行作戰與整訓之間交替和輪番。

日軍在這一時期的對策亦有所改變，他們提出如仍按老辦法行事，如仍尋求中國軍隊的弱點，繼續進擊，或局部奪取戰略要點，「則不但不能打擊中國軍，且勞而無功，徒被其吸引兵力而已」。故除對難解決的問題仍依靠軍事進攻外，則「重視政略的進攻，培植並加強新政權，使國民政府趨於沒落」。所謂「政略」，即指培植偽政權，對蔣介石亦進行誘降，改用軟硬兼施的辦法。日方的對策轉變，收效頗著。

日本先在華北等地培植「自治政府」等各種偽組織，終於沒法讓汪兆銘「繼王克敏，梁鴻志之後在南京組織傀儡政府」。[11]因汪精衛在中國國民黨和國民政府中，居於重要地位，蔣介石在事後說，汪「自抗戰開始以來，不斷力倡和議，反對全面抗戰，且被視為有私通日本，使停泊在長江上流的日本軍艦逃出中國封鎖線的行為。他又在德國駐華大使陶德曼從事和平工作之際，毋寧說是有點採取偏向日本態度。還有，當廣州淪陷時，更傳播『中央將軍隊拉到武漢去了』的流言；後來在武漢淪陷乃至長沙大火之後，又藉口責難政府的焦土戰術，其反對政府的言行頗為顯著」。[12]汪對日本的引誘則一拍即合。11月汪、日的代表在上海重光堂談判，討論建立新政府計畫。12月18日汪私自離開重慶赴雲南，19日去河內。

汪精衛在與日方秘密談判之後，公開叛國之前，11月16日，曾單獨會見蔣介石，據陳布雷在日記中記載：「蔣公猶扶病與之詳談二三十分鐘，始終提和戰之意見。不料未及一週，即潛入滇而離國也。」[13]汪精衛在出走時，蔣介石適去西安主持一次軍事會議，21日在陝西武功得龍雲的報告，頗為吃驚，在日記中說：「此事殊所不料。當此國難空前未有之危

---

11 蔣介石，《集中力量推進政治經濟建設》（1940年4月）。
12 《蔣總統秘錄》第11冊，第183頁。
13 《陳布雷日記》（二），第89-90頁。

局，不恤一切，拂袖私行，置黨國於不顧，是豈吾革命黨員之行動乎？痛惜之至！惟望自覺回頭耳！」[14]24日下午蔣回到重慶，當晚即通過顧問端納轉告美、英駐華大使：「汪兆銘無權和任何人談判和平。中國不但沒有意思和日本談和，而且現在正準備大規模的抵抗。」暗中則派人帶了一份外交護照及旅費，飛越南面交汪精衛。汪亦叫來人帶一信給蔣介石說：「如果他（指蔣）下野，我也一起出國。」蔣未理睬汪的意見，26日駁斥日本提出的「東亞新秩序」，稱之為「亡我國家滅我民族的一切計畫內容的總暴露」。翌日又致電河內，勸汪精衛速返重慶。汪精衛28日發表《豔電》，就是對蔣電的回答，亦即表明公開叛國。1939年元旦，國民黨中央常務員會決議：「永遠開除汪兆銘黨籍。」1940年3月30日，汪精衛在南京建立偽政權，但日本政府遲遲不承認，迄11月31日才正式承認。日本政府對汪精衛的偽政權所以猶豫不決，是知道汪的使用價值已不太大，更希望蔣介石的投降。

汪精衛叛國後，曾致電國民黨中央，申辯他的行動同原來蔣介石通過陶德曼同日本搞和談是一致的。他說，當時日方所提條件「且較此為苛，蔣先生體念大局，曾毅然許諾，以之為和平談判之基礎；其後日方既有此覺悟，我方自應答以聲明，以之為和平談判之基礎」。

「七七」事變以後，蔣介石曾寄希望於國聯，與陶德曼有過接觸，1938年12月2日，蔣介石第二次接見陶德曼前，曾召集白崇禧、徐永昌、顧祝同、唐生智等商量過，大家表示只要：「中國在華北的主權和行政權不改變」，不妨與日方交涉，但當時蔣介曾向陶德曼表示：「認為日本已經從這次戰爭中成為勝利者的看法，他不能接受，……他也不能接受日本的最後通牒。」關於滿蒙自治的要求，雖不能接受，卻表示可以同日本談判。但在日本攻陷南京以後，日方驟然追加了條件。蔣在12月16日的日記中說：「日所提條件如此苛刻，決無接受餘地。」在27日的國防會議上，

[14] 蔣介石日記，《蔣總統秘錄》第11冊，第195頁。

仍有人主張和談時，蔣則說，「殊不知此時求和，無異滅亡」。並在日記中表示：「與其屈服滅亡，不如戰敗而亡。」於是日本在1938年1月，宣佈「陶德曼調停」結束。並宣佈今後「不以國民政府為對手，並期待真足與日本提攜的新興支那政府之成立」。日本政府認為「不以之為對手，比否定具有更強意義」。此舉違背國際法慣例，日本則認為是「在國際法上開此新例」。

蔣介石1938年1月18日由洛陽抵達南昌，發表感想說：

> 自我拒絕日本媾和以來，使日本不得不發表聲明不與國民黨政府為對手之主張，此其於政略上，彼為被動，而我乃取得主動地位矣。且可使國內主和者斷念。內部更可團結矣。昔者宋人亡於外寇，乃由主和者日盛，主戰者日衰之故。余之刻苦奮鬥，不惜犧牲，誓以生命報國，就是以使岳武穆未伸之壯志，終得伸張於七百載之後。雖然甘心為秦檜者，恐未易完全斷念，吾益當努力圖之。

但是，在日本方面於1939年秋，依然想用武力與「政略」雙管齊下，欲使重慶政府在1940年底屈服。他們一方面以樹立南京的汪偽政權相威脅，同時「努力再辟與重慶政府聯絡路線」，[15]制定誘降蔣介石的「桐工作」計畫。蔣介石將計就計，派軍統特務曾廣打扮成宋子文的弟弟宋子良，與日本特務進行秘密周旋與談判。對滿蒙問題、和日本在中國的駐軍問題、以及對汪偽政權的處理問題，其中最大的問題是要中國承認滿洲國，均無法達成協議。談判由此中斷。

1941年12月8日，日本偷襲珍珠港，翌日，國民政府正式向日本宣戰，同時宣佈與德國、義大利兩國立於戰爭地位。美、英等西方國家也均對日宣戰，從而結束了中國對日孤軍奮戰的局面。

---

15 《今井武夫回憶錄》，第139頁。

（二）胡適主張理智苦撐

1、由避戰到苦撐

「七七」事變發生，猶如晴天霹靂，1937年7月8日胡適南下參加蔣介石在廬山召集的茶話會。7月31日蔣介石在請胡適吃飯時說：「已決定對日作戰。」胡適內心仍不以為然，則對蔣說「外交路線不可斷」。但胡適又擔心，中國目前不像蘇聯，蘇聯雖也在利用外交避戰，但蘇聯有資格講避戰，「第一因為對外有抵抗力，第二對內能有控制的力量。我們這兩件都沒有。……今日政府比廿四年（1935）更強了，但恐還沒有強到（按：著重號是原有的）一個可以忍辱避戰的程度，——又無政治家能擔負大責任——故至今飄泊（difting），終陷入不能避免的大戰爭」。[16]8月6日，胡適仍然建議蔣介石與日本近衛內閣談判。列出了談判的理由、目標和步驟。其目標有二：

> 1、趁此實力可以一戰的時候，用外交收復新失之土地，保存未失之土地；2、徹底調整中日關係，謀五十年之和平。[17]

胡適的這次努力，據王世杰在日記記載：「蔣先生甚客氣，但未表示意見」。8月7日，南京中央全日舉行國防會議，中央及地方軍政要員均參加會議，決定積極備戰及全面抗戰。胡適的建議亦在會議上提出了，據王世杰說：蔣介石頗譏「某學者」，「參謀總長程潛在會議上指摘胡氏為漢奸」。[18]則使胡適感到這思想已不適應當時的形勢。他在十年以後，追憶

---

16 《胡適來往書信選》（中），第363頁（此信是信稿）。
17 胡適的日記，1937年8月6日，《近代史資料》總五號（1955年2期）。
18 《王世杰日記》（手稿本）第一冊，臺灣中央研究院近代史研究所編印，1990年，第82-85頁。

此舉：「我在八月中還做過一次和平的大努力。但我後來漸漸拋棄和平的夢想了。九月八日我離京，那天我明告精衛、宗武、希聖三人，我的態度全變了。我從此走上了『和比戰難百倍』的見解。」[19]對國內的抗戰已有了信心，則又把考慮問題的重點轉到日本侵略者方面。因此有「苦撐待變」的理念。

1938年胡適在致傅斯年的信中，第一次提出「苦撐待變」的完整概念。他說：「國事至此，除『苦撐待變一途，別無他法」。[20]8月在英國的一次講演中，更形象通俗地闡釋了「苦撐待變」的方針。他說：

> 我們這次是為世界作戰，至少是為民主國家作戰，但我們自己要咬牙苦撐，不要先打算盤。苦撐一年、二年、三年，甚至如板垣所說的十年。幾年內忽然來了一個幫助，就好像窮人一旦得愛爾蘭的大香濱馬票、豈不痛快！但先當求之於己，咬牙苦撐。比如一個家庭、製造預算的時候是不能將馬票計算在內的。[21]

同年的12月4-5日，胡適在紐約哈摩尼俱樂部和律師俱樂部演講《美國獨立和中國抗戰》時指出：

> 漢口、廣洲失陷之後，中國的海上通路全被切斷，有許多人感到沮喪，也有人想接受我們可以獲得的任何和平。但我們沒有任何機會，可以得到中國人民都正當接受的和平。我們必須繼續作戰。

這就是咬牙苦撐，胡適在此說的是「有人想接受……」，所說的和平，是指「中國人民都能正當接受的和平」、而不是屈辱當奴隸的和平。

---

[19] 《胡適為往書信選》（中）第634頁。

[20] （胡適之先生年譜長編初稿）（五），第1639-1640頁。

[21] 《論美國的態度究竟怎樣》，《血路入》1938．9．24，重慶出版社。

胡適說：「這樣「正當和平」的獲得與維持，必須具備三個要素：（一）有負責盡職，不畏誹謗致力和平的調停人。（二）弱國在調停人掩護下，願意承受相當大的犧牲，並且不怕發生內戰。（三）調停人需要有充分的毅力與堅定的決心，使強者受制裁，侵略國能承認遵守其與弱國間所調停的結果。」[22]這三要素缺一不可。以往的國聯調停即是不具備這三個要素，而現在又已「沒有任何機會」了。這實是胡適放棄了和平幻想之後，「和談比戰爭更難百倍」的思想，進而列舉例證，建言政府，認清當今唯一的出路只有「繼續作戰」。1940年10月20日胡適在致重慶政府外交部電說：

> 凡涉和戰大計，總不外「苦撐待變」四字。所謂變者，包括國際形勢一切動態，而私心所期望，尤在於太平洋海戰，與日本海軍之毀滅，此意似乎夢想，然史實所昭著，以和比戰更難百倍。太平洋和平會議未必比太平洋海戰更易實現。[23]

胡適此時所說的「苦撐」，實乃「苦戰方案」的發展與完善，即中國決心三、四年苦戰，「使日本軍隊徵發到多數人感到戰禍的威脅；軍費增加到國家財政危機：滿洲日軍西調或南調，使蘇俄有機可乘；世界人民對中國表示同情；美英感到威協……，太平洋海戰的時機就迫近了。[24]但我們必須撐到那一天，這是最根本的。否則就如一個家庭「不幸的家破人亡，即使得了馬票也無用處」了！

胡適提「苦戰」方案，借鑒了列寧對德講和案例。[25]「苦戰」與「苦撐」的區別在於，前者作為有代價交涉的後盾，尚存在著和平的夢想，是消極的求存，後者是丟掉「和平」的迷夢。認識到「和比戰難」，是積極而主動的抗戰了。「苦撐待變」是建築在下列根基上的：

---

[22] 《胡適致蔣介石電》，1938．10．20，吳相湘，《民國百人傳》第一冊，第178-179頁。

[23] 《給重慶外交部的電報》，《盧溝橋事變前後的中日外交關係》。

[24] 《與雪艇書（三），1935．6．27》。

[25] 《與羅努生書》。

中國是個大國，縱然損失了大片重要地區，仍有足以周旋的餘地。同時有著龐大數目的人口，以供作戰之需，這些長處，正是敵人的短處。用大片的空間和眾多的人力來換取充裕的時間，正是遏制侵略者速戰速決的有效對策。

蔣介石在1937年11月9日，即抗戰剛開始的時候，即說明這次戰爭的持久性。他說：

> 這一次戰鬥、決不是半載一年可了。一經開戰，最後必分勝敗。如就兵力及國力比較，我國殊少勝利把握。但毅然與之作戰，且有最後勝利的自信者，係基於以下三項根據：（1）自二十四年以四川為後方根據地後，即以四川為國民政府之基礎。敵如入川，至少須三年時間，此為敵人時間所不許可。我軍節節抵抗，誘其深入，愈深入內地，於我抗戰愈有利。（2）只要國民政府不被消滅，我之國際地位就能確立。敵人驕橫暴戾，到處樹敵，在二、三年以內，即難持久下去。我一時一地之得失，無害於根本大計，唯一方針就是持久。（3）阿比西尼亞之亡國，雖因國際正義之不張，但中國在地理上與軍事上，與阿國不同。我國不僅幅員廣大，且有極堅強的抗敵意識。故日本決不能亡我。[26]

胡適也是以「空間換取時間」為對策。1939年12月5日他在紐約說：

> 我們確已損失大片重要的土地，可是我們爭取到兩年半的時間。如日本首相所預言的戰爭尚須延續五年到十年之久。時間有利我們，戰爭愈久，我們的力量愈加強，日本相反的，戰爭愈拉長，

[26] 蔣中正，《國府遷渝與抗戰前途，1937・11・19》，《總統蔣的思想言論總集》卷十四，第654-656頁。

他們的力量愈加削弱。[27]

「苦撐」是盡其在我；「待變」是等侯世界局勢變到我有利之時。[28]

戰爭的要素除了暴力與政治兩種外，還有一個要素是機遇，如同「賭博」的碰運氣。因為戰爭總是在朦朧的月色下進行的，根據蓋然性下注是必要的。胡適說，「我是哲學家，所以我會算命，馬票也許終有中彩的一天」，[29]運氣在戰爭中所起的作用決不能小看，胡適的「苦撐待變」即是利用這一戰爭要素。克勞塞維茨稱它「仍是達到重要目的一種重要手段」。[30]

胡適與蔣介石在抗戰問題上，均是以「持久」立論，二人對抗戰的長期性認識是一致的，但求證的方法不同。在「八一三」全面抗戰之前，就胡蔣二人均同為主張避戰而言，胡適避戰主要為贏得時間，等待國際形勢的變化，期待太平洋戰爭爆發。蔣介石則還有著「安外攘內」的因素[31]。胡適雖然也認同蔣介石「攘內」方針，曾說「今日要雙管齊下，一面謀二三年或一二年喘氣，使我們把國內的武裝割據完全解決了；一面作有計劃的佈置，準備作那不可避免的長期苦鬥」。[32]側重點各不相同，胡適等待國際形勢的變化是主要的。蔣介石亦期待爆發太平洋戰爭。但爭取時間主要為「攘內」。

2、對汪精衛外交路線的批判

「九一八」事變後，汪精衛出任行政院院長，1933年12月羅文榦辭去兼任的外交部長，汪即兼任外交部長，唐有壬為次長，全面主持抗戰前期

27 《中國目前的情勢》，《年譜》（五），第1691-1693頁。
28 《胡適的日記》（手稿本）1941．9．19。
29 《論美國的態度究竟怎樣》。
30 轉引列寧，《克勞塞維茨〈戰爭論〉一書摘錄和批註》。
31 美國使假定駐南京副參贊艾奇遜（Atcheson）在1935年4月30日向美使詹森的報告中說：「中國過去的口號是安內攘外，現在正實行安外攘內。」轉引自謝國興，《親日衛國——黃郛》，第243頁，臺灣久大文化出版社。
32 《與雪艇書（三）》。

的外交事務。胡適與汪都主張交涉談判，同為「低調」，所以胡對汪的外交方針基本上是支持的。配合也很默契。在華北事件以前，均主張保全華北，看法一致，但由於胡適是從世界整個局勢著眼，對前途表示樂觀，委曲求全，以伺形勢有利於我。汪精局限於中日之間看問題，對世界局勢缺乏總體認識，信心不足，且對日本的「和平」攻勢存有幻想。在《塘沽協定》以後，胡、汪的外交思路則出現分岐。胡適說：「自從華北停戰以後，國內外都有一種揣測，說中國的外交政策要根本改變了，改變的方向是拋棄歐、美的路，重叩日本的門。」[33]指的就是汪精衛外交路線的轉向。

胡適針此撰《世界新形勢裡的中國外交方針》，指出：

> 無論在平時或在急難時，中國的外交必須到四條路線：一是日本，二是蘇俄，三是美國，四是國聯（代表西歐和英帝國）。最上策是全顧到這四線；不得已而思其次也要顧到四線中的三線。

問題的焦點是何看待美國的動向。汪精衛11月22日在致胡適的信中說：

> 國名不便寫在紙上，用甲、乙、丙、丁來代替，先生必然猜得到，甲國（按：即指日本）和乙國（蘇俄）打架之前，甲國必首先要求我國表示態度。我國幫他麼，無此情理；不幫他麼，立刻佔領華北及海口。甲國是預備陸軍三百五十萬人來打仗的，三百萬對付乙國，五十萬對付我國。要之，在乙（國）未勝或未敗以前，我國已經一敗塗地。
>
> 以甲對乙，勝負未可知；以甲對乙、丙（英）、丁（美），則乙、丙、丁之勝利是必然的。我們何憚作比利時呢？……如今戰爭，是經濟戰爭。以現在我們軍隊，若無經濟供給，留駐於沿海沿

[33] 胡適，《世界新形勢裡的中國外交方針》，《獨立評論》78號，1933．11．20．

江嗎！必然成為無數的傀儡政府；退入西北內地嗎！必然成為無數的土匪。換句話說，絕不能做到比利時，因為沒有那麼簡單。那麼，即使乙、丙、丁幸而戰勝，我國已成一團糟，除了化做蘇維埃、便是瓜分或共管。[34]

字裡行間毫無一點信心。汪在11月29日的中政會上同樣如是說：

自「九一八」事變至本（1933）年五月前外交工作，全為「打鑼求救」。然國際方面，已明示吾人，除道義上之同情外，即經濟封鎖（對日）亦難辦到。則實力之救助，已成空想。故自五月以來，外交上態度已易為「困守待援」。蓋就國際形勢觀之，美俄復交，足以促成日俄之對峙，不久將來，勢必發生變化；變化之結果，或即為中國求得一新生路之機運。與其打鑼求救而救兵終不到，且因打鑼更足引敵之侵略，孰若困守以待救之為得計。[35]

胡適說：「人多疑慮美、俄攜手要促成世界大戰，我以為美俄攜手之後，如果日本的浪人不闖出『驚人的事件』，世界戰爭的爆發也許真可以展延一兩年。……復次，比利時所以亡而復存，只是因為能抓住協約國，只是因為它能堅持一種信心。我們要學比利時，我們就不能不培養一點信心。」[36]

胡適對汪精衛說：「兩年來世界人士，歐美國家，對我們的同情，都是這個理想主義受威協危害時的喊聲，我們不可認錯了。」[37]「我們今日的情形，老實說，只能是：多交朋友，謹訪瘋狗。我們若因為怕瘋狗，就

34 汪精衛致胡適，《胡適來往書信選》（中），第220-221頁。

35 汪精衛，《報告外交情況》1933．11．29，國民黨中央政治會議186次會議速記錄，中國國民黨黨史會藏檔。

36 《胡適來往書信選》（中），第226頁。

37 《胡適來往書信選》（中），第225-226頁。

連朋友都不敢交結了，哪就不夠資格做朋友了。」這是中肯的批評。但汪仍不接受，說中國與丹麥瑞士等弱小國絕不相同，中國是弱大國，「世界上弱小國可以生存，弱大國則不能生存，中國可以比印度，卻不能比丹麥、瑞士。」[38]而汪精衛的精神似乎全崩潰了。他認為：

> 今日的中國，恰如蛙一般，我們受人宰割而亡國也，正如蛙一般，割一刀，叫一聲，跳一下，直至刀刀割完，部部分解，還不知道早已一命嗚呼的了。[39]

汪精衛對西方態度由「鳴鉦求救」（即「打鑼求救」）轉變為「默守等援」（即「困守待援」），是認為西方只願以「道義」而不願以「實力」相助，這就是唐有壬所說的汪先生「碰過釘子」，因而自暴自棄。他對胡適說：

> 求救者的呼聲已入了赴救者的耳朵，鳴鉦者並非徒勞。……援何時到？援未到時該怎麼樣？援已到時該怎麼樣？正是待援者所終日算計的。赴援者明瞭了待援者的心事，必不因其默守而以為不必赴援。[40]

汪精衛以後的行為證明他「為中國求得一新生路之機運」，即是把目光轉向了東京，不鳴鉦了，再「打鑼更足引敵之侵略」，只希望維持現狀，不起「折衝的麻煩」，就是「大助」了。他說「闊佬和闊佬拉交情是容易的、窮佬和闊佬拉交情是難的」。[41]這是放棄與西方外交的託辭。

---

38 《胡適來往書信選》（中），第229頁。

39 汪精衛，《兩年來關於救亡圖存之工作》，1934．1．23在國民黨四屆四中全會的政治報告。中國國民黨黨史會藏檔。

40 《胡適來往書信選》（中），第223頁。

41 《胡適來往書信選》（中），第460頁。

但胡適當時仍想扭轉當局的外交思路，或公開撰文、或私人信函，對他們以大義相導。指出：

「外交要顧到世界的局勢，而不可限於一隅的局勢；外交要顧到國家百年大計，而不可限於一時的利害。」「我們若先疑慮乙、丙、丁來瓜分或共管，那麼除了投到甲國的懷抱去做朝鮮，還有何路可走呢？」「當舉國唱高調之時，我不怕唱低調；今日舉國好像要唱低調了，我不敢不唱一點高調。此非立異，實是出於不得已」。[42]

他對汪精衛說，「依我的看法，只是由無力的喊聲漸漸轉到有力的備援（著重點是原有的），我們切不可因其不喊了，而就認為是無心援助我們了。」[43]

胡適認為汪精衛兼外交部長不合適，「政府領袖首當外交之衝，甚非所宜」；助手唐有壬也不勝任。[44]所以建議另覓「替人」。

因汪精衛心懷鬼胎，怕人懷疑他是當代的李鴻章。他曾在致胡適的信中探問：「先生意中有李鴻章其人沒有呢」？[45]汪精衛在代表政府說話時則理直氣壯地說：「弟平日決心欲集吾黨精銳，共同一拼，而讓他人為李鴻章」。[46]實際是惶恐忐忑，卻是「此地無銀三百兩」。且看他下面的自白：

當敵人占住了我們頭門的時候，我們「鳴鉦求救」，敵兵不退，援兵不來，至於二門也險被攻破。當是時，守二門的人，停了鳴鉦，一面派出幾個人出二門外，與敵講和，希企保住二門，敵人因之暫停攻擊，二門是保住了。然而赴援的人，因為鉦聲歇了，不但以為

42 《胡適來往書信選》（中），第225-227頁。
43 《胡適來往書信選》（中），第227頁。
44 《胡適來往書信選》（中），第262頁。
45 《胡適來往書信選》（中），第210頁。
46 《胡適來往書信選》（中），第211頁。

守二門人的不望援，甚至以為守二門的人已與敵人妥協。不但此也，二門以內，一部分人，見敵不來攻，不惟疑心守二門的人，忘記了恢復頭門；甚且以為守二門的人，準備著將二門獻給敵人，指為漢奸，斥為賣國。其結果：守二門的人，還是牢守著老主意呢？還是準備著做高仙芝，抑做哥舒翰呢？
先生（指胡）能注意到助長二門以內的人的吶喊，而忽視了守二門的人的沉默？先生，替人之難，即在於此，寧為被磔的袁崇煥，不為被迫出戰的哥舒翰。[47]

汪精衛已下決心，不允許引進一個「替人」是唱反調的外交家；以致他在二門沉默，而「替人」竟在二門以內吶喊。他寧願沉默，不願向西方求援。疑慮「乙、丙、丁」，專注於「甲」，不幸而為胡適言中，最終投向日本的懷抱。

但汪精衛並不認自己所走的路是「朝鮮第二」，而認為是「大亞洲主義」的核心民族主義，與胡適的「國際主義」及陳獨秀的「共產主義」同是一種信仰。下錄他組織偽政府後在南京的一段奇談，供共欣賞：

國際主義，以英美為背景；共產主義，以蘇聯為背景。兩種主義，迴然不同，卻有其相同的一點，便是反對民族主義。

國際主義、共產主義得勢，則民族主義倒楣，民族主義的核心大亞洲主義也就無從提起。因為中國不如英美，整個亞洲也不如英美，中國在鄙薄之列，這是自然的結論。陳獨秀與胡適之討論整理國故，說「這是從糞堆中找香水」。不錯，胡適之以後從糞堆中找得一點香水自誇，陳獨秀以為香水何必從糞堆中找。兩個人議論不同，而將中國文化看成糞堆的立腳點則無乎不同。[48]

---

[47] 《胡適來往書信選》（中），第229頁。

[48] 汪精衛，《十年來和平運動的經過》，1943年在南京的演講（中國國民黨），黨史會藏

3、弱國更需要外交——國際組織的構想

胡適重視外交，曾引證中法戰爭時郭崇燾上疏皇帝的話：

> 交涉西洋通商事宜，可以理屈，不可以力爭，可以藉其力以圖自強，不可忮其強以求一逞。臣嘗論西洋要求事件，輕重大小，變化萬端，一據理折衷，無一不可了，一戰則不易了。[49]

表明近代的國際關係已不同於古代，所謂「力爭」即指以戰爭解決問題，近代應重視「據理折衷」，以外交解決問題。胡適認為「今日的外交、關係我們國家民族的前途。……人說『弱國無外交』，這是大錯，因為國弱，所以更需要外交。外交不僅是應付目前，是要把眼光放遠一點，認清國際的趨勢，決定一個國家和民族的朋友和敵人。」

胡適重現國際關係，立足弱國，所用的外交方針是「以夷制夷」。他說：「『以夷制夷』翻譯成白話，就是『藉一個友誼的國家的援助來抵禦一個敵對的國家』。這是國家常做的事，這裡只有成敗可評量，沒有什麼是非可判斷。」[50]這種外交對弱國來說尤為重要，胡適的「苦撐待變」，就是與此「以夷制夷」的外交方針相輔而行的。

胡適說「列強之中至少有些國家對於中國除了通商之外沒有別的野心」，[51]現在的世界上有三個集團：「蘇俄與新大陸，加上國聯。」這三大集團的結合，應該可以有一種有力的國際和平主義出現。」「蘇俄的國際理想主義」包括東歐的社會主義國家；「新大陸的國際理想主義」是指美國的勢力範圍；「國聯」則主要代表英國和西歐。這三股力量的聯合，可以迫使

原稿。

[49] 胡適，《我的意見也不過如此》，《獨立評論》第46號，1933年4月16日：原文引自《郭侍郎奏議》卷十二，《因法事務陳時政疏》。

[50] 《答室伏高信先生》，《獨立評論》180號，1935．11．30。

[51] 《跋蔣廷黻先生的論文》。

日本讓步，胡適說「美俄國交的恢復，……可以使野心的軍閥稍稍斂戢他的暴行。」[52]據胡適分析，如果日本暴力擴張，將會刺激蘇俄把力量移到遠東，英美等國在太平洋的恢復軍備。在太平洋出現的新均勢如不能好好協調，將會引發第二次世界大戰。所以他希望以新均勢作國際新秩序的新基石。[53]

蔣介石任命胡適為駐美大使，就是希望他爭取美國支持中國的抗戰·胡適亦深信美國在中國真的危險到極點時，是不會坐視的。[54]但因美國當時奉行孤立主義，無意關注遠東問題。胡適即對美國朝野宣傳中國的抗戰與美國利害相關。他指出遠東衝突的原因之一，是日本軍國主義和新世界秩序道德限制之間的衝突，與這個問題有關連的不僅僅是中國，而是整個世界。胡適強調，「中國在某種意義說是為整個世界作戰」。[55]但他又聲明，中國是不會把美國拉入戰爭的。美國政府現在要求中立，置身於戰爭之外，以免戰禍殃及美國人民，完全是合理法的。問題是，僅僅靠消極的綏靖主義是否就能使美國人免於戰禍？是否保持中立即可以置身於戰爭之外？胡適追溯第一次世界大戰之初，美國亦置身於戰爭之外達三年之久。最後還是參戰了，並向德國宣戰。美國的一位和平主義者於1938年給羅斯福總統寫了一封信，表達他害怕美國捲入戰爭。但他的結論卻是：美國只有以武力才能維持和平。[56]

歷史能重演，但不是簡單的重複，第一次世界大戰把美國拉入戰爭的是德國，這次把美國捲進戰爭的而是日本，德國和日本都是戰爭的發動者。

「以夷制夷」，本是我國傳統的民族分化政策，近代則用於「師夷之長技以制夷」的自強之道。李鴻章已曾用於外交，由於李鴻章在歷史上受謗，「以夷制夷」的外交方針亦因而遭殃。胡適在抗戰中賦予新的時代使命與科學解釋，取得了成效。不特此也，還引起了敵人的惱怒，聲

---

[52] 《世界新形勢裡的中國外交方針》，《獨立評論》第87號，1933年11月20日。

[53] 《日本霸權的衰落與太平洋的國際新形勢》，《獨立評論》203號，1937·4·11。

[54] 《論美國的態度究竟怎樣？》。

[55] 《遠東衝突後面的問題》，《年譜》（五），第1621-1624頁。

[56] 《論美國的態度究竟怎樣？》。

稱：「似此以夷制夷政策，日本絕對反對。」[57]日本外相公佈《廣田三原則》，其中第一條就要「中國須絕對放棄以夷制夷政策」。[58]表明其對此方針的恐懼。

胡適對此方針的設計，「不但曾費時甚多以搜集資料，尤其立意設辭是煞費苦心」。[59]其涉及歷史學、政治學、哲學、國際學等領域，經假設求征而得，非一般職業外交家所能做到的。其實中共在抗戰時期也奉行就是依靠幾個國家相互牽制來保持獨立的，所謂以夷制夷政策。如果中國只被一個強國把持，則早已滅亡。此方針，劉少奇就說過：「中國從來就是依靠幾個國家相互牽制來保持獨立的，所謂以夷制夷政策，如果中國只被一個強國把持，則早已滅亡。」[60]

世界上既然經常出現「瘋狗」，就應該聯合起來共同制裁害群之馬。胡適認為國際政治與國內政治一樣，無非建築在一種力量的基礎上。「但那種力量不全靠武力，大部分還得靠社會的習慣和公論的制裁。說淺一點，政府的力量就好比一個紙老虎，全靠思想、信仰、習慣等無形的勢力來共同維持。紙老虎未被戳穿的時候，一紙空文可以叫一個大將軍束手就縛，砍頭時還得謝聖恩。紙老虎戳穿時，錢也買不動了，兵也征不服了。所以善為政者，要養成習慣，情願做一隻紙老虎，有力量而不肯濫用力量。如果每一個契約，每一條法律，每一道命令，都得動用干戈方為有效，那就不成其為政府了，國際政治也是如此。」「現在的國聯也就是建築在一種空泛的、理想的公論的護持之上的，其實全世界今日的互相維繫也不是全靠武力的，所靠的還是國際間有守信誓的義務，有顧忌公論的需要。說破了也只是一個紙老虎。可是這個紙老虎一旦戳穿了，條約不成了條約，承諾不成了承諾，這個世界就沒有一日安寧了。」[61]

---

57 《今日的危機》，《獨立評論》99號，1934．4．30。
58 《整頓中日關係的先決條件——告日本國民》，《大公報．星期論文》，1936．4．12。
59 轉引吳相湘，《胡適之的「苦撐待變」的主張》。
60 （胡喬木回憶毛澤東》，第427頁。
61 《究竟那一個條約是廢紙》，《獨立評論》19號，1932．9。

國際間所以需要有這樣的「紙老虎」，就是因為帝國主義以暴力擴張，侵略無度，弄得世界「沒有一日安寧。」胡適追溯其歷史的淵源說：

> 今日七大強國之三：德、意、日，在一八七〇年左右獲得內部的團結，並開始參加殖民帝國之列，他們三國在參加時已經太遲，所以自稱為「沒有」的國家，而意圖在李普曼所謂「外交賭注」的地區遂行其擴展活動。該地區廣袤龐大，資源豐富，但政府懦弱，無法抗拒外來的侵略。這些「外交賭注」的地區包括非洲、阿拉伯、波斯、巴爾幹半島、土耳其和中國。上個世紀的最後幾十年間，「弱肉強食」的原則十分猖獗。[62]

由此，胡適結論：「國際戰火是這些帝國主義的爭奪所引起的。」[63]由於各國發展不平衡，年輕力壯的後起帝國主義來到資本主義餐桌邊時，已座無虛席，唯一的辦法是把餐桌掀翻，重排座次。從這個意義上說，馬克思主義者早就把帝國主義與戰爭劃了等號。如何遏制戰爭，胡適同樣從歷史中找根據。他指出，中國的庚子之役，八個國家聯合攻陷了北京，沙俄已侵佔了我東北，這是一場國際戰爭，若分贓不均，即極有可能引爆世界大戰。這次戰爭的危機由美國國務卿海約翰重申門戶開放政策而避免了。「英國支持該項主張，使具有更大侵略性的俄、德、日有所顧忌」，中國獲救了。由此「遠東秩序奠基於門戶開放政策。」[64]

1914年爆發了第一次世界大戰，日本乘機稱霸於西太平洋。國際追求新的理想世界秩序，並沒有因世界大戰而中止，卻因世界大戰的犧牲慘重而更為迫切，威爾遜在戰後提出的十四點原則，被視為國際理想主義的金科玉律。根據威爾遜理想主義的原則創立起了一個國際聯盟。國際公

[62] 《我們還要作戰下去》，1939．10．30，《胡適之先生年譜長編初稿》（五），第1683頁。
[63] 《我們還要作戰下去》，1939．10．30，《胡適之先生年譜長編初稿》（五），第1683頁。
[64] 《我們還要作戰下去》，1939．10．30。

約規定尊重各國領土完整，以仲裁、調解等手段解決國際糾紛。1921年11月到1922年6月，英美等國創導召開華盛頓會議。由這次會議簽訂的《四國公約》、《五國公約》等國際條約所構成的華盛頓體系，就是沿著這條路走下去的一個里程碑。嗣後的十多年間，國際間以理想主義簽訂了《九國公約》、《海軍裁軍條約》、《洛加諾條約》和《非戰公約》等和平協議。《九國公約》與《非戰公約》及《國聯盟約》合在一起，則成一連環大協約。《九國公約》參加者為十二國，《國聯盟國》有五十五四，《非戰公約》的參加者有六十二國，這個大連環包括了全世界，是不容輕視的。

1932年美國國務卿司汀生提出「不承認主義」，即不承認用暴力造成的任何局面。」[65]過去的國際關係總是承認既成事實的局面，而今提出暴力造成的既成局面不予承認。胡適讚賞它是一種「新的政治理想」，是針對日本侵佔我東北提出的。司汀生主義是一種「道德的裁判」，它建築在一種空泛的理想公論的護持之上，也是一種「紙老虎」，但尚未能付諸實施。

胡適在構想外交準則的同時，也在考慮「將來必須倚靠一個比較近於人類理想的國際組織，使強者不輕易侵暴弱者，使弱者也可以抬頭講理，安穩過活」。即有一個「可以使丹麥、瑞士和英吉利、法蘭西同時生存的世界組織」。[66]這世界組織不是現有的國聯。現有的國聯在事實上已經失去了效用。

不過現有的國聯組織，當初也是以理想主義原則建立的，至今固然已失效，但失效中有教訓可以吸取，「這個教訓當有可利於夢想和創造未來的人」。胡適於第一次世界大戰休戰二十一周年紀念日——1939年11月11日有一個廣播演說，題為「The Family of Nations」（郭博信先生譯為「聯合國」），設想了一個未來國聯組織的圖案。他說「未來的聯合國必須是一個『強制執行維持和平的聯盟』」，應該實行下列基本原則：

---

65 《我們可以等候五十年》。

66 《世界新形勢裡的中國外交方針》，《獨立評論》78號，1933．11．20。

一、未來世界秩序必須建立在各國確切的許諾，而不是在虛渺的抽象觀念上。

二、國際關係必須革新。古老的各國間形式上平等的觀念必須輔以分等級負責任的原則，即按照各國能力、兵力、地理或戰略地位分等級負擔責任，是荒謬的。因為它是承認事實上的不平等為前提的，所以是一種不平等的概念。

三、現在的國聯不能有效的執行職責，一碰到某地區發生重大衝突，就感到缺乏一個地區組織來執行其職責。現在只有西半球的美國能執行該地區的任務。因此他認為未來的聯合國應當是歐洲聯盟，美洲會議，英國國協，太平洋會議，西部與西南亞各國會議等等的地區組織的超級聯盟。這就是「由分擔責任觀念可推廣至地區領導與合作的原則」。[67]

胡適在此是向夢想和創造未來的人建議，成立一個有確切約束力的、有效的各分擔地區職責的聯盟聯合體，使世界成為一個眾民族的大家庭。

1942年胡適盛讚大西洋憲章，從中總結第一次世界大戰的歷史教訓。威爾遜和平計畫為何失敗了？展望這次羅斯福、邱吉爾的世界和平計畫有可能成功。胡適指出，威爾遜計畫的失敗，是因為：（一）第一次世界大戰時，在與德國作戰的盟國中，有日本和義大利，「這個同盟不能使威爾遜的理想有所收穫。」（二）一九一九年的世界對威爾遜的原則沒有瞭解與接受的準備。胡適說，過去不具備的條件，現在具備了，第二次世界大戰使最愛好和平的國家也遭到無情的蹂躪，中立國沒有了，「最大的海洋，也不能保障以前的孤立國家。世界上最強的美國也受人攻擊，而且遭受歷史上未有的打擊，這種情形帶來了對世界事更現實的新看法，凡事要從痛苦的經驗才能學習聰明」。因此他說：

[67] 《胡適之先生年譜長編初稿》（五），第1687-1688頁。

使我們對大西洋憲章上所規定的未來和平計畫更抱有實現可能的希望。但是工作是龐大的，還有許多工作要大家去完成，造成完全瞭解世界禍害的空氣，以及提出拯救的辦法。[68]

1943-1945年，經美、英、蘇、中四國的努力，終於成立了一個新的國際組織聯合國，胡適出席了1945年4月-6月在三藩市召開的制憲會議，因其憲章中規定要理事會常任理事國享受否決權，表明它仍保留了「等級負責任的原則」，他不同意這種特權政治，這原則也與中國政府在聯合組建和憲章制定的第一階段，即1944年8月美、英、蘇三國在敦巴頓橡樹園會議時所提方案的基本精神相違背。敦巴頓橡樹園會議的基本精神是：「不主張美、蘇、英、中四國享有過大之特權。」中國政府指出，「我如主張其他特權，勢必增加各小國對我之反感」。同時因中國實力不足，「縱令我享有其他特權，實際上我未必能利用」。而英蘇等國利用此特權，「容或予我以不利」。[69]

戰後的國際，熱戰停止了，卻進入了兩個陣營的冷戰時代，談不上「守信誓的義務」和「有顧忌的公論」，更不能「靠思想、信仰、習慣等無形的勢力」來共同維持國際秩序。聯合國尚不是眾民族的大家庭，所以也不能是「紙老虎」。在冷戰以後的數十年間，國際的地區組織不斷湧現，今日重溫胡適在抗日時期所提出的國際「紙老虎」論。如果他設想的地區組織，不是地方霸權主義的話，仍不失為有價值的方向。

68 《論戰後新世界之建設》（重慶），（大公報）1942年6月14日。

69 《中華民國重要史料初編——對日抗戰時期》第三編「戰時外交」（三），第832-834頁。

四、任書生為大使　透視日本侵華

（一）蔣介石任書生為大使

1、應徵出使

1937年7月29日蔣把胡適召到南京。8月19日，要求他「即日去美國」，以非官方身分，活動於歐美朝野，爭取歐美政府和人民，同情或支持中國的抗日戰爭。徐新六稱此為「汲水」救火工作。[1]胡適於10月1日抵達美國，及至翌年7月，胡適在美國各地和加拿大及歐洲作有關中國抗戰的宣傳講演。胡適的這些活動，被日本軍國主義者視為他們的「大對頭」。楊鴻烈致信胡適轉達他在日本觀察到的現象是：

> 他們（日本軍國主義者）甚至說，蔣總司令現在的政權也是建設於您的《獨立評論》的哲學之上。先生（胡適）在美的一言一動，日本的報紙都詳為揭載。日本人或以為先生故意誣衊他們的皇軍在我國施行武力的假「王道政治」（此「王道政治」並非如儒教的理想，實乃其神話傳說的神武天皇的建國宣言，純粹為野蠻誇大，兼弱攻昧，取威定霸的原始政治理想）；或以為先生們善於為有組織的宣傳，……故使美國排日的空氣甚為濃厚。[2]

1　《徐新六致胡適》，《胡適來往書信集》（中）。

2　《胡適來往書信選》（中），第375頁。

1938年7月19日，胡適正由瑞士到法國，蔣介石發電報勸他出任駐美大使。胡適本有「不入政界」之約，7月30日他致書江冬秀說：

> 我在這十幾天遇上了一件逼上梁山的事，我知道你聽了很不高興，我心裡也覺得很對不起你。……在二十年前的七月十二日，我從外國回來後，在上海的新旅社裡發下一願，決定二十年不入政界，二十年不談政治。那二十年中「不談政治」一句話是早就拋棄的了。「不入政界」一句話，總算不曾放棄。那一天（指這次來美的7月12日），我在飛機裡想起這二十年的事，心裡當然有不少的感慨。我心裡想，今日以後的二十年，在這大戰怕不可避免的形勢裡，我還能再逃避二十年嗎？[3]

這是胡適在未正式接受任命時給江冬秀先打的招呼。同一天胡適給傅斯年的信說：「我自己受逼上梁山，你們當有所知，何以都不電告你們的意見？萬不得已，我只得犧牲一兩年的學術生涯，勉力為之。至戰事一了，仍回到學校去。」[4]經七八天慎重考慮，又徵求了一些人的意見，（9月24日）才對江冬說：「我也明白這是徵兵一樣，不能逃的，到（8月）廿七日我才發電允任。」

9月17日，國民政府正式宣佈任命胡適為駐美大使，國內輿論界對此多持歡迎態度。不過在國民黨內頗有人持不同意見，蔣對旁人的閒話置若亡聞，則說「適之先生我決借重」，「催孔（祥熙）快徵同意發表」。還說「王大使（指現任駐美大使王正廷）不能再留」。[5]孔祥熙當時是行政院院長，胡適蒞任之初，孔致電說：

---

3 杜春和編，《胡適家書》，河北人民出版社，第326頁。

4 胡頌平，《胡適之先生年譜長編初稿》第1637頁。

5 《胡適來往書信選》（中），第381頁。

啟程蒞任，至深欣慰，此次使美，國家前途利賴實深。列強惟美馬首是瞻，舉足輕重動關全域，與我關係尤切。吾兄長才自能應付裕如。[6]

胡適出任駐美大使，改變了他的生活方式。他說：「我二十年做自由的人，不做政府的官，何等自由！」[7]胡適由歐洲返美的前一天，對記者說：「吾從未擔任官職，吾珍視吾之獨立思想，因吾人過去素知公開批評政府。但時代已改變，已無反對政府之餘地，一切中國人都應聯合起來。」[8]

江冬秀不希望胡適進入官場，她收到胡適的打招呼信後，即覆信說：「但願你給我信上的一句話，『我一定回到學術生活上去』。我恨自己不能助你一點力，害你走上這條路上去的。」[9]胡適對此十分感動。覆信說：「我將來要做到這一句話。我現在出來做事，心裡常常感覺慚愧對不住你。」胡適深情地說：

你總勸我不要走上政治路上去，這是你幫助我。若是不明大體的女人，一定望男人做大官，你跟我二十年以來，不作這樣想，所以我們一同過苦日子。[10]

胡適值此非常時期，視出任大使為應召出征，以身許國。直至1942年9月11日由魏道明接替為止。

2、勉力執行政府所交外交任務

大使的主要任務是根據國民政府外交政策所要求，影響美國的政策能有利於我，爭取美國的財政援助和物資援助，此外則注意美國政情和國際

[6] 《孔祥熙致胡適電》，1938．9．22，《電稿》。
[7] 《胡適致江冬秀》，1938．9．24。
[8] （香港）《申報》1938．9．28。
[9] 《胡適致江冬秀》，1938．9．24。
[10] 《胡適致江冬秀》，1938．11．24，《胡適家書》。

形勢的發展，以及美國朝野輿論傾向，隨時向重慶政府報告。但由於客觀條件的限制，胡適在這方面的任務完成不甚理想。

中國在戰時需得到美國軍火等方面的援助，首先碰到的是美國當時執行的「中立法」。美國的中立法原規定：國外發生戰爭時，對交戰雙方（包括侵略和被侵略者）一律實施武器禁運，並不得貸款給交戰國。這是不分青紅皂白的中立，其結果是對侵略者有利。後經修改，則規定交戰國向美國購運軍火的條件為「現購自運」，這規定對日本有利，因日本有能力「現購自運」，中國則缺乏現款支付，又無船隻供自運，且自運的航路還有可能被日本封鎖，則將失去從美國購運武器的任何機會。所以在重慶政府具體指示要求能促使美國在日本沒有封鎖中國之前，避免使用中立法，在日本切斷中國對外的海上交通時，則實施中立法。重慶政府並希望做到美國對中立法的修訂，能明白區分侵略國與被侵略國，使中立法起到制裁侵略者，協助被侵略國的作用。[11]胡適欲使美國的法令有利於中國的抗戰，決非易事。

胡在1937年10月以特使身份初到美國，羅斯福當時沒有引用中立法，頗有偏袒中國的用意。待胡適正式出任駐美大使後的1939年春夏之交，美國國會正在修訂中立法，辯論達到高潮，提出的修改方案多達六項，其中有一方案是：中立法僅適用於正式宣戰的戰爭，中日戰爭當時未經宣戰，可以不受中立法的限制。這個方案並要求羅斯福對違反九國公約的國家實行全面禁運，以防日本用中立法內的「現購自運」條款，1939年1月27日，胡適致陳布雷電文中，談及這個問題：

> 總統與外部對中日戰爭堅不施行中立法，國會內外亦無如之何，實在孤立派失勢之起點。一年半以來，孤立論更衰，如中立法之創始人Senator Nyc今日亦轉而主張取消對西（西班牙）禁運軍火案。

---

11 外交部與胡適之間的往來電稿，均見《胡適任駐美大使期間往來電稿》，簡稱《電稿》，中國社科院近史所民國史組編，1978年。

孤立論是美國人的一個傳統信仰，非筆舌所能摧破。只有事實的演變與領袖人物的領導，可以使孤立的國家轉變為積極參加國際政治也。（電稿）

1月30日在致王世杰電中，進一步談及孤立主義的轉變問題。電文說：

孤立派問題，關鍵在事實演變，在政治領袖，而不在輿論。……如對日兩次嚴重通牒，如對華借款，如對德召回大使，如對法許其購買軍用飛機，而對日則勸阻軍火飛機之售日，此皆政府領袖決心為之，孤立派與和平派亦無可如何。弟非抹煞民意，但謂外交著眼自有射馬擒王之必要。至於輿論與國會方面，弟亦不欲忽略也。（電稿）

但是美國修訂中立法的根本目的，主要是考慮歐洲的戰爭，總統羅斯福和國務卿赫爾所以主張修訂中立法，取消武器禁運條款，實由於德國進兵捷克，使歐洲情勢緊張，希望以這樣的修訂來警告希特勒：如再進一步侵略，被侵略的英國與法國等將不受禁運的限制而取得美國的武器。雖然有人指出，歐洲立即爆發戰爭的可能性在當時並不存在。這樣做反會刺激德國提前出擊，但由於意見難以統一，中立法的修訂，一直拖到歐戰全面爆發，才通過取消武器禁運。

關於爭取財政援助，首先有1938年12月談成桐油抵押借款2500萬美金，對此在美國國會中意見分岐，羅斯福則以中國保證繼續抗戰為條件，批准了這筆借款。時值首都南京淪陷，剛剛遷都重慶。這筆借款，對中國的抗戰等於一針強心劑。它主要是陳光甫努力的結果，其次1940年3月的一次以雲南的錫抵押借款2000萬美金，是胡適與陳光甫共同努力的結果。蔣介石說這次新借款不僅是物質的援助，也是道義上的鼓勵。

在阻止美國把作戰物資輸送給日本的問題上，胡適也沒有什麼成績；促使美英法在遠東合作，同樣無大效果。美國在珍珠港事件發生以前，一直沒有與日本公開決裂。胡適對重慶政府說：「美國在遠東，雖極願與他國合作，終因政體之束縛，不能與他國有政治上或軍事上的事先承諾，故屢次聲明美國在遠東保持其獨立政策……。」[12]

胡適在大使位上，取得的成績最顯著成是在宣傳方面，傳達中國人民的抗日決心，爭取美國的同情和支持，我們在此先要交待的是，胡以一介書生竟取得這一顯位，而遭人妒忌。胡適上任以後因大使的分內工作成效不著，則被藉故非議。如有人在1938年國民黨五中全會上，批評胡適11月18日在華盛頓的一次演講中，竟說廣州、四川、漢口陷落後，中國政局動搖，軍隊已退入內地，，不能再作陣地戰……。又說胡適竟稱張伯倫為歐洲和平之救星等等。蔣介石得這些指摘後，即要外交部查詢，事實證明均屬無中生有。1938年12月4日胡適在紐約發表《美國獨立與中國抗戰》，把中國的抗戰，比作美國獨立戰爭初期，華盛頓困守在福奇谷（Valley Forge）的艱苦戰鬥，為等待法國援助的時刻。「不久，英國有意給予和平，而且給予光榮的和平。」胡適說，這「和平」被接受，就不必再打往後四年的戰爭，但是那將沒有獨立，沒有美國。結果華盛頓拒絕了這投降式的和平，「殖民地繼續戰鬥下去，直到從福奇谷出兵，到約克城獲得最後勝利。」胡適的這樣論述與比喻，竟遭到國內一些人的批評，《譯報》用《胡適談中國抗戰竟謂中國向日本作和平建議，身為使節，竟如此談話，殊為失態》為標題，並輔以《胡適酒醉了麼？》的「小評」。「小評」說：

> 倘若胡適這席話，不是美聯社聽錯了，那就一定是胡適吃多了香檳酒，說的酒醉的話。事實擺在那裡，在廣州被陷落的前後，只有汪先生發表過兩次和論，但這是汪先生個人的意見，決不能認作中國政府非正式的試探。如其胡適所說的「和議建議」是指此而言，那

[12] 《胡適致蔣介石》，1940．7．24，《電稿》。

> 就根本是造謠，因為中國政府的繼續抗戰，絕不是因為和議建議的無效而決計的。……

究竟是誰聽錯了，抑或多喝了有「色」的酒而致模糊了聽覺或惺忪了視覺？歷史自有公論。

3、拚命的「過河卒子」

值得一提的卻是胡適在大使任內的工作態度和責任感。從胡適的家書中亦可窺見一斑。胡適在給江冬秀的信中說：「我每天總是很忙的，晚上睡覺總是很晚的。……我不怕吃苦，只希望於國家有一點點益處，頭髮兩邊花白了，現在當中也白了不少。」（1938·11·24·）他的使命很明確：「我是為國家的事來的，吃點苦不要緊，我屢次對你說過：『留得青山在，不怕沒柴燒。』國家是青山，青山倒了，我們的子子孫孫都得做奴隸了。」（1939·9·21）

在工作中特別使胡適感到累的，是宣傳抗日的演說。在他出任大使之初，政府本撥給他兩萬美金作宣傳經費，因為援成例。他的前任王正廷大使為了宣傳，聘用楊光淮創辦橫太平洋通訊社，每月費金千五百元：另聘用美國人貝爾，月薪六千金。胡適接任後，政府按前例拔款，他卻把政府撥給的這筆費用退了回去，他認為他的演說，就是最好的宣傳，不需另外花其他的宣傳費用。[13]胡適花了大量的時間在演說上，他在致友人的信中有這樣的話：

> 今年體氣稍弱，又旅行一萬六千英里，演講百餘次，頗感疲倦。六月以後，稍可休息；我在此三年，不曾有一個Weekend，不曾有一個暑假。今夏恐非休息幾天不可了。[14]

---

13 《孔祥熙致胡適、陳光甫電》，1938·12·30，《電稿》，第6頁。

14 《給翁文灝、王世杰的信》，1942·5·17，《年譜》（五），第1776-1777頁。

1938年12月4日，胡適在紐約律師俱樂部演講《北美獨立戰爭與中國抗日戰爭》的演講（這次演講就是我們在上面所提及被國內誤解而遭到指摘的那次演講，重慶《大公報》1939年2月10-11日譯載時，易題《日本在中國之侵略戰》），演講完回到旅館，感到心胸作痛，吐了幾口血。當時只以為消化不良所致，即叫了一壺熱茶喝了就睡了。「每閉著眼，就出大汗，汗出了一夜，睡衣都濕了。」第二天（五日）早晨，把上午的約會都辭掉，睡到十一點鐘才起來，覺得好多了。飯後，又演說了半點鐘。回到旅館，請醫生診看，才知「昨夜胸口痛是心臟的一莖血管受傷，關閉住了，起了一個小血塊」。醫生告訴他這是很重要的病，胡適還不相信，隨即請專家會診，他說，「做了個心臟狀況圖，我才相信了。（我那天的血壓低到八十多度）」。於是住進醫院治療，至1939年2月20日出院，在醫院共住了77天。在出院後的三個星期內，仍派看護護理，每天只見一個客，只閱一個小時的公文，午飯後睡一小時，晚上10時半上床。看護撤走後，醫生仍囑咐還要休養六個月，才可以正常工作。在休養期間，不出席大宴會，也不作演說。

這是胡適生平第一次心臟病發作，應該說是累倒的。發病之初，他沒有對江冬秀說實情，只是在信中輕描淡寫「我十二月四日夜有點不舒服，四、五兩日我演說兩次，醫生說我太辛苦了，要我休息。我從五日夜搬進醫院，至今九日，一切大有進步。在院中無藥吃，只絕對靜養。九天不吸香煙，不看報，不讀書，不見客，不辦公事，不起床。（此信是偷寫的）」（1938．12．14）迄1939年3月14日，才告訴江冬秀實情。上文所述的詳情，就是胡適出院後對江冬秀所說的真相。

江冬秀得知胡適的病情真相後，即要胡適乘機辭職。她在國內找張慰慈幫她電報勸胡適以養病為由，請政府允其辭去駐美大使的職務。張慰慈在上海無法直接發電給胡適，又轉請在重慶的翁文灝，翁文灝這時知胡適已經出院，不希望胡適就此辭職，所以僅將江冬秀的意思轉達了，同時回覆張慰慈說：「……在此國勢危急之時，適之使美任務極關重要，恐不宜遽易生手。弟當即電勸選賢協助，設法節勞。胡嫂處，盼為轉慰。」胡適在1939年4月11日致江冬秀的信中說：「四月七日我接到翁先生的電報，說你託慰慈發電，勸我辭職養病。我看了此電，當然十分感激你的好意。我此時的情形，當然不能辭職，翁先生也明白此意。你也得原諒我不得已的苦心。」

胡適自己在工作上咬著牙關苦撐著，與他主張中華民族的抗戰「咬牙苦撐」一樣，在1942年的上半年仍說「要撐過七、八個月；總可以到轉綠回黃的時節了。」[15]

1938年10月31日，他把自己的一張近影送給他的合作者陳光甫，背面題有一首小詩：

偶有幾莖白髮，心情微近中年，
做了過河卒子，只能拼命向前。

當此中華民族最危難的時刻，胡適把自己就任駐美大使比作「過河卒子」，隨時準備犧牲自己，應說此種精神是可敬的。九年後有人為胡適改詩，把此詩中的「卒子」，解釋為「黑棋一邊的『卒子』，並說自稱「卒子」，非出真誠：

> 或許有點不甘心而近於牢騷吧？但是，卒子過河，可當小車，橫衝直撞，有進無退。這情形，他似乎很想擒紅棋的老王了。這樣寶貴的「卒子」，下棋的人自然是應該寶貴使用的。……因此，這卒子的「命」，斷乎不允許你那末輕易「拚」掉……。倒不如把「拚」字率性改成「奉」字。[16]

[15] 《胡適致翁文灝、王世杰信》，1942．5．15，《胡適之先生年譜長編初稿》（五），第1776頁。

[16] 郭沫若，《替胡適改詩》。

改詩者除了不瞭解胡適作此詩的歷史背景而對「白髮」，「中年」有所誤解，（此詩正式發表於1947年，所以改詩者說「博士今年五十六歲了，但他自己覺得還很年輕，只是「微近中年」，而並非徐娘半老。」）把後兩句這樣改了，倒是深化了詩意。改詩者未免局限於黨派之角度，胡適當時在大使任上的外交戰場，是為整個民族驅狼，非為某一集團「擒王」。把「拚」字改成「奉」字，「奉」的是中華民族之命，非遵一派一黨之命，改詩者若是這樣認識問題，則其境界更高了。

4、書生大使

胡適不諳官場習俗，不善處理上下左右的關係，亦不知要擺排場，君子固窮，依然按書生的方式行事。

在胡適以特使身分赴美時，有兩個助手：錢端升和張忠紱隨行。到紐約，三人同住在大使館飯店（Ambla Ambassador Hotel），錢端升的房間是八元一天，胡適住的是十元一天，張忠紱是後到，住了一個較大的房間，為十四元一天。但三人的房間都不是附有客廳的套房，更不是通常的外交使節包住一層樓那樣講究排場。不僅如此，他們外出都不在旅館門口叫汽車，必是走出街口，或拐一個小灣再叫汽車，這樣可以節省在旅館門口由侍者叫車，需付侍者的小費。當時，政府給他們撥有特別經費，胡適對這筆特別經費如何處理？胡適叫錢、張二人每人以幾百元寄國內作家用，其餘在美的一切開支則實報實銷。而胡適自己卻不拿錢，弄得錢端升和張忠紱二人也只好謝絕領錢。[17]

胡適的前任大使王正廷，在其任內遺下了一筆債務，即是欠楊光淮所創辦的橫太平洋通訊社一月經費；所雇美國人貝爾也還有八萬金的債務，貝爾在工作費外，共支取現金十七萬二千元，王正廷在卸任前，又與他續訂了新約，月薪三千金，約期尚有十個月，而無一經費來源。對此，胡適

[17] 張忠紱，《迷惘集》，香港，作者自印，1968年，第120-122頁。

只得據實向行政院院長孔祥熙專題報告。[18]

胡適在1942年自己卸任時，孔祥熙電詢是否需要支助，胡適回電說：

> 弟到任之日，即將公費與俸給完全分開，公費由館員二人負責開支，四年半每有不足，均實報請部補發。弟俸給所餘，足敷個人生活及次兒學費。歸國川資已請款照發，乞釋念。前經營之宣傳費項下，亦尚有餘款，俟未了各項結束後，當詳報。[19]

前後任大使兩相比較，其反差是如此之大！又是如此之鮮明！也是書生大使與官僚大使的區別。

胡適在心臟病第一次發作時，住院77天的收費，醫院以六折優待，還得付三千多美金。據胡適說：「醫生是最有名的醫生（他來看了70次）起碼開帳可以開五千元，但他只開了乙千元的診費，這兩筆的和就是四千多元。」胡適當時的月薪只有五百四十元美金，這一場病就化了他八個月的俸金。孔祥熙出於好意，匯去三千美金給大使館李國欽，擬作胡適的醫療費補助，胡適說：「國欽兄知道我不肯受，又不好就退回，所以等到我的醫藥費付清後，慢慢的把這三千元退還給孔先生了。」[20]

胡適對江冬秀說：「我的日用不需多少錢，所以每月還可以餘點錢買書。房子不用我出錢，汽車油都是公家開支，所以我可供兒子讀書，還可還一點賬。」[21]當時胡適的大兒子祖望已在康乃爾大學讀書，「每年要一千二百美金」為學費。他對江冬秀造了個預െ：「我明年要走了，我就得想法子去到什麼用金子的地方教一年書，替大兒子掙兩年學費。不然，大兒子就得半路退學。……（現在要想從國內寄美金給兒子留學，是萬萬不

---

18 《胡適致孔祥熙電》，1938．10，《電稿》，第3頁。

19 《胡適致孔祥熙電》，1942．9．14，《電稿》，第125頁。

20 《給冬秀的信》，1939．9．21。

21 《給冬秀的信》，1939．9．21。

可能的。」)[22]

胡適原先不主張次兒子思杜也去美國留學，後經朋友和祖望等人的勸說，才同意把「小三」亦帶去美國留學。這樣胡適就要重新設計自己的經濟來源，他在給江冬秀的信中說：

> 我從前所以不敢叫兩個孩子都出來，正是因為我要減輕家累，可以隨時要走就走。古人說「無官一身輕」，我要倒過來說「一身輕才可以無官」。現在祖望還有一年半可以畢業，假使我現在走了，我還可給他留下一年半的學費。小三來了，至少有四年，我要走開，就得先替他籌畫一筆學費、用費，那就不容易辦了，就得設法子去賣文章、賣講演，替兒子籌備一點美金……[23]

胡適在任官期內，儘管把「公費與俸給完全分開」，但他仍然認為汽車、住房等費用不需自己支付，還是沾了公家的光。把本需自己支付的費用節省下來，可以貼補家用。所以他說「一身輕才可以無官」。不過他的這種「公私」觀，現在恐怕很少有人認同，卻會被譏為「迂腐」。

5、不合則去

胡適由於不習慣行政事務，認為大使重點考慮的應該是外交方針與交涉，不宜整天陷於事務性的借款、購械、募捐等事。因此，他對這事務性的事，很少過問其手續的細節，大使館的工作就缺乏統一的程序，更談不上效率。桐油抵押借款，是由陳光甫負責，用所借款項在美購置農工產品，不取任何報酬。胡適感到這樣「真能弊絕風清，得美國朝野敬信」。[24]但重慶政府行政院卻很不滿意。

---

22 《給冬秀的信》，1939．11．14。
23 《致江冬秀》，1941．4．10。
24 《胡適致陳布雷電》，1939．11．27，《電稿》，第26-27頁。

在人際關係上，書生好直言以及其潔身自好，與權貴的風格落落寡合。胡適出任大使主要是因蔣介石的借重，而行政院院長孔祥熙總認為「胡適不如儒堂（王正廷）」。宋子文本與胡適的關係密切，在某種程度上說，宋可算是胡適政治上的後盾，但在抗戰期間，孔祥熙和宋子文位居要津，因其所作所為又缺乏檢點，頗遭社會物議，抗戰形勢愈趨艱苦，批評「豪門」之聲亦日趨高漲。胡適初對孔祥熙在與陳光甫代借款問題上的合作，覺得很好。曾不希望宋子文取代孔祥熙的行政院院長。胡適對孔、宋都有不少批評，並且都是在與政府的電報往返中談論的。儘管胡適近期對宋子文的評論，並無超出過去評論的範圍，但過去是在日記中，或在致宋的私人信件中，其影響與作用截然不同。宋子文因此對胡適的態度與以前竟判若兩人。

宋子文於1940年夏天到美國後，居然代表政府和美國政府商洽一切，取代了本應由大使與美國高階層的交涉，把胡適完全排斥在一旁。1940年宋子文一到美國，即向蔣介石推薦施肇基接替胡適為駐美大使，1941年7月12日，宋子文又以專電向蔣介石催詢，他說：「長此以往，不但文不能盡責，有負責任，適之亦屬難堪。唯有懇請毅然處置。」王世杰看出了問題，勸慰胡適說：

> 宋君為人有能幹而不盡識大體，弟亦知兄與其相處不無格格。惟兄素寬大，想必能善處之。

胡適在1941年底即決定辭職，因當時政府任命郭復初（泰祺）為外交部長，剛到任就向他提辭呈，怕被誤會為「不合作」，所以忍耐到1942年。胡適在致翁文灝、王世杰的信中說及宋子文云：

> 某公在此，似無諍臣氣度，只能奉承旨意，不能駁回一字。我是半年絕不參與機要，從不看出一個電報，從不聽見一句大計，故無可

進言，……。我在此毫無用處，若不走，真成「戀棧」了。兩兄知我最深，故敢相告，不必為他人道也。[25]

1942年5月19日，胡適在日記中說：「自從宋子文做了部長以來（去年十二月以來），他從不曾給我看一個國內來的電報。他曾命令本館，凡館中和外部和政府往來的電報，每日抄送一份給他。但他從不送一份電報給我看。有時蔣介石先生來電給我和他兩人的，他也不送給我看，就單獨答覆了。（他手下的施植之對人說的）」

其實宋子文依然是以往的宋子文，過去胡適在野時，宋子文對他個分依重，胡適出任大使後，竟水火不容。胡一直沒有弄明白其中原因，這說明當局者迷，或曰胡適對官場的天真與無知。

1942年8月15日，胡適接到免除大使職務的電報。9月10日行政院秘書長陳儀電聘他為行政院高級顧問。胡適辭未就，致電蔣介石云：

適自民國二十三年第一次電公書以來，每自任為國家作諍臣，為公作諍友。此吾國士大夫風範應爾，正不須名義官守。行政院高等顧問一席敬乞准辭，想能蒙公鑒原。……

胡適任駐美大使期間的工作，從政府的角度說，不能盡如人意。但是胡適在美活動所造成的影響，卻是其他人所無法做到的。《紐約時報雜誌》盛讚胡適是個「為中國辯護的學者」。[26]美國國務卿赫爾形容胡適為「華府外交圈中最有能力，工作效率最高的人士之一」。[27]美國總統羅斯福在致蔣介石的函中，提及與胡適有多次愉快的交談，稱胡適「在華盛頓所維持的這種和諧關係，已提供持續不斷的機會，使雙方可以交換有關遠

25 《年譜》（五），第1776-1777頁。

26 New York Times, June 7, 1939. 轉引張忠棟《胡適五論》，臺灣允晨文化實業股份有限公司，1987年5月，第146頁。

27 Hull op cit pl073, New York Times, Sept. 5, 1942. 轉引《胡適五論》，第152頁。

東一切問題的意見……」[28]

珍珠港事變前夕，羅斯福召見胡適，告訴他美國已放棄妥協，並且預期太平洋地區在48小時之內將會發生戰爭。並邀請他參加由總統夫人準備的盛大家庭餐會，席間共同討論對日本天皇的覆文。胡適在飯後回到大使館，羅斯福總統又在電話中告訴他日本偷襲珍珠港的消息。[29]羅斯福對胡適禮遇有加，恐怕在駐美使節中是罕見的。珍珠港事件之後，美國朝野對中國的態度有著根本轉變，兩國簽訂政治性貸款，中國就敢於對美國所提條件提出不同意見，美國終於明白需要中國繼續戰鬥。

胡適不是職業外交家，是一個學人，一生共得到35個榮譽博士學位，其中三分之二都是在他駐美大使任上取得的，有人對此多所非議，說他圖謀個人的名譽。但是作為中國駐美大使，在美國高等學府的講壇上演說，與國際著名人士同台並坐，同在報端以重要新聞報導。如1939年6月6日的哥倫比亞大學畢業典禮上，胡適即與美國副國務卿威爾斯以及捷克前總統班尼士一同獲得榮譽學位。這對中國的國際聲譽究竟是增是減？其影響實難以估量，這恰恰為人忽視了，甚至被看反了。

當胡適去職的消息傳出後，《紐約時報》發表短評說：

> 重慶政府尋遍中國全境，可能再也找不到比胡適更合適的人物。他1938年來美國上任，美國朋友對他期望至高，而他的實際表現又遠遠超過大家對他的期望。他在美國讀書、旅行、演講，對美國文化之熟悉如對其本國文化之瞭解。他所到之處，都能為自由中國贏得支持。如果對他的去職深感遺憾，尚不足表達我們的心意。[30]

---

28 《戰時外交》（一），第90頁。

29 李青來，《羅家倫講「當國家艱危時的胡適之先生」》，《中央日報》1962．3．2。

30 New York Times，Sept．3．1942，轉引《胡適五論》，第166頁。

王世杰在致胡適的信中，有下列一段話，概括了胡適駐美大使任內的基本情況，也是公允的評價：

兄一生是一個多友而敵亦不少的人。兄的敵，有的是與兄見解不合的，這可說是公敵。有的只是自己不行，受過兄的批評指斥，懷恨不已。這種小人也頗不少，兄的友人可以說都是本於公心公誼而樂為兄助的，也許有些是「知己」，卻沒有一人是「感恩」。這是兄的長處，任何人所不及的。兄自抵華盛頓使署以後，所謂進退問題，無日不在傳說著。有的傳說，出於「公敵」，有的傳說，出於「小人」，有的傳說也不完全無根。同時與這些公敵或小人對抗的，也不少。譬如最近返國的陳光甫，就是一個。我不相信兄是頭等外交人才，我也不相信，美國外交政策是容易被他國外交官轉移的，但是我深信，美國外交政策凡可以設法轉移的，讓兄去做，較任何人為有效。這不是我向兄說恭維話，這是極老實話。我也知道，兄常常遇著苦悶，政府所給外交訓令，往往不甚體貼環境，使兄為難，但是兄也要常常紀念著，抗戰的艱苦，不是兄等所能盡了，政府情急勢急，才將難題的一部分硬叫兄等去做。[31]

（二）胡適透視日本侵華

三十年代日本發動的侵華戰爭，不過是日本軍國主義選擇了適當的時機，繼續執行其未竟之欲罷了，可謂是總其大成的一次，也是空前絕後的一次。胡適在1937年赴歐美作中國抗戰的宣傳，翌年就任駐美大使，在此期間，為宣傳的需要對日本之所以侵略中國，作了一番研究，以地緣政治追溯其歷史的遠源，頗具學術價值。

[31] 《胡適來往書信選》（中），第471-472頁。

1942年3月23日，胡適在華盛頓的一次演講中指出，「中日衝突的形態乃是和平、自由反抗專制、壓迫、帝國主義侵略的戰爭」，「必須就中日歷史事實」求其本質：中國在二千一百年前就廢棄封建，政府官吏由科舉考試競爭選拔，即在鼎盛時也不鼓勵武力對外侵略；而日本的幕府制，一直延續到十九世紀中葉才被迫開放門戶。近八百年來武人政治不容他人問鼎，軍國主義的理想是對外擴張。茲將其研究成果，綜合分述如下：

1、以中國為其「利益線」

「五百年來，日本的國策與理想，不外是向大陸擴張與征服世界」。在十四——十六世紀的足利時代，日本尚是東方中華帝國為中心的國際秩序中的一個成員，接受過明王朝的冊封。但到豐臣秀吉時期，就發生了文祿、慶長之日（本）明（朝）戰爭（1592-1593；和1597-1598），斷絕了足利時代所建立的正常邦交。胡適根據歷史文獻指出，1590年豐臣秀吉曾致書中韓、菲、印、琉球，宣佈他征服世界的計畫。其中致高麗國王的信是這樣說的：

> 日本帝國大將豐臣秀吉，致高麗國王陛下：……秀吉雖出身寒門，然家母孕育秀吉之夜，曾夢日入懷中。相士釋夢，預言秀吉命中註定，世界各地陽光照射之處，均收為我統治……天意所示如此，逆我者皆已滅亡。我軍所向披靡，攻無不克，戰無不勝。今我日本帝國，已臻和平繁榮之境……然我不以於出生之地，安度餘年為足，而欲越山跨海，進軍中國，使其人民為我所化，國土為我所有，千年萬世，永享我帝國護佑之恩……故當我進軍中國時，希國王陛下，率軍來歸，共圖大業……。

豐臣秀吉「派遣三十萬五千大軍渡海經高麗侵略中國……後因秀吉死亡，始告結束」。胡適詳細介紹了豐臣秀吉生前的預定計劃：「一五九三年底前，征服高麗，同年以前，佔領中國首都北京。這樣到一五九四年新日本大帝國將在北京建都，日皇在北京登基。而秀吉本人則在寧波設根據地，進而向印度及其他亞洲國家擴張。」[32]秀吉的計畫雖未曾實現，但為嗣後的日本統治者所繼承，秀吉也就成了日本民族英雄的偶像。十八、十九世紀本多利明、佐藤信淵、吉田松蔭都提出過開拓疆土，雄飛海外的主張。後藤新平的計畫更有代表性：「宜先與俄國合作，以收朝鮮為版圖，進而（與俄國共同）瓜分南北支那……期以十年，乘機驅逐俄國，是以奉遷我聖天子於北京，使為永世之帝都。」近代日本志士亦多以侵華為發展日本的國策。

循胡適指出的日本既定國策繼續往後考察：1878年日本設軍部，山縣有朋任參謀總長，於1879年和1882年該部管西局桂太郎局長和局員小川又次中佐到中國廣泛調查，提出了一份《討伐清國策》（或譯《與清朝鬥爭方策》）的報告，主張在1892年前完成作戰準備，以便伺機突然發動進攻。設想派三個師團佔領大連灣，並襲擊福州，以此為中心的作戰行動。然後「一舉攻下北京，迫訂城下之盟」。[33]最值得注意的是，報告的第三部分「善後處理」：將盛京蓋州以南的遼東半島、山東登州府、舟山群島、臺灣、澎湖以及長江兩岸十里之地，直接併入日本版圖。同時有一個肢解中國的方案：將山海關以西，長城以南的直隸、山西、山東與黃河以北的河南省；江蘇省、黃河故道、鎮江府、寶應湖、太湖；浙江省杭州、紹興、寧波等府歸日本；東北內（大）興安嶺以東，長城以北單獨為一國，仍由清朝統治；黃河以南、長江以北，扶植明朝後裔立國，並使其割讓長江以南的土地歸日本；西藏、青海、天山南路，擁立喇嘛；內外蒙古、甘肅省、準噶爾扶立當地各部首領，但他們都必須接受日本的監護，……。」[34]這個報告繼承豐臣秀吉的計畫，並更具體而充實了。以後

---

32 以上均引自《中國抗戰也是要保衛一種文化方式》，《胡適之先生年譜長編初稿》以下簡稱《年譜》（五），第1774頁。

33 《桂太郎文書》，轉引（日）信夫清三郎編《日本外交史》上冊，第169頁。

34 梁華璜，《甲午戰爭前日本併吞臺灣的醞釀及其動機》，引自林子候，《臺灣涉外關係

的侵華方案，都離不開這個譜。山縣有朋認為，日本若欲獨步東亞，成為世界強權，遲早要與美俄一戰，但無論是與誰戰，僅依靠自身的資源與力量是不夠的，必需取償於中國。

鑒於日本是一個島國，人口稠密而資源貧乏，要想進一步發展，必然要想方設法向外擴張。1890年山縣有朋提出在固有領土疆域的「主權線」之外，又設想一條「利益線」，認為在帝國主義時代，「僅僅防守主權線已不足以維護國家獨立，必須進而保衛利益線，經常立足於形勝之地位」。[35]其利益線即指朝鮮與中國的東北。

甲午一戰，冒險得逞，還獲得了三億六千四百餘萬日元的賠款（包括退還遼東半島的賠金）[36]。前外務卿井上馨直言不諱地說，日本每年的財政收入只有八千萬日元，「現在有三億五千萬日元滾滾而來，無論政府或私人都頓覺無比地富裕」。[37]日本初次冒險即嚐到了甜頭，更刺激其向外擴張的野心。以後每隔十年則發動一次冒險戰爭：1904年有日俄戰，這是為報甲午戰後俄國發動「三國還遼」一箭之仇。俄被打敗，使日本能與世界列強並起並坐，朝鮮由此淪為日本的殖民地。1910年日本公然併吞了朝鮮。1913年黑龍會建議促成滿蒙（南滿和內蒙東部包括熱河地區）獨立，實即作為日本的保護國。

日本的侵華方略，本有南進與北進兩派，南進又稱海洋政策，1902年英日同盟後即暫時中止；北進又稱大陸政策，經甲午戰爭的驗證，以後都以此行事。

1914年歐戰爆發，當時的日本大隈內閣認為這是推行大陸政策「千載難逢的機會」，與英結成同盟對德宣戰。日、英兩國同時發兵山東，日軍佔領了青島，還進佔了濟南車站；實際控制了膠濟路全線，接管了德國的中國勢力範圍。日本軍國主義又一次從冒險中獲得意外成功，膽子就越來

史》，第508-509頁。

35 見太山梓編《山縣有朋意見書》，《明治百年史叢書》，原書房，1966年，第196-200頁。

36 中塚明，《日清戰の研究》，第307頁。

37 《帝國主義侵華史》卷1，第369頁，1973年。

越大。繼則以解決懸案為藉口，提出震驚中外的「二十一條」，妄圖在西方列強忙於歐戰無暇東顧之機，把中國變成日本獨佔的殖民地，向袁世凱政府發出最後通牒，袁世凱屈服於城下之盟。

歐戰結束，「凡爾賽和約」未能阻止日本接收德國的在華權益。日本在軍事上的勢力已擴大到北滿。經濟對華投資達14．39億日元，比戰前增長2培，對華貿易額為11．4億日元，比戰前增長2倍，政治上曾一度對北京政府具有極大的影響力。在上海方面從歐戰始及二十年代末，日本的經濟勢力急劇上升。美國的在華勢力在總體上雖還保持著優勢，但已呈下滑的趨勢，而日本卻後來居上。

英美等西方國家為了重新分配遠東和太平洋地區的權益，則創導華盛頓會議。胡適說，「華盛頓會議正當歐戰之後，只有日本的實力是整個不曾損失的」。[38]華盛頓體制的建立，就是為了對日本加以約束。《九國公約》的第一條載明：「各締約國協定尊重中國之主權與獨立及領土之完整。」胡適對此評論說：「九國公約的本身是中國現代史上的一件不光榮的事。一個國家不能自己保護其主權之獨立及領土與行政之完整，而讓別的國家締結條約來『尊重』他們，這是很可恥的事。」但是他又說：這樣可以「使中國從日本一國的掌握之中脫離出來，變成歐美亞三洲強國共同護持的國家。其意義也就在這裡。遺憾的是，中國未能充分利用《九國公約》所造成的局面來發展自己的民族復興事業，僅僅形成「國際上十年的苟安」。而日本軍國主義者對此痛心疾首。

恰恰就在這十年間，英國連年多故，全世界發生近三年的經濟危機，美國經濟凋敝，歐美又不能全力東顧了。於是日本軍國主義者在三十年代就想一舉推翻華盛頓體制的束縛，甚至赤裸裸地向全世界挑戰，不顧一切國際條約，肆無忌憚地實行武裝侵略。

---

38 《究竟那一個條約是廢約》19號，1932，9，15。

2、走民族擴張自殺之途

1936年12月26日，日本大正天皇逝世，已經攝政的皇太子裕仁繼承皇位，改年號為昭和。1927年4月，日本憲政會的若槻內閣，因金融危機垮臺，元老西園寺（擁有推薦後繼內閣首相的特權）考慮當時的中國國民革命已由南方廣州打到長江，南軍如繼續北上，勢將與日本在華北、滿洲的勢力發生碰撞。西園認為「如果是田中，就可控制陸軍」。所以推薦田中組閣。田中義一出身陸軍士官學校，畢業於陸軍大學，曾膺任陸軍大臣，繼而為立憲政友會總裁。田中繼承了明治時代推進侵華大陸政策的長洲軍閥山縣有朋的衣缽，是日本軍閥的巨擘。田中敵視中國革命勢力，上臺後的第一個反應，就是出兵山東，製造濟南事件，企圖阻擋北伐，繼則召開「東方會議」，制訂「侵華藍圖」。田中根據此次會議的精神寫成《對支（中國）政策綱領》的八條訓示，準備向中國提出比二十一條更苛刻的條件。《田中奏摺》就是這樣出籠的。1927年7月25日田中「引率群臣，誠惶誠恐」向昭和天皇上奏云：

> 惟欲征服支那，必先征服滿蒙，如欲征服世界，必先征服支那。倘支那完全可被我國征服，其他為中、小亞細亞及印度，南洋等異服之民族，必畏我敬我而降服於我。使世界知東亞為我之東亞，永不敢向我侵犯，此乃明治大帝之遺策。是亦我日本帝國之存立上必要之事也。如欲成昭和新政，必須以積極的對滿蒙強取權利為主義，以權利而培養貿易，此不但可制支那之發展，亦可避歐勢東進。

鑒於滿蒙土地超過日本三倍，蘊藏有世無匹敵的天然資源，視為日本帝國賴以生存的生命線。奏摺中還考慮到日本在侵略中國的過程中，必將受到第三勢力美國的阻礙。對此，作了如下分析：

我日人為欲自保而保他人，必須以鐵與血方能拔除東亞之難局，然欲以鐵與血主義而保東三省，則第三國之阿美利加必受支那以夷制夷煽動而制我。斯時也，我之對美角逐，勢不容辭。……向之日俄戰爭，實際即日支之戰；將來欲制支那，必以打倒美國為先決問題，與日俄戰爭之意大同小異。

田中義一的大陸政策，時人稱它為「蠍形政策」。蠍子有兩隻螯和一條尾巴，以此為武裝，向對方進攻的。日本奪取中國的遼東半島（旅順、大連）和山東半島成為他的兩隻螯，佔領臺灣島，又成了他的一條尾巴。田中即把握住了形勢，加以活用。

美國對田中的侵華政策，迅起強烈反應。1928年日本出兵山東時，美國大使就說：「日本是不是現在又發動戰爭了呢？」[39]美國國務卿曾宣稱：「滿洲是中國領土的一部分。」並曾向記者散發了《九國公約》的抄本。[40]田中後因關東軍在東北自由行動而下臺，第二年突然死去。但他所發揚廣大了的大陸政策，則成了昭和天皇時代的國策，朝中縱有鷹派與鴿派之別，外交政策也有「協和」與「焦土」之分，其實質均是「東亞門羅主義的最新綱領」。

日本軍人彷彿向全世界的人們宣言：「半個世界是我們獨霸獨佔了！」胡適說：

日本擲下了這隻鐵手套，世界人接受不接受，世界人何時接受，如何接受，都和日本的命運有關；也都和全人類的文明的前途有關。日本還是真變成一個二十世紀的成吉思汗帝國呢？還是做歐戰後的德意志呢？還是做殖民大帝國失敗後的西班牙呢？這個世界還是回

---

[39] 伊藤隆・廣瀨以皓編，《牧野伸顯日記》，東京，1990年，第274頁。
[40] 美國國務院編，《美國對外關係檔》（FAUS）1928年第二卷，第227-231頁。

到前世紀的弱肉強食的叢莽世界呢？還是繼承威爾遜的理想主義變成一個叫人類可以安全過日子的人世界呢？[41]

胡適提出的這一系列問題，需要日本朝野人士作回答，也需要全世界人民作回答。

當時英國的國際關係史專家湯因比，在他的研究中預測在下次的世界大戰中，日本和美國發生戰爭是可能的。他說，人們總認為日本不至瘋狂到向美國挑戰，中國和西伯里亞都是日本的囊中之物，隨時可取，何必向英語國家挑戰？但他十分有見地地以史鑒今，指出，這種瘋狂是有先例的，1914年至1917年的德國就是最近的先例，暴力和常識是不並立的，即使人人都認識這是瘋狂的行為，「也不能擔保日本軍人不走這條瘋狂的路」。即「今日的日本軍人也許會照抄這篇老文章。……總有一天戳到了那巨怪的嫩肉上，她會怒跳起來的」。[42]這裡所說的「巨怪」是指美國。至於「嫩肉」，胡適作了詮釋：是指兩個方面：「一是海上霸權，一是契約的信守。」他說，這兩件事可以說它是英美人的「偽善」，「但是揭破人的『偽善』，真是戳穿人的『嫩肉』」。胡適認為，「英語國家決不肯拋棄海上霸權」，也不會坐視日本單獨廢止維繫英美海上霸權的條約。[43]

果然不出所料，日本走上這條瘋狂的路，實是一條自殺之途。湯因比闡釋日本怎樣走上這條自殺之途的：「在某種情況下（切腹）自殺本是日本民族的遺風。」1931年的「九一八」事件，背景是日本的經濟破產。「日本軍人對農民說，只要征服了滿洲，他們就有救了。殊不知道是絕不可能的迷夢。」他繼續指出：

---

41 《「協和外交」原來還是「焦土外交」》，《獨立評論》98號，1934．4．23。
42 《一個民族的自殺——述一個英國學者的預言》，《大公報．星期論文》，1934．4．29。
43 《國際危機的逼近》，《獨立評論》132號，1934．12．17．

滿洲的征服不是一本戲劇的終場，後面也許還有許多幕呢！也許後來的幾幕要用更多的腳色，在一個更大的舞臺上演出來。

湯因比預測的「更多腳色」和「更大的舞臺」，即是指日美之間可能發生的太平洋的戰爭。日本侵犯美國，「巨怪」也必然反撲，他把這場日美戰爭視作歷史劇的重演。他說：

這一戰是一場「辟尼克戰爭」（Punic War即是西元前三世紀至二世紀羅馬與迦太基的戰爭），扮羅馬的是美國，扮迦太基的是日本，結局當然是迦太基的毀滅。[44]

湯因比愛用史事作比喻，把現代的太平洋比作古代的地中海。四年前，湯因比與胡適討論中國中古史的時候，即勸胡適用東羅馬帝國的歷史作比較。他說：「如果古今歷史可以等例齊看，那麼，日本的毀滅還不算終局。只可算是一篇新歷史的開端。迦太基的敗滅，引起了羅馬的大發展。……所以這場日美戰爭的終局也許可以看到美國變成太平洋列國的霸主。」胡適同意這個比喻，並進一步預測說：

在這一隻鐵手套擲下之後，第一個犧牲者當然是我們自己。但我們在準備受最大最慘的摧毀的時刻，終不能不相信我們的強鄰果然大踏步的走上了「全民族切腹」的路。我們最慚愧的是，我們不配做這切腹武士的「介錯人」（日本武士切腹，每托其至友於腹破腸出後砍其頭，名為介錯人），只配做一個同歸於盡的殉葬者而已。[45]

---

44 湯因比（陀音貝），《下一次的大戰，在歐洲呢？在亞洲呢？》，《太平事務》季刊三月號；《國聞週報》11卷18期。

45 《一個民族的自殺——述一個英國學者的預言——》，《大公報》1934．4．29。

俗話說，旁觀者清，日本軍人執迷不悟，他們自覺自願走向危險的絕路。1934年底，日本不等「華盛頓海軍條約」的期滿，就決定單獨廢止。胡適認為「日本決心打破一切海軍軍備的拘束，使世界至少退回去十二年」。「第二次世界大戰的黑雲真是逼人而來。」[46]

胡適曾一度對日本國內的自由主義者寄於希望，當他看到東京《同人》雜誌上有人說，「中日問題的最終解決，只有日本人停止侵略中國就行」，則以為是「日本心理轉變的一起點」。[47]這實仍是胡適和平幻想的反映·當時日本的軍閥與政府，把世界經濟危機侵襲日本所受到的影響，妄圖巧妙地把它轉向對外侵略，對國人宣傳說，滿蒙「是花費『十萬英靈，二十億國帑』而獲得的『聖地」：是帝國的生命線。「作為東洋盟主的日本懲罰中國之不當，乃是『為了東洋悠久之和平』。」把滿蒙事件與其國民的利益觀念結合起來，並通過報紙、雜誌、唱片、廣播……一切傳媒「煽起了國民的侵略狂熱」。[48]使整個國家處於群眾性的歇斯底里。而當時的「反體制勢力」及共產黨等，曾有過一些反戰鬥爭，除被政府鎮壓外，還因自身犯了自我瓦解群眾基礎等戰術性的錯誤，鬥爭的有效性很小。[49]相反在工人中影響較大的社會民眾黨，卻贊同統治者提出的「生命線論」。一些自由主義者對「生命線論」固然有所批判，但他們的聲音均被淹沒在占壓倒優勢的「生命線論」的大合唱中，簡直無人理會。

3、現代化中的「保留」

日本在當時來說，應該已是一個現代化的國家了。但居然在軍人等瘋狂時，還能使國內的輿論一律，封煞自由，異於一般現代的國家，其原因何在？深究之，是由於它在現代化過程中保留了一塊自留地。

---

[46] 《國際危險的逼近》，《獨立評論》133號，1934·12·18·
[47] 《日本人應該醒醒了》，《獨立評論》42號，1933·3·12·
[48] 信夫清三郎編《日本外交史》下冊，第558頁。
[49] （日）岡本宏，《滿洲事變和無產政黨》，引自《日本外交史》（1r），第4559頁。

據一位日本史專家喬治森蓀爵士（Sir George Sansom）的描述：「約一六一五年起，日本即在寡頭政治統治之下。統治的方法，多與現在極權國家所用者相同。它的特徵是：統治者自選幹部；壓制某些階級，使其無所作為；限制個人自由；厲行節約；多方壟斷：各種檢查；秘密警察；及『個人為國家而存在』的教條。至一八六八年，這一政權雖被推翻，但繼起而代的，並不是一個受大眾歡迎的政府，而是一個強大的官僚集團……因而奠定了日本極權主義特質永恆不變的基礎。」[50]對此，胡適經探索後的結論：「日本的現代化是在一個中央集權的控制下實施的，特別是由一個統治日本封建軍國主義的階級中所促成的。從這個階級產生了幾個維新領袖，他們不但決定要改變什麼，決定不改變什麼，而且還擁有實現該等決定的政治權力……日本式現代化運動之優點是有秩序的，經濟的，繼續的，安定和有效的。」但它的不利的方面，即「為保護其傳統的精神和對人民控制的嚴密，所以採用軍事外殼來防止新文化侵入到日本傳統的中古文化裡面去」。[51]也就是說，新文化浸沁不進其內核，這就成了它的後患的根源。

胡適指出，早期「迅速的明治維新是一個統治階級有效的領導和有力的控制所促成的，這統治階級恰巧就是渴望採用西方戰術和軍械的軍國主義階級」。這個階級只知道一個現代國家必先工業化，然後才能具有軍備，所以它先形成的是「軍國主義的工業制度」。但這個階級「並非是一個開明和知識階級，其領袖勇敢、實際、愛國，有時還表現出一點政治家的風度，但是他們對遠景和新文化的瞭解很有限。他們正如小泉八雲所說的，是認為西方軍械力量可構成一道防線，保護日本德川時代的傳統價值免於受到損害和改變」。[52]這個階級在短短數十年間使日本現代化，並培養了一支最強大的軍事力量。這個「統治階級——大名和武士——是在軍國主義傳統的教育、訓練中薰陶出來的」，他們的所作所為，「又是全國

50 《中國抗戰也是要保衛一種文化方式》。
51 《中國與日本現代化運動——文化沖實的比較研究》，《年譜》（五），第1696-1702頁。
52 《中國與日本現代化運動——文化衝突的比較研究》，《年譜》第1699頁。

上下積極效法的榜樣」。[53]軍國土義制度，就是在這樣的歷史背景下確立起來的，德川時代的「傳統價值」就是在其中保存下來了。

日本前駐羅馬大使白島（Shiratori）說得更坦率，「過去三十年中，日本民族成長的基本原則，就是極權主義」[54]日本甘心加入軸心國，實是物以類聚，白島正是軸心國聯盟條約的起草人和簽署者。

據戰後的日本學者的說法，日本現代的過程是「脫亞入歐」，即「日本並不想依靠亞洲的聯合來對抗西洋國家體系的衝擊，而是立即決心加入西洋國家體系，企圖作為西洋國家體系的一員，反過來統治亞洲」。[55]日本的加入西洋國家體系，即是其「軍國主義的工業化」：挑動中日甲午戰爭，就是對其「軍國主義工業化」的實踐，是統治亞洲的第一步。

日本軍國主義採用「西方軍械力量」，對外的作用，不言而喻：侵略鄰國，統治亞洲；對內，則以保護一個傳統的核心——天皇制統帥權，以法律保證構成一道防線，是日本政治現代化道途上的絆腳石。

1889年（明治22年）2月，日本頒佈的「大日本帝國憲法」（明治憲法）中規定：帝國議會的許可權以及國民的基本權利，受天皇大權的嚴格限制。天皇擁有宣戰、講和和締結條約的大權（第十三條），無需經過議會承認。天皇統帥陸海軍（第十一條），決定軍隊的編制和常備兵額（第十二條），議會不得干預軍事。

日本的憲法不承認人民的基本權利，對代表人民的國會未賦予實際權力。天皇有獨裁外交權，審議條約權的機構不是國會，而是樞密院。樞密院是與國會和國民都不發生關係，只對天皇負責的特權機構。貴族院壓制眾議院，天皇的命令能與國會制定的法律相對抗而束縛議會的權力，所以日本憲法制定的國家機構，本質上仍是以專制為基本特徵的天皇制。其軍政分開，政府是雙重的，外交也是雙重的。1886年6月18日伊藤議長在樞

[53] 《中國抗戰也是要保衛一種文化方式》，《年譜》，第1774頁。
[54] 轉引《中國抗戰也要保衛一種文化方式》。
[55] （日）信夫清三郎，《日本外交史》序，商務印書館，1992年。

密院說：「既然在二十年前已經廢除封建政治，同各國開始了交往，其結果在為謀求國家的進步上，捨此奈無其他處理之良途何。」如果話語「換一種方式表達，則是：不是因為國民的需要和要求而制定出憲法，乃是因為對外交際的必要和建立統一國家的不得已的結果而採用的」。[56]接著又說自歐洲立憲政治萌芽已經有千餘年，不僅人民熟悉這一制度，而且還有宗教為其基礎。已經深入人心，人心統歸於此。然而我國……無一可以為國家基礎者。（下略）在我國可以作基礎者，唯有皇室……在此草案中，以君權為基礎……而不採用歐洲的主權分立精神。

在天皇制統治下的日本，由「大義名分論」，摻雜國粹主義和排外主義等成分，形成了一種獨特的意識形態：大和民族是由神選定的民族，都是天照大神的子孫，萬世一系的天皇是現實人間的神，是國家一切的中心，「八紘一宇」為最高理想，以天皇的名義統一世界，是走向人類永恆和平的大道，近世日本民族的對外戰爭，是為完成歷史的使命而進行的「聖戰」，史稱「皇國史觀」。其內核儘管是如此固守傳統未變，但無論如何已有了現代的根本大法——憲法這樣的東西，「而日本人民不失為有憲法之國的人民，日本不失為世界列國中一個立憲國的成員」。[57]

上述名實矛盾的問題在憲法制定時就已開始爭論，「九一八」事變後，爭論的焦點則在於憲法第十二條的編制大權是否也包括在第十一條的統帥權事項之內。東京帝國大學教授美濃部達吉早就把主張天皇絕對主權的天皇機關說，解釋為國家是個法人，統治權屬於國家，天皇是作為國家最高機關而行使統治的。這一憲法理論在大正時代的廣大學術界，幾乎被認為定論。迄1935年2月18日，軍人菊池武夫中將在貴族院指責美濃部達吉博士的理論違反國體的天皇機關說，2月25日美濃部在貴族院全體會議上為自已的理論辯護，闡明其理論的正確性。政府對此仍認為是學術問

[56] （日）清水伸著，《帝國憲法制定會議》第88頁，轉引自遠山茂樹，《日本近現代史》第一卷，中譯本，商務印書館，1992年，第96頁注④。
[57] （日）稻田正次，《明治憲法成立史》下卷，第919頁。

題的爭論。於是在右派軍人中迅速展開揮動「國體」的帽子胡亂抨擊的運動。同時在右派軍人中迅速展開揮動「國體」的帽子胡亂抨擊的運動。在野黨政友會甚至也利用這個問題攻擊政府，眾議院更迫使政府闡明國體。於是「國體明證」運動如燎原之火蔓延全國。3月23日眾議院通過國體明證決議案。，4月，陸軍向全軍散發了「機關說」違反國體教育總監訓辭。6月組織起貴族院，眾議院議員動員為中心的國體明證促進聯盟，形成包括軍部右翼政友會和右派官僚等人的大規模反政府運動。政府此時不得不採取措施，禁止出售美濃部博士的著作，並迫使他辭去貴族院的議員職務。對此知識份子和媒體未見反抗。由此證明，只要揮起天王和國體的旗號，無論多麼不合理的事都能通得過。日本的現代學者說「這個否定了學術、思想的自由，可以說用議會本身葬送了它自己的生命。」[58]

與此相配合的是1932年就開始的日本少壯派軍人槍殺首相犬養毅的「五一五」事件起，接連發生了一系列青年軍官槍殺政府要員的事件。1936年又有一千四百多名兵士襲擊首相官邸等東京市要地的「二二六」事件，都是這種「傳統價值」對現代政治的反撲。他們為了「保護國策」或「清君側」。「保護國策」是要「使日本人成為世界上最強的民族」。「清君側」是「要推翻議會政治和政黨內閣，而建立軍人的『法西斯』政府」。[59]農村出身的少壯軍人「抱著對資本主義社會的仇視」，沉醉在那征服世界的軍國迷夢裡。其實質是極權政治與民主政治的對抗，胡適稱之為文治與武治的鬥爭。日本在這三十多年來的憲政發展，「只是一種發展文治來制裁武人的努力」。不願接受文治制裁的軍人，屢次以暴力來改變政治的途徑。[60]

4、對中日關係的瞻望

儘管胡適認識到日本的現代化中保留了「德川時代的傳統價值」，導

58 （日）藤原彰，《日本近現代史》第三卷，第46-47頁。
59 《東京的兵變》，《獨立評論》191號，1936．3．1。
60 《東京的兵變》，《獨立評論》191號，1936．3．1。

致成為對外侵略的「恐怖的國家」。卻仍然對日本過去的六十年的偉大成績認為是日本民族的光榮，「也是人類史上的一樁靈績」。他對日本前途，曾作過美好的瞻望：「她的萬世一系的天皇，她的勤儉愛國的人民，她的武士道遺風，她的愛美的風氣的普遍，她的好學不倦的精神，可以說是兼有英吉利與德意志兩個民族的優點，應該可以和平發展成一個東亞的最可令人愛羨的國家。」[61]1935年他還叮嚀一位留學日本的青年不要有輕視日本文化的心理，稱日本具有世界各民族所沒有的「特別長處」。[62]

胡適自勵，中國現在是一個弱國，不能與人平等相處，不配與誰為「友」，也不配與誰為「敵」，所以他不妄想有一個「以平等待我之民族」，只求能與最少侵略野心人，或「凡不妨害我們國家生存與發展的」[63]做朋友。同時，「我們自己還不配憐憫我們的鄰人的前途。我們至今還是在危幕上安巢的燕子的生活！『鄰之厚』固然是『君子薄』；然而『鄰子薄』就真可以成為『我之厚』了嗎？幸運滿天飛，決不會飛到不能自助的人們頭上，也決不是僅僅能幸災樂禍的人們所能平安享受的」。[64]

胡適還提出了一個意義深長的理論：「日本決不能用暴力征服中國。日本只有一個法子可以征服中國，即是懸岸勒馬，徹底的停止侵犯中國。反過來征服中國民族的心。」[65]如何才是征服人心？其理論根據是兩場歷史戰爭：其一，1866年的普奧戰爭。普魯士在一星期中打敗了奧地利，立即停戰議和，不割地不賠款，留下了奧國作普士的友邦與將來的聯盟。因為它征服了奧地利民族的心。胡適在此強調，「強者戰勝弱者，這是常事，未必就種下深仇恨。」勝得光明，弱者認輸則甘拜下風，以便在失敗的刺激中吸取教訓，激勵奮發。二、1870年普法戰爭。普勝法敗，普魯士直逼巴黎，訂屈辱的城下之盟。賠款又割地，種下了十八年不解的冤仇。日本侵華戰爭屬於後

---

[61] 《敬告日本國民》，《獨立評論》178號，1935．10．3。
[62] 《胡適致陳英斌》，《胡適來往書信選》（中），第272-273頁。
[63] 《答室伏高信先生》，《獨立評論》180號，1935．11．30。
[64] 《國際危機的逼近》，《獨立評論》132號1934，12，23。
[65] 《日本人應該醒醒》，《獨立評論》42號，1933．3．12。

者，「乘人之弱，攻人之危，使人欲戰不能，欲守不得，這是武士道所不屑為，也是最足使人仇恨的」。[66]第一個歷史事例能征服人的心，第二個歷史事例不僅不能征服人的心，「卻種下了仇恨，還要繼續播種第二仇恨，第三第四而至永久的仇恨，猶如心頭留下的黑影，是永遠抹不掉的。」[67]

有人不解「征服中國民族的心」一語的真諦，而作上綱上線政治的批判，未免有失淺薄；日本的當政者同樣不懂得此中道理，今日的「經濟動物」，依然因襲「乘人之弱」的故技。胡適很早就同意《大公報》提出的談判主張：「應該遠矚將來，確立遠東兩大民族可以實行共存共榮的基礎。」[68]此後亦殷殷期望其「回到文治和憲政的軌道上去！」但日本的軍閥執迷不悟。第二次世界大戰後，日本現代化中所「保留」的體制已有革新，但東京的靖國神社仍把戰犯供奉著，它標誌著民族自殺的幽魂至今未散，也是「皇國史觀」在新的歷史條件下還有存在。

（三）中國國際地位在抗戰中提高

在第二次世界大戰中，德、意、日三國軸心形成，中國的抗日，在亞洲戰場上緊緊拖住了日本，在反法西斯鬥爭中顯得尤為重要，不僅史達林要拉攏蔣介石，美國在1941年春即開始積極援華。中國的國際地位也就日益提高，蔣介石獲得了世界四強領袖的桂冠。珍珠港事件後蔣介石向羅斯福、邱吉爾提議：在反軸心國之間組織某種聯合軍事會議。羅斯福表示贊同。12月23日中美英三國在重慶討論了《遠東聯合軍事行動初步計畫》。羅斯福提議蔣介石任中國戰區（包括泰、越）的最高統帥。美英首腦是年底於華盛頓會議，決定以一切手段首先打擊納粹德國，對遠東戰場則希望中國繼續拖住日本，進一步消耗日本，這就等於為擊敗德國提供了保證。

---

66 《敬告日本國民》。
67 《答室伏高信先生》。
68 《論對日外交方針》。

華盛頓預測，日本將在戰後失去其東方大國的地位，而中國將取代日本成為東方強國。這在未來的美、蘇兩國主宰世界的格局裡，要在整個世界及遠東建立一種平衡關係，中國的態度將是最為重要的。如能培植或扶持一個與美國有共同目標的中國，不僅可以在意識形態領域內加強對蘇聯共產主義的遏制，還將有阻止蘇聯勢力對英法退出遠東後所出現的真空地帶予以填補。有人說，美國對中國的設想：讓中國「強大到足以維持亞洲的秩序，又要弱到必須以美國為靠山」。[69]

1942年1月1日，中、美、英、蘇、波蘭、印度、荷蘭、加拿大等26國在華盛頓發表《二十六國公約》（後稱《聯合國宣言》），共同反對軸心國。宣言由中、美、英、蘇在前面領銜，此外各國均按它字母順序簽署。羅斯福對中國參與簽署的代表宋子文說：「歡迎中國列為四強之一。」[70]蔣介石說：「國家之聲譽及地位，實為有史以來空前未有之提高。甚恐受虛名之害，能不戒懼乎哉。」[71]

名分的提高，還得與實際地位相符，中國必須擺脫自鴉片戰爭以來的半殖民地地位。半殖民地即與世界列強不平等。其顯赫標點即不平等條約。與各國改訂新約這工作，北伐勝利以後就已經在努力了。1928年12月10日，蔣介石在一次談話中提出：「我們革命有兩個對象如何應付。就是說外交上的難關能否打破。」這裡所提的「外交」，即是指提高在國際上的地位，「取消不平等條約，重訂雙方平等的互尊主權之約」。[72]王正廷出任外交部長後，即把關稅自主列為第一個需要實現的事，收回租界和租借地，取消領事裁判權等為其次。美國首先回應，1928年7月25日與中國簽訂了《中美關稅條約》，挪、荷、瑞典等國相繼效仿。第二年提出取消領事裁判權時，各國則說中國的法律制度不完善而拒絕了。「九一八」事變以後，改訂新約運動被迫中止。1934年中英、中美條約已屆十年修改之

---

69 《亞歷山大・賈德幹爵士日記》，紐約，1972年，第488頁。

70 《1942年1月3日日記》，《蔣總統秘錄》第三冊。

71 《反省錄》。

72 《國聞週報》6卷23期，第6頁。

期，國民政府再向美、英提出修約要求時，因國際形勢十分不佳，又擱置了下來。

迄1941年6月1日，中國外交部長郭泰祺與美國國務卿赫爾利會商，決定「美國於戰爭結束之後，放棄在華一切特權」。中、美共同對日宣戰後，重提此議，仍是美國首先表示可以考慮。

1942年10月10日，美國在費城獨立廳鳴自由鐘三十一響，慶祝中國國慶。並通知中國、美國將率先宣佈廢除自1844年以來對簽訂的不平等條約。在平等基礎上重訂新約。英國對此本有些遲疑，經美國勸說，也有條件地（保留香港九龍）同意廢除自1942年中英南京條約以來在中國所享有的九項特權：1、領事裁判權；2、使館及駐兵區的駐兵權；3、租界；4、特別法庭；5、中國各口岸使用外籍人引水；6、軍艦在中國領水行駛權；7、中國海關總稅務司由英國人擔任；8、沿海貿易與內河航運權；9、影響中國的其他問題。1943年1月11日，中美平等新約在華盛頓簽訂；中英平等新約在重慶簽訂。這個平等新約，無論其徹底的程度如何，畢竟是結束半殖民地地位的一種標誌，值得普天同慶。中國共產黨注意到了這點，延安和各抗日根據地開展了慶祝活動。延安《解放日報》發表社論說：廢除不平等條約是中國共產黨的一貫主張。中國共產黨為推翻帝國主義在中國的統治，作了不懈努力和犧牲。中國共產黨還是民族統一戰線的創導者。「目前廢約之成功，將來抗戰勝利，均唯民族統一與國共合作是賴」；並說廢約成功是全國人民努力奮鬥的結果。政黨只有把人民的公意「集中起來，成為口號、綱領，又堅持下去，變成廣大人民群眾偉大運動，政黨才能有力量」，[73]因此不能把這一成果看成是哪一黨的獨家勞動。中共對黨內則說：平等地位得到承認，不等於實現，中國人民必須打走日本帝國主義，否則中美、中英所訂新約「還是一紙空文」。如果把虛幻當成果，則將由「興奮劑」變成「麻醉劑」。[74]

---

[73] 《中國共產黨與廢除不平等條約》，《解放日報》（社論）1943年2月4日。

[74] 引自《中共中央關於中美中英廢除條約的決定》，1943年2月25日。

終篇1

從勝利走向失敗
在野幫政府的忙

一、先禮後兵　回歸教育界

（一）蔣介石先禮後兵

1、重慶談判

抗戰勝利，由外部入侵的日本軍國主義已被打敗，但內部的國共矛盾沒有因此而消除，或可謂更為尖銳。國共之間的第二次合作，是為共禦外侮而促成的，如今外侮已除，如不能向前看，而使固有矛盾重演，則對中華民族不是進步。

蔣介石在抗戰中獲得了世界四強的榮譽，就背上了虛驕的包袱；中共在抗戰中已經壯大，不再像西安事變時那樣虛弱。1945年9月2日，日本天皇和日本政府，以及軍方的大本營三方代表，到東京灣美國「密蘇里」軍艦上，舉行了日本無條件投降的簽字儀式。9月9日，侵華日軍在南京簽署投降書。蔣介石和毛澤東對此所持的心態，是各不相同的，蔣介石在9月9日的日記中說：

> 本日為革命第一次在廣州起義紀念日，而日本在南京投降典禮正式於今日舉行，實為本黨五十年光榮與勝利的一日。然而東北失地，仍在俄軍之手，而且新疆各重要區亦皆為俄國傀儡。哈匪著著叛亂……。因之迪化演成風聲鶴唳，朝不保夕之局。而且外蒙問題亦未解決。國恥重重，可說抗戰雖勝，而革命並未成功。第三國際政策未敗，共黨未清，則革命不能成也。

五十年前的1895年九月九日（10月26日）是孫中山興中會在廣州發動第一次武裝起義的日子，陸皓東被捕就義而失敗，五十年以後的9月9日（八月四日），戰勝了日本，所以他說這是「五十年光榮與勝利的一日」。戰勝日本是喜，但東北與西北，仍為蘇俄所佔領或是其傀儡，依然「國恥重重」。尤蘇俄所支持的「共黨未清」，即是心腹之患未除。所以云：

> 黨國之危機，九一八以來，未有甚於今日者也。如果稍一不慎，為俄史（史達林），共毛所藉口誣陷，則個人之失敗事小，而民族之存亡前途事大，甚至陷於萬劫不復也。
>
> 此時唯一政策，在接收國內各地敵軍之投降與繳械；其次為接受東三省之失地，使俄國不能不履行其條約義務為首務。否則敵械未繳，西陲起釁，反為俄共與毛共所利用，使我國紛亂不可收拾，則革個乃整個失敗矣！

這是蔣介石當時的心態。視中共武裝勢力的存在，就是革命並未成功。「俄國不能不履行其條約義務」，是指《中蘇友好同盟條約》，蔣對此存有幻想，所以栽了跟頭。

毛澤東的心態據胡喬木說，他所分析的世界大勢和所擔心的，則是：

> 美國現在是聯蔣抗日拒蘇反共，企圖全面獨霸東方，抗戰中國民黨依靠美國，戰後中國可能變成以美為主，英國插一腳的半殖民地，這就是一個長期的麻煩。他提出，戰後可能發生類似英國武裝干涉希臘革命那樣的美國干涉中國的事件，全黨要在思想上做好準備，以便應付最壞的局面。[1]

1 胡喬木，《重慶談判》，《胡喬木回憶毛澤東》，第394頁。

雙方均仍敵視對方，蔣顧慮蘇毛結合，蘇將會繼續帶來「國恥重重」；毛則擔心美蔣一體，戰後的美國將會干涉中國事務。毛澤東說：「中國的民族獨立由於日本的失敗基本上已完成了，由於英美廢除了不平等條約，是否還是半殖民地值得考慮。這就使民主民生的問題突出出來。」[2] 所謂「民主民生問題突出出來」，即是說在抗戰勝利後，政治上的民主化改革與經濟上的建設，恢復戰爭瘡傷，成了當務之急。但這被視為只是執政黨政府的應盡之責，在野黨冷眼旁觀，如不能實現，或可乘隙抨訐。毛說：「蔣介石的地位有利方面，他有合法地位與大城市，不利方面是，在他面前擺著強大的解放軍。他內部有矛盾，他不能滿足人民的民主民生要求。」此時的蔣介石正因為他具有代表政府的合法地位，則要受國際準則所制約，而毛澤東卻有充分的自由，況且此時蔣以領袖自居，正統自居，對毛澤東提出的組織聯合政府，廢除傳統等要求，不予認真對待，滿不在乎，終於成了失敗的基因。重慶談判正是在這樣背景下進行的。

反觀這談判，雙方均當作例行的程序，無讓步的打算。似乎只是為了滿足中國公眾輿論和美國盟友的要求，同時也是為各自的軍隊爭取時間，使之能完成最有效的部署。

1945年4月毛澤東在中共「七大」上即呼籲，結束國民黨的一黨專制，建立共產黨能分享權力的聯合政府。在日本宣佈投降的前夕，蔣介石於8月11日電令共產黨的軍隊在原駐地待命。但延安卻發出《關於日本投降後我黨任務的決定》，命令他們向日軍據點和交通沿線全面進攻，強迫他們投降，五天後才由毛澤東朱德聯名回電蔣，拒絕執行他8月11日的命令，8月20日蔣介石電覆無毛澤東，稱：

> 查此次受降辦法，係由盟軍總部所規定，分行各戰區，均予依照辦理，中國戰區亦然，自未便以朱總司令之一電破壞我對盟軍共同之

[2] 胡喬木，《重慶談判》，《胡喬木回憶毛澤東》，第396頁。

信守。朱總司令對於執行命令，往往未能貫徹，然事關對內妨礙猶小，今於盟軍所已規定者亦倡異議，則對我國家與軍人之人格將置於何地。朱總司令如為一愛國之將領，只有嚴守紀律，恪遵軍令，完成我抗戰建國之使命。抗戰八年，全國同胞同在水深火熱之中，一旦解放，必須有以安輯之而鼓舞之，未可蹉跎延誤。大戰方告終結，內爭不容再有。深望足下體念國家之艱危，憫懷人民之疾苦，共同戳力，從事建設。

從蔣介石函電中的字裡行間，可以感覺到他是先則以禮；此時的中國共產黨亦已在延安醞釀謀取中國東北為基地。因這裡「北面沒有敵人，西面蒙古、東面朝鮮是友鄰，我們可集中精力對付一個方面的敵人，有了這樣一個有利的戰略地位，就有了取勝利的基礎」。8月25日即派林彪飛往東北。[3]

就在日本宣佈投降的8月14日，蔣介石電邀毛澤東到重慶談判。毛接受了邀請，擬按早先設計的方案參加「資產階級領導而有無產階級參加的政府。……現在是獨裁加若干民主，並將占相當長的時期，我們還是鑽進去給蔣介石洗臉，而不要砍頭」。號召全黨以政治的辦法「合法鬥爭，學會利用國會講壇，學會做城市工作，學會做這許多工作，才能有能力搞大城市，搞全國」。[4]朱德就曾這樣說「讓蔣介石當總統，我們當副總統吧」。

1945年8月28日，毛澤東偕同周恩來，王若飛在張治中、赫爾利陪同下飛抵重慶。毛在赴渝之前，向留守的劉少奇面授機宜：「我在重慶期間，前方和後方都必須積極活動……有機會就吃掉它，能消滅多少就消滅多少……。須知蔣委員長只識拳頭，不認禮讓。」[5]談判四十三天（8月29日—9月3日），分三個階段。

---

3 《在歷史巨人身邊—師哲回憶錄》，中央文獻出版社，1991年，第309頁。
4 《胡喬木回憶毛澤東》人民出版社，1994年9月，第398、400頁。
5 《在歷史巨人身邊——師哲回憶錄》，第309頁。

蔣介石為國民黨方面規定的談判方針是：

> 政治與軍事應整個解決，但對軍事則嚴格之統一不稍遷就。一、不得於現在政府法統之外來談判改組政府問題。二、不得分期或局部解決，必須現時整個解決一切問題。三、歸結於政令、軍令之統一，一切問題，必須以此為中心。
>
> 關於和平建國，承認黨派合法平等，結束黨治，實現政治民主等。而對於解放區政權和人民軍隊的地位，則堅決不予承認。

中共表示願作如下讓步：第一，建立民主聯合政府現在作不到，暫不提，只提出各黨派參加政府：第二，國民大會代表，國民黨既然不同意普選，中共可不在北方另行召開會議；第三，承認國民黨是第一大黨和蔣介石的領導地位。但是，解放區現在政權和軍權的合法地位，堅決要予以承認。雙方爭論的焦點便集中在軍隊與解放區政權這兩個問題上。

在談判期間，毛澤東、周恩來等在重慶廣交各方人士，穿梭遊說，申言「和為貴」，願同國民黨和一切人士合作建國，獲得普遍的同情與支持。在談判中「有理、有利、有節」地與國民黨平等地位，並予以反攻。當赫爾利出面找毛澤東談話，要求中共交出解放區，並以最後通牒的口吻說：「要麼承認、要麼破裂。」毛澤東回答：「不承認，也不破裂，問題複雜，還要討論。」胸有成竹。胡喬木說：「談判期間……一方面我黨領導人在談判桌上鬥爭藝術的成功；另一方面，也是我軍在戰場上有力配合的結果。」[6]

9月27日至10月5日為談判的第四次會議，重點討論軍隊編制與解放區問題。中共經充分準備，理直氣壯。10月10日，雙方簽訂了《雙十協定》，基本達成為民主化，軍事力量統一化，承認共產黨和所有政黨在法

---

[6] 胡喬木，《重慶談判》，《胡喬木回憶毛澤東》，第419頁。

律面前平等。政府同意保障人權……。將召開包括各政治力量的政治協商會議，討論重組新政府，批准新憲法，共產黨同意與政府的裁軍在比例上保持一致，分批削減軍隊；同意最南部的8個勢力弱小的根據地撤離。[7] 國民政府同意共產黨結束一黨專制的要求；共產黨放棄立即組織聯合政府的要求。其中第五條、第六條、第八條。有的是因地位不同，理解各異；有的是原則上都認同，但似乎雙方都沒有打算立即執行。另外關於國民大會問題，關於軍隊國家化問題，關於解放區地方政府問題，關於釋放政治犯問題，關於奸偽，關於受降等。是部分或完全無法協定的，這才是問題的根本，彼此互不妥協，表明均無誠意。

蔣介石在毛澤東離開重慶回延安前的10月9日的日記中說：

> 毛澤東來作別，與之談判的一小時，先問其國共兩黨合作辦法及其意見如何？彼吞吐其詞不作正面回答，余乃率直告他國共非徹底合作不可，否則不僅與國家不利，而且於共產黨有害。余為共產黨今日計，對國內政策應改變方針，即放棄軍隊與地盤觀念，而在政治上經濟上競爭。此為共產黨今後唯一之出路。

11日蔣在日記中又記云：

> 今晨八時，約毛澤東早餐後，余再與之懇切對談，闡明數次談話要旨，明告其所謂「解放區」問題，政府不能再有遷就，否則不能成其為國家之意，堅決表示，望其瞭解也。

毛澤東由重慶回到延安後的反應是：

[7] 《美國對華關係白皮書》第二卷，第577-587頁，又見《毛澤東選集》，第1155-1164頁。

我看蔣介石凶得很。他沒有重心——民主或獨裁，和或戰。最近幾個月，我看沒有路線了。只有我們有路線，我們清楚地表示要和平。但他不能這樣講，這些話大後方聽得進去，要和平心厲害得很，但他們給不出和平，他們的方針不能堅決明確。我們是路線清楚而調子很低，並沒有馬上推翻一黨專政。我看，現在是有蔣以來未有之弱。兵散了，新聞檢查取消了，這是十八年來未有之事。說他堅決反革命，不見得。[8]

蔣的一貫方針是以武力消滅共產黨的武裝力量，這時卻說要中共放棄軍隊與地盤，與國民黨徹底合作；並說要共產黨在政治上、經濟上與國民黨競爭。這樣「民主或獨裁，和或戰」沒有了「重心」，亂了方寸。這就是毛認為蔣最怕的又最弱的部位。毛說他自己的路線十分清楚，理論上表示「要和平」，因蔣「給不出和平」實際上「槍桿子裡出政權」。由此可見，毛澤東的「權術」比蔣介石更高明。

2、形式上的政治協商

蔣介石是想通過談判使中共就範，不切實際。毛澤東根本沒有想執行談判所達成的協議。而美、英、蘇等國，卻都希望戰後中國停止武裝衝突。赫爾利認為美國外交官偏袒共產黨，破壞了他的調停努力，1945年11月底辭去駐華大使職，由馬歇爾來華。12月15日杜魯門發表對華政策聲明，保證美國不會使用武力干涉的方式影響中國的內爭過程。16日蘇美英三國外長會議在莫斯科會議的公報中，一致表示支持中國的統一與民主，贊成國民政府的各級機構應有「民主黨派之廣泛參與」；三國重申，堅持不干涉中國內部事務的政策。美、蘇外長還宣佈，兩國一致同意雙方軍隊在完成各自任務後儘早撤離中國。又是對國民黨政府的一種約束，想以武

[8] 胡喬木，《重慶談判》，《胡喬木回憶毛澤東》，第422頁。

力壓服對方，不得不以談判為掩護，部署兵力也只能在暗中進行。1945年11月中旬，蔣介石在一次軍事會議上稱中共為「反動派」，提出要在半年內擊潰八路軍、新四軍的主力。可是在1946年1月5日，國民黨仍和共產黨簽訂《關於停止國內軍事衝突恢復交通的命令和聲明》，並正式成立由馬歇爾、周恩來、張群（後為張治中、徐永昌）參加的三人軍事小組，商談調停雙方的武裝衝突。

1月6日，國民政府公告召開政治協商會議辦法，蔣介石邀請孫科、吳鐵成、陳布雷、陳立夫、張厲生、王世杰、劭力子、張群（以上國民黨），周恩來、董必武、王若飛、葉劍英、吳玉章、陸定一、鄧穎超（以上共產黨），曾琦、陳啟天、楊永浚、余家菊、常乃德（以上青年黨），張瀾、羅隆基（以上民主同盟），張君勱、張東蓀（以上國家社會黨），沈均儒、張申府（以上救國會），黃炎培（職業教育社），梁漱溟（村治派）章伯鈞（第三黨），莫德惠、邵從恩、王雲五、傅斯年、胡霖、郭沫若、錢永銘、繆嘉銘、李燭塵（以上無黨無派）三十八人為政治協商會議會員。1月10日-31日在重慶召開。在這次政治協商會議上，中共取得了勝利成果。11、12兩天是國民黨和共產黨分別向大會報告停止軍事衝突商談經過：和重慶談判的經過。國民黨提出「先要軍隊國家化，才能政治民主化」。中共代表周恩來准對這個提案，提出二者「並行前進，歸於一途」的主張。平時不滿國民黨一黨專政的民主黨派，都同意中共的主張。會議對改組國民政府、施政綱領、軍隊、國民大會、憲法草案等五個方面進行了激烈爭論。中共針對國民黨不願對現行的一黨專政進行根本改造，則力爭要確立一個國民政府委員會為有實權的最高國務機關，既有決策權並有任免權。以委員制來否定個人的獨裁。關於國民大會，國民黨堅持說它是「最高政權機關」，有行使制憲的權力。中共則主張保留國民黨原選舉的代表，另增設黨派及社會賢達以及地區和職業代表的名額，打破國民黨壟斷國民大會；中共並提議憲法之通過，必需經出席代表四分之三同意的原則，以限制國民黨一黨制憲。關於憲法草案，涉及政府的性質，會上有人提出：「使現有的立法院成為相當於議會的國家最高立法機關，由選民直接產生，行政院為最高行政機關，對立法院負責。……周恩來支持這個意見，說這是英、美式加中國化，體現了英美式的初期民主。」中共在會上成了主張民主改革的代表，所提限制國民黨的主張，得到與會民主黨派的支持。國民黨在這些方面也作出了讓步。

此時的民主黨派之所以不支持執政的國民黨，主要是由於在抗戰勝利後，國民政府的官員，在接受敵偽產業的過程中，有類似搶劫和掠奪的行為，時稱「五子登科」（即都要車子、房子、金子、面子、婊子）。[9]被視為「腐敗無能」之輩。當時工廠主和商人，他們在追隨國民政府內遷，在戰爭中蒙被很大損失，原指望從接管日偽企業中得到補償，政府官員卻沒有考慮到這些政治義務，只管中飽私囊，致使日本投降一年以來，在日偽手中接收的2411個工廠，只有852個真正恢復了生產。[10]在1945-1946年國共和平談判中，如1946年1月的政治協商會議上，中共接受了好幾種妥協方案，人們認為他們是有誠意的。誠如儲安平所說：「現政權的支持層原是城市市民、公教人員、知識份子，工商界人。現在這一批人，一古腦兒都對南京政府沒有好感。國民黨的霸道作風，使自由思想分子深痛惡絕；抗戰以來對公教人員的刻薄待遇，使公教人員對現政權赤忱全失；政府官員的貪污作弊，種種刁難，使工商界人物怨氣沖天；因財政金融失緊以及內戰不停而造成的物價暴漲，使城市市民怨聲載道。今日中國人民，對於現政權可謂人人離心，個個厭惡。」[11]這也是毛澤東，以「民主」為手段所作攻勢的成功。

1月31日政協會議閉幕時，通過了《關於軍事問題的協議》、《關於憲草問題的協議》、《和平建國綱領》、《關於政府組織問題的協定》、《關於國民大會問題的協議》。這些協議規定了成立聯合政府，國府委員

---

9 王健民，《中國共產黨史稿》第3卷，第544頁。

10 《和平日報》（上海）1946年11月13日《中國報刊評論》12月27日）。

11 儲安平，《中國的政局》，《觀察》1947．3．8。

的名額分配，國共軍隊數額以五比一的比例整編等。2月25日軍事三人小組正式簽署了《整軍方案》。

3、訴諸武力

中共對政協的五項協議是相當滿意的，認為照其實施，「國民黨一黨獨裁制度即開始破壞」；中共的軍隊與解放區將會合法化。所以毛澤東說：「政治協商會議成績圓滿，令人興奮。」羅隆基幸災樂禍向馬歇爾介紹說：「共產黨讓步多，蔣介石苦惱大，民盟的前途好。」不過毛澤東說的「興奮」，不是因「共產黨讓步多，」而產生的；蔣介石感到「苦惱」，則表明這次政協會議，對他來說是失敗了。

蔣在1946年3月國民黨召開六屆二中全會，不貫徹政協會議有關憲法原則的決議；對準備執行的《整軍方案》竟也隻字不提。形勢由此逆轉，雙方關係惡化表面化。

1946年5月5日，國民政府由重慶還都南京。6月22日，蔣介石密令劉峙指揮中原地區國民黨部向各進攻地點集結。蔣介石以其全部正規軍的百分之八十，即一百九十三個旅，一百五十八萬人的兵力，全面部署在進攻解放區的進攻點上。6月22日，魯莽滅裂撕毀停戰協訂，以鄭州、綏靖區的部隊約十個整編師，三十萬人（含地方團隊）的兵力，向中原解放區發動進攻。可惜未免慢了一步。8月13日，蔣介石發表《告全國同胞書》（即「八一三文告」）聲稱國內戰亂的原因，是由共產黨「不顧信義」，「有其獨立的武力，自立行政和系統，自處於國家政令以外」，並稱「中共不是一個遵循憲法的普通政黨，而是有武力的政黨」，完全是一個獨立的異端政權，它的存在則與政府勢不兩立，不共戴天。中共發言人針對此文告發表聲明：蔣介石對鎮壓民主勢力，挑起全面內戰，有不可推卸的責任，重申其堅持和平、民主、統一的主張。對國民黨政權不滿的其它民主力量，支持中共，要求蔣「徹底停止內戰，真正以政治方法解決國事問題」。9月6日，蔣介石在南京重新提出「剿匪」口號。中共致函蔣介石，提出：「中共不能不認為政府業已公然宣告全面破裂，並已最後放棄政治解決的方針，其因此而造成的一切嚴重後果，當然全部責任均應由政府方面負之。」10月馬歇爾對蔣說，共產雖在退卻，但沒有屈服。放棄城市是避免損兵折將，保存實力。[12]蔣在11月告訴馬歇爾，國民政府最近取得一致意見：武力是解決與共產黨衝突的唯一手段。馬則警告說：「政府的做法有可能導致共產黨控制中國」，因為「目前不斷加劇的混亂，不僅會削弱國民黨，而且為共產黨搞垮國民政府提供極好機會」。共產黨是一支強大的政治軍事力量，不可能單靠軍事手段消滅它。尤其是文化思想，必需有相應的對策。但蔣十分自信：中共的軍事力量被摧毀，解決共產黨的問題不會有什麼困難。[13]未免剛愎自用輸給了毛的「民主」攻勢。

與此同時10月11日蔣介石又發佈「國民大會召開」，自行「制憲」、「行憲」。

（二）胡適回歸教育界

胡適1942年離任大使職後，曾改任國民政府行政院高等顧問。自1943年起，任美國學者協會特約研究員及該會諮議，並在哈佛、哥倫比亞等大學任訪問教授，教中國哲學。1945年3月任三藩市聯合國制憲會議的中國代表團代表，同年9月被任命為北京大學校長。

1、就任北大校長

北京大學自抗戰軍興以後，即遷西南後方，與清華、南開組成西南聯大，歷經五年，辦學的條件很差。據蔣夢麟說：聯大的「圖書缺乏，生活困苦（物價較戰前漲百倍以上），……而中國青年仍視為學府北辰」。[14]

---

12 《美國對華關係白皮書》第1卷，第202頁。

13 范力沛，《馬歇爾的中國使團》第1卷，第353-354、407頁。轉引費正清，《劍橋中華民國史》第二部，上海人民出版社，1992年，第821頁。

14 《胡適來往書信選》（下），第550頁。

初議北大復校時，蔣夢麟已應宋子文之邀，去行政院當秘書長，於6月辭職，提出由湯用彤為代理校長，湯堅決拒絕，乃推薦胡適出任。此事提出之後，蔣介石「有些猶豫」，而說可叫傅斯年出任。傅則於8月17日向蔣介石上書，力陳北大校長胡適莫屬。他說：

> 北京大學非教授全體及一切有關之人，幾皆盼胡適之先生為校長，為日有年矣。適之先生經師人師，士林所宗，在國內既負盛名，在英美則聲譽之隆，尤為前所未有。今如以為北京大學校長，不特校內仰感俯順輿情之美；即全國教育界，亦必以為清時佳話而歡欣；在我盟邦，更感興奮，將以為政府選賢任能者如此，乃中國政府走上新方向之證明；所謂一舉而數得者也。[15]

教育部長朱家驊9月3日雖電詢胡適之徵求意見，但未等胡適回覆即提交行政院發表了。在胡適未回國之前，由傅斯年暫行代理。此時江澤涵致函胡適說：「我覺得你做不做校長關係不大，但你越能早回北大一天，於北大的好影響越大。」（9月5日）

胡適在10月10日電覆朱家驊、蔣夢麟及傅斯年說：「民國二十年以後，北大復興，孟鄰兄領導之苦心偉績，弟所深知。北大復員，仍不可無孟鄰兄之領導。曾於上月托張仲述帶信與北大同仁，懇切陳述此意。孟鄰兄為政府徵調，只是暫局，孟真兄肯扶病暫代最可感幸。將來弟歸國，苦不得已，亦願與孟真分勞，暫代一時，以待孟鄰兄之歸。……」

傅斯年在10月17日給胡適寫一封信，他說：「各系教員，不充實，好則不太濫，明年暑假至少須聘三十教授（文理法三院），解聘者（各系可任主張）不過數人。」信中提出聘人的兩個標準：「①科目需要；②特殊人材，不以需要為限」。

---

[15] 傅樂成，《傅斯年先生年譜》，第58-59頁。《胡適之先生年譜長編初稿》（五），第1896頁。

抗戰期間，北平淪陷於日本統治之下，抗戰勝利後，有一個對「淪陷區各偽立學校之處理員生資格的問題」。教育部為此頒佈偽校教職員學生和與畢業生之甄審等辦法。尚在肄業之學生，更於各地設立臨時大學補習班。北平之臨大補習班，包括前偽北大，偽師大等各校全體學生達五千人，由陳雪屏負責。學生的甄審比較容易。教師的甄審則是一件難事。偽北大教授容庚，是一位很有成就的古文字古器物的專家，他曾給北大代理校長傅斯年寫了一封公開信說，「漢奸乎？漢忠乎？事實俱在，非巧言所能蒙蔽者，固願受政府之檢舉裁判而無所逃避。在日寇則視吾輩為反動，在政府則視吾輩為漢奸，笑啼皆非」！俞平伯更為周作人說情，稱「國家綱紀不可以不明，士民氣節不可以不重，而人才亦不可以不惜」。但北大的代理校長傅斯年於1946年5月16日還是宣佈決不錄用偽北大教職員。表示決不為北大留此劣跡。這是為胡適到任後的工作掃清了道路。正如傅斯年說的，「這樣的局面之下，胡先生辦法不如我，我在這幾個月，給他打平天下，他好辦下去。」

胡適出任校長時的北京大學是建校四十八年來盛況空前的時期。他在1946年10月10日的開學典禮上說：

> 今天的北大是大多了，有聯大學生七零九人，臨大分來的一五六二人，新生四五八人，工學院新生九二人，先修班六八六人，醫學院試讀生七人。以上共三五一四人。這還不連瀋陽新生，青年軍，抗戰有功子弟，政府分發者。可以說，比聯大時期大了一倍，比舊北大大了三倍。學院也加了三個。[16]

此時，北平已是北方政治、文化的重鎮。在1946年的制憲國大上，有人提出因歷史已進入空中堡壘與原子彈時代，必需選擇一個合適的地點作

---

[16] 《大公報》1946年10月14日。

首都，大會中即出現建都於北平與建都與南京兩派意見的爭執。有人提出每年有四分之一時間使北平成為全國政治的中心，因稱北平「夏都」。此提案未曾表決，所以也沒有列入憲法。胡適出任北大校長誠為傅斯年所說：「其有裨於大局者多矣。」社會各界亦寄於很大希望，有人說「三十年來北大是中國新思想的策源地，為中外所公認」。今後在胡適領導下，則「更望有學府的山門來主持全國的議壇，想海內人士均為有此期待」。[17]

2、不組政黨

胡適1946年9月到校視事。在10月10日北大第一次開學典禮上，提出兩個無甚高論的方向：（一）提倡獨立的創造的學術研究；（二）對於學生要培養利用工具的本領，作一個獨立研究獨立思想的人。最後，引用南宋思想家呂祖謙《東萊博議》的話說：「善未易明，理未易察」[18]勉勵諸生。教人懂得「善」與「理」不是浮在表面容易掌握的：要我們從深處去探求。即教人凡事不要輕信，更不能盲從，反對武斷，反對教條……。胡適還當眾高聲說：「我是沒有黨派的人，我希望校裡沒有黨派；即使有，也如同各種不同的宗教思想信仰自由一樣，不管你是什麼黨派，學校是學校。」又說：「我們沒有政治的歧見，但是先生與學生知道學校是作人作事的機關，不要毀了這個再過多少年不容易重建的學術機關」。（同上）

剛從美國回來的胡適，在南京傳說「美國人稱他是民間大使，是不折不扣代表人民的。他能深入美國各階層，連美國鄉間的老太婆都推崇他，可想見他是怎樣的一個天才政治家」。因此1946年11月19日，南京一位記者問胡適：「中國在建設途程上組黨風氣極盛，但今日中國仍未脫文人論政之階段，商人政治家之威爾基、農人政治家之華萊士，在中國實不易多見，準此，則胡博士以對青年之號召力，若組一政黨，在中國必發生最大的領導力量」。胡適聽後笑著說：「這是前幾個月京滬兩地的謠言，朋友

---

17 《胡適來往書信選》（下），第38頁。
18 （重慶）《大公報》1946年10月12日。

知道我對政治無興趣，才放出這空氣來取笑，不過若遇見實在看不過的事，他可能說一句話罷了。」[19]

當時，也有人建議他仍保持自由主義不屈不撓的傳統，「保持超然、自由、無為而無不為的精神」。更有人對胡適說：「二十年來，國共之爭已成血海冤讎，殆難以理喻，且彼此又皆有龐大之武力……吾人若果能超然於利害之外，復善於表現一種客觀之熱忱，則不至引起政府之嫉視。」希望胡適這次回國後能像完成新文化運動那樣「更能負起今日另一類乎建設之使命」。[20]

1945年秋，胡適尚在美國，重慶《新華日報》刊載了一則張君勱、李璜介紹胡適參加中國民主民盟的消息。是他們想拉胡適加入中國民主同盟的一種試探，抑或別有緣故？故且不論。胡適知道後，立即以書面聲明予以否認。事後張君勱致書胡適說：

> 重慶《新華日報》上載我與李璜介紹公入民主同盟之謠，豈徒被介紹人絕無所聞，而介紹人自身亦覺此等消息來自天外。弟自問年來常以為必先由政黨一路方能達到民主，至兄則明明為民主之友，然而不肯從政黨下手。弟知公之立場，從未一談民主同盟之內容，即以此故。然國共談判，弟望其早日成功，免得內戰，想公亦同此意也。[21]

另有人則奉命勸胡適「獨樹一幟」，希望他組織一個御用的民主大黨，與既有的民主團體相抗衡。[22]亦落空了。

1946年12月5日，胡適在南京出席中外記者招待會，記者問他「是否還有組黨或辦刊物的意思？」胡適回答道：

---

[19] 《華北日報》1946年11月20日，「十九日南京專電」。
[20] 《賀昌群致胡適》，《胡適來往書信選》（下），第37頁。
[21] 《張君勱致胡適》，《胡適來往書信選》（下），第37頁。
[22] 《胡適來往書信》（-F），第27-28頁。

> 本人生平以致力學術為職志，從無組黨的意思。組黨不但要花錢，並且要費時間，本人錢與時間，均不富裕，故對組黨問題真是連想都不敢想過。至於辦刊物，本人在戰前曾辦過《獨立評論》，當時只抽出盈餘百分之四即可用為基金，我們有五千元基金就推動此事業。現在情形大家都曉得，辦刊物要花費很多資本的，所以本人尚無意思辦，以後如何則未敢定。[23]

胡適的不黨主義，已表達得十分清楚。至於他對國共兩黨的態度，似近乎傅斯年。傅斯年在致胡適的信中說：「假如先生問我的意見，我可以說」：

> 我們與中共必成勢不兩立之勢，自玄學至人生觀，自理想至現實，無一同者。他們得勢，中國必亡於蘇聯；使中共不得勢，只有今政府不倒而**改進**；但，我們自己要有辦法，一入政府即全無辦法。與其入政府，不如組黨；與其組黨，**不如辦報**。[24]（按：著重點是原有的）

這就是傅斯年的「責備政府不可忘共產黨暴行，責共產黨不可忘政府的失政」[25]左右開弓方針。他問胡適「我想先生看法也是如此，這些話都是多餘的」。胡適未表異意，足供參考。當然其立足點是於國民黨方面，他們不過是「如《獨立評論》之free laneer[自由作家][26]而已。

---

[23]《華北日報》1946年12月6日。
[24]《胡適來往書信》（下），第170頁。
[25]《胡適來往書信》（-F），第175頁。
[26]《胡適來往書信》（下），第170頁。

二、單獨「制憲」「行憲」，在野幫政府的忙

（一）蔣介石單獨「制憲」「行憲」

1．「制憲國大」

在此，先追溯一下國民黨的制憲歷史：「制憲國大」，是早在1936年就決定要召開的。根據孫中山《建國大綱》規定，「以黨治國」的「訓政」時期結束，就要還政於民，進入憲政時期。1932年國民黨四屆三中全會決定開始「制憲」，1936年5月5日公佈《中華民國憲法草案》（《五五憲草》）並定於1936年11月12日召開「制憲國大」。後因時局關係延期至1937年11月12日召開。終於由於日本發動「七七事變」而進入非常的戰爭態度，因抗戰而擱置了八年。1943年國民黨召開五屆十一中全會時，「最後勝利已在望」，則強調要把注意力轉向建國問題。決定於戰後一年內召開國民大會，制頒憲法。1945年5月5日至21日，國民黨在重慶召開第六次全國代表大會。蔣介石在大會上說：「今天的中心工作，在於消滅共產黨！日本是我們國外的敵人，中共是我們國內的敵人，只有消滅中共，才能完成我們的任務。」更指摘中共在抗戰期間「仍堅持其武裝割據之局」，今則繼續採「政治解決之方針」。但強調「肅軍」、「肅政」。國民黨的六大宣佈召開國民大會並通過憲法的時間，定在1945年11月12日，這是遵循國民黨的法統。

抗戰勝利後的重慶談判和政協會議，中共和民主人士都要求修改「五五憲草」。政治協商會議決議：召開國民大會，制定憲法，結束一黨專政。國民大會由改組後的政府召開，其原則和程序是，由政協憲草審議委員會修改憲法草案，作為提交「國大」的唯一憲草，各黨派保證對該草案的通過；召開「國大」的日期和名額分配，由政協綜合小組協商決定。這就完全摒棄了國民黨的法統。所以蔣介石在政協會議閉幕後一個月所召開的國民黨六屆二中全會上說：「政治協商會議所決定的修改憲草原則有若干點與『五權憲法』的精神相違背。」全會決議：制憲應以《建國大綱》為最根本的依據，國民大會是有形的組織，以集中開會的形式行使《建國大綱》所規定的職權，立法院對行政院不具牽制之權力，行政院也沒有提請解散立法院之權，監察院無同意權。省無須制定省憲。仍保留「五權憲法」的精神。憲法的新精神也在原則上仍保持了《五五憲草》舊則。二中全會還決定撤銷國防最高委員會，結束戰爭狀況，恢復中央政治委員會，指導國民政府的工作。

這次制憲，原定於1946年11月12日召開的國民大會，推遲至11月15日才開幕。蔣介石原想孤立中共，爭取民盟和其他第三方面的力量參加，特將「國大」推遲三天召開。但民盟強調要按政協決議完成各項手續後參加，未完成前暫不參加。因此，這次制憲國大，除國民黨外，尚有青年黨和民社黨的代表，王雲五、傅斯年、胡霖等作為社會賢達代表參加。蔣介石在開幕詞中宣稱，這次會議是「中國進入民主憲政時期的開端」，要制定一部完全可行的憲法，奠定民主法制的基礎，「以立民國百年不拔的根基」。12月25日，經三讀通過《中華民國憲法草案》，決定於1947年元旦公佈，並於同年的12月25日為憲法的實施日期。同日「國大」閉幕，蔣介石代表國民政府接受了《憲法》。這次國民大會，史稱「制憲國大」。蔣介石不按重慶政協會議決議所規定的原則程序召開，而仍按《建國大綱》法統行事，主要是針對共產黨。

周恩來在國民大會召開的第二天，在南京舉行記者招待會，發表書面聲明：

「這一『國大』，是違背政協決議與全國民意，而由一黨政府單獨召開的。」「更重要的，它是一黨召開的分裂的『國大』，而不是各黨派參加的團結的國大，政協協議的國大。……這一黨『國大』還要通過一個所謂憲法，把獨裁『合法化』，把內戰『合法化』，把分裂『合法化』，把出賣中國與人民利益『合法化』。照這樣下去，中國人民一定陷入苦痛的深淵。我們中國共產黨人堅決不承認這個『國大』。和談之門已為國民黨政府當局一手關閉了。」

11月25日，民盟發表聲明，為「保持第三者地位」不參加「國大」。12月21日，中共發言人發表書面聲明，指出：蔣介石召開的是非法「國大」，推翻了政協的路線：「又通過什麼『民主憲政』，這只是更加自絕於人民。」又說：「蔣介石集權獨裁不取消，不論憲法字面上怎樣，人民總之休想得到民主，這已是中國人民的常識。」[1]12月31日民主建國會、民主促進會、九三學社等十一個政治團體發表聯合聲明，反對並否認國民黨的「片面憲法」。

1947年元旦，蔣介石在廣播中宣佈儘快召開國民大會選舉總統與副總統，「還政於民」，並指出：「政府對於中共問題，我可以簡單說明，仍然要秉以政治方法解決問題的方針。」1月20日，授意中央宣傳部作一次和平攻勢，提出派代表赴延安，現地停戰，解決爭執地區之地方政權問題等四條，以「恢復和平方案」；拒絕中共提出的「取消偽憲」，和「恢復去年1月13日軍事位置」兩條為恢復和談的先決條件。中共中央中宣部表

---

[1] 見《解放日報》1946年12月21日。

示拒絕，聲稱：國民黨的四條「和平方案」是用來拒絕真正和談的先決條件，是一種欺騙。

國民黨在「制憲國大」之後，即開始改組政府。1947年3月15日-24日所召開的六屆三中全會，即以如何結束訓政，促進憲政，作好行憲準備為中心議題。不過，這時的國民政府改組，也不是按政協決議，而是以國民黨的原則改組，是以與中共徹底決裂為前提的。蔣介石在開幕詞中，聲稱「政治解決的途徑已經絕望」，不能坐視變亂不加制止。在《宣言》中指摘中共「迷信武力，背信棄義，於政府屢次忍讓之際，在其割據區域內，竟實行全體總動員，最後拒絕政府所下現地停戰之命令，拒絕參加國民大會，要求取消國民大會所通過之憲法。更乘國軍遵令停戰之時，發協全面軍事攻勢，致使政府政治解決之方針無法實現」。

國民黨六屆三中全會，一再申明要結束一黨訓政的局面，「還政於民」，說「國民政府改組完成之日，即為訓政開始結束之時。由茲以至行憲之過渡期間，中國之政治已不復為一黨負責之政治，本黨所處之地位及其對於政府之關係，自不同於往時」。表示國民黨的地位，降為普通政黨，與各黨派平等相處，從速擴大政府基礎。由此而言，應該說是一種進步的姿態。但同時又說「中國盛衰興亡的關鍵，不操諸任何一黨之手，而實操諸本黨之手」。又似是「一黨專政」的改組，所走的是「一黨開放」之途，並沒有使國民黨完全降為普通政黨。

2、「行憲國大」

4月17日，以國民政府委員會為最高國務機關，（不是聯合政府的委員會）修改《國民政府組織法》。4月18日是國民黨奠都南京的二十周年紀念，蔣介石宣佈「改組國民政府委員會」成立。其名額分配為國民黨十二席，民社黨四席，青年黨四席，「社會賢達」四席。留給中共（以放棄武力為條件）和民盟的席位有十一席。改組後的政府成員為：

國民政府主席蔣中正、副主席孫科。

行政院院長張群：

立法院院長戴傳賢；

監察院院長于右任。

張繼、鄒魯、宋子文、翁文灝等為國府委員。

《中央日報》把這次改組政府自喻為「劃時代之創舉」，「一黨統治結束，政府改組完成」，「從今以後，我們的政治是多黨共同負責的政治了」。稱青年黨、民社黨以及社會各界參加政府，「不啻為我國政局注射新鮮的血液。」是民主憲政的好開端。

但是行政院院長張群就職演說中說：「國民黨業已開始結束訓政，改組後的政府，保證一定履行國民黨六屆一中全會的各項決議和政策。」但有人說，其實仍是「黨國體制未變：首先，《國民政府組織法》仍是依據《訓政時期約法》，基本上否定了政治協商會議決議。其次，《國民政府組織法》規定，國民政府主席、副主席，由國民黨中央執行委員會選任；國民政府委員由國民政府主席就國民黨內外人士選任，五院院長為當然委員；這五院院長由國民政府主席選任，而國民政府主席、副主席對國民黨中央執行委員會負責，五院院長對國民政府主席負責。除了國民政府委員可以由國民黨以外人士選任外，其餘與改組以前的政府沒有不同，政府仍要接受國民黨的領導。其三，恢復國民黨中央政治委員會，《中央政治委員會組織條例》規定該組織機構為國民黨對政治之最高指導機關，對中央執行委員會負責。中政會主席團主席由國民黨總裁擔任」。實際上一切大權最終都彙總在總統蔣介石手中。改組後的政府，對孫中山在「一大」時所接受的列寧體制依然基本保存。只是壟斷而已，尚未能做到在國民黨領導下的諸黨合作制。不過正如有人所說，是「一黨訓政，多黨做官」而已。應該說，只是向民主憲政開始過渡。

1947年6月13日，成立選舉總事務所和國民大會籌備委員會。國民黨中央也成立了選舉指導委員會，負責籌備「行憲國大」的事宜。由於國民黨內部的派系矛盾，以及「戡亂」的形勢緊張，民眾普選，到12月為止，只選出總額三千零四十五人中的三分之二的代表，不得不把原定12月25日召開的「行憲國大」日期延及1948年3月29日。

「行憲國大」主要任務是選舉總統與副總統，完成國民黨的「還政於民」。蔣介石為當然總統侯選人，而未宣佈參加競選。宣佈參加副總統競選的有李宗仁、孫科、程潛、于右任、莫德惠（以「社會賢達」身分）、徐傅霖（民社黨）等人。李宗仁競選副總統得到美國的支持，但蔣介石不想讓李宗仁當選副總統，叫人去說服李宗仁。他也對李宗仁說，總統副總統的候選人均由中央提名，而副總統人選已內定了孫科。李表示如黨內不提名，他就在黨外獨立競選。蔣介石在4月初召開的六屆中央臨時全會上，企圖以「由黨提名」的方式把李宗仁剔除。

此時，蔣介石竟宣佈退出總統的競選，主張推舉一位黨外的人士擔任總統，自己只願擔任政府中除正、副總統以外的任何職責。蔣介石之所以宣佈退出總統的競選，是鑒於《中華民國憲法》對總統權力的規定，要受到立法院的限制，總統不過是禮儀上的國家元首而已。所以他只願擔任掌握實權的行政院院長，而不願任此虛職。並托人去勸胡適出來競選總統。黃埔係多數人贊同蔣介石不當無實權的總統，做有實權的行政院長。但CC派和戴季陶等仍主張推蔣為總統候選人。蔣堅持不同意。後經張群串聯國民黨，民社黨，青年黨要員及社會賢達共商，提出一項「賦予總統以緊急處置的權力」。4月18日通過了胡適、王世杰、張伯苓等七百多代表提出的《動員戡亂時期臨時條款》，取消了憲法中對總統權力的限制。翌日即選舉蔣介石為總統。

副總統的選舉，4月23日投票結果，李宗仁、孫科、程潛、于右任、莫德惠、徐傅霖，都未能超過代表的半數。蔣要程潛放棄競選，李宗仁、孫科也都表示放棄競選。於是蔣請白崇禧要李宗仁重新參加競選。第三次投票，仍未超過半數。第四次按規定只有李宗仁與孫科二人角逐。李遂以微弱的多數當選。蔣桂矛盾由此進一步惡化。

5月1日「行憲國大」閉幕，當選的正、副總統於20日舉行就職典禮。國民政府由此改稱「中華民國政府」。新華社5月22日發表社論，題為《舊中國在滅亡，新中國在前進》，指出這次選舉總統，是「蔣介石統治中國二十一年所追逐的最後一齣戲」。

孫中山在《建國大綱》規定的軍政、訓政、憲政三個時期，是一條逐步前進的道路，制憲、行憲是表明訓政結束，還政於民。因蔣介石不願成立由共產黨提出的民主聯合政府，有人說這就是企圖在憲政形式下繼續訓政，包辦到底。毛澤東在《論聯合政府》中分析蔣這個企圖時，稱之謂「準備把一根繩索套在自己的脖子上，並且讓它永遠解不開」。對國民黨此時的制憲、行憲，胡適的看法與此不同。

（二）胡適在野幫政府的忙

1、對憲政的評價

胡適在1946年11月15日—12月25日，在南京參加了制憲國大，共四十天，預備會就開了十來天。出席國大代表一千四百八十五人中，國民黨員占百分之四十二，青年民社黨占百分之十，無黨無派社會賢達占百分之四十[2]。會上討論並通過的憲法草案，是由王寵惠、雷震等人在《五五憲草》基礎上的修正文本。胡適參與了憲草的修訂工作，所以對此憲法的修正稿極為推崇，他對記者說：「《五五憲草》中規定每三年召開一次國民大會，實在太重理想，龐雜而難解的問題往往因此不易立獲解決，修正稿中規定『立法院會期每年兩次，自行集會』，立法院已成為議會，這新規定已較《五五憲草》進步得多。」記者問他：「依修正稿，行政院權力是否已大為減低，而受制於立法院。」胡適很不以為然說：

[2] 黨派的比例數胡適於1947年元旦在北平懷仁堂團拜會上報告：「國大制憲經過」所述。《華北日報》1947年1月2日。

依修正稿之規定，立法、行政兩院均有覆議權，換句話說，即有相對的否決權。行政院對立法院覆議之決議案，雖「應予接受或辭職」，但訂正稿第五章五十六條二三款已規定，此種覆議之議案必經立法委員會三分之二決議始可。此點極為重要，美國杜魯門總統所以今日仍能在共和黨佔優勢的國會中充當白宮主人，即因美國憲法中亦有類似我訂正稿中「三分之二通過」之規定，因為政府無論如何至少亦可控制三分之一，故立法以三分之二的多數與行政為難，實亦不易。

論及憲法所定政制，是英國的內閣制還是美國的總統制時，胡適認為「無論內閣制與總統制都好，只要中國能向民主憲政之途多走一步，中國總是多好一分」。[3]胡適回到北京以後，又在1947年元旦團拜會上說「此中華民國之憲法，乃世界上最合乎民主之憲法。此憲法包括三權政治及五權政治之精華，其中更以五權憲法為主幹，關於行政權，並未完全交國大管制，自極合理，蓋因國大六年始召開大會一次，立法院每年有八個月之會議，對國家一切法令之厘定修改，自能顧慮周密。憲法中規定國府各部人選必須經立法院通過，亦甚合理。……」[4]

新憲法使胡適最感欣慰的，是有關人民基本權利的保障，認為「實較過去憲草、憲法、約法為健全，因其中若干條，有絕對之規定，實是進步的」。他指出：「自民元至現在，有人身保障法之種種條文，大致皆為人民不受非法拘捕，如被任何機關逮捕，被捕人家屬可要求法院提審，法庭可請逮捕機關限制具覆，然後由法庭裁定應否提審。不能提審時，可上訴高等法院，如再被拒絕提審，那就無法了。而今日憲法第八條規定之特點則為：（一）法院不得拒絕人民要求提審。（二）勿須先向拘捕機關要求解釋。（三）拘捕機關對法院之提審不得拒絕或遲延。（四）違反

3 《華北日報》1946年11月20日。
4 《華北日報》1947年1月2日。

上述三點，拘捕機關或法院即為犯法。胡適認為「憲法徹底實行『人民的保障』應該很大」。並強調人民應自求保障，憲法第一七二條規定：「命令與憲法抵觸者無效。」又說：「民主是要比獨裁需要極大的忍耐，種種的困難，須用方法克服的。」[5]胡適同時指出，新憲法「不能謂為無疵可擊。……余曾謂國大是民主政治的第一課，現在是試驗實行階段，如有不適之處，尚可逐步修改，故吾人應該忍耐，不要悲觀」。[6]

在這新憲法中，還接納了胡適與朱經農等二百零四人的「教育文化應為憲法專章」的提案，被大會採納列為第十二章第五節。值得注意的是，其列為專章的理由是：「表現政權約束治權之深意。」以此促使教育事業急起直追，迎頭趕上。規定了教育經費在總預算中的比額：中央占總預算萬分之十五；省或同等地區佔有總預算百分之三十；縣以下則占百分之四十。胡適對記者談了感想，據報導：「渠對政協將五五憲草教育章取消，而於基本國策中劃入有關教育條款，並無定見。蓋憲法貴在能行，如僅為具文殊少意義。」[7]後在中華民國憲法中規定全國教育經費為百分之四。胡適亦感歎「此誠憲法中『美中不足』」。[8]

胡適自美國返回後，就說「目前中國的民主政治已有顯著進步。舉例說，三藩市會議有中共代表出席；他在南京參加王世杰外長及朱家驊部長的宴會時，各黨各派的人都被邀請，有一次周恩來因赴滬未及參加，董必武並代為致謙，這些現象在前一二十年是絕對沒有的。並且現在共產黨的報紙在許多地方都很風行，這就表現言論與行動絕對自由了」。[9]國民黨由蘇聯移植的黨國體制，黨雖亦凌駕於政府之上，與蘇聯公然不給反對黨有言論自由相比，社會上仍有許多空間，知識份子、學生等仍有集會、結社、出版等自由，抗戰以後的情形還更好了些。

---

5 （北平）《平明日報》1948年1月1日。
6 《華北日報》1947年1月2日。
7 《華北日報》1946年11月20日。
8 《華北日報》1947年1月2日。
9 《華北日報》，《大公報》1946年7月30日這次「制憲國大」，在程序上雖有違政協決議，但對政協決議的基本精神，都是繼承了的，如政協會上提出的把現有立法院成為相當的議會，把行政院成為最高行政機關，新憲法正是這樣規定的；並且體現了如周恩來所說的「英美式加中國化——『英美式的初期民主』」。胡適在1946年12月5日在南京的中外記者招待會上說：「這個憲法是根據政協所決議的原則而擬具的，是各黨派共同認可的產物」。[10]胡適在1947年8月14日的《憲法與憲政》的講演中又說：「去年在南京召開國民大會，頒佈憲法，這憲法是根據政協憲草而通過。因為政協和國民大會之召開，是由各黨派參加的，所以憲法並不是『御用』的憲法。」[11]關於立法院與行政院的關係，蔣介石曾在政協會議閉幕一月後的國民黨六屆二中全會上，針對政協會上有人提出行政院應向立法負責的意見，說「立法院對行政院不具牽制之權力，行政院也沒有提請解散立法院之權」。但在新憲法的條文中，據胡適說，亦有進步：「憲法第五十五、五十六、五十七等條，……憲法的立法院許可權，比約法的立法院的許可權大得多。條文中行政院總統府無法解散立法院，但五十條（二），立法院對行政院之重要政策不贊同時，得以決議移請行政院變更之。行政院對立法之決議，得經總統之核准，可移請立法院覆議。覆議時，如經出席立法委員三分之二維持原決議，行政院長應即接受該決議或辭職。同條（三），對立法院決議之法律案，預算案，條約案亦如是。」[12]如此說來，兩者的關係，已是西方議會與政府關係的中國化了。不再是約法時期的關係了。

這部《中華民國憲法》，是非法的抑或合法的，是民主的還是使獨裁合法化的，都要看實行的成果如何，誠然，「憲法貴在能行」。遺憾的是，憲法制定之時，已是內戰開始之日，沒有實施的機會。

---

10 《華北日報》1946年12月6日。
11 《世界日報》1947年8月15日。
12 （北平）《平明日報》194g年1月1日。

2、不入政府

胡適此時所說自由、獨立，不只是不組織黨政，還包括不入政府。

1947年初，國民黨著手改組政府，蔣介石想要胡適改行從政。1月15日蔣請傅斯年吃飯，單請一人，座中無他人。（蔣）：「請（胡）先生擔任國府委員兼考試院長。」傅「力陳其不便：自大者言，政府之外應有幫助政府之人，必要時說說話，如皆在政府，轉失效用，即如翁詠霓等，如不入黨，不在政府，豈不更好？」傅代為推託許久，蔣堅持，只得答允轉達「這一番好意」。[13]

2月6日胡適覆信傅斯年，在信中說：

> 我因為很願意幫國家政府的忙，所以不願加入政府。
>
> 我在野，——我們在野，是國家的、政府的一種力量，對外國、對國內，都可以幫政府的忙，支持他，替他說公平話，給他做面子。若做了國府委員，或做了一院院長，或做了一部部長，……結果是毀了我三十年養成的獨立地位，而完全不能有所作為。結果是連我們說公平話的地位也取消了。——用一句通行的話，「成了政府的尾巴」！

胡適不願入政府，正是「為政府，樹立一點力量」，[14]與政府成為犄角。誠如傅斯年指出的，「在政府並不能發生政治作用，反失去社會上的道德作用」。[15]

2月21日，王世杰則乘飛機專程到北平奉命動員胡適，接連兩天與胡適長談。胡適在2月22日夜以書面形式給王世杰謝辭，他說：

---

13 《胡適來往書信選》（下），第169頁。
14 《胡適致傅斯年（稿）》，《胡適來往書信選》（下），第173頁。
15 《傅斯年致胡適》，《胡適來往書信選》（下），第196頁。

……理由無他，仍是要請政府為國家保留一兩個獨立說話的人，在要緊關頭究竟有點用處。我決不是愛惜羽毛的人，……但我不願放棄我獨來獨往的自由。……國府委員而兼北大校長，尤為不可。當日北大同人要孟鄰辭去北大校長，是根據孟鄰自定的《大學組織法》；我決不能解釋國府委員不是官而兼北大校長。……[16]

蔣介石則於3月5日親自給胡適寫信，說：

日前雪艇兄返京，極稱先生堅不願參加政府，但願以私人地位匡輔國家，協助政府，聞之心感。惟改組後之國家政府委員會為集議決策機關，並無行政煩瑣工作……倘先生並此而不參加，豈惟政府決定政策之最高機構失一重大助力，社會且將致疑於政府革新政治之誠意。……

這信是通北平市府轉的，3月22日才送到胡適手中。3月13日，胡適赴南京參加中基會年會，蔣當晚請胡適吃飯，蔣介石對他說：「如果國家不到萬不得已的時候，我決不會勉強你」。他把蔣所說這句話的現在進行時態，理解為將來時態，所以聽了很高興，出來就對傅斯年說：「放學了！」胡適理解錯了，蔣於17日一早又派王世杰與胡懇談，說院長不要他做了，但要參加國民政府委員會，作無黨派的代表。下午四點蔣介石約胡適面談，蔣仍說「國府委員不是官，每月集會二次」。北大仍可兼管。胡多方申說，蔣仍堅持。胡說「內人臨送我上飛機時，說『千萬不可做官，做官我們不好相見了』！」蔣仍笑著說：「這不是官！」

胡適3月21日返回北平，翌日收到由北平市何思源市長轉來蔣介石3月5日的親筆信，竟為蔣在信中的「誠意」所感動，即於23日致書傅斯年商

---

16 《胡適之先生年譜長編初稿》（六），《胡適的日記》（手稿本），第1960頁。

量此事。傅接信後「萬分驚愕」。傅在3月28日致胡適的信中說：

借重先生，全為大糞堆上插一朵花。假如先生在京聽到蔣公教訓中委的一段話，當知此公表面之誠懇，與其內心之上海派決不相同。我八、九年經歷知之深矣。……一入政府，沒人再聽我們的一句話！先生是經驗主義者，偏無此八年經驗，故把我們政府看得太好，這不是玩的。

傅斯年特別強調：「此事全在先生一顆不動搖之心，……要更進一步，即無論如何也不做。」同時建議胡適急電致王世杰，「謂北大同仁堅決反對」。傅的這封信是由南京給陳雪屏帶回北京的，胡適第二天就看到了，則以傅的意見為然，隨即與鄭天挺、湯用彤、陳雪屏商量，決定由他們致電政府。胡適也於4月5日發微電致蔣說：

……但反復考量，並曾於北大主要同事商談，終覺適不應參加國府委員會。……

湯用彤、饒毓泰、鄭天挺三人聯名致電教育部長朱家驊：「……今日大局不安，教育界往往為不安之主因，適之先生在北大，對整個教育界之安定力量異常重大。……用敢冒昧陳辭，務祈婉為上述，力為挽回。」蔣介石於4月18日電覆胡適：

微電敬悉。此次尊重兄意，不克延致，殊為耿耿。若有兩全之道，則必借重以慰群望也。國事艱虞未已，尚盼時賜尊見覼測，匡其不逮為幸。[17]

[17] 《胡適的日記》（手稿本）1949年4月19日。

此事就算告一段落，但並沒有結束。

1947年12月中旬，胡適赴南京開會，外交部長王世杰又約胡適多次長談，轉達蔣介石希望胡適「再去美國走一趟」，並說「國家需他去」。12月16日，蔣約胡適吃飯，當面力勸胡適再去美國做大使，胡適於是夜不成寐，經再三考慮，在離開南京前就寫信覆王世杰說：

> 我今年五十七歲，餘生有限。此時改業，便是永遠拋棄三十年的學術工作了。我曾細想，我的永遠改業，不能不說是國家社會的一大損失，故有所不忍，亦有所不敢。我自一九四二（年）九月以來，決心埋頭治學，日夜不懈，總想恢復我中斷五年的做學問的能力。此時完全拋下，而另擔負我整整五年中沒留意的政治外交事業，是用其所短而棄其所長，為己為國，都無益處。[18]

胡適回北平後，經與同人磋商，又有鄭天挺致書王世杰稱：「藏暉[19]先生以本月十六晚會晤詳情相告，意甚焦慮。對於『改行』一節，視之尤重，聞已數度失眠。竊謂『安定人心』一層，關係亦大。……藏暉先生十九日登機前，二十日回家後，兩次心臟病警告，醫生堅囑靜臥，現尚未出門。」此事由此又擱了下來。

1948年3月底至5月初，「行憲國大」在南京召開。蔣介石又對王世杰說，現行憲法是內閣制，他如擔任總統，將會受到過大的束縛，不能發揮他的作用，「戡亂」工作將會受到影響，所以他不願意當總統，願當行政院長。要王世杰再去同胡適商洽，請他為總統候選人。預備會時，推胡適為臨時主席。

3月30日，王世杰給胡適傳達了蔣介石的意見。第二天，胡適約周鯁生、王世杰等商量，請他們適身處地為他想想。談了三個小時，仍然認為

---

18 《覆雪艇》，香港《明報》14卷9期，1979年9月。

19 胡適的室名為「藏暉」。

「我不敢接受，因為我真沒有自信心」。晚上，王世杰來向胡適討回音時，胡適卻說：「我接受，此是一個很偉大的意思，只可惜我沒有多大自信力」。故又補充說：「第一請他（指蔣）考慮更適當的人選。第二，如有困難，如有阻力，請他立即取消：他對我完全沒有諾言的責任。」胡適又考慮了一天後的4月1日晚，則又主動去王世杰家，「告以我仔細想過，最後還是決定不幹。」他說「昨天是責任心逼我接受。今天還是責任心逼我取消昨天的接受。」

1948年4月4日，蔣介石在國民黨的臨時中全會上，聲明他不候選，提議國民黨提一個無黨無派的人出來候選，此人須具備五種條件：（1）守法；（2）有民主精神：（3）對中國文化有瞭解：（4）有民族思想，愛護國家，反對叛亂；（5）對世界局勢、國際關係、有明白瞭解。蔣始終沒有說出姓名，但在場與不在場的人都猜想是胡適。這個會上下午開了六點多鐘，絕大多數人不瞭解，也不贊成蔣介石的意見。[20]據說，黨內僅有吳稚暉、羅家倫二人支持提名胡適，餘皆反對。[21]4月5日下午，王世杰到胡適住處「代蔣公說明他的歉意」。胡適說「我的事到今天下午才算『得救了』」。

1948年底，行政院長翁文灝辭職，蔣介石又派陶希聖北上邀胡適南下繼任。這次胡適答覆陶使說：「我可以做總統，但不能做行政院長」。他要陶氏向蔣介石轉達：「在國家最危難的時間，與蔣總統站在一起」。[22]

蔣介石在此時期一再要胡適「改行」，或入政府，是出於當時政治上的需要，除了考慮能與中共及民主黨派抗衡外，還有美國方面的影響。胡適在美國朝野人士的心目中，是「中國第一個有國際影響的民主主義者」。胡適不願意出任政府官職，竟成了「中國政府遭受美國社會不信任之一因」。[23]蔣介石要求胡適作總統候選人或行政院長，也由於當時的美

---

[20] 《胡適的日記》（手稿本）16冊，1948年4月4日。

[21] 《胡適之先生年譜長編初稿》（六），第2024-2025頁。

[22] 陶希聖，《關於敬請胡先生出任行政院長及其他》，《傳記文學》28卷第5期。

[23] 《王世杰致胡適》，《胡適來往書信選》（下），第264頁。

國政府希望中國值此行憲之機，組織一個不貪污腐化，有工作效率，為國際上能信得過的民主政府。請胡適出任行政院院長，也是「美國大使館及三兩個教授的主張」。[24]

[24] 陶希聖，《關於敬請胡先生出任行政院長及其他》。

三、冷戰中的熱戰　論兩種政黨

（一）世界冷戰格局中的中國內戰

國共兩大政治力量，在戰後以政治協商方式失敗以後，終於仍以傳統的武力方式解決問題。第二次世界大戰後美蘇的對立，冷戰格局的形成，中國在這冷戰格局中進行熱戰，實屬一大創舉。

1、《中蘇友好同盟》簽訂前後

1945年2月4日11日，羅斯福、邱吉爾和史達林在蘇聯克里米亞島雅爾達會議，羅斯福為了換取蘇聯參加對日本作戰，即背著中國政府，與史達林達成損害中國主權的《蘇聯參加對日作戰協議書》，即《雅爾達協定》。《協定》規定蘇聯參加對日作戰的條件：「外蒙的現狀須予維持，即公開把外蒙分裂出去。『庫頁島南部及鄰近一切島嶼須交還蘇聯：大連商港須國際化，蘇聯在該港的優越權須予保證，蘇聯之租用旅順港為海軍基地須予恢復：對擔任通往大連之出路的中東鐵路和南滿鐵路應設立蘇中合辦的公司以共同經營之；經諒解，蘇聯的優先權益須予保證，而中國須保持在滿洲的全部主權」。

羅斯福還同意史達林要求：等他能「從西線騰出一些部隊，往遠東調去二十五個師時……就可以同蔣介石元帥談這件事了」。3月2日羅斯福在向美國國會報告雅爾達會議的情況時，若無其事地說「這次會議……與太平洋戰爭無關」。美國國務卿貝爾納斯雖亦參加這次會議，但對秘密協定的遠東條款是在事後七個月才知道的。3月10日，蔣介石已得知雅爾達會議的情報，欲派宋子文赴美，與羅面議，羅不予回音。羅斯福在同年4月逝世後，由杜魯門繼任美國總統。蔣得羅死訊後說：「羅斯福雖對俄姑息與對中共袒護，但其尚有一定主張，並非徒持強權之霸者。今後美政府恐受英之操縱有所變更而不能如羅之自主矣，中俄關係，因羅之死更應審慎出之。」[1]5月26日史達林對杜魯門派往莫斯科的哈里・霍布金斯說：「蘇聯人已準備好於8月8日開始在中國作戰，但是，中蘇定立條約之前，他們不會參戰。」赫爾利同時來中國貫徹雅爾達協定。[2]蘇聯駐華大使亦於6月22日轉告了蔣介石，並要求以《雅爾達秘密協定》為先決條件，與中國簽定中蘇友好條約。談判兩次，第一次宋子文因史達林的條件有損中國主權而拒絕，第二次偕王世杰前往莫斯科，王向史達林提出：蘇聯必須保證不向中國共產黨提供政治上或物質上的援助，這種援助都應該提供中華民國的合法政府，史達林答應了。8月7日，王才別無選擇地在莫洛托夫起草的新協定的虛線上簽了字。[3]

美國在1946年2月21日公佈《雅爾達秘密協定》，國務卿貝爾納斯聲明中蘇關係不受《雅爾達協定》之約束。理由是：一國主權不受其他國家之任何支配；外交均應公開，不得秘密從事，……；「蘇聯並未履行德國投降後三月內即對日宣戰之規定……自食協定諾言，中國無受拘束之理」；該約的簽訂，中國並不在場……美國政府亦未獲正式通知，因此：「此協定為史（斯）、丘、羅三人之私行為。世界法學家當亦公認其無效。」[4]但史達林已以此與中國簽定「友好」條約，非法的密約終於變成了合法條約。蔣介石本打算犧牲部分主權，與蘇聯簽訂友好同盟條約後，可以利用史達林遏制中共，可以換來三十年來的和平建設。結果時運不濟，適得其反。美國此時所以公佈雅爾達秘密協定，並判定其為非法，是因此時冷戰格局已經形成。

---

[1] 蔣介石1945年4月13日日記。黃仁宇，《從大歷史的角度讀蔣介石日記》，第399頁。

[2] 均見（美）布賴里・克羅澤，《蔣介石》（中譯本），內蒙人民出版社，1995年，第263-264、266頁。

[3] （美）布賴恩・克羅澤，《蔣介石》中譯本，第267-268頁。

[4] 周澤春，《雅爾達秘密協定與中蘇條約無關》（剪報），《胡適來往書信選》（下），第185-186頁。

1946年9月11日—10月2日美、英、蘇、中、法五國外長在倫敦開會，根據《雅爾達協定》和波茨坦會議的有關規定，討論對義大利、羅馬尼亞、保加利亞等國的和約問題。本來對戰後世界的劃分等問題，都由美、英、蘇三國首腦討論決定，這次由美英邀請中、法參加，加重了美英方面的分量，蘇聯大為不滿，會上發生激烈爭吵，由此美、蘇對立。倫敦會議發生爭吵，不過是導火線，實際上史達林在2月9日就在莫斯科的一個選民大會上演說時強調：只要資本主義制度存在，戰爭就不可避免，要求蘇聯人民對此有所準備。3月5日，邱吉爾在美國的密蘇里州富爾登發表以「鐵幕」一詞聞名於世的演說中，鼓吹「所有講英語的民族結成兄弟聯盟」，對抗共產主義。史達林和邱吉爾的演說，被視作東西方的「冷戰」宣言，產生了意識形態對抗的局面。史達林由此違背《中蘇友好同盟》，開始全力支持中共。

蘇聯出兵東北以後，把日本在東北所經營的工廠企業，均視為蘇軍的戰利品，蔣介石不承認為「戰利品」。「但可做為蘇方因戰爭受到損失，由中國政府許其得到日投資之一部分做為補償」。[5]1946年1月，史達林邀蔣經國訪蘇，提出對華政策的基本方針：蘇聯仍希望與國民政府友好關係；亦贊成中美蘇在遠東合作，但希望國民黨奉行「不偏不倚」的政策；蘇聯反對中國採取門戶開放的政策，尤其反對美國勢力進入東北；對於國共的矛盾問題，當時表示「蘇聯不打算介入國共鬥爭，但希望國共和平共處，和平競爭」。[6]

蘇聯人要求的是在滿洲取得長遠的巨大的利益，防止美國向中國東北滲透。誠如美國國務卿貝爾納斯在聲明中所說：「此次蘇聯恢復帝俄時代之權利，而損害中國主權，於美國對華保全領土主權完整之國策，亦大相背。」[7]帝俄在十九世紀以不平等條約的方式，掠奪了我東北、西北一百

[5] 臺灣《近代中國》第63期，第124頁。

[6] 見張嘉敖日記，載《傳記文學》；又見蔣中正《蘇俄在中國》。

[7] 轉引周澤春，《雅爾達秘密協定與中蘇條約無關》，見《胡適來往書信選》（下），第184-186頁。

五十多萬平方公里的土地，參加世界列強在中國劃分勢力範圍的狂潮。當時由美國國務卿海約翰在1899年提出「門戶開放」政策，旨在各國於經濟上「利益均沾」。1900年，面對八國聯軍瓜分中國的嚴重時刻，美國重申「門戶開放」政策，繼續從經濟通商上的「利益均沾」外，更增加「保持中國的領土完整，行政權的完整」的內容。今史達林不滿中國奉行「門戶開放」政策，與日本當年反對中國奉行「以夷制夷」的外交方針是異曲同工。

2、在內戰中失敗

第二次世界大戰結束，反法西斯統一戰線已無存在的前提，重新以意識形態劃線，史達林繼續執行世界革命的路線，旨在赤化全球。美、蘇對立的明朗化，導致國共對立日趨絕對化。中國內戰就是在這樣的世界格局中進行的。

導致國民黨政權的跨台，直接原因是軍事上的失敗。國共的軍事實力，原本是國強共弱，據馬歇爾來中國調停國共兩黨分歧之初所瞭解的情況是：「國民黨政府在軍事上佔有五倍於中共的優勢，並實際上壟斷著所有重型武器、交通工具及空軍力量。」可是自國民黨於1946年6月向中原解放區全面進攻以來，竟不斷受挫，雖奪得解放區的一百餘座城市，卻損失七十一萬兵力。迄1947年不得不改為重點進攻。1947年3月，胡宗南進攻延安，佔據的是一座空城，自身卻被中共的「蘑菇戰術」拖往，難以脫身。1947年5月，蔣介石的主力之一張靈甫師被殲時，國共雙方的武裝力量對比已起重大變化。蔣氏的兵力在此內戰開始時為二百萬，此時已降為一百五十萬。6月4日蔣政府全國總動員戡亂，實是中共軍隊轉入戰略反攻的開始。而中共的兵力已由一百二十萬猛增到一百九十萬，其中正規軍已達一百萬以上。並已正式命名為「中國人民解放軍」。1947年11月底，蔣介石不得不承認「全國各戰場皆處於劣勢被動之危境」。

這種轉變的原因何在？據胡喬木說，轉折的關鍵是東北戰場，「由於東北地區的停戰問題一直未能得到解決，國共之間的大規模衝突首先在那裡爆發出來」。蔣介石當初以「接收主權」為由，不把東北列在停戰範圍之內，卻在重慶談判之初即佈置兵力控制山海關至古北口，防止共軍進入東北，並設想在共軍進入東北「根基未固之前，一舉剷除」。這是蔣介石相信史達林會遵守《中蘇友好同盟條約》的一廂情願。蔣介石還指望依仗此條約接收由日本經營多年的東北工業基地，和關東軍的武裝，以及同意蘇方延期撤軍，「以協助中國政府在東北建立政權」。

但事實完全與此相反，中共在戰後卻與蘇方配合，全力抓二件事：其一是重慶談判；其二、即是東北的軍事鬥爭。在重慶談判時，中共的軍事方略已是「向北發展，向南防禦」。蘇聯出兵東北之後，「向北發展」已成現實，毛澤東在赴重慶談判前夕，已決定派大批幹部去東北建立東北局。估計「蘇聯將會採取放任態度並寄於同情」。後來「由於美、蘇矛盾的增加，蘇聯對國民黨的態度也變得比較強硬，不允許由美艦運送的國民黨軍人在大連、營口等地登陸」。周恩來還明確向國民黨方面提出，中共應參加東北行政組織，[8]雖然國民黨政府置之不理，但幾個月後，竟成了事實。1947年6月23日孫科對新民報記者說：「日本投降後，武裝被蘇聯解除，一直拖了八個月，蘇聯才完成撤兵，而在這八個月中，蘇聯幫助中共水陸並進，到今天控制了百分之八十五的東北土地。根據中蘇條約的規定，蘇聯有義務幫助我國政府接收東北，但他不但不幫助，卻一再阻撓延宕，同時積極培養中共的力量，使中國人打中國人，企圖得享東北特殊化的成果。」[9]蘇聯在1946年2月底起迄5月，蘇軍撤離東北，拆運走了日本留下的工業設備，價值達八十億美金，蘇軍在德國搬走的東西，其價值只值二十億美金，超過三倍。同時把五十餘萬關東軍的軍備和一百多萬偽軍的武裝儲藏，全部移交給中共。[10]據米高楊說：「中國革命軍隊，得到我們全部移交給中國的日本七十萬關東軍的武器後，向中國中心地區北京方向推進。」[11]另據

8 胡喬木，《重慶談判》，《胡喬木回憶毛澤東》，第421頁。

9 《孫科副主席談時局》見《胡適的日記》（手稿本）1947年6月23日附剪報。

10 此數位根據孫科《親美乎？親蘇乎？》，轉引李敖《蔣介石研究》（四），第193-195頁。

11 （俄）A·列爾夫斯基編著《米高揚的赴華秘密使命》，（1949年1-2月），《國外中共

美國布賴恩·克羅澤說，在蘇軍開進東北時，「還有一批馱著輜重的中國共產黨部隊，他們可以在小城鎮建立地方政府並設置防禦措施。另外一支蘇軍經過內蒙古及河北北部進入東北的南部。（大概是周保中的東北抗日聯軍。這支部隊在1940年被日本人打垮，其殘部逃入蘇聯境內，1945年同蘇軍一道到東北。——《劍橋民國史》第二部，上海人民出版社，第791頁）他們與林彪指揮的共產黨軍隊會合，並為其提供鐵路運輸。林彪的部隊很快便在南部建立了許多行政和防禦設施，配合北部已建立起來的據點」。美國此時也幫了中共的忙，當蔣介石派兵去張家口和赤峰，阻止中共軍隊進入東北部，馬歇爾迫使蔣介石停止前進，「使得中國共產黨比較順利地進入了東北」。[12]據蘇聯有關資料證實，林彪的部隊不僅得到了日本關東軍的設備，「還得到了捷克和蘇制的武器」，因此得以在東北遼沈戰役中戰勝國軍。當林彪部隊進入北平後，才把傅作義部隊的美式武器更替了蘇式裝備。據毛澤東對米高揚說，「蘇聯在滿洲的軍事援助，占你們全部援助的四分之一」。[13]東北因此就成了人民解放軍佔領全國的主要後方基地。

1947年6月28日，中華民國政府最高法院下了一道對毛澤東的「通緝令」，罪名是「意圖顛覆政府，其為內亂戰犯」。7月4日國民政府國務會議通過了「厲行全國總動員勘平共匪叛亂方案」。中共針鋒相對，於10月10日發佈「中國人民解放軍宣言」，提出「打倒蔣介石，解放全中國」的口號。國民黨的軍隊在1948年9月開始與解放軍的大決戰中失利。南京政府只得憑長江天塹據守江南半壁。1949年4月，解放軍強渡天塹，毛澤東賦詩：「宜將剩勇追窮寇，不可沽名學霸王」。並宣佈蔣介石為第一號一級戰犯。在抗日戰爭中贏得世界四強領袖之一榮譽的蔣介石，在內戰中竟成了「窮寇」和「第一號一級戰犯」。

黨史研究動態》，1995年5月1日。

12 （美）布賴恩·克羅澤，《蔣介石》（中譯本），第275-284頁。

13 （俄）A·列爾夫斯基編著，《米高揚的赴華秘密使命》，（1949年1-2月），《國外中共黨史研究動態》，1995年6月17-24日。

內戰雙方即使在同一起跑線上，只要有外力在天平的一端略加法碼，這時關鍵法碼是史達林的棄國扶共。國方如不能設法彌平，歷史的杠杆立即會傾斜甚至覆巢。在抗日戰爭期間，蔣介石成功地得到協約國，尤其是美國的支持，獲得了榮譽。在內戰中，這榮譽成了包袱之累，使他剛愎自用，又得不到外加的法碼以平衡，終於導致失衡而傾覆，如此下場，足為人鑒。

3、史達林不守國際準則

中國內戰是在世界冷戰格局最初形成時爆發的，毛澤東對世界局勢的把握和利用，其清醒及機智與蔣介石的剛愎自用適成反差。胡喬木分析說：

> 美國和蘇聯是與中國關係最密切的兩個國家。中國局勢在某種意義上可以說是美蘇關係的晴雨表。美蘇兩國鬥爭與國共兩黨的鬥爭有密切的關係，……美國人和蘇聯人則擔心中國內戰，害怕由此引起它們兩國之間的衝突，尤其是蘇聯非常緊張。這是當時世界局勢與中國局勢相互影響的一個很典型的例子。[14]

在抗戰結束的初期，蘇聯曾想和美國妥協，也要求中共與國民黨妥協。不久史達林忽然改變了，美英的調子也就改了。國共關係由此緊張起來。

毛澤東為了中共能取得政權，對國際形勢曾傾注了很大精力加以研究，在第二次世界大戰剛結束時，估計國際上美蘇矛盾雖會有新的發展，但雙方仍能維持某種合作關係，彼此對亞洲的政策也相距不遠，國共的關係，在這樣的國際關係制約下，只能妥協。後來，國際關係的前提變了，就得重新考慮。毛澤東於1946年4月新撰的《關於目前國際形勢的幾點估計》，就是他對冷戰格局形成後新思考的結果：戰爭危險仍然存在，但

---

[14] 《胡喬木回憶毛澤東》，第431頁。

反戰力量在發展。因此，蘇聯與美英法或早或遲會妥協；這種妥協不是一切國際問題，而是若干（包括若干重大）問題：美英法與蘇聯的妥協，是兩種力量較量的結果。毛澤東說：「美英法同蘇聯之間的這種妥協，……並不要求資本主義世界各國人民隨之實行國內的妥協。」[15]（胡喬木解釋為「美蘇兩國尋求妥協，並不要求各國人在自己的國內鬥爭中跟著妥協」。）因此，他大膽假設：「我們可以而且必須同國民黨反動派做堅決鬥爭，美蘇妥協的實現只能是各國人民鬥爭的結果。」同時提出：「最近時期沒有爆發第三次世界大戰的危險，美國沒有戰爭意思，蘇聯也沒有戰爭意思，所以打不起來。」美蘇在戰後不想再發生戰爭，是急欲恢復經濟建設，彌補戰爭中的損失。中國同樣是如此，戰後理應和平建設。毛澤東在1946年，對這一問題「反復思考了很長時間才下決心」。是他基於如下的分析：世界可分三塊，「美國、蘇聯、美蘇之間」。[16]美蘇相隔遙遠，中間地帶遼闊，不像以前德、意法西斯就在蘇聯的鄰近，美國對蘇聯鞭長莫及，屬於中間地帶的中國，卻背靠蘇聯。戰後美蘇之間所謂妥協，實即冷戰，中間地帶既能不必跟著妥協，恰是從事熱戰的絕好時機。機不可失，時不再來。所以中國在抗戰後急需恢復和平生產之際，投入內戰，是奪取政權的最佳時機。這場內戰，看來是蔣介石發動的，實際其主動權操諸毛澤東的手中。這場國共雙方展開的熱戰，又與美蘇兩國有密切關係，這就形成了其兩端為冷戰，而中間地帶中國為熱戰。戰後世界冷戰格局中的半導體式的戰爭，是毛澤東的創舉。胡喬木說：「它的提出實際上打破了以往各國的鬥爭必須順從蘇聯外交需要的傳統；解決了國際共產主義運動長期未能很好解決的問題——國際範圍內的鬥爭與各國人民的鬥爭如何配合，特別是各國人民的鬥爭如何與蘇聯鬥爭互相配合。」[17]但犧牲了我國家民族的生存利益。

---

15 《毛澤東選集》第四卷，第1181-1182頁。
16 《胡喬木回憶毛澤東》，第436、441頁。
17 《胡喬木回憶毛澤東》，第433頁。

這個創舉還需在史達林的配合下才得以成功。1948年底，國民黨在與中共的決戰中敗局已定，蔣介石仍希美國能拉他一把，但這時的杜魯門對蔣介石已失去信心，想讓李宗仁出面與中共「周旋」，因此有人提出蔣「即日引退」的呼聲。蔣在1949年元旦文告中被迫表示願意與中共停戰談判。1月9日，南京政府照會美、蘇、英、法四國政府，希望他們運用其影響，促成國共和談的實現。照會上說明：「此建議不宜公開。」但史達林竟將此照會全文轉告了毛澤東，並以電報往返商討如何對付的方略。史達林致電毛澤東，告之蘇聯將如何回電答覆，徵求毛的意見。並設計英美等國如果徵求中共方面的意見，中共則應該表示始終主張和平，以證明內戰是由南京政府發動的，應為戰爭後果負責：主張談判，但戰犯不能參加談判。史達林說，「國民黨和美國的和平花招被戳穿，您可以繼續進行必勝的解放戰爭」。毛澤東所考慮的則更為周到，他覆電說，如果照上述答覆，則美英法可能認為參加調停是應該的，國民黨也會侮蔑我們為「好戰分子」。毛澤東建議，答覆的電文中應該這樣說：「蘇聯基於不干涉別國內政的原則，認為參加對中國內戰雙方的調解工作是不可取的。」[18]

如此精心設計，使干涉在「不干涉」的外衣下進行。把「拒絕國民黨的和平談判」說成南京政府發動內戰的戰犯沒有資格和談。1949年1月14日，毛澤東致電史達林說：「在基本方針上（阻撓同國民黨的和平談判，把革命戰爭進行到底），我們同您的意見完全一致。」於是發表《關於時局的聲明》，指責蔣介石玩弄假和平的陰謀。並針對蔣介石的元旦文告，提出對方無法接受的八項條件。[19]翌日史達林致電毛澤東說：「可以看

[18] （俄）C・齊赫文斯基，《史達林與毛澤東在1949年1月的電報來往》，《近現代史》雜誌1994年第4-5期。作者根據《蘇中關係（1917-1957年）》檔彙編整理而成。引自《國外中共黨史研究動態》1995年1月17-22日。

[19] 八項和談條件是：（一）懲辦戰爭罪犯；（二）廢除偽憲法；（三）廢除偽法統；（四）依據原則改變一切反動軍隊；（五）沒收官僚資本；（六）改革土地制度；（七）廢除賣國條約；（八）召開沒有反動分子參加的政治協商會議，成立民主聯合政府，接收南京反動政府及其所屬各級政府的一切權力。

出，我們之間在南京的和平建議問題上確立了一致的觀點，並且中共已掀起了『和平』運動。這就是說，應該認為問題已經解決了。」[20]

確實就此基本問題解決了，中華民國政府宣佈遷移廣州。毛澤東則於10月1日在北京宣佈中華人民共和國成立。中華民國政府最終退踞臺灣。中國大陸，換成五星紅旗。

李宗仁還曾願意在中共提出的八條基礎上進行和談，以期達到「劃江而治」。派張治中等為和談代表。蔣經國說：「張先生太天真了！現在還講和平，共產黨願意和平嗎？」「共產黨同意和談，只是因為他們還沒有部署好部隊打過長江，他們條件一旦成熟，就沒有和談的餘地了。」美國亦已看出「扮演調停人角色，不會帶來預想的結果」。和談不過是走過場的形式，已無實際意義。

國共兩黨關係的性質，是革命與被革命的關係，難以和平競爭相要求，所謂曾有過「合作」，那均是由外力要求所促成，均非自發自願。國民黨的政權是「係以革命形式入革命黨人之手。」今中共以同樣的方式奪取政權。這樣的更迭政權，人民所付出的代價太大了。瞻望未來，不該重蹈覆轍。

（二）胡適論兩種政黨

1、天真的建議是「歷史錯誤」

1945年出席聯合國憲章會議上的中國代表團，既有國民黨的代表，還有中共代表和青年黨、國社黨及無黨派人士的代表，已具有聯合政府的架勢。胡適在會議期間，專與中共代表董必武，就戰後中國的政治問題作了長談。同時將這主張，趁國共於重慶談判之機，直接致電毛澤東。文曰：

---

[20] 參閱C・齊赫文基編，《史達林與毛澤東在1949年1月間的電報往來》。

潤之先生：

頃見報載傅孟真兄轉達吾兄問候胡適之語，感念舊好，不勝馳念。前夜與董必武兄深談，弟懇切陳述鄙見，以為中共領袖諸公今日宜審察世界形勢，愛惜中國前途，努力忘卻過去，瞻望將來，痛下決心，放棄武力，準備為中國建立一個不靠武裝的第二大黨。公等若能有此決心，則國內十八年糾紛一朝解決，而公等二十餘年之努力皆可不致因內戰而完全銷滅。試看美國之初，節福生十餘年和平奮鬥，其手創之民主黨遂於第四屆選舉取得政權。又看英國工黨五十年前僅得四萬四千票，而和平奮鬥之結果，今年得一千二百萬票，成為絕大多數黨。此兩事皆足供深思。中共今日已成為第二大黨，若能持之以耐心毅力，將來和平發展，前途未可限量。萬不可以小不忍而自致毀滅。以上為與董君談話要旨，今托王雪艇兄代為轉告，用供考慮。

胡適，八月二十四日[21]

胡適是根據當時的情況，認為日本既已投降，中共就沒有正當的理由繼續保持一支龐大的軍隊，希望中共學習英國工黨的榜樣，「這個勞工黨沒有一兵一卒」，憑贏得選票出掌政權。胡適當初對共產黨的主張雖不同意，但無大成見。在《獨立評論》時期，因「反對武力統一，主張把東北讓給中國共產黨，由他們去試驗搞共產主義；試驗好後，再進行推廣」。[22]胡適這時向毛澤東提此建議，是心平氣和的，但自從美國回國後，則看到國共合作已不可能，則說：

過去致書毛澤東，要中共做中國的工黨，是君子愛人以德，現在承認是太樂觀了，是「胡適之的歷史錯誤」。英美式的政黨，與蘇聯

[21] 《胡適致王世杰》，《胡適來往書信選》（下），第26-27頁。此文與各報端發表的略有不同。

[22] 羅爾綱，《兩篇（獨立評論）稿》，《師門五年記‧胡適瑣記》，第167頁。

式的政黨，本質上是不大相同的。英國工黨現在是執政黨，如果在三年後大選失敗的話，自會退出政府，不致動員武力來維護政權，這點共產黨辦得到嗎？[23]

這時他對中共的看法已有所改變。他說：「本人為安徽績溪人，抗戰八年中，家鄉未遭破壞，而勝利後，中共佔領三日，即被洗劫一空。」[24]九年以後，他承認當年這樣的建議，是自己「跟國內政治和國際政治的生手們一樣的天真」。[25]

2、論兩種政黨

1947年初夏，胡適邀同北大、清華等校一些教授，組織一個「獨立時論社」，針對國內外的政治問題，由各人分頭撰寫文章，交全國各地有關係的報紙發表。貫徹他「組黨不如辦報」的方針。參加該社的先後有毛子水、陶孟和、張佛泉、陳序經、趙乃搏、吳景超、陳雪屏、鄭華熾、樓邦彥、蕭公權、吳恩裕、陳岱孫、崔書琴等四十多人，建立關係的報館也有二十八家之多。自己亦刊行《獨立時論》，由張佛泉等主持。《獨立時論》第一集出版，收有四十餘篇文章。胡適為之序，序云：「在民國三十六年（1947）的春天，我們一些北平教學的朋友們，覺得應該利用餘暇寫寫文章，對重要的時事問題，以獨立的公道的立場發表一點意見。我們認為在目前我國情形之下，這是我們在教學以外盡的一種社會職責。我們很希望我們的意見，能夠有助於國家政治、經濟、社會、教育、文化及科學的進步。」[26]這也是在野幫政府的忙之一種方式。

---

[23] 《申報》1947年3月10日。

[24] 《世界日報》，1947年7月6日。

[25] 司徒雷登，《旅華五十年記》序，《大美晚報社》，1954年。

[26] 1948年9月，胡適把自己在此期間的時論，集成《胡適的時論》一集，由六藝書局出版。收入的文章有：《「五四」的第二十八周年》、《眼前「兩個世界的明朗化》、《青年人的苦悶》、《兩種根本不同的政黨》、《眼前世界文化的趨向》、《我們必須選擇我們的方向》、《爭取學術獨立的十年計畫》、《國際形勢裡的兩個問題》、《自由主義

當時的國際形勢，在「雅爾達體制」的基礎上，已形成以美、蘇兩國為首，各成體系的兩個陣營。胡適的《眼前「兩個世界」的明朗化》，就是據此形勢而作的。第二次世界大戰剛剛結束，戰爭的遺留問題尚未了結，人們卻已在憂慮第三次世界大戰何時爆發的問題了，這是在萬里晴空中，頓然呈現烏雲密佈。為了解釋人們的疑慮，他指出，世界上有兩種對峙的勢力，是不可否認的事實，1946年以後，美國對蘇俄的態度變得強硬並不是要向蘇俄挑釁。他指出，從近兩年的情況看，「蘇俄與美國都不願破壞世界的和平，他們都在籌畫本身的安全：蘇俄要用擴張他的勢力範圍來謀他本身的安全，美國是用『堅定與耐心』的政策來謀他本身的安全」。兩大勢力對峙局面的明朗化，「正是避免誤解與衝突的有效方法」。他說，當年希特勒如能明白英法美的真實意圖，或可不發生1939年的戰禍。所以這種國際關係的明朗化，「正是全世界和平的新起點」。他從和平的願望出發，希望各個旨趣不同的國家，在新的國際機構中公開辯論，「十年或十五年的國際對峙形勢也可能逐漸進步，演變成一個更協調、更合作的新世界」。[27]

對國內問題，胡適同意英國大使的看法：「中國是個『小世界』（Micro-Cosmos），處境與那個『大世界』正有同樣困難。大世界的問題是兩種相反的勢力——一個tolerant（寬容）勢力、一個intolerant（不寬容）勢力——正在一個『武裝和平』之下維持現狀，希望能維持一個時間，徐謀得一個比較可以長久相處的解決，中國的局勢能不能避免武力衝突，先做到一個『武裝和平』的時期呢？」胡適說「我相信蔣主席確曾盼望做到一個『武裝和平』的局面，徐謀進一步的比較滿意的政治解決。但是和平是需要雙方合作的，大世界與小世界都一樣，我今日實在不知道，也看不出，有什麼法子可以做到並且維持一個武裝和平的苟安局

是什麼？》等。

[27] 《獨立評論》1947年5月18日。

面……」。[28]胡適對國際形勢是樂觀的，對國內的局勢則並不樂觀。胡適對世界大勢的分析，與前面毛澤東的分析有共識，不過結論不同，相比之下，胡適則有點「迂闊」，卻能致遠任重，揭示時代結症的根源與前景。前者是揮斥方遒，專識乘機射大雕。

1947年3月，國民政府改組後的政治綱領中規定：「只須中共願意和平，鐵路交通完全恢復，政府即以政治方法謀取國內和平統一。」蔣介石在3月15日國民黨六屆三中全會的開幕式上宣告取消一黨專政，而願意和別的政黨共同擔負政權，彷彿這樣就是「武裝和平」的苟安局面。6月間，司徒雷登向蔣介石建議：重開「和談」之門：一方面向人民宣言。「如果共產黨最後拒絕最近一次的和平建議，國人應即認為共產黨是負戰爭責任的」。[29]胡適仍希望中共放下武器。他說：「政治黨派爭奪政權應遵循合法的方式去贏得大多數人民的支持。用武力推翻政府並不是合法的方式而是一場革命。為自衛起見，鎮壓共產黨的叛亂正是政府的義務。」[30]

可是，這時國民黨在內戰中已節節敗退，政府則於6月4日向全國總動員戡亂時，北平《世界日報》記者訪問胡適，問他對戡亂的看法。胡適說：「政府戡亂，本已為既成事實，此次復頒總動員令，在政府不過為更明確表示其態度而已。」胡適此時聯想到世界上的兩種類型的政黨，他們各具特徵，對戰爭的態度和獲取政權的方式也各不相同。他對記者說：

> 考政黨分為兩種，姑名第一種政黨為甲種政黨，即英美諸國式之以和平方法競取選票，以取得政權。另一種姑名之為乙種政黨，即東歐及南歐一部，過去為法西斯、納粹、共產黨等，不惜以一切方法取得政權，迨取得後，再以一切方式鞏固之。[31]

28 胡適，《給王雪艇的信》，1947年3月20日。
29 《美國與中國的關係》上卷，第202頁。
30 《新民報》（北平）1947年7月6日，《和平日報》（南京）1947年7月7日。
31 《世界日報》1947年7月6日。

在這談話的基礎上，胡適撰《兩種根本不同的政黨》一文。他說：「我們在今天談憲政、談民主、談國共問題，談結束訓政、談蘇美對峙的兩個世界，似乎都應該先認清世界上有兩種根本不同的政黨。」指出先有甲種政黨，在最近三十年之中，才出現了乙種政黨，他把這兩種政黨相比較，有下列區別：

名稱 特點	甲式政黨 （西方歐美式的政黨）	乙式政黨 （蘇、意、德三國的政黨）
1	黨員沒有確定的人數，沒有黨籍可考。	組織嚴密，黨員的人數和黨籍隸屬，都精密可查。
2	黨員投票都采無記名，黨員言論都很自由。	有嚴密的黨紀，黨員沒有自己的秘密與自由。
3	容許其他政黨的競爭，尊重少數黨的權利。	黨的目的在於一黨專政。在未取得政權時，不惜以任何手段取得政權。
4	選舉失敗時願意和平的轉移政權給勝利的黨。	絕對不容許反對黨的存在，以鞏固一黨永久專政的權力。

兩種不同的政黨的區別，不是胡適的即興之作，早在駐美大使期間就已在研究了。他認為兩種不同的政黨是由兩種不同的「觀念體系」所導致的。1941年7月，胡適在美國密西根大學演講，題為《觀念體系的衝突》[32]是他開始注意並探討這種「觀念體系」的成果。他對這「觀念體系」的意義界定為：

> 是指任何一個有關於生活、社會和政府的思想的系統而言，而這種思想的系統，多半是由於有意識地擁護的、或武斷地主張的社會、政治、宗教的標語或口號而發生的；它由於長期的宣傳和使用，漸漸變成了某一個組織或黨派或國家的特殊的信仰或規條。

[32] 該文《The Conflict of ideologies》，胡適在1954年說，可譯為《思想的鬥爭》或《思想的衝突》，於1948年譯成中文時，改題為《民主與反民主的觀念體系的衝突》，發表於1948年3月1日《正論》第3號。最後發表於《自由中國》半月刊時，又易題為《民主與極權的衝突》。

自十七世紀至十九世紀民主大革命以來，世界上建立起了以同一基本原則並有著幾種不同形式的立憲、議會、及民主方式的政府制度，對這種制度贊成和反對的爭辯，已成了歷史陳跡。一般認為，這種制度只須隨時隨地加以改革，即可更臻完善，因此頗感心滿意足。胡適說「他們絲毫沒料到，在為求保護民主政治安寧的空前大戰即將獲勝的前夕，竟被捲入一個企圖建立勞動階級的獨裁，並消滅中產階級的議會民主政治的世界革命之漩渦中。……最初他們打算用武力解決，其後又擬採取隔離手段，使之孤立」，但均屬於無效。因為，「這個世界還不曾是民主主義的安全處所。凡有混亂不寧的地方，都變成了獨裁制度孕育滋生的沃土。好像專制的統治居然能引領人們走向『秩序』、『力量』、『就業』、『富強』、『光榮』的道路。是的，它還引誘人們走向烏托邦去」。於是1922年墨索里尼的法西斯主義獲取了義大利。1933年納粹的國家社會主義征服了德意志。它們與國際共產主義雖不相同，但攻擊民主，宣導極權獨裁卻是志同道合。所以胡適指出，在我們所處時代中的一切「觀念體系」的衝突，「實際上就是權極主義制度對於在『觀念體系』上毫無防禦和準備的民主政治的一種侵略性的攻擊」。並且是「一種計畫周密，指導有方的極權主義向民主制度和民主文化的基礎進攻」。

胡適指出，在第二次世界大戰的最後幾年裡，有兩位民主國家的傑出人物，才開始意識到極權主義對民主主義挑戰的嚴重性。最為顯著的是一位美國總統羅斯福。他在1940年10月12日在兌呑（Dayton）的演說中說：「我們拒絕那種思想，我們說我們就是將來。……不，民主主義決非瀕於死亡。……因為它是建設在為了共同的事業而互相攜手的男女所享受的毫無拘束的人民直接立法權之上；所謂事業，就是指那種自由的大多數人民所發表的自由意見所完成的事業而言。」另有一位伊司門（max Eastman）1941年5月11日在紐約《太晤士報》上發表一篇引入注目的通訊，指出這次戰爭是民主與專制的戰爭，沒有一個可以和這近代的民主和極權的戰爭相比擬。為了證實他的判語，他列舉極權主義的二十一條主要特徵：1、狹隘國家主義情緒，提高至宗教狂的程度；2、由一個像軍隊那樣嚴格的約束的政黨，來執掌國家政權；3、嚴厲取締一切不贊成政府的意見；4、把超自然的宗教信仰，降低到國家主義的宗教之下；5、「領袖」形成一般信仰的中心，實際上，他也就等於一個神；6、提倡反理智主義，（Anti—intellectualism），其形式為諂媚無知的民眾，嚴懲誠實的思想；7、提倡反理智主義，其形式為毀滅書籍，曲解歷史及科學上的真理：8、提倡反理智主義，其途徑為廢除純粹尋求真理的科學與學問；9、以武斷代替辯論，由政黨控制新聞；10、使人民陷於文化的孤立，使之對外界真實情況無從知曉；11、由政黨統制一切創造性的藝術；12、破壞政治上的信義，使用虛偽的手段；13、政府本身計畫的罪惡：14、鼓勵人民陷害及虐待所謂「公共敵人」；15、恢復野蠻人宗族連坐的辦法，對待此種「公共敵人」：16、準備永久的戰爭，把人軍事化：17、不擇手段地鼓勵人口的增加：18、輕視婦女的地位；19、把勞工階級「對資本主義革命」的口號到處濫用；20、禁止工人罷工抗議，摧殘一切勞工運動；21、工業、農業、商業皆受執政黨及領袖之統制。他說，「其中每一條在德、意、俄都可以找到，而在英美則找不到」。[33]胡適說，羅斯福指明民主政治仍具有旺盛的生命力，伊司門列舉了民主主義所無，而為極權主義所特有的野蠻特點，互為表裡，共同指出了兩種「觀念體系」的走向。胡適更指出兩者的兩個相互對立的基本特徵：其一，極權主義主張急進驟變的革命，「把存在的世界拆毀，另建一個新的世界」，「一切直接依仗武力，不受法律約束的權威」；民主主義認為殘暴的破壞行為決不會產生進步，「進步並不是一種批發的買賣，而是零售的生意，應當一部一部地定約，一批一批成交」。其二，極權主義根本不允許差異的存在或個人的自由發展，「只有人民、國家、民族才談得到自由」；而民主主義的生活方式，根本上是個人主義的，每個人有著我行我素的權利，即不必墨守陳規，不

[33] 此據《民主與反民主的觀念體系的衝突》。

必遵守命令式的軌範而行動的權利。[34]「觀念體系」也即是意識形態，篤信者組織起來就是政黨。《兩種根本不同的政黨》，即是在此研究基礎上撰述的。

那麼，國民黨是屬於哪一種政黨呢？胡適對記者說：

> 國民黨最初為甲種政黨，於民國十三年（1924），因受蘇聯革命影響，改為乙種政黨，然孫中山先生因對英美式之甲種政黨猶有懷戀，故分軍政、訓政、憲政三時期進行國事。雖以軍事為初步，然經過訓政，終至憲政，仍為英美式之普通政黨。現在國民黨是由乙種政黨走向甲種政黨之途徑，但速度尚不夠快。[35]

胡適在文章中評述孫中山建黨：

> 他在革命事業最困難的時期，感覺到一個「有組織，有力量的革命黨」的需要，所以他改組國民黨，從甲式的政黨變成乙式的政黨。但中山先生究竟是愛自由講容忍的人，所以在他的政治理想系統裡，一黨專政不是最後的境界，只是過渡到憲政的暫時訓政階段。他的最後理想還是甲式的憲政政治。

所以他認為蔣介石此時制憲行憲「只是孫中山的遺教的復活，是國民黨的諾言的履行」。[36]同時又說，「這裡面似乎應該包括黨的內容與作風的根本改變」。他說，「如果訓政的結束能引起一個愛自由的、提倡獨立思想的、容忍異己的政治新作風，那才可算是中國政治大革新的開始了」。[37]

---

[34] 以上均見《民主與反民主的觀念體系的衝突》，《正論》第3號，1948年3月1日。
[35] 《世界日報》1947年7月6日。
[36] 胡適，《給王雪艇的信》，1947年3月20日。
[37] 胡適，《我們必須選擇我們的方向》。

兩種不同的「觀念體系」，在戰後形成兩個世界，由兩個世界而出現兩種文化。但胡適按文化的自然流向認為，不同時代與不同空間的文化固然有種種差別，但總是由諸多細流滙集成一個主流，在發展中總是優勝劣汰，他指出在近三十年來，由各種交流、交通工具的日新月異，對文化的傳播則是日快一日，在文化上便加速地趨向「一個世界一個文化」的道上邁進。1947年8月1日胡適在北平中央電臺廣播的《眼前世界文化的趨向》，就是對這個問題的闡述，他指出世界文化有個自然趨向，即「漸漸朝混合統一的方向」，這種統一的趨向，把種種自然的阻礙物都打破了……小的小到一朵花一粒豆、大的大到經濟、政治學術思想都逃不了這個文化自由選擇，自由流通的在趨向，它是「共同理想的目標」。他把這共同目標總括為三個方面：（1）科學的成績，增進人類的幸福；（2）經濟制度社會化，提高人類生活；（3）政治制度民主化，解放人類的思想，發展人類才能和造成自由的獨立人格。[38]不僅是物質的，在思想上亦復如此，民主政治與社會化的經濟制度，既然成為大家的共同理想，那麼，在近幾十的年內，為什麼會逐漸形成兩個世界的兩種文化呢？胡適1948年10月4日在武昌大學的《兩個世界的兩種文化》演說中回答了這個問題。他說：

> 這是由於若干自認為先知先覺者（對）當前的政治制度和經濟制度不夠滿意，於是便起來想謀徹底改革，走上了暴力革命的途徑。殊不知人類的進化都是一點一滴改革而來，希望痛快地一朝一夕就改革成功，意思雖好，結果卻很容易造成專制獨裁集權的惡果，為了防止新舊勢力的同化，更不能沒有鐵幕，但這是違反自由和人性的，故我們相信兩個世界鐵幕終究一定會打破的，將來一定還是要向一個世界一個文化的路上走，當絕無疑問。[39]

---

[38] 胡適，《眼前世界文化的趨向》，《華北日報》1947年8月3日。

[39] （重慶）《大公報》1948年10月5日。

還有一個發人深思的問題。胡適探究兩種「觀念體系」，兩種政黨，以及由此導致的兩種文化，不可能不涉及蘇聯及俄共。此時胡適對蘇聯的看法，已大不同於五六年前。

胡適說，近三十年來所出現的「專制集團」，迄今仍然存在的就是蘇聯的史達林政權了，但這政權「至今還不敢自信地站得住」。說它不敢自信，有下列證據：其一，它至今還不敢相信自家的人民；其二，至今還不敢和世界別的國家自由交通，也不容許別國的人去他的國家自由觀察遊歷，更不容許自己的人民出國與外國人自由往來；其三，自己已擁有最大的領土與資源，卻仍在他的周圍擴充「屏藩」，樹立「衛星」，以期在世界革命紛亂中保障自己的安全。「這些都是不自信的表現，都是害怕與氣餒的表示。」胡適說「俄國大革命，在經濟方面要爭取勞農大眾的利益，那是我們同情的，可是階級鬥爭的方法，造成了一種不容忍、反自由的政治制度，我認為那是歷史上的一種大不幸的事。……一黨專制走上一個人的專制。三十年的苦鬥，人民所得的經濟利益，還遠不如民主國家從自由企業與社會立法得來的經濟利益那麼多」。[40]

胡適在1948年3月21日致周鯁生的信中說：

> 老兄還記得我在一九四一年底在美國政治學會的演說，我還表示我的一個夢想，我夢想中蘇兩國的邊界，能仿照美國與加拿大之間邊界好榜樣，不用一個兵士防守！……
>
> 老兄，我提起這一大段自述的故事，為的是要表明我對蘇聯確曾懷抱無限希望，不願意想像這個國家會變成一個可怕的侵略勢力。
>
> 但是雅爾達秘密協定的消息，中蘇條約的逼訂，整個東三省的被折洗，……這許多事件逼人而來。鐵幕籠罩了外蒙古、北朝鮮、旅順、大連。我且不談中歐與巴爾幹。單看我們中國這兩三年之中

40 《眼前世界文化的趨向》。

從蘇聯手裡吃的虧、受的侵害。——老兄，我不能不承認有一大堆冷酷的事實，不能不拋棄我二十多年對「新俄」的夢想。不能不說蘇俄會變成一個很可怕的侵略勢力。……我拋棄了二十多年對蘇俄的夢想，我自己很感覺可惜。但是我觀察這幾年的國際心理，這樣從殷勤屬望變到灰心，從愛護到害怕憂慮，恐怕不止我一個人。即如老兄，難道你真不承認這個可怕的侵略勢力嗎？老兄試回想，我兩人在五六年前對蘇聯那樣熱心的期望，試回想我們當時親眼看見西方民主社會對蘇俄那樣真誠的友誼——我們不能不惋惜：蘇聯今日被人看作一個可怕的侵略勢力，真是蘇俄的絕大不幸，自己的絕大損失了。[41]

3月25日，胡適在上海國際飯店對記者談了同樣的感慨。他說：

二十餘年來，全世界發生了兩大悲劇。一是德國兩次的覆亡，一是日本的戰敗。兩個國家都苦幹了幾十年，積了多少心力，建立成為大國，而因一念之差，毀於一旦！當日本侵華之初，我一再警告日本，不要自己毀滅他辛苦幾十年積下的努力，結果，卻有今日。以同樣的心情，也希望今日的蘇聯，消極的無害於人，積極的有利於人，成為世界上一個大國，而備受各國的嚮往，勿蹈歷史的覆轍，自己毀滅自己。

他並說「在《胡適文存》，《胡適留學日記》，及當年他與徐志摩在蘇聯的通訊中，都有這樣嚮往於蘇聯的心跡」。[42]

蘇聯是否變成了可怕的侵略勢力，是否在自己毀滅自己？在當時的中國人來說，是見仁見智。胡適這封給周鯁生的信《國際形勢裡的兩個問

[41] 《國際形勢裡的兩個問題》。
[42] 《申報》1948年3月25日。

題》在《獨立時論》上發表後，據周鯁生在覆信中說，竟成了「轟動全國的大文章，致令國人對於國際局勢問題大加注意」。[43]固然也有人贊成胡適的意見，不同意的也不在少數，有人則斥之為《胡適的胡說》，說「這和美國垣街的出品，正是一模一樣，絲毫不差，胡適博士不過是把他的主子的話拿來重說一遍罷了」。[44]胡適對此不無感慨，他在致陳之藩的信中說：「思想切不可變成宗教。變成了宗教，便不會虛而能受了，就不思想了。我寧可保持我無力的思想，決不肯換取任何有力而不思想的宗教」。[45]

43 《胡適來往書信選》（下），第323頁。
44 《胡適來往書信選》（下），第355頁。
45 《胡適來往書信選》（下），第351頁。

四、第二條戰線　論學生運動

（一）北大的學生運動

1、美兵強姦北大女生沈崇案

北京大學一向為學運中心，胡適出任北大校長，則身當其街，首先碰到的是美兵強姦沈崇。1946年12月24日，駐北平的美兵強姦北大先修班女生沈崇，激起北平萬餘名學生罷課，遊行示威，抗議美兵的暴行，要求美軍撤出中國。時胡適正在南京參加制憲國大，聞訊後，即於12月30日乘飛機趕回北平，對記者表示：「此次美軍強姦女生事，學生教授及我都非常憤慨。同學們開會遊行都無不可。但罷課要耽誤求學的光陰，卻不妥當。」並說：「此次不幸事件為一法律問題，而美軍退出中國，則為一政治問題，不可並為一談。」[1]第二天，教育部來電稱：「平市美軍污辱女生事，係違警刑事案件，自應聽由法律解決。現聞有人假此鼓動風潮，未免太無意識，貽笑中外，應速設法勸阻，並整飭風紀為要。」[2]

事態擴大後，教育部再次強調「此係美兵個人行為」，並希望胡適等表明態度。[3]6日下午，胡適招待記者，首先說明受害者由校方派專人監護。[4]並表示願意出庭為之作證。南京對胡適要出庭作證深感不安，致電

1 《申報》1946年12月31日。

2 《國民黨政府教育部致胡適、梅貽琦等（電）》，《胡適來往書信選》（下），第156頁，又見《申報》1946年12月31日。

3 《胡適來往書信選》（下），第158頁。

4 《申報》1947年1月7日。

勸說稱：「美方刻正羞憤同深，兄之地位或未便如此。」[5]胡適17日履行諾言，在美軍人法庭開庭審理其海軍陸戰伍長皮爾遜案時，列席作證。法庭終於認定被告皮爾遜應犯強姦罪。[6]

胡適一開始就把沈崇事件當作法律案件，並親自出庭作證，「把因沈崇案而引起的學潮鎮定下去」，遭到民主人士刊物的譴責。「聽說郭沫若要辦七個副刊來打胡適」。一位輔仁大學的學生王邁在1947年元旦直接致書胡適說：「您說東單事件（即沈崇事件）是法律事件，可是這個法律事件，是由政治問題發生的……這事恐於您社會賢達的令譽少有影響。」他說：「嫂溺援之以『手』，為『救人』，無暇思及親授不親授的禮教戒條，若以此解釋罷課遊行事件甚為恰當。」[7]

當時，內戰已起，經濟更遭受破壞，物價飛漲，民生凋敝，青年學生也無不受到威脅。1947年「五四」以後，全國學潮在反內戰反饑餓的口號下，蓬勃蔓延，其具體動因各不相同。如有些是要求政府改革學制、改善生活、增加教師待遇而罷課罷教。「一星期以前，才被導向反內戰，也有人聲明退出者」。[8]

北京大學臨時行政會議，於5月16日四時半在胡適寓所開會，追認學校當局所發的佈告：

> 這幾天來，本校同學們醞釀著罷課，我們體認自身教學的職責，不能不向諸同學說幾句話。我們對同學的生活，時刻關懷，近來物價驟然激漲，影響到大家的伙食，學校正在設法籌借款項，預先墊發，現在副食品費業已調整，糧價計算亦正謀改善，總期能在整個困難局面之下，得到一個合理的解決。我們切望同學們不可為這個

---

5 《胡適來往書信選》（下），第159頁。

6 後來被告皮爾遜又上訴美海軍部軍法處，半年後宣佈皮爾遜為無罪。胡適表示失望。1947年10月27日胡適對記者說：「這案子很複雜，還牽涉法律觀點問題，在該案沒有新證據發現前，不能再控制皮爾遜。」（《大公報》）

7 《王邁致胡適》，未刊，《胡適檔案》。

8 《申報》1947年5月20日。

問題，輕易牽動到功課學業上的犧牲。至於教職員生活雖苦，但一定不忍見青年學生為他們的生活而犧牲學業。至於同學對現實政治自由發表意見，我們當然不反對，但政治問題都是很複雜的，都不是短時期能解決的，更不是學生罷課所能立刻收效的。所以我們很誠懇的希望同學們鄭重考慮，切不可以犧牲學業的方式，作政治的要求。[9]

2、第二條戰線

南京政府於5月18日頒佈《維持社會秩序臨時辦法》，嚴禁人民十人以上的請願和一切罷工、罷課、遊行示威，並授權各地方政府採取「必要措施」和「緊急處置」。蔣介石親自發表文告：「近來各地學生，時有越軌騷擾之行為，及違理逾分之要求，時廢課業，相習成風，假遊行請願之名，為擾亂治安之舉……，如此干法亂紀，必非我純潔愛國青年學子之所為，而顯受反動之共黨直接間接之策動。」[10]記者對此問胡適的意見。胡適說：「政府頒佈此項法令，是在北平學生發生事件之前。該項處措是對京滬學生所取之態度，但其中不免有些感情成分。」對蔣介石在文告中說受共產黨直接間接之策動等語則認為：「是不很公道。」「這不如說這些行動是青年學生對當前困難感到煩悶而發生的，比較公道些……。」[11]5月30日，毛澤東通過新華社發表《蔣介石政府已處在全國的包圍中》，指出學生運動是向國民黨政府進攻的「第二條戰線」。全國的學生運動由此不可收拾。6月1、2日，國民黨在滬、平、津、沈、渝、成都、開封、貴陽、福州、青島等地逮捕了學生、教授、記者、公務人員達三千餘人。6月19日，中國學生聯合會在上海成立。10月1日北平燕大、清華學生罷課抗議國民黨非法逮人。1947年10月29日，浙江大學自治會主席於子三被捕

---

9 重慶《大公報》1947年5月18日。

10 《經世日報》1947年5月19日；《益世報》1947年5月20日。

11 《益世報》1947年5月20日，（北平電話）；《經世日報》1947年5月20日。

後自殺，再次引發國統區學運的高潮。第二條戰線與第一條戰線相互呼應，取得節節勝利。

1948年2月3日，教育部密電胡適稱：「（北大）近日潛赴『匪區』受訓學生甚多。」要求「詳加調查，嚴予處分」。[12]北大的學生不斷在校外被捕，同天即有法學院政治系二年級學生鄧特自三院宿舍走向紅樓的北河沿銀閘胡同時被捕。2月7日，由華北學聯發動、領導在北大民主廣場舉行「華北學生聲援同濟血案抗議非法逮捕控訴示威大會」，參加者有北大、清華、燕大、師院、中法等校的大中學生三千餘人。北平市警備司令部對此立即作出反應，宣佈鄧特在208師入伍，是復員軍人，受華北學聯領導，為「共匪」作宣傳。

2月14日，學生自治會常駐理事會及人權保障委員會等方面代表向校長胡適提出：鄧特的「罪嫌」不能成立，要求無條件保釋，並要求胡適對政府的非法逮捕，蹂躪人權等行徑「出來主持正義，表示態度」。胡適當即提出他對學生被捕之事，有四個原則交訓導處去辦。四個原則是：

一、如有同學被捕，學校代為打聽逮捕的機關。

二、通知該機關對被捕同學加以優待。

三、被捕同學罪嫌若輕，由校方保釋出來。

四、被捕同學罪嫌若重，請求移交法院辦理。

這四個原則，是建立在如下基本觀點，即：

1、學生不是有特殊身分的；

2、學校不是有治外法權的地方；

3、從事幹革命工作的同學應自行負責。

---

[12] 《國民黨政府教育部致胡適（代電）》，同上，第322頁。

胡適並對學生表示：

> 我不過是只紙老虎，紙老虎隨時會被戳破的，你們同學不要以為我這裡能得到什麼保障，其實一點屁的保障也沒有，將來人家扯破了臉抓人，我是沒有辦法的。[13]

2月16日鄧特由北大秘書長鄭天挺、訓育長賀麟從警備司令部保出，於市醫院就診，屬保外就醫。

胡適於3月下旬，離開北平南下，先在上海參加協和醫院董事會，繼至南京中研院開會，月底出席南京國民大會。在此期間，「政府驟然說北平學聯是『共匪機構』，下令禁止學聯活動」。3月29日，數千憲警把北大沙灘包括三院西齋包圍一整天，全校師生不能自由行動，「晚上校區的競選火炬遊行，亦被阻擱」。學生為了抗議憲警的包圍學校和查禁華北學聯等事，醞釀罷課三天。北大、清華研究生會和北大全體教職工均為生活問題於此時罷教罷課。警方對北大總算是尊重的，「允將學生移送法院，聽其傳訊」。[14]但在師院，軍警已進校逮捕學生了。

4月12日上午，北大召開臨時行政會議，決定：如罷課，須有期限（師院無期限）；不催胡適回平，仍以胡適名義維持工作。下午在教授會議上，決定罷教一星期。此時，政府為加強剿總職權，國民大會已通過：「凡中央部會所屬之學校均應配合剿總法令執行職務」，北平行轅將撤，平、津劃入華北剿總。

3、軍警捕學生要依法

在此形勢下，胡適自感難以適應，則寫信給教育部長朱家驊，表示自

---

[13] 《國立北京大學學生自治會理事會、人權保障委員會「鄧特事件報告書」》，見《胡適來往書信選》（下），第333-341頁。

[14] 鄭天挺4月8日至胡適電。

己的辭意。朱立即電覆：「……北大不可無兄，北方尤賴兄坐鎮。即弟可放兄，而總統與翁兄亦必不能聽兄高蹈；北大同仁聞之，將更惶恐。故此實不可能之事。」[15]

但因南京政府仍命令軍警入校捕人，胡適則與清華大學校長梅貽琦於13日聯名致電朱家驊，要他轉呈蔣介石。其電云：政府「若用軍警入校，……行之必致學校陷入長期混亂，無法收拾，政府威信掃地，國內則平日支持政府者必轉而反對政府，國外輿論亦必一致攻擊政府」，同時強調指出：「論者或以為美國亦有清共法案，必能諒解。殊不知美國清共全用法律手續，決不能諒解軍警入校捕人等等現狀。」[16]此時北平統歸華北「剿匪」總司令管轄後，國民黨政府於8月17日發佈《後方戡亂應行注意事項》，規定「罷課遊行，聚眾請願者」，都應「捕送特種刑事法庭」。20日華北「剿匪」總司令傅作儀宣稱：「在戡亂工作中，還應打敗第二條戰線『匪黨』一切潛伏分子」，他們比「第一條戰線有形戰鬥更為陰險」。

8月22日，胡適在北大深夜發佈告，謂：「我們現在很誠懇的希望，尚未到案的同學務必認清當前的環境，顧念自己的前途，於八月二十三下午三時以前到訓導處報到，由本校派員陪往特種刑事法庭。經過詢問後，當即由本校設法具保。其過期不報到者，學校一律停止其學籍。」[17]第二天，寫信給北平警備司令部，告知由特種刑事法庭傳訊的五十名北大學生，除兩人查無此人外，其餘四十八人的下落：或已赴法庭、將赴法庭報到者，或已離校南下，或已就業者為二十三人，其餘二十五人均不在宿舍。「我們現在正在查明凡確在北平而避不到案之本校學生，均一律停止學籍，決不許其註冊，並決不許其潛居學校內活動」。[18]胡適這樣做，依然是堅持不讓軍警入校捕人，以維持學校的尊嚴。

---

15 《朱家驊致胡適》，1948年7月20日。

16 《胡適、梅貽琦致朱家驊（電稿）》，1948年8月13日，《胡適來往書信選》（下），第41-418頁。

17 《申報》1948年8月24日。

18 《致陳繼承》，《胡適書信集》（中），北京大學出版社，1996年。

（二）論中國學生干政

1、學生干政的原因

胡適在1947年「五四」前後，在公眾場合，論述學運的講話有多次，總的精神是，正常的學生運動，不是誰能夠煽動得起的，必有其所以引發的客觀條件，如國家各方面不上軌道，政治不滿人意，沒有合法代表民意的機關，干預政治的責任，當然落在青年學生身上。「現在共產黨也有很多學生參加，這可以證明學生們不滿社會政治現狀的現象」。但是學生犧牲學業來干涉政治，胡適認為是一種錯誤。學生干政與工人罷工不同。「工人罷工，非常具體，要求減少工作時間，或增加幾元幾角的工資，只要數位吻合，馬上就可以解決」。[19]5月31日在北平行轅新聞處之星期六定例記者招待會上，胡適的演詞是：

> 看最近兩星期的表現，北平青年還是有理智的。從五月十八日街頭演說，到二十日的遊行，和本週的復課，雖然其中標語說話有刺激感情的，但大部分還是理智的幫助制止了感情，很少有軌外行動。本人籍此對地方當局表示謙意。……這兩星期以來，一方面與學校當局合作，一方面保護青年安全，做成「疏導政治」。例如二十日遊行，地方當局並未說不許可，讓他們的煩悶感情有所表現，公諸社會合全世界，雖然有幾個小問題使罷課延長了幾天，但可證明疏導政治之有效。
>
> 青年的感情發洩以後，自然回復到學習上。現在圖書館試驗室裡，都在埋頭苦幹，學校當局很得到安慰。我對學生代表講話，鼓

[19] 以上均見《益世報》，1948年5月20日。

勵往理智上走，這次的表示，表現（Demonstration）有很大成功，不但全國知道，全世界亦知道了。希望繼續保持理智的態度。

過去曾說過，我認為青年對政治的表示，不可完全抹殺。對學潮有一個歷史的看法：古今中外，任何國家，政治不能滿人意時，同時沒有合法有力的機關，可以使這不滿得到有效的改革，這個事情總落在受教育的青年身上，亦就是學生身上。漢宋的太學生談政治，與瀛台最有關係的戊戌變法，也與學生有關，當日各地舉人上書引起革新運動。在外國，自有巴黎大學，千餘年來，凡有革新運動，總是有青年。一八四八年全歐（包括英國）的政治運動，亞洲方面印度、朝鮮的獨立運動，仍然有學生。有一個例外，現在有幾個國家，學生好多喜好棒球、游泳、足球等正當運動或娛樂，對政治不大感興趣。這個例外適是說明上述的原則，因為這些國家政治比較滿意，同時有合法的改革機關。現在學生對政治不滿意，感覺生活壓迫，推敲理論，見仁見智，至少承認有煩悶的理由，有不滿的理由。沒有客觀環境，不能說幾個幾十個人能號召幾千人的學校罷課遊行，因為牽牛到水邊容易，叫牛喝水就困難了。黨政軍團可與學校合作，水來了，不要擋，疏導他，沒有害的讓他們發洩，發洩完了以後，大家仍以學業為重，我們對於這一點很同情。

北平沒有大的不幸事件，據我知道，上星期六（五月二十六日）學聯開會的結果，決定六有二日不出來遊行，不出去煽動罷工罷市，只在學校內舉行紀念儀式，有負責代表二人對我說。[20]

青年所以對政治感興趣而干政，中國還有其特殊國情。胡適在1922年辦《努力》週報時就曾說過：「中年的知識階級不肯出頭，所以少年的學生來替他們出頭了。中年的知識階級不敢開口，所以少年學生替他們開口

20 《華北日報》1947年6月1日。

了。殊不知道少年學生所以干政，正因為中年知識階級縮首袖手，不肯干政。」[21]

2、學運要理智守法

6月2日，北大的部分同學於沙灘紅樓廣場舉行「內戰死難軍民追悼會」，到會者有四五百人。學聯負責人邀請胡適參加。胡適在追悼儀式完畢以後說：

> 幾次承「學聯」邀，均經辭謝，昨晨再被堅請，因此來說幾句話。我認為「學聯」決定今日不遊行，不煽動罷工罷市，很理智，也很聰明。我要說的話：第一句，青年學生對現狀不滿，對政治經濟不安的情形，表示關切，我很瞭解，很同情，這是我三十年來一向立場。……第二句話是，半個月來北平學生能守秩序，很能以理智指揮感情，應表敬意。……在北平你們的表示，是一個很大的成功；第三句話，我與梅貽琦校長，在前天下午曾參加學聯的五個鐘頭的會，就是因為會裡的決定，是關係著全北平和全華北。我們中年人老年人不放棄這最後進言的機會。「學聯」的決定是了不起的事，以十三四位學校代表的決議，來把握了平津一萬學生的行動，實在是理智疏導感情的結果。這十三四位代表敢作此「不很時髦」的決定，確具有政治家的作風。
>
> 「治安當局昨晚表示，今日的戒備是對不法分子（不是學生）……」[22]

胡適說，「改革政治，有兩種方式：一種是革命，一種是經過合法民意機關去改革。學生要干預政治，宣傳也好，實地工作也好，也離不開這

[21] 城北，《胡適先生五四談》，《學風》第3期，1947年5月。
[22] 《華北日報》1947年6月3日。

兩種方式」。[23]胡適所主張的方式是後者，承認既成的現存政治，通過合法途徑進行改革。在學潮中出現的一些不健康現象，胡適提出了批評和引導。

胡適尤其要求青年學生能獨立思考。他說：

> 你們在大門上貼著標語，要求自由思想，自由研究，為什麼我要你們「獨立」，而不說是自由呢？要知道，自由是對外束縛而言，不受外面強力的限制與壓迫，這一向正是北大的精神。獨立是你們的事，不能獨立，依然是作奴隸。我是說，要能不盲從不受欺騙，不用別人的耳朵當耳朵，不用別人的眼睛當眼睛，不用別人的頭腦當頭腦。我提倡你們應當走獨立的路，這就是說學校當然要給你以自由，但學校不能給你以獨立，這是你們自己的事。[24]

在學運中，胡適始終強調「依法」，他不同意學生所說的「非法逮捕」的字樣，這是根據憲法的第二十三條規定。始終強調法律與政治不能混淆；胡適在1948年10月5日，仍說對被捕學生：一、迅速審判；二、依法律手續辦理。[25]所依的法，當然是《中華民國憲法》。他主張「在現行法律之下，政治犯也應該受到正當的法律保障」。[26]但要近代當政者能做到這點，實屬不易。此時南京政府頒發了《戡亂時期危害國家緊急治罪條例》，又制定《特種刑事法庭組織條例》與《特種刑事法庭審判條例》。有人在向立法院的請願書中說：在憲法頒佈後不久，貴院通過並制定了上述三法規，「繼之在大城市設立特種刑事法庭，一步緊接一步，把普通罪行特殊化，把審判機關軍事化，把訴訟程序原始化，致使人民僅有的法律上的基本權利以及普通司法機關權力都被摧殘淨盡」。把這三個法規，與

---

23 《益世報》1947年5月20日。

24 城北，《胡適先生五四談》，《學風》第3期，1947年5月。

25 《益世報》1948年10月5日，漢口電。

26 胡適，《民權的保障》，《獨立評論》38號，1933年2月7日。

新憲法對照，有諸多違憲之處。因此說，「今政府宣示行憲……絕不能任其存在」。[27]

胡適堅持不讓軍警入校捕人，是遵新憲法行事，也是為了維護北大自由的傳統。胡適作為北大自由主義的象徵——紙老虎，確實起了不小的效應，確實庇護了許多共產分子，稱戎馬倥傯時的北大為「共匪老巢」，並不過分。誠如《紐約時報》所說：

> 既要維護校內的言論自由權利，又須承認在目前內戰局面下國民政府逮捕共產黨的權力。北大校長胡適博士的主張是：學生應受到公平的普通審訊，校方有權對被捕學生所犯的罪名進行瞭解，並為他們要求合理的監犯待遇；如果他們的罪狀並不嚴重，應要求將他們釋放。他曾向學生聲明，如果他們捲入政治活動，他們就必須對他們自己的行為的後果負責。[28]

胡適對學潮的疏導，也是他對學運固有理念的貫徹。1947年「五四」前後，青年人對現實有所不滿而罷課、遊行，屬於正常的學運範疇；胡適對正常學運的疏導，發揮了應有的作用，可以說是成功的。自余子三事件之後，學運被引入「第二條戰線」，則成了國共內戰的一個方面。胡適仍堅持「依法」相應對，則已是失效了。

3、「柯葉自摧折，根株浮滄海」

國共兩黨的軍事大決戰於1948年9月開始，第一個戰役是東北戰場，於11月2日結束。緊接著在南方的徐蚌會戰（淮海戰役）開始。蔣介石於11月8日即派陶希聖去北平，奉命請胡適離開北平，胡適沒有走。因為他

---

[27] 見《平津唐各院校學生自治會為反對設立特種刑事法庭向立法院請願書》，《胡適來往書信選》（下），第427-431頁。

[28] 《〈紐約時報〉關於鄧特被捕事件的報導》，譯文見《胡適來往書信選》（下），第343頁。

還不認為北平會就此丟失。11月20日，在華北剿總講演國際形勢時，還相信北平永遠不會丟，所以他回答外國記者說，北大一月兩月半年一年也不搬家。此時，南京政府突如其來發表孫科組閣，又感到不甚理想，在蔣介石的心目中，胡適是最為倚重的一個，準備萬一孫閣一旦醞釀流產。打算由胡適來組閣。當時胡適以「不能做無為的宰相」婉辭。

這時，北平四郊已被人民解放軍包圍，12月14日晚十一點鐘，傅作儀奉總統之命，相告飛機次日晨（15日）八時可到，胡適至第二天的下午三時，終於到達南苑機場。南京派來兩架飛機，分載二十五人，晚六時半直達南京。胡適此行，行篋簡單，只帶了一個包袱，與江冬秀一起，次子思杜留在北平，沒有同行。官方的報導是：

> 胡適十五日夜六時三刻抵京，七時許與朱家驊、傅斯年在黯淡燈光下共進晚餐。邊吃邊談，狀極愉快。餐後陳雪屏、李惟果、雷震來訪，直談至深夜。胡旅途勞頓，略現倦容，不願對記者評論北方局勢，表示政府對北校南遷問題，短期可決定。並說「感謝南京朋友關心，派飛機接我，對北方的朋友，我很慚愧，十七日北大五十校慶我竟不能參加」，言下有遺憾之慨。胡南來主要係總統邀請，以上賓資格留京，隨時提供國是意見。[29]

17日，蔣介石邀胡適、江冬秀至其官邸，為胡適做生日。

1949年元旦，蔣介石發表和平文告。胡適在日記中說，「在南京作『逃兵』，作難民已十七日了！」元月2日，胡適在日記中抄下陶淵明擬古詩九首之九：

> 種桑長江邊，三年望當採。

[29] 轉引自《內幕新聞》第七號，1949．1．30.

枝條始欲茂，忽值山河改。

柯葉自摧折，根株浮滄海。

春蠶既無食，寒衣欲誰待？

木不植高原，今日復何悔！

在前天的陽曆除夕，胡適與傅斯年在南京度歲，相對淒然，一邊對飲，一邊共同背誦這首古詩，藉以惋惜自己的事業正當「枝條始欲茂」，而「忽值山河改」，不得不由此中輟，黯然神傷，兩人不禁潸然淚下。

胡適這次由蔣介石以專機接來南京，傳說有幾種特殊任務：

第一，胡適到南京後，據說教育部曾舉行了重要密談。朱家驊、陳雪屏等都參加了。討論的中心，還是為了北方學校的南遷問題。政府需要把握青年，而文教界的知名之士又全留在平津。胡適是以自由民主的氣氛而身居領導之職的，所以當局為適應這一個局面，急須「搶救」，這個問題不能不與胡適研究。21日起，教育部已經每天派兩架專機來疏運北方的教授了。

第二，即是前述萬一孫閣醞釀流產，有由胡適組閣的打算，但後來又打消了。

第三，胡適在美國以及國際上的聲望，當局考慮他可以出任「大使」。對這事有兩種辦法：一是胡適長外部，以攤出內閣對美援的一張王牌。一是替總統作特使，銜命赴美。

第四，向總統供獻國是。也就是報上說他「如同羅斯福的智囊」一樣。[30]

事實證明，最後還是採用第三條中的「特使」一項。1月8日，胡適在總統官邸晚餐，蔣介石則動員胡適去美國。蔣對胡適說：「我不要你做大使，也不要負什麼使命，例如爭取美援不要你去做，我只要你去看看。」15日胡適被聘為「總統府資政」。為了準備赴美，胡適到上海安排好江冬

[30] 《內幕新聞》第7號，1949．1．30．

秀後，隨傅斯年夫婦先去了臺灣一趟。21日胡適趁夜車赴南京時，蔣介石已於當日回奉化。胡適在日記中說「不意一月八日夜是最後一次見蔣公」。24日請辭「資政」。仍回上海。1月31日取得出國護照的簽證。4月6日自上海登輪赴美，「此是第六次出國」。從此一去不復返。

終篇2
死守臺灣　抱節守志

當年被譽為「文英雄」與「武英雄」「這兩個好漢是維持我們民族命運的棟樑！」[1]二十八年之後，胡、蔣二人，同被宣佈為「戰犯」而稱之為「難弟難兄」。郭沫若1954年12月8日在中國文聯主席、作協主席團擴大會議上提出的「三點建議」，貫徹毛澤東的指示：

> 中國近三十年來，資產階級唯心論的代表人物就是胡適，這是一般所公認的。胡適在解放前曾經被人稱為「聖人」，稱為「當今孔子」。他受著美帝國主義的扶植，成了買國資產階級第一號的代言人，他由學術界、教育界而政界，他和蔣介石兩人一文一武，難弟難兄，倒真是有點像「兩峰對峙，雙水分流」。胡適這個頭等戰爭罪犯的政治生命是死亡了，但他的思想在學術教育界的潛在勢力是怎樣呢？……依然不容忽視。

郭沫若對胡、蔣二人這稱謂，代表不同政治立場的評判，卻意味深長。在此後的幾十年裡，蔣、胡二人真「有點像『兩峰對峙，雙水分流』」。但畢竟不如抗戰以前的具有生氣，這是中國的歷史輪迴。

[1] 《胡適來往書信選》（上），第412頁。

一、絕處適生　政府諍友

（一）難兄絕處逢生

1、念念不忘反共復國

（1）離開大陸

1949年1月21日，蔣介石宣佈「引退」，由李宗仁為代總統。他在「引退」宣言中說：「目前軍事，政治，財政，外交皆頻於絕境，人民所受痛苦已達頂點。我有意息兵言和，無奈中共一意孤行到底……。」翌日他在日記中說，「這次失敗之最大原因，乃在新制度未能成熟與確立，因而舊制度已放棄崩潰，在此新舊交接緊要危險之刻，而所恃以建國救民之基本條件，完全失去，焉得不為之失敗！」。蔣的這次「引退」其實是由於內部壓力，誠如他說：「我之願下野，不是因為共產黨而是因為本黨中的某一派系。」即指桂系，李宗仁秉承美國意旨，與中共和談，並以和談的名義倒蔣。妄圖保持半壁江山，偏安江左。

蔣介石宣佈下野後，循慣例回老家奉化溪口，在其故里建立電臺七座，隨意指揮一切，致使李代總統政令難出都門。蔣同時反思過去，瞻望未來，面對幣制改革的失敗，物價飛漲，在2月1日的日記中寫道：「為政二十年，對社會改造與民眾福利著手太少，而黨政軍事教育人員，更未注意三民主義之實行，今後對於一切教育，皆應以民生為基礎。亡羊補牢未始已晚也。」李宗仁千方百計要蔣介石交權，總算得到「五年內不干政」

的空頭保證。1949年4月24日，南京失守，蔣則先把家人送往臺灣，到上海，激勵將士堅守陣地。5月25日上海被人民解放軍攻佔，蔣則退到臺灣，擬定防臺計畫，以舟山、媽祖、金門、潮汕為一線前哨，也為「反攻復國」之橋樑，確定今後臺灣防務為第一。

此時李宗仁代總統和行政院長閻錫山電請蔣介石去廣州「主持大局」。蔣於6月允諾，7月14日飛廣州。他說：

> 我是一個下野的總統，論理不應再問國事……但想起總理生前的咐托，勉以「安危他日終須仗，甘苦來時要共嚐」的遺言，現在是我黨危難關頭，所以我以黨的總裁地位來領導大家同共產黨作殊死戰。

8月福州失守，蔣又把希望寄於西南，親飛重慶，擬以四川為「復興」基地。西北馬步芳等被中共殲滅，綏遠、新疆和平解放。[1]10月中旬廣州被解放。中華民國政府重返抗戰期間的陪都重慶，李宗仁突然於11月下旬宣佈赴美就醫，不辭而別。年底，蔣介石終於決定把中央機構遷往臺北。12月10日離開大陸時，還與蔣經國合唱中華民國國歌，下午二時於成都鳳凰山機場登機，慘然告別。蔣經國在當天的日記中說：「父親返台之日，即劉文輝、鄧錫候公開附匪之時。此次身臨虎穴，比西安事變尤為危險，禍福之間，不容一發。記之，心有餘悸也。」

（2）絕處逢生

蔣介石退守臺灣，企圖偏安，但人民解放軍攻勢淩厲，蔣介石原定的第一線福州，第二線閩南均被突破。1949年10月15日人民解放軍渡海攻廈門（廈門當時是一個海島，面積一百二十八平方里，近處離大陸不足兩公里，現已有長提與大陸連接）；17日，廈門、鼓浪嶼被解放軍佔領，立即

[1] 毛澤東大陸稱之為「解放」；蔣介石一方稱之為「淪陷」。

對金門島包圍。金門島去廈門東10公里，由大金門、小金門及大擔、二擔諸小島組成，主島大金門約一百二十四平方公里。控制金門島可以封鎖福建廈門的出海口，又可屏障臺灣島，其戰略地位很重要。蔣介石令嫡系湯恩伯固守，電令湯部：「金門不能再失，必須就地督戰，負責盡職，不得請辭易將。」人民解放軍十兵團在10月24日夜向該島發動進攻。湯恩伯則以海、陸、空立體防守反攻，苦戰三晝夜。進攻者全軍覆沒，有人說這是人民解放軍失利的僅有一例。毛澤東也說：「此次損失，為解放戰爭以來之最大者。」蔣介石為此慶祝大捷。但迄1950年4-5月間，東南沿海除臺灣、澎湖、金門、馬祖之外，均為人民解放軍佔領了。「一定要解放臺灣」的呼聲，時時震盪孤島。

美國國務院和中央情報局當時斷言：在美國不出兵的情況下，臺灣將在1950年陷落。「而美國政府首長又曾一再公開表示：台、澎與南韓不在美國國防線內，這無異於邀請國際共產黨趕快來拿臺灣、南韓了。」[2]

蔣介石的成功與失敗，與美國關係密切。杜魯門執行的是「棄蔣扶李」的政策。1949年8月5日，國民黨在大陸的敗局已定，美國國務院發表《美國同中國，1844—1949年間的關係》白皮書（簡稱《中美關係白皮書》）。這是美國統治集團內部關於美國對華政策爭論的產物。白皮書特別詳述了抗日戰爭末期至1949年的五年中，美國實施扶蔣政策遭失敗的經過，其中用了相當篇幅指責國民黨的墮落腐敗與無能，宣稱即使採用新的對華政策，或額外的援助，也無法挽回蔣介石所造成的損失。其中有許多失實的文字，但它也公開了許多客觀史實。這《白皮書》是當前的執政者為回答其國內的反對派而作。發表此白皮書的同時，美國國務卿艾奇遜在給總統杜魯門的信中指出：「從日本投降到1948年底，美國共向中國提供了十億美元軍事援助和相同數目的經濟援助。……但不幸的無法逃避的事，是中國內戰不幸結果，為美國政府控制所不及。美國在它能力的合理

---

[2] 邵毓麟，《使韓回憶錄》，傳記文學出版社。

限度內，所曾經做的或能做到的種種措施，都不能改變這種結果。」[3]蔣介石對此說法在日記中說：

> 馬歇爾、艾奇遜因欲掩飾其對華政策之錯誤與失敗，不惜徹底毀滅中美兩國傳統友誼，以隨其心，而亦不知其國家之信義與外交上應守之規範：其領導世界之美國總統杜魯門竟准其發表此失信於世之《中美關係白皮書》，為美國歷史上莫大之污點，此不僅為美國悲，而更為世界前途悲矣！（八月十日日記）

蔣經國對此亦有表示：「不能不認為其主持者缺乏遠慮，自斷其臂而已。」蔣氏父子的概歎，不僅是因失寵而痛惜，言辭之外尚有餘音。古屋奎二在《蔣總統秘錄》中即說：「尤是在涉及1944年至1949年的對共產黨問題時，則對中華民國政府加以過甚其辭的抨擊，而以專事偏袒共產黨為重點。實則是再也沒有像這樣一種文書之足以和盤托出美國國務院內有親共分子存在的事實。」[4]

美國政界在蔣氏退守臺灣前後對華政策的意見分有三派：（1）力主出兵武力保台；（2）反對武力保台，派軍艦停泊臺灣港作姿態，或給臺灣軍事援助；（3）以國務卿艾奇遜為代表的一派則主張放棄國民黨，承認共產黨在事實上已控制中國。白宮數度集會進行辯論。總統杜魯門支持第三種意見，在1949年12月23日，美國國務院對台政策的內部指示稱：「臺灣歷來是中國的一部分，其責任應由中國政府承擔。臺灣的國民黨統治和在大陸時期一樣，很容易被攻破。美國對臺灣並沒有承擔責任和義務，因此，美國不應該在臺灣取得基地或派兵前往，也不應該供應武器等，否則，美國可能捲入公開的戰爭，並且遭到中國及其它國家的反對。」[5]

---

3 《艾奇遜回憶錄》，第181頁。
4 《蔣總統秘錄》第十四冊，第3095-3096頁。
5 《中美關係資料彙編》第四輯，世界知識出版社，1960年。

1950年1月5日，杜魯門在白宮記者招待會上發表了與上述同樣精神的講話。國務卿艾奇遜1月12日發表《中國的危機》演說，談到美國在西太平洋的防線是從阿留申群島經日本、疏球到菲列賓，而沒有提到臺灣。有人稱之謂「袖手」或「等待塵埃落定」政策，讓國民黨「自生自滅」。美國駐華大使司徒雷登因此沒有隨同中華民國政府南遷，逗留南京近百日，奉命在絕密情況下與中共接觸。美國的一廂情願，碰了一個軟釘子。因中共既定的是一邊倒方針。毛澤東在1949年8月至9月，針對《白皮書》為新華社寫了五篇文章：《丟掉幻想準備鬥爭》、《別了，司徒雷登》、《為什麼要討論白皮書》、《「友誼」，還是侵略》、《唯心歷史觀的破產》。這是一邊倒政策所需要，是對美國政府說的，也是對史達林的交代。但美國還是認為毛澤東是土地改革者，可能爭取毛澤東做「鐵托第二」，與蘇美保持等邊關係。這種期待同樣落空了。中華人民共和國成立以後，周恩來通過美國前駐北平領事館正式照會美國，願意正式同美國建立外交關係。當時美國政府固然傾向中共，但在國內卻有一股反共聲浪，因而不可能接受立即與臺灣斷交的條件；艾奇遜提出的三條建交原則，新中國又不能接受。美國的對華政策確確實實是失敗了。而蔣介石在臺灣的政權，卻像茫茫大洋中一葉孤舟，隨風逐流，在時有覆沒的危險。1950年三月，正是蔣介石又當選為孤島政權的大總統時，中華人民共和國的副主席朱德總司令在北京接見臺灣解放同盟會的成員時指出：「廢除蔣介石在臺灣的統治已成為全國當務之急。」並說他正在集結重兵，在蘇聯的援助下，隨時都可以進攻臺灣。就在這千鈞一髮之際。意外的事情發生了：史達林和毛澤東無意中把臺灣擠進了一個安全區。

「意外的事情」發生在同年6月，朝鮮金日成在史達林支持下，仿效中國人民解放軍一舉解放中國大陸的雄姿，擬統一南北朝鮮。則突然揮師南下，不到兩月，控制了朝鮮南部90%以上土地。同樣是冷戰中發動的熱戰。他們估計美國不會作出反映。孰料美國的政策此時已作出了相應的調整。杜魯門則利用聯合國安理會討論要求北朝鮮從南朝鮮撤軍時，正是蘇聯駐聯合國代表馬立克要求把中華民國代表逐出聯合國未遂，表示抗議而回國，正好缺席，南斯拉夫棄權，以9比0通過決戰。美國即以聯合國軍的名義派兵去朝鮮戰場。杜魯門同時宣佈臺灣在朝鮮戰爭期間要保持中立，第七艦隊奉命駛入臺灣海峽，理由是既遏制國民黨承機反攻大陸，同時也阻止中共解放臺灣。毛澤東於10月間派志願軍跨過鴨綠江。美國遠東地區總司令麥克亞瑟主張「竭盡全力去打大規模的戰爭；聯合國應當接受蔣介石總統的軍事援助，並支持臺灣在中國建立第二條戰線」。美國考慮這樣會引起中美全面衝突，使自己深陷在遠東難以自拔，並將促使毛澤東執行1950年與史達林簽訂的中蘇友好同盟條約，蘇聯亦即可進攻歐洲……。後果不堪設想。杜魯門不得已只好解除了麥可亞瑟的總司令職務。

麥克亞瑟解職後，朝鮮戰爭於1951年夏天停火。臺灣孤舟由此亦獲得保護。1952年艾森豪當選美國總統，立即宣佈解除美國對國民黨反攻大陸的禁令，美第七艦隊仍然繼續保護臺灣。1954年臺灣與美簽訂了《共同防禦條約》，它與1950年的《中蘇友好同盟條約》形成了世界冷戰格局的平衡。毛澤東抗美援朝，履行了「國際主義的義務」，蔣介石卻因此而絕處逢生。

（3）「毋忘在莒」

蔣介石兵敗台島以後，曾於1952年書「毋忘在莒」四字。勒石於金門島的太武山壁，至今猶在。他自己解釋：這是「效法二千二百年前，田單在莒縣和即墨糾合軍民，忍辱負重，犧牲奮鬥，百折不回，卒能驅逐敵人，恢復其齊國的精神」。當時齊國被燕國攻取七十二城之後，最後固守在莒，經五年艱苦努力之後，終於逆襲成功。蔣介石以莒喻臺灣，以表示他反攻大陸的信念。

蔣介石在1950年3月當選為大總統後的「復職」講話中說：

我每一次復職時所預定的目標，亦無不按照計畫完成。我在第一次復職以後，不到八個月的功夫，北伐即告成功。第二次復職以後，雖經過十四年的長期奮鬥，但終於促使日本投降。現在第三次復職了，這一次復職以後，我們革命的目標，是恢復中華民國，消滅共產國際。……我相信我們一定可以完成我第三次復職的使命。（《復職的使命與目的》）

蔣介石還說，當年創辦黃浦軍校，面積不過五平方公里，全校學生不過五百人，後來竟成了革命的搖籃，「統一中國」。現在他想以臺灣為「搖籃」。

蔣介石還表示「反共復國的信念不是單靠有形的軍事力量」。他認為他所解釋的「三民主義」，是最適中國國情的思想，而「共產主義絕對不能和中華文化融合，最後必然不會為人民所接受」。

蔣介石自退踞臺灣以後，直至其終老，每年均發表四次文告（新年、「青年節」、「雙十節」、臺灣光復節），一再重申：今年是「反攻大陸」的「決定年」或「關鍵年」。1949年曾開出「一年反攻，三年成功」的支票，但遲遲不得兌現。後來他重新擬定計劃，不再好高騖遠，而效越王勾踐在會稽失敗以後，「經過十年生聚，十年教訓，而後滅吳」的古訓進行臥薪嚐膽。

1954年1月，總統府下設「光復大陸設計研究委員會」，蔣為當然委員，由陳誠任主任委員，聘胡適為副主任委員。成立之日，蔣致辭云：

本會成立，就是明白的告訴大陸上的同胞們，我們正在同心一德，研究為何打倒共匪的各種暴行，解除大陸人民的痛苦，並為他們復仇雪恨，爭取真正的自由。[6]

6 張其昀編，《先總統蔣公全集》，第2冊。

蔣介石每年以「反攻」為必修的功課，表達他的信念，這種信念又是他的精神支柱。在念經的同時，亦曾派飛機空襲上海、南京、廣州、福州、南昌、青島、閩江兩岸。在1954年8月之前，指使軍隊在大陸沿海島嶼偷襲達四十二次之多，僅浙江、福建兩省，有千人以上或萬人以上規模偷襲就有五次。從朝鮮戰爭爆發迄1955年9月，臺灣空軍共出動飛機三千五百多批，六千二百架次。情報機關向大陸空投特工人員和電臺、槍支彈藥等。

朝鮮戰爭結束後，毛澤東再次把武力解放臺灣問題提上日程，1954年9月，開始炮擊金門，造成西方稱之為「臺灣危機」。1955年1月8日，人民解放軍以海、陸、空三軍配合，攻佔了一江山島，據駐守在大陳島的美國顧問團首席顧問華爾頓和麥克萊頓說，「共軍攻擊一江山，使用在小島上的火力，竟比韓戰還要猛烈」。艾森豪則開始通過聯合國斡旋中國沿海戰爭之「停火」。蔣介石為了「毋忘在莒」，卻兩次拒絕了「停火」的建議。亦即兩次拒絕「兩個中國」的方案。第一次即在一江山被解放軍攻佔後的1月，美國擬通過聯合國進行台海「斡旋」，「停止中國沿海的戰鬥」。迫使蔣減少在金門、馬祖的駐軍，甚至把軍隊撤出金、馬。同時，阻止解放軍進攻金門。英國追隨其後。紐西蘭則向聯合國提出一項提案，要求由安理會審議「在中國大陸沿岸某些島嶼地區的敵對行動」的建議。所謂「停火」建議，提案的本質是使臺灣問題國際化，即一中一台合法化。「劃峽而治，遏制中國」，這不過是1949年「劃江而治」的翻版而已，仍然遭到雙方的反對。蔣介石的態度十分強烈，他說他如果同意紐西蘭的「停火」建議，將無法在島內對自己的行為作出解釋。2月8日，蔣介石說這是「被侵略者接受侵略者造成的既成事實」，認為提出「臺灣地位未定」的人別有陰謀的歪曲歷史，而「兩個中國論」更是「荒謬絕倫」。他表示「中華民國領土，絕對不允許割裂」，宣稱誓死守衛金、馬，決心戰至最後一人。」美國政府由此同意蔣介石保住金、馬。同時，周恩來在1955年4月，萬隆會議上對臺灣問題發表聲明說：「中國政府願意同美國政府坐下來談判，討論和緩遠東局勢的問題，特別是和緩臺灣地區的緊張局勢問題」。1956年春，中共又托章士釗捎信，向蔣介石發出第三次國共合作的呼籲。蔣介石對這由大陸捎來的信考慮了一年之後，1957年初，終於約國民黨在香港負責文宣工作、主持《香港時報》的許孝炎來談話，並請許孝炎物色人選去大陸摸底。蔣對許孝炎說：「基於『知己知彼，百戰不殆』的原則，針對中共發動的和平統一攻勢，決定派人到北平一行，實際瞭解一下真實意圖。」許孝炎在香港物色了宋希濂的兄弟宋宜山以探親的名義赴北京。歸來後，蔣介石仍然把和談的大門緊閉。原因是他仍「不放棄收復大陸」的信念；並擔心和談一開，台美《共同防禦條約》將失去作用；同時不相信中共對「和談」的誠意，不過是「三十年來一貫的伎倆」。

第二次是1958年5月，中東黎巴嫩人民舉行反美鬥爭，美、英對黎巴嫩、約旦等進行武力干涉。中國政府強烈譴責美、英行徑，毛澤東以轉移美國視線為由，實是為摸清美國與臺灣《共同防禦條約》的底細，並想藉此檢驗自己經過多年準備的軍事實力，同時懲罰一下蔣介石。7月下旬至8月中旬在金、馬上空展開了一場台海空戰，大陸空軍四戰四捷，只被擊落飛機一架，而國民黨的飛機被擊落四架，傷五架，奪取了福建地區的制空權。於是在此月23日開始，在金、廈兩島炮火互擊全面開始，歷時四十餘天。蔣介石認為這是「進攻臺灣的序幕」。兩天後美國總統艾森豪作出反應：宣佈美國將介入「臺灣危機」。又授權國務卿杜靳斯宣稱要直接以武力介入金、馬外島。又稱現在還未判定有此必要，如判定為必要，「將毫不猶豫作出這一決定」。9月6日，9月8日周恩來和毛澤東分別譴責美國的挑釁行為。9月11日艾森豪向全國發表廣播電視講話，一面表示準備履行美台條約義務而採取行動；一面又表示談判的道路「是暢通的和準備好了的」。中美大使級談判在中斷了九個月之後重新開始恢復，談判的位址由日內瓦移至華沙。

美國選擇這種方式主要是怕因此而「處於第三次世界大戰邊緣」。英國首相麥克米倫建議美國「使島嶼非軍事化」，以利美國從「臺灣危機」

中擺脫，也有利於推行「兩個中國」的政策。所以，美國又提出「停火說」，企圖讓山金門、馬祖，以換取中國同意不對台、澎使用武力。9月30日，杜勒斯在記者招待會上表示：

> 如果在臺灣峽地區獲得相當可靠的停火，國民黨軍隊繼續駐金門、馬祖等島嶼就是不明智的，不慎重的。美國將贊成國民黨軍隊從金、馬撤出。[7]

令人驚異的是，首先反對美國對台政策的竟然仍是蔣介石，並且異常激烈。他令黃少谷、葉公超聲明：美國與中共談判是不明智的，決不接受其所安排。國民黨外交部奉命宣稱：任何涉及金、馬中立化的決議，臺灣均視為有損合法權益，不準備作任何退讓。[8]蔣介石也頻頻發表談話，抨擊華沙談判，堅決反對「停火說」，宣稱金門戰爭到了「生死關頭」，也不「考慮盟邦的態度如何」「而瞻前顧後」。[9]還表示「假定杜勒斯先生真的說了那句話，那亦只是片面的聲明，我國政府並無接受的義務」。[10]由此美、蔣之間的意見分歧，到達無法協調的地步。艾森豪派杜勒斯親赴臺灣，與蔣面商，經三天會談，雙方都作讓步，同意在草案上加上金、馬與臺灣在防衛上「有密切的關連」；「中華民國不發動戰爭在大陸重建主權，及中華民國不為反攻大陸的武裝基地，它的基地早已在大陸及中國人民的內心」。[11]在1959年蔣介石的元旦文告中，就不提「武力反攻大陸」的口號了。但這是出於美國的壓力，其心猶未甘。

---

7 《中美關係資料彙編》第2輯（下冊），第2816頁。

8 陳志奇，《美國對華政策30年》，第162頁，臺灣《中華日報》社，1981年。

9 《先總統蔣公全集》第3冊，第3942-3944頁。

10 《先總統蔣公全集》第3冊，第3946頁。

11 林正義，《1958年臺灣危機期間美國對華政策》，第137頁。

2、偏安經營

（1）改造國民黨

蔣介石認為在大陸上的失敗，不是共產黨的強大，「完全是領導國民革命的本黨組織的瓦解，紀綱廢弛，精神衰落，藩籬盡撤之所致」。所以在他下野後，即接受蔣經國的提議，決心對國民黨加以整頓改造，計畫分：「整理現狀，改造過渡，籌備新生」三個階段。組織了一個專門機構負責改造過渡的事務。1949年7月8日在討論國民黨改造方案時，首先對國民黨自身的性質發生了爭論，有人鑒於失敗的教訓，說國民黨應改為民主政黨。蔣介石持不同意見，他認為國民黨不應成為純粹的「民主」政黨，而應為「革命民主政黨」，首先是「革命的黨」，然後才是「民主的黨」。強調此時一切必須以重新做起為要旨，要從小處做起。

這是蔣介石在吸取孫中山當年組織華革命黨的歷史經驗。1913年癸丑反袁（二次革命）失敗之後，孫中山組織中華革命黨，把「二次革命」失敗的原因，歸結是官僚縉紳的混入黨內，扔掉了「吾黨主義」，不敢對國家的命運直接負責。組織中華革命黨就是要淘汰「假」黨員，重新解釋革命的性質：是以武力推翻現行政權的秘密團體，區別於民國元年，由同盟會公開後已是合法政黨的國民黨。革命又變成地下狀態，黨的任務也要重新執行軍政時期的使命。蔣介石在此時提出的「反共復國」，就是現階段國民黨的「革命」任務。蔣介石把「革命」置於「民主」之前，與孫中山當年組織的中華革命黨不稱「政黨」一樣。明言限制「民主」的範疇，同樣是鑒於以往失敗的教訓。

於同月（7月）18日國民黨中央常委第204次會議通過蔣介石研擬的《中國國民黨之改造方案》，要求全黨「必須對黨的思想路線、社會基礎、組織原則、領導方法以及黨的作風，從根上痛切反省，嚴厲檢討」。蔣介石9月20日發表《為本黨改造告全黨同志書》，著重指出：

本黨的改造已成為全黨同志一致的要求和救亡圖存唯一的途徑。

蔣介石改造國民黨從兩個方面著手：一方面檢討過去的錯誤，反省自己的缺點，「肅清失敗主義的毒素，痛改派系傾軋的惡習，剷除官僚主義作風」。另一方面確定黨的社會基礎及其政策、路線，以此決定黨的組織原則和工作方向。

蔣提出國民黨的任務時，西南半壁尚在國民黨軍隊手中，但他已退居二線，是以黨的總裁身份提出的。迄1949年底，大陸全被人民解放軍席捲，國民黨黨政軍全部遷移到臺灣後，則覺得改造的任務更迫切。12月30日至31日，蔣介石在臺北涵碧樓召集陳立夫、黃少谷，谷正剛，陶希聖、鄭彥棻等人研究此問題時說：「若不改造，則現在中央委員會400餘人之多，不僅見解分歧，無法統一意志，集中力量，以對共產國際進行革命。」他強調：「凡不能在行動生活與思想精神方面與共產黨鬥爭者，皆應自動退黨。」1950年1月，蔣介石還曾考慮更改「國民黨」的名稱，由於多數人眷戀這個名詞，蔣遂作罷，未予堅持。3月，蔣對近2000名高中級幹部演講時說：「我不惜犧牲威信與情面，虛心接受在大陸失敗的教訓。進行徹底改造，願為『反攻復國』大業鞠躬盡瘁，爭取最後勝利。」

1950年6月26日，蔣介石在講《如何爭取自由》時說：

歐美人用自由做口號來革命，得到了成功；但是中國國民黨受了一般革命黨員的錯誤影響，就要屢次遭致失敗。因為歐美民權革命的對象，是要推翻君主專制制度；中國國民黨的對象，就是要抵抗帝國主義，來求得國家之自由平等。所以歐美革命要自由，中國革命要團結。

這裡的「帝國主義」，已是指蘇俄共產國家了，在整頓腐敗的黨風的同時，加強集權，必須控制民主與自由。1950年8月5日中央改造委員會所提出的《本黨改造綱要》第三項組織原則規定：「民主集權制，個人服從組織，少數服從多數；下級服從上級。」第七項「黨的領導」中有規定：一元領導，組織決定一切；「領袖採取組織決定，幹部貫徹領袖的意志」。第十一條「黨政關係」規定：實行政黨政治依主義決定政策，以政策決定人事，以組織管理黨員；黨的政策應透過民意機關及在政府服務之黨員，依法定程序構成法令及政令。值得注意的是，蔣介石改造國民黨，有些地方是吸取了中共的成功經驗。

改造黨的主要項目有三：①黨員歸隊和整肅；②黨政關係的改革；③黨務的改造。黨員的歸隊與整肅，使目前脫離組織之黨員，一律納入組織，然後按照規定加發整肅。所謂納入組織，即按期登記。「整肅」，先確定對象，查明事實，再與檢查人談話，被檢查人可以申辯，並將檢舉書和答辯呈中央核定。

國民黨的改造運動，如以1950年8月5日成立「中央改造委員會」算起，至1952年10月10日國民黨第七次全代會，經兩年三個月，算是告一段落。蔣介石在大會的開幕式上說：檢討過去，尋求「救國救民的努力方向」。他指出：「中興不僅是從失敗之中從頭做起，而且還要從腐爛中刷新重生，從廢墟中奠定再造。」在政治報告中指出：「革命建國」，他說：「我們決不可在敵人的惡意之下安枕，也不能在友人的善意之上建國。一切問題都要由我們自己來解決。……我們不能捨棄外來的幫助，也不能依賴外來的幫助。」[12]真可謂是「自力更生」的時期。

蔣介石進行國民黨改造，除了整頓思想，也在組織上清理，還在人事權力結構上重新組合。通過整頓改造，蔣氏父子及其忠實的追隨者，接管國民黨中央執委、監委委員的職權；直接監督和控制各級黨部，發展組織。正式組織新的黨部。國民黨第七次代表大會，就是在改造整頓的基礎上召開的。10月17日新通過的《中國國民黨總章程修正案》：將中國國民

[12] 《先總統蔣公思想言論總集》第二十五卷，第146頁。

黨「總章」改為「黨章」；為加強中央集權，刪除「各級代表大會或各級黨的政策決定機關」。給黨員頒發黨證，並每年作一次黨籍檢查，對黨員加強控制；黨的基層單位由原來的區分部改為小組；規定蔣介石為國民黨總裁，繼承先總理（孫中山）的職權；把中央執委與中央監委合併為中央委員會，另設中央評議委員，以強化黨的權力職能。

以起用新人的原則，「七大」選出陳誠，蔣經國，張其昀等32人為中央委員，鄭介民、毛人鳳等老幹為候補中委。「黨國元老」于右任、閻錫山、何應欽、張群、鄒魯等48人為中央評議委員。在32名中委中，陳誠、蔣經國、張道藩、谷正綱、吳國楨、黃少谷、陳雪屏、袁守謙、陶希聖、倪文亞10人為中央常委。張其昀為國民黨中央秘書長。蔣介石通過國民黨改造運動把反對派擠出決策圈：強化了國民黨的統治機能。也為蔣經國的再度升遷鋪平了道路。蔣介石還把對國民黨的建設同時並舉，以「死中求生」的精神，領導今天的時代，開創明天的時代，「必需要有一個革命民主的政黨」。「革命」與「民主」，兩者是相輔相成的。「民主而不革命，斷不足以適這個大時代的變局；革命而不民主，乃是違反人性與時代，喪失了革命的目的。」[13]

（2）經濟建設

蔣介石在「七大」上提出「革命建國，也即是以革命促生產。」他在1950年說：「在今日對共匪戡亂復興的國民革命時期，乃是以民生主義為重心的革命。」[14]即主要把臺灣建設成三民主義的模範省。

為了實現上述目標，國民黨自1949年至1952年，為其反思與自身改造調整階段。由黨的改造而引發的社會改造，文化改造和政治改造，準備了步入經濟建設的條件。在這改造與調整階段，幣制改革與土地改革，則是經濟建設乃至臺灣經濟起飛的前提，值得一提。

---

[13] 《先總統蔣公思想言論總集》第二十九卷，第337頁。
[14] 蔣介石，《對待經驗青年・青年創造時代》，1951年8月。

根據臺灣政府頒佈之平均物價指數，1949年的物價是1945年7000餘倍。另據臺灣經濟界嚴演存的計算，物價的漲幅是4-8萬倍之間，與大陸的金圓券漲幅是小巫見大巫。大陸逃往臺灣的人士所帶的金銀細軟，更使臺灣遊資沖斥，地下錢莊由此而生。1949年6月15日，國民黨政府頒發台灣省的《幣制改革方案》等章程辦法，把大陸轉移去的黃金、白銀與美鈔為基礎，發行新臺幣，以美金為計算標準（新臺幣五元折合美金一元，舊台幣四萬元折合新臺幣一元）新臺幣於1949年6月15日正式使用，舊台幣於10月31日以前無限制兌換。並以行政手段厲行封閉地下錢莊400餘家，禁止金融投機買賣。

幣制改革，使通貨膨脹得到緩解，使幣值基本穩定，物價無大波動。囤積居奇，高利盤剝的現象也大大減少。蔣介石又命行政院實行銀行存款高利率與黃金儲蓄政策。大大減輕通貨膨脹對市場的壓力。同時，巨額優惠利率存款通過銀行放款業務，扶持了當時處境困難的經濟部門，有助於臺灣經濟的恢復與發展。1961年的物價上漲率由1949年的30倍降至2%。

臺灣的土地改革與農業建設成效尤著。

土改是農業建設的先決條件。1949年4月推行「三七五」減租政策。1951年實行土改，1972年完成土改。

所謂「三七五」減租政策，即規定耕地的租額，不得超過主要正產品全年收穫總量的37.5%，原租額不及者，不得增加。陳誠在1945年曾在湘鄂一帶地區試行過。1949年推行於臺灣地區。臺灣地區原有的租率平均為48.63%：減租後減少11.13%，使租農的收入大有增加。同時，地價也普遍下跌，水田均下跌19.4%，旱田跌價42.3%。由此佃戶的收入又增加了11.13%。自「三七五」減租實行後，佃戶購地迅速增加。

1951年蔣介石手令陳誠：「改革土地稅」，陳誠則策劃公地放領與耕者有其田原則。1951年5月30日。立法院通過《臺灣省公地放領辦法》。公地，是指日本佔領時期被掠奪的土地，臺灣光復後由國民黨當局所接收作為公地，並出租給農民。今規定水、旱田的數量由農民購買，地價可分十年償還。公地購買人員負責交納地稅，無力耕種時由當局以原價收回。

1952年7月，蔣介石主持國民黨中央改造委員會會議，決定實施耕者有其田的原則。這就是第一次土地改革。1953年1月，立法院通過《耕者有其田法》，臺灣省政府頒發條例：私有出租的耕地，地主可保留一定數量，超出部分由當局徵收，轉放於現耕農受領，它是對地權進行重新分配，使耕者有其田。徵收的地價，七成為實物土地債券，三成為公共事業股票，鼓勵地主轉向工業經營的道路。臺灣當局稱之為「溫和的土改」、「不流血的革命」，古屋奎二在《蔣總統秘錄》中稱臺灣的土改，「是以樹立公平的土地制為目的的三民主義『平均地權』政策之實踐」。它「造成亞洲屈指可數的繁榮的農村，和建立起能夠自給自足的國家」。70年代又提出第二次土改，則將土地化零為整，造成「小地主大佃農」，以解決農業的經營管理問題。其實質是淡化小農經濟，扶持農業資本主義——一方面使小部分小自耕農喪失原有小塊土地所有權，轉為雇用勞動者：一方面使大有自耕農擴大耕地與經營範圍；使農業由小生產向社會大生產轉變。迄80年代初，第二次土改在臺灣全島展開，有人說這次土改是把農民從農村連根拔起的「離農措施」。如果使農民離農而轉向工業軌道，未嘗不是好事。

1953年，海峽兩岸均經過「過渡」或「調整」階段之後，進入計劃經濟建設時期。大陸是五年計劃，臺灣是四年計畫。一邊提出「多快好省」，一邊則貫徹「新速實簡」，[15]都是四字方針。當時臺灣的省主席陳誠曾宣稱要「在政治、經濟、文化、教育總體戰上」與中共爭取「最後勝利」。大有「和平競爭」的架勢。

蔣介石在幣制改革與土地改革之後指出：要解決臺灣1000萬軍民的吃、穿、用基本需要，擴大就業，節省外匯。就必須在資金不足等困難條件下，充分利用勞力資源豐富的有利條件，依靠「美援」，在發展農業的

---

[15] 「新」掃除暮氣、惰性；「速」不拖延、推諉，「爭取時間，把握重點」。「實」，不虛偽，欺妄，設計細密，業務精確，考核嚴正；「簡」，簡單明瞭（見張其昀，《先總統蔣公全集》第3冊，第3368-3369頁）

基礎上，相應發展工業，逐步以自己的產品代替進口工業品。授權行政院長陳誠「主辦其事」。成立台灣區生產事業管理會（簡稱「生管會」）。這個機構名義上是管理臺灣公私企業的生產事務，實際上對物資分配、資金調度、對外貿易、及日本賠償物資處理、技術合作等事亦是其管理對象，是一個囊括所有經濟活動的決策、計畫、執行的機構。陳誠自兼主任。但實際操辦者卻是一個非國民黨人士尹仲容。尹仲容是湖南邵陽人，畢業於上海交大，學的是電機，成名於財經，不是本行出身，幹得比本行還好，實是一個奇跡。尹仲容因有才華，在其任上有職有權，有充分發揮其才能的餘地，這是不可少的基本保證。1963年因肝病死於任上，被譽為臺灣「工業化之父」。

「生管會」在尹仲容的實際主持下，採取了「以農業培養工業，以工業促進農業」的方針；同時發展以非耐用消費品以代替進口工業，主要是紡織、食品、合成纖維、塑膠產品、金屬產品等。如在50年代斷然管制價廉物美的日本布進口，用代紡代織辦法發展自己的紡織工業。因自產的布質劣價高，一時曾遭到群眾的埋怨。經濟學家王作榮說：「假如當年尹先生一經壓力便告屈服」，臺灣工業就不能發展如此迅速。

臺灣的建設，美援是起了重要作用。1951年至1954年，臺灣得到的美援近4億美元。尹仲容說：「美援的適時到達，正如對垂危病人注射的強心劑。」臺灣自1953年開始四年計劃經濟建設，至1960年第二個四年計畫建設完成，為臺灣經濟建設的第一階段；1961-1972年第三和第四個四年計畫建設完成，是臺灣經濟建設的第二階段。由此過渡到蔣經國時代。

在第一階段中，是工農平衡發展時期，第二階段開拓海外市場，其目標是「以貿易促進成長，以拓展促進貿易」，使產品走向國際市場。由於出口數值的迅速擴大，經濟增長率大幅度提高，為臺灣經濟黃金時期。1974年以後，臺灣地區的經濟轉向技術密集產業的發展。

臺灣舊有的工業是日本的殖民工業，主要是糖、鹽、樟腦、造幣、制革、肥料、水泥等，以土特產加工和輕工業為主。1937年以後，才開始建立鋼鐵、機械、練鋁、造船等工業，但因戰亂而多未完成。戰後又遭轟炸，以致破爛不堪。日本技術人員撤走，工業生產幾乎停頓。蔣介石踞守後，才真正開始工業建設。

第一個四年計畫，以重點發展工業為其建設方針，保持各類工業及新舊工業的平衡，四年中，工業總投資四十八億七千萬元。經濟已趨穩定，居民所得提高了百分之三十四點二，個人所得每年增加百分之三點五，共提高了百分之十六點五。但國際收支尚未平衡，通貨膨脹未完全解決，產品也未達到自足。第二個四年計畫進一步增加工、農生產，擴展出口貿易。列入發展計畫的有二十三種。能利用土產資源在國際市場有競爭能力者優先發展，電力仍予特別重視。第二個四年計畫完成，該地區工業生產結構已起顯著變化，工程技術已可援助落後國家。

1953年至1960年的八年間，臺灣地區工業增長率年平均為百分之十點六，農業增長率為百分之四點六，工業總產值占國民經濟總值的比例從1952年的百分之十七點四，上升為1960年的百分之二十四點六，工業的基礎已經奠定了，但農業仍然為主體。

3、恢復總統職位

李宗仁於1949年12月4日赴美就醫。蔣介石在日記中說：

「德鄰出國，既不辭職，亦不表退意，仍以代總統而向美求援。如求援不遂，即留居國外不返，而置黨國存亡不顧。此純為其個人利害。其所作所為，實卑劣無恥極也。」[16]

李宗仁如此做法，是對蔣介石的刁難，也是一種報復，使蔣介石只有實而不能得其名，想要「復職」不能而進退維谷。李臨走時，對白崇禧說：「依照憲法規定，我缺席時可由行政院長代行職權，不需要作什麼佈置。」

---

16 《蔣總統秘錄》，第十四冊，第3096頁。

12月下旬，到臺灣的「國大代表」舉行年會，認為國危至此，中樞不可一日無主，請蔣復總統職。1950年1月，國民黨中央非常委員會向李宗仁通電，令其迅速返台。監察院也電催李返台，李宗仁電覆檢察院稱：病體尚須休養，不能返台。2月5日檢察再電李宗仁，質問是返台，還是辭職？2月14國民黨中央非常委員會致電指出：

> 同人等僉認為總統及統帥職權不可再虛懸，政府更不能處於危疑莫定之境，如我公能於立法院開會以前命駕返台，主持國政，實為衷腸所禱，倘公居時實在不能返國，則同人等怵於時局艱危，群情殷切，惟有呈請總裁依照中常會三十八年十一月二十七日臨時會議之決議，繼續行使總統職權。

李宗仁仍說醫囑不能遠行。於是國民黨中央非常委員會向李發出最後通牒，限其三日內返台，否則以放棄總統職權論處。這是制憲以前黨國體制的辦法。值此非常時期，恢復「黨國」體制解決問題，是年輕的蔣經國所出的主張，完成了蔣介石的復職。如按1947年的憲法，選舉總統和修改憲法，均需經國民大會通過，國大代表在1947年實際選出2908人，1948年行黨國大選舉蔣介石為總統時，代表總數2765人，若按照需要半數以上的票數才能決定問題，則現在到臺灣的國大代表只有1080人，距半數還差400多人，所以履行合法手續是不可能的。只有放棄用「法定手續」復位的路。當初蔣介石把總統職位讓給李宗仁代理時，也未經任何法律手續。所以小蔣找來吳鐵城、吳稚暉、吳忠信、于右任、居正、馮自由、莫德惠、王寵惠等一批元老，出面籲請國民黨中常委討論。1950年2月23日，中常委會會議決議蔣介石復出，由黨的中常委決定「總統」的去留。

《中華民國憲法》第四十七條規定，「總統」任期六年：第二十六條規定，「國民大會」於每屆總統任滿前九十日集會。蔣介石充任行憲後的首屆總統於1948年5月20日，即不論其下野與復職，應在1954年期滿。

照規定第二屆國民大會應於1954年3月29日召開，蔣介石則依據1948年由國民大會通過的《動員戡亂時期臨時條款》新規定：授權蔣介石可不受憲法的限制，採取他認為必要的緊急措施。並有規定，為應付「緊急危難」或「重大變故」，可以不經立法院通過，只須經行政院會議議決，即可作緊急處置，蔣介石則於1953年9月27日，批准第一屆「國大代表」繼續行使職權至次屆「國民大會」依「法」召集開會之日止。蔣介石的總統職位。亦同此順延一屆。李宗仁在美國得訊後，於1954年1月3日致函蔣介石稱：

> 邇者，總統六年任期屆滿，正為吾儕還政謝罪之時，豈竟私心戀棧，竟欲召集第一屆國民大會代表違法選舉第二屆正、副總統，輿論譁然，國際側目。中外人士均為此種選舉，違法亂紀，決不可行。深望深長考慮，以免蹈袁世凱，曹錕之覆轍。……

李宗仁還特別強調：每屆「國民大會代表」任期六年；《動員戡亂時期臨時條款》只能為緊急時期的緊急處分，不能引用來延長「國民大會」代表的任期；「立法委員」任期三年，本屆立法委員於1951年已任滿，已失去法律依據。蔣介石對此置之不顧，決定於1954年2月19日舉行一屆二次「國民大會」。但是代表不足法定的人數。又採取「補充、遞補」及「缺額補充」等辦法，把代表人數超過了半數。鑒於有些代表不在臺灣，則立法委員又修改《國民大會組織法》，把「開議人數需半數」改為「三分之一」。這才使「國民會議」確保合法。蔣介石在致詞中說：

> 中正受國民付託之重，兢兢業業，唯恐其不勝負荷，而最近四年來，大陸各省失陷，億萬同胞奴辱，我個人更不願辭卸其應負的責任。……

《動員戡亂時期臨時條款》的第四條規定：「總統」應最遲在1950年12月25日以前召集「國大」臨時會議，決定《臨時條款》應否延長或廢止。蔣介石當時沒有如期召開「國大」臨時會議，故對此《臨時條款》是「延長」還是「廢止」未定。若作決定，同樣須經代表人數三分之二通過方可。而這次會全部出席的代表不到三分之二，無法表決。最後通過由莫德惠等八十七人的臨時動議：《臨時條款》在未經正式廢止前「繼續有效」。

在這次國民大會上，罷免了李宗仁總統之職，選舉蔣介石為總統，陳誠為副總統。蔣氏政權的法統由此維持了，並且為其成為「終身總統」奠定了基礎。

（二）難弟為政府諍友

1、現代的「伯夷」

（1）不食「嗟來之食」

胡適1949年4月21日由上海抵達三藩市，輪船尚沒有進入三藩市港口時，美國的新聞記者多人即已坐小輪到大船上來了。手裡拿著早報，頭條大字新聞是「中國和談破裂了，紅軍渡過江了」。他們要胡適發表意見。胡適說：「我願意用我道義的力量來支持蔣介石先生的政府。」還說：「我的道義的支持也許不值得什麼，但我說的話是誠心的。因為我若不支持這個政府，還有什麼政府可以支持？如果這個政府垮了，我們到哪裡去？」4月27日到紐約，住進東81街104號公寓5樓H座。1942年他卸任駐美大使的職務後即住在這裡。他認為美國政府背信棄義，又感到本國政府的成見太深，流亡到美國的老朋友均為「失敗心理」所籠罩。到7月中旬即通知國民黨政府的駐美使館，取消所有約會，並不與美國政府與國會的任何領袖交往。就此不過問現實政治。

1950年1月24日，美國聖約翰大學想聘胡適去當教授，年薪一萬二千元，胡適謝絕了，卻接受了普林斯頓大學葛思德東方圖書館長之職。胡適作此決定，既是為了解決生計問題，更是可利用該館藏有珍貴圖書作學術研究工作。

江冬秀於1950年6月9日到紐約，兩人在一起生活，一切因陋就簡，胡適要去普林斯頓上班，內勤主要由江冬秀負責。臺灣當局在當時經濟最為困難時候，還為胡適專撥六萬美元為「宣傳費」，但胡適卻原數退回給了大使館。

1952年11月9日至1953年1月17日，胡適流亡後第一次訪台，感到分外親切，他說：「當飛機飛近臺灣時，我看見白浪環繞著全島，心裡感到無限愉快。」他還意味深長地說「胡適今天已沒有『胡適』的問題了」。即今天的胡適已是無條件支持蔣介石為首的政府，不必「胡所適從」或考慮「到哪裡去」了。胡適自稱是半個臺灣人。他說「臺灣人根本是中國人，沒有中國人以外的臺灣人」，[17]與蔣介石一樣，不承認兩個中國。他在臨離開臺灣返美時對記者說：「兩個月來我所見到的，使我感到自由中國有很大進步，前途非常光明，我帶著很大的興奮返美國去，一年以後，我將再回來。」1954年2月18日，胡適回臺北參加國民大會，又在臺北住了四十六天。看到臺灣經營的前景頗佳。1956年9月，胡適應邀去美國西部加利福尼亞大學講學，他對新聞界表示，將於明年一月底結束他在加州大學講學的課程，定2月中旬赴臺灣，擬在臺北近郊南港自建一所小室。在臺灣除講學外，並擬繼續其中國思想史的著作。在1956年1朋18日他致趙元任夫婦的信中亦這樣說：「這幾年總不願在美國大學尋較長期的教書的事。」是為了不在外國人「手裡討飯吃或搶飯吃」。他還說他老了，應該退休了。他想回臺灣，「其中一件事是印行我先父的年譜和日記全部，第二件事是完成我自己的兩三部大書。……不管別人歡迎不歡迎，討厭不討厭，我在臺灣是要住下去的。」

---

[17] 《胡適之先生年譜長編初稿》（八），第2987頁。

1957年8月20日，臺灣中央研究院代院長朱家驊辭職，蔣介石特任胡適為院長。1958年4月胡適回臺灣上任。結束了他在紐約的九年寓公生涯。

中華人民共和國成立以後，許多流亡在美國的高等華人，或留美學人，都向美國政府申請「綠卡」，取得永久居留權，以至「公民權」，最終為美籍華裔。胡適卻效「伯夷」，仍欲「替國家保留一些尊嚴，替國家保留一些人格」。他在1947年就曾這樣說過：「就美國方面講，他應該懂得中國人是最講究體面的，有時寧願受窘受困，而不肯接受不禮貌的援助。」還引了古代不食「嗟來之食」的故事。胡適此時不申請「綠卡」，不去洋衙門覓飯吃，就是不食「嗟來之食」而降志辱身。

胡適不願降志辱身甘作現代的伯夷，遭到毛澤東的批判。毛澤東針對美國發表的《白皮書》，一連發表的多篇評論，其中有幾處提到了胡適。如說：「帝國主義給中國造成了數百萬區別於舊式文人或士大夫的新式的大小知識份子，對於這些人，帝國主義及其走狗，中國的反動政府只能控制其中一部分人，到了後來，只能控制其中的極少數人，例如胡適、傅斯年、錢穆之類，其他都不能控制了。他們走到了它的反面。」艾奇遜不信。他說：「中國悠久的文明和她的民主個人主義終於會再顯身手，中國終於會擺脫外國的羈絆。」毛澤東就此引伸：「這就是說，要推翻馬克思列寧主義，推翻中國共產黨領導的人民民主專政的制度。因為，據說，這個主義和這個制度是『外國的』，在中國沒有根的，是德國的馬克思（此人已死了六十六年）俄國的列寧（此人已死了二十五年）和史達林（此人還活著）強加於中國人的。」毛澤東十分自信地警告艾奇遜：「共產黨……被國民廣泛地無孔不入地宣傳為殺人放火……。」「事情是這樣地奇怪，就是這樣的一群，獲得了數萬萬人民群眾的擁護，其中，也獲得了大多數知識份子尤其是青年學生的擁護。」[18]在另一處，毛澤東表揚曾經是自由主義者或民主個人主義者聞一多、朱自清等人，同時旁擊胡適。他

---

[18] 毛澤東，《丟掉幻想，準備鬥爭》，《毛澤東選集》（四），1483-1489頁。

說：「唐朝的韓愈寫過《伯夷頌》，頌的是一個對自己國家的人民不負責任，開小差逃跑，又反對武王領導的當時的人民解放戰爭，頗有些『民主個人主義』思想的伯夷，那是頌錯了。我們應當寫聞一多頌，寫朱自清頌，他們表現了我們民族的英雄氣概。」[19]伯夷還有一個弟弟叔齊，他倆均是殷末孤竹君之二子。初，孤竹以叔齊為繼承人，孤竹君死後，叔齊讓位，伯夷不受，兩人都棄國到周。適逢周武王開始伐紂，伯夷叔齊向武王叩馬而諫曰：「父死不葬。爰及干戈，可謂孝乎？以臣弒君，可謂仁乎？」周滅殷，天下歸順周朝，伯夷叔齊恥食周粟，餓死於首陽山。孟子稱讚伯夷為「非其君不事，非其民不使；治則進，亂則退。」（《孟子‧公孫丑上》），在封建社會裡都把他當作抱節守志的典範。韓愈在《伯夷頌》中，頌之為「特立獨行窮天地亙萬世而不顧」的「豪傑之士」。毛澤東在此指的就是胡適等人，也正是在「抱節守志」意義上加以否定的。這就啟動了日後批胡運的門扉。今古類比，何其相似乃爾！

（2）痛定思痛的中美關係

胡適對美國發表一千頁厚的《白皮書》，以證明「美國政府已盡其所能的幫助中國，但中國已無法救藥了」表示不解，稱之為「神秘的事」。他分析《雅爾達秘密協定》是中美關係惡化的最高峰，由此「把中國擯棄而任憑史達林主義的俄國去擺佈」。胡適在1951年4月20日在美國哲學會年會上所作《十年來中美關係急趨惡化的原委》的演講中究其原因說：

> 引起這個轉變的，是將中國由朋友「提拔」到同盟國的這一歷史的事件。這個「提拔」（我毋寧說為「貶降」）是中國在她的老友美國心目中落寞的原因。

[19] 毛澤東，《別了，司徒雷登》，《毛澤東選集》（四），第1495-1496頁。

他說，1942年中國成為反德日侵略的三大強國的同盟國，這在美國人的心目中，中國是「大同盟」中最弱小一員。「必須被改造和改造以後，使她更適合於在美國戰略中盡她的職務，並且以後在美國人當時所理想的以美蘇合作為基礎的和平計畫中盡她的職務。」當中國不能適應其改造時，就被厭憎了。

胡適舉例說，美國曾「要國民政府與中共調整政治上的歧見，同意美國裝備中共軍隊的建議，並讓中共在中央政府中分掌更多的部門」。蔣介石沒有同意。胡適說這是一個錯誤，「那時大不列顛和美國正盡可能軍援蘇俄，致使蘇俄成為歐洲歷史上最大的軍事強國；在哪個時候，蔣委員長堅持拒絕裝備和供應中共，這的確似乎是『錯誤』而不合理的。中共的軍隊，能比蘇維埃聯邦的強大紅軍更危險嗎？」這就表明中國不能順應「改造」。

所以胡適結論：「中國的從朋友升為盟友，是中美關係惡化的真正原因。」

胡適在為司徒雷登《旅華五十年記》的序文中，針對《白皮書》的推卸責任，則引《馬大福音》第二十七章第二十四節的話來說明美國的態度：

> 彼拉多看見也無濟無事，反要生亂，就拿水在眾人面前洗手，說流這義人的血，罪不在我，你們承當吧。

胡適說「因為在雅爾達出賣了中國，因為在緊要關頭的時候停止了對華的有效援助，而且最主要的，因為自己是有大的權力和無人可與抗爭的世界領導地位，所以倒下來的中國流著血的時候，美國可以說『罪不在我』」。[20]

胡適在美國《外交季刊》上發表的《史達林雄圖下的中國》，也是說給美國人聽的。這是一篇很長的文字，今據胡適自己的概述：

20 司徒雷登，《旅華五十年記》，臺北大華晚報社，1954．12．1。

主旨是要人知道中國的崩潰不是像Acheson等人說毛澤東從山洞裡出來，蔣介石的軍隊就不戰而潰了，我要人知道是經過廿五年苦鬥以後的失敗。這段廿五年的故事是值得提綱挈領說一次的。我要人知道在這廿五的鬥爭中，最初二十多處處是共產黨失敗，蔣介石勝利。第一個大轉捩是西安事變，斯達林命令不得傷害蔣介石，主張和平解決。（《白皮書》頁四七，又頁七一一七二）此舉決定了抗日的戰爭，保全了紅軍，並且給了紅軍無限的發展機會。第二個大轉捩是耶爾達（Yalta）的密約。史達林騙了羅斯福，搶得滿洲、朝鮮，使紅軍有個與蘇俄接址並且在蘇俄控制下的「基地」。《耶爾達密約》決定了滿、韓的命運，決定了整個中國的命運，也決定了整個亞洲的命運。（胡適致傅斯年夫婦）

胡適還以孟子的話來印證當前的中美關係。「孟子說，『父子之間不責善，責善則離，離則不祥莫大焉』。並且孟子由於同一的理由，在另外一個時候告訴我們：古人並不親自教他的兒子，乃是『易子而教之』的。這是要避免不斷的訓誡，以致招致父子中間感情疏遠的危險。」胡適說，「孟子所不希望存在於父子中間的情形，竟存於一個強國的政府和一個弱國的政府的中間；不錯，來源是出於善意的，但也是用著強烈的壓力的。結果便是不可避免的厭憎，互相責難，和激烈的禍難」。[21]胡適以此作為過去十年的歷史教訓。胡適所言以私人地位，「努力為國家辨冤白謗」，就是針對《白皮書》為政府講話。胡適並深有感觸地指出：

這十幾年中，只有國際共產黨大致知道他們的目的與步驟，只有他們比較的明白他們所謂戰略與策略，此外，所謂大國領袖，所謂大政治家，都不免古人所謂「盲人騎瞎馬，夜半臨深池！」[22]

---

[21] 胡適，《十年來中美關係急趨惡化的原委》。

[22] 沈怡，《胡適之先生的幾封信》，《傳記文學》28卷第5期，1976．5。

2、作政府的諍友

（1）函諫

胡適依然保持著對政治不感興趣的興趣，這時的參與意識更強了，對社會及盡知識份子應盡的責任，對蔣介石及其政府，不僅在道義上予以支持，還一如既往的誘導和「修正」。

1951年5月31日，杭立武回臺灣，胡適托他帶呈蔣介石一封長信，信中談了他自己在兩年來自我教育的體會：並從「知已知彼」的角度，勸蔣介石多讀「中共出版的書，如《史達林論中國》之類」。同時談到「關於總統副總統選舉的憲法緊急補救辦法」。最後胡適建議蔣介石考慮這樣一個問題。

> 國民黨自由分化，分成幾個獨立的新政黨，而第一要件為「蔣先生辭去國民黨總裁」。（附帶的，立法院現行的「無記名表決」，必須修改，必須改為「唱名表決」。）

同年10月，查良鑒、周宏濤由臺灣到美國，周宏濤帶來蔣介石9月23日致胡適的親筆信。

> 信函所言憲法問題，黨派問題，以及研究匪情，瞭解敵人等問題，均為目前急務，然非面談不能盡道其詳，故望駕回之心更切也。

胡適並從周宏濤處瞭解到，「關於憲法問題，已組有一個委員會研究辦法。委員會有王亮疇、王雪艇、張其昀諸人」。唯對他在5月31日信中所提把國民黨分化成幾個獨立的新政黨問題，沒有談及。胡適自忖：

「黨派問題，我的見解，似不是國民黨人所能瞭解，似未有進展。」

1952年9月，胡適在美誤聽在10月10日將召開國民大會，認為是一個難得的機會，則於9月14日給蔣介石寫了八張紙的長信，明白表示自己的意見，大旨如下：

（一）民主政治必須建立在多個政黨並立的基礎之上，而行憲四五（年）來未能樹立這基礎，是由於國民黨未能拋棄「黨內無派，黨外無黨」的心理習慣。

（二）國民黨應廢止總裁制。

（三）國民黨可以自由分化，成為獨立的幾個黨。

（四）國民黨要誠心培植言論自由。

（五）當此時期召開國民黨大會，不可不有剴切的「罪已」的表示。國民黨要「罪已」，我公也要「罪已」。愈能懇切罪已，愈能得國人的原諒，愈能得世人的原諒。但罪已的話不可單給黨員聽，要說給全台人民聽，給大陸上人民聽。

最後，胡適還講了一個故事，是他最受感動的一條新聞：1950年五月十四日土耳其大選的結果。「凱末爾（Kamal）手創的共和國民黨專政二十七年，這一次選舉大失敗，僅得議會中487席的69席，而共和國民黨昔年的經濟部長、國務總理（1937-39）巴也（Jelm Bayar）在1945年創立的民主黨，居然大勝利，得了408席，占議會的百分之八十四！」胡適說：「這是土耳其六百年中第一次遵從民意，和平的轉移政權。」

其實，10月10日所召開的不是國民大會，而是國民黨第七次代表大會，蔣介石仍被選為黨的總裁。這是國民黨退踞臺灣經整頓改造後的第一次代表大會。蔣介石根據形勢需要，改造國民黨，旨在加強國民黨的集權，在組織上清理離心力量，與胡適建議民主化、自由開放的途徑是背道而馳的。

（2）面諫

1952年11月，胡適應臺灣大學與師範學院的聯名電邀，赴台講學。胡適這次返台，逗留了兩個多月，遊遍臺灣全省，除在台大和師院講學之外，還在各地作了二十餘次公開演說，接見了成千上萬的人。標誌了對自由民主偶象的擁戴和尊重。在這次訪台結束之時，亦即離台返美的前夕（1953年1月16日），蔣介石請胡適用晚餐。二人在飯前由七時至八時，談了一個小時的話。胡適對這次談話的態度非常認真，也是他這次來台的主要目的。他說我所說的是「逆耳的話，他居然『容受了』」。

茲將談話的內容簡介如下：

胡適說：

> 臺灣今日無言論自由。第一，無一人敢批評彭孟緝。第二，無一語批評蔣經國。第三，無一語批評蔣總統。所謂無言論自由，是「盡在不言中」也。
>
> 憲法只許總統有減刑與特赦之權，絕無加刑之權。而總統屢次加刑，是違憲甚明。然整個政府無一人敢向總統如此說！
>
> 總統必須有諍臣一百人，最好是一千人。開放言論自由，即是自己樹立諍臣千百人也。

蔣介石說：

> 召開國民大會有什麼事可做？

胡適說：

> 當然是選舉總統、副總統。

蔣介石說：

這一屆國大可以兩次選總統嗎？

胡適說：

當然可以。此屆國大，召集是民三十七年三月廿九日。總統任期到明年（民四三年）五月二十日為滿任，二月廿日必須選出總統與副總統，故正在此第一屆國大任期之中。

蔣介石：

請你早點回來，我是最怕開會的！

胡適在日記中說：「這最後一段話頗使我驚異。難道他們真估計可以不要憲法了嗎？」

1953年1月17日胡適乘飛機返美，於5月5日又致書總統府秘書長王世杰（雪艇），叮嚀「討論憲法的法統不可輕易廢止」。並說「國民大會明年二月應召集，本年秋季應由立法院修正國大組織法，改過半數開會為三分之一」。念念不忘臺灣的政治改革。

1953年12月29日，臺灣立法院通過行政函請修正的國民大會組織法第八條條文案，接受了胡適的建議，將國民大會開議法定人數，自目前的代表過半數改為代表三分之一以上人數。胡適在美見到消息後說：「此議我今年4月向蔣先生提出，所以到今日才實行修正者，因政府不願法定人數減低後即須召開國民大會。副總統之彈劾案已在監察院通過，國大若開成了會，即可提出『罷免案』了。政府不願國大開會，此是有一個原因，國大開會時間，每人須領開會費，其數目也大的可怕。」臺灣的司法院也公佈了大法官對憲法中國民大會職權的解釋全文，均是為對副總統的「彈劾」與「罷免」製造法律根據。

以上的建白，大部分是他抗戰前就提出的老主張，不過那時是向宋子文、孫科等人提出的，現在則是直接向蔣面陳或以書面表達。胡適依然矢守「為國作諍臣，為政府作諍友」的信條。其「諍」的方式，亦一如既往，除直諫外，還有以政論的諷諫；借鑒先進國家的制度政事，「他山之石，可以為錯」；或借古諷今。

（3）借古諷今——威權與自由的衝突

1954年3月12日在臺灣大學講演《中國古代政治思想史的一個看法》，列舉中國古代政治思想中威權與自由衝突的四種觀念（也可以說是四件大事），是針對性很強的古為今用的諷諫。簡介如下：

第一種觀念，是老子的無政府的抗議。

> ……認為政府應該學「天道」。「天道」什麼呢？「天道」就是無為而無不為。這可說是一個很重要的觀念。他認為用不著政府，如其有政府，最好是無為、放任、不干涉……就是無為而治。

胡適說，「大家總以為老子是一位拱起手來不說話的好好先生，絕對不像革命黨、無政府黨。可是老子說：『民之饑，以其上食稅之多，是以饑。民之難治，以其上之有為，是以難治。民之輕死，以其求生之厚，是以輕死。』『民不畏死奈何以死懼之。』『天下多忌諱，百民彌貧。民貧利器，國家滋昏。人多伎巧，奇物滋起。法令滋彰，盜賊多有。』」所以胡適認為，這位「太上老君，他是一位對於政治和社會不滿而提出抗議的革命黨」。胡適又說：

> 在西方恐怕因為直接間接的受了中國這種思想的影響，到了十八世

紀才有不干涉政治思想哲學的起來。近代的民主政治，最初的一炮都是對於政治的一個抗議，不要政府，要把政府的力量減低到最低，最好做到無為而治。……老子說：「故聖人云：我無為而民自化；我好靜而民自正；我無事而民自藩；我無欲而民自橫。」這就是無為的政治。

第二種觀念，是孔子，孟子一班人提倡的自由主義教育哲學。

孔子與孟子首先揭示這種運動，……後來的莊子、楊朱，都是繼承這種學說的。這種所謂個人主義、自由主義的教育哲學和個人主義的起來，是由於他們把人看得特別重，認為個人有個人的尊嚴……。個人主義、自由主義的教育哲學，教育人參加政治，參加社會……。

胡適解釋說，孔子與老子不同。老子是反文化、反教育的，「認為文明是代表人民的墮落，而孔子恰恰相反」，是教育家、歷史家。孔子「將人看作平等」，《論語》中有「性相近也，習相遠也，唯上智與下愚不移」。即是說除了絕頂聰明與絕頂笨的人沒法教育外，其他都是平等的。「有教無類」，是民主主義的教育哲學。胡適說，孔子所教的是「仁」。這個「仁」，就是人的人格，人的尊嚴。孔子的教育邏輯：「修已以敬」→「修已以安人」→「安已以安百姓」。修已是為了教育自己，為的社會目標。所以後來儒家的書《大學》裡所說的「格物、致知、誠意、正心、修身」，是修身工作；而後面的「齊家、治國、平天下」，都是社會目標。這是一種新觀念：

教育的目標不是為自己自私自利，不是為升官發財，而是為「安人」、「安百姓」、為齊家、治國、平天下。因為有這個使命，就感覺到「仁」——受教育的「人」，尤其是士大夫階級，格外有一種尊嚴。……所以《論語》中說：「志士仁人，無求生以害仁，有殺身以成仁」。就是說，遇必要時，寧可殺身以完成人格。

胡適認為：這就是「健全的個人主義」。

第三個觀念，是極權主義。這個觀念的原則始於《墨子》，行於商鞅變法，收功於秦帝國的建立。不過他說，他在《中國哲學史》上卷中，「當時認為墨家是反儒家的；儒家是守舊的右派，而墨家是革新的左派。但這幾十年來——三十五年來的時間很長，頭髮也白也幾根，當然思想也有點進步——我看墨子的運動是替民間的宗教辯護，認為鬼是有的，神是有的。這種替民間宗教辯護的思想，在當時我認為頗傾向於左，但現在看他，可以算是一個極右的右派——反動派。」他例證說：

「墨子『上同』的思想，（這個『上』字，平常是用高尚的『尚』字，其實是上下的『上』字）就是下面一切要上同，所謂『上同而不下比者』，——就是一種極權主義。以現在的新名詞說，就叫『民主集權』。墨子的這種理論，影響到紀元前四世紀出來了一個怪人——商鞅。他在西方的秦國，實行這種『極權政治』後來商鞅被清算死了，但這種極權制度還是存在，而且在一百年之內，把當時所謂天下居然打平，用武力統一中國，建立所謂『秦帝國』。帝國成立以後，極權制度仍繼續存在，焚書坑儒，毀滅文獻，禁止私家教育。」

胡適對《墨子》的「上同」，印證原文：

天子發政於天下之百姓，言曰：「聞善而不善（王引之讀「而」為「與」），皆以告其上。上之所是，必皆是之；所非，必皆非之。……」

里長發政裡之百姓，言曰：「聞善而不善，必以告其鄉長。鄉長之所是，必皆是之；鄉長之所非，必皆非之。……」鄉長唯能壹同鄉之義，是以鄉治也。……國君唯能壹同國之義，是以國治也。

胡適說，「但是怎樣才能達到上同呢？拿現代的名詞講，就是用『特務制度』，……這樣才能收到在數千里外有人做好事壞事，他的妻子鄰人都不知道，而天子已經知道。」所以「天子之視聽也神！」胡適把極權政治，稱之為「集體主義」，用現代新名詞，即叫「民主集權」，或曰「民主集中」。「上同」者，與國君保持一致之謂也。

商君變法，提倡「農」、「戰」，這是一種政治上、經濟上、軍事制度上的大改革、大革新。

胡適說：

在三十五前我寫《中國哲學史大綱》時，就很不注意《商君書》和韓非子的書。這種書因為在那個時候，沒有能看得懂，覺得有許多東西像靠不住。等到這幾十年來，世界上有幾個大的極權政府，有幾個已經倒了，有的還沒有倒。因為這個緣故，我們再回頭看墨子、商君的書，懂了。這是經過三十年的變化而生的轉移。

《商君書》十七章中的一節云：

聖人之為國也，一賞、一刑、一教。一賞則民無敵；一刑則令行：一教則下聽。

胡適說，這真正是極權的國家主義。「最重要的是一教。一教之義，就是無論什麼學問，無論什麼行為，都比不上富貴；而富貴的得來，並不靠你的知識，也不靠你們的行為，也不因為名譽；靠什麼呢？靠戰爭。『所謂一教者，博聞辯慧，信廉禮樂，修行群黨，任譽清濁，不可以富貴。……富貴之門，要存戰而已矣。』能夠作戰的才能踐富貴之門。」

「故當壯者務於戰，老弱者務於守。死者不悔，生者務勸。此……所謂一教也。」「民之見戰也，如餓狼之見肉，則民用矣。凡戰者，民之所惡也。能使民樂戰者，王。」胡適說，那時的改革政治，就是將人民組織起來，分為什伍的組織，要彼此相糾發。始皇二十六年統一天下，過了八年後又發生了問題。就是當時還有許多人保留言論自由。於是「三十四年丞相李斯議曰：『……古者天下散亂，莫之能一，是以諸候並作，語皆道古以害今，飾虛言以亂實。人善其私學，以非上之所建立。」於是建議：「臣請史官非秦紀皆燒之，非博士官所藏，天下敢有藏詩書百家語者，悉詣守尉雜燒之。」書燒掉以後，如果還有人敢批評政府的就「棄市」。

第四個觀念，是極權國家的打倒，無為政治的試行。

> 秦王政統一天下之後，稱他自己為秦始皇，以後他的兒子為二世，孫子為三世……無窮世。殊不知非特沒有到萬世，……只到二世就完了。……第一個「秦帝國」沒有安定，第二個帝國的漢朝卻安定了。什麼力量使他安定的呢？在我個人的看法，就要回到我說的第一件大事。我以為這是那個無政府主義、無為的政治哲學思想來使他安定的。秦始的帝國只有十五年，漢朝的帝國有四百二十年。

胡適以無為而治的思想勸諫蔣介石，是一貫的，像這樣把古代威權觀念與自由觀念的對立衝突，系統地以現代化的詮釋，當屬首次。是由於他在現實中看到這四種觀念猶在，第三種觀念且為當今的當道思維，因此有感而發。不過胡適在此亦已不是溫文爾雅的好好先生了，而是對現實不滿而提出抗議的「太上老君」式革命者了。

同年9月3日胡適撰有一篇《寧鳴而死，不默而生》的讀書筆記，記「九百年前范仲淹爭自由的名言」。他寫道：

> 幾年前，有人問我，美國開國前期爭自由的名言「不自由，毋寧死」，（原文是Patric Henry在1775年的「給我自由，否則給我死」：Give me libeety, or give me death）在中國有沒有相似的話，我說，我記得是有的……昨天偶然買得一部影印元本的《困學紀聞》，今天檢得卷十七有這樣一條。范文正《靈烏賦》曰「寧鳴而死，不默而生」。其言可以立懦。「寧鳴而死，不默而生」，當時往往專指諫諍的自由，我們現在叫做言論自由。……這比亨利伯得烈的「不自由，毋寧死」的話要早七百四十年。……
>
> 這是九百年前一個中國政治家爭取言論自由的宣言。賦中「憂於未形，恐於未熾」兩句，范公在十年後（1046），在他最後被貶謫之後一年，作《岳陽樓記》，充分發揮成他最有名的一段文字：「嗟夫，予嘗求古仁人之心……不以物善，不以已悲，居廟堂之高則憂其民，處江湖之遠則憂其君，是進亦憂，退亦憂。然則何時而樂耶？其必曰『先天下之憂而憂，後天下之樂而樂』乎？微斯人，吾誰與歸。」

胡適在結尾時指出：「從中國向來知識份子的最開明的傳統看，言論的自由，諫諍的自由，是一種『自天』的責任，所以說『寧鳴而死，不默而生』。從國家政府的立場看，言論的自由可以鼓勵人人肯說「憂於未形，恐於未熾』的正論危言，來替代小人們天天歌功頌德，鼓吹升平的濫調。」1956年10月23日，胡適又曾說：「有幾句經書不可不讀，譬如《孝經》中載：『天子有諍臣五人，雖無道，不失其天下：諸候有諍臣五人，雖無道，不失其國。……』這一段裡有一句話；『故當不義則爭之』。就是中國言論自由最古的經典根據。」

3、「兩峰對峙」

（1）《自由中國》

胡適在1948年南下，1949年元月即到上海住八仙橋上海銀行裡，與王世杰、杭立武、雷震等常在一起討論時局，主張辦一個刊物，「宣傳自由與民主，用以對抗共產黨一黨專政的極權政治」。胡適並說「長江古稱『天塹』，共產黨無海軍不能飛度，國民黨有海軍，……南北朝當有兩百多年之久」。因此主張把這個刊物辦在上海，可以影響共產黨統治下的人心。以《自由中國》為報刊的名字，亦是胡適所提出的，「蓋仿照當年法國戴高樂之《自由法國》也」。[23]

胡適此時已去美國，辦刊物的事則由雷震負責一手操辦。但形勢的迅速發展，出人意料，大陸均為人民解放軍所佔領，一批反共的知識份子，均流亡到港澳及臺灣，最終集中在臺灣，均認為把胡適等人所倡義定名的《自由中國》在臺灣辦起來，是最有意義的，於是確定辦《自由中國》半月刊。藉以標誌臺灣為自由中國之基地，以別於共產黨統治下的大陸。

1949年11月20日，《自由中國》半月刊創刊號問世。在其封面的內頁，刊有《自由中國社的宗旨》：

> 我們在今天，眼看見共產黨的武力踏到的地方，立刻就罩下了一層十分嚴密的鐵幕。在那鐵幕底下，報紙完全沒有新聞，言論完全失去自由，其他的人民基本自由更無法存在。這是古代專制帝王不敢行的最徹底的愚民政制，這正是國際共產主義有計劃的鐵幕恐怖。我們實在不忍坐視這種可怕的鐵幕，普遍到全國。因此，我們發起這個結合，作為「自由中國」運動的一個起點。

[23] 雷震，《我的母親》續集，第59頁。

我們想做的工作有：

一、向全國人民宣傳自由與民主的真實價值，並且要督促政府（各級的政府）切實改革政治經濟，努力建立自由民主的社會。

二、要支持並督促政府用種種力量抵抗共產主義鐵幕下剝奪一切自由的極權政治，不讓他擴張他的勢力範圍。

三、援助淪陷區域的同胞。

四、最後目標是要使整個中華民國成為自由的中國。

這是胡適在由上海赴美的輪船上寫的。由於人民解放軍席捲全國，劃江而治的南北朝成了泡影，所謂「援助淪陷區域的同胞」，已成一句空話。於是「督促政府」就逐漸成了該刊的唯一宗旨。

《自由中國》第一炮打響的是四卷十一期發表《政府不可誘民入罪》的社論。這篇社論「公開批評軍方對金融管制措施之不當，不該故設陷阱，誘人入罪」，「故設陷阱」的機關，即臺灣省保安司令部。文章指出：

有人在土地銀行開戶取得銀行期票，然後以期票作押，付高利向人借款，等到借款成交的時候，即由治安機關當場出面抓獲，告貸方地下錢莊罪，並可援用「妨害國家總動員懲罪暫行條例」進行軍事審判。

文章據此推斷，這是「政府」機關或治安軍警為謀破案獎金，而事先設計好的誘民入罪的騙局，其本身已構成犯罪行為。編輯部揭露此事，是為了懲戒某些不肖官吏，以維護政府的威信。

文章一發表，輿論大嘩，竟掀起了軒然大波。政府發言人沈昌煥於6月11日邀集中央銀行總裁和保安司令部督察處長向新聞界解釋金融管制措施，強調在破獲非法金融活動案件中，都可能有「共諜」從中操縱，因此，要求新聞界合作，支持各級政府推行金融經濟措施，防範「共諜」從中搗亂，破壞「政府」的威信。實是對《自由中國》暗示，不要再從中「搗蛋」。最惱怒的是保安副司令彭孟緝（臺灣省保安司令由省長吳國楨兼任）派便衣特務在街頭搜購《自由中國》，不讓擴大影響。並佈置特務在《自由中國》雜誌社門口把守，待命抓人。但這個逮捕《自由中國》雜社編輯人員的報告，送批省長吳國楨時，吳在公文上打了幾個大「×」，不同意抓人。國民黨內的大老，如陳誠、王世杰、吳國楨、陶希聖、黃少谷等都出面調停，為了息事寧人。編輯部在多方壓力下，被迫寫了一篇《再論經濟管制的措施》，但這篇文章經陶希聖審閱後，陶說是「強辯」，全無道歉之意，經他修改後，把原文的不卑不亢保全雙方的文章，即改成了純粹道歉的文章。遠在美國的胡適，通過新聞傳媒得悉臺灣保安司令部干擾《自由中國》的言論自由，立即於8月11日寫信給雷震社長說：

> 我因此細想，《自由中國》不能有言論自由，不能有用負責態度批評實際政治，這是臺灣政治的最大恥辱。我正式辭去「發行人」的銜名，一來是表示我一萬分贊成《不可誘民入罪》的社評，二來是表示我對於這種「軍事機關」干涉言論自由的抗議。

雷震將這封（信）在《自由中國》五卷五期（九月一日）上發表，則又引起了一場風波。國民黨當局認為雷震故意搗亂，陶希聖王世杰均說臺灣正值風雨飄搖，立足未穩，受不得胡適信函的衝撞。

此時胡適收到由香港發來的不署名的電報，電文是：

> 九月一日，臺灣當局決議：（1）全部收購：（2）令港停止出版；（3）令northwest停寄。二日united press發出新聞，四日再行開放。

胡適說：「此皆指《自由中國》五卷五號我的一封信。」又見合眾社的消息說《自由中國》已被查禁。胡適則又於9月10日致一信給雷震及毛子水等八個編委，詢問此訊確否？「如果不確，請你們通知合眾社，請他們更正，並請電告我。如果《自由中國》真有被禁發售的事，那麼我們更應該向政府力爭，……我要先弄明白這一點：究竟你們在臺北辦《自由中國》有沒有言論自由。」雷震沒有把胡適這第二封信再公佈出來。但還是抄送蔣介石、陳誠、吳國楨、王世杰、張其昀、杭立武等人看了。杭立武說：「臺灣尚未安定，大家要體諒『政府』，不要再去信刺激胡適，引來他與政府更尖銳的對立。」臺北政府為了對胡適有一交代，由行政院長陳誠出面，於9月14日給胡適覆函，表示「本『有則改之無則加勉』之衷忱，欣然接受」。自此風波以後，《自由中國》刊載有刺激性的文字越來越多。雜誌的銷路也越來越好。1956年的《恭祝總統七十大華誕》等號，連續再版十一次，轟動海內外，成了臺灣人的心聲，對半月一期大有迫不及待之感，猶如大旱之望雲霓。當局對它的反感也越來越深，竟被視為眼中釘，欲拔除而後快。

有人說胡適是《自由中國》半月刊的「保護傘」，[24]十分恰當。創辦《自由中國》的動機由他而起，也是由他命名並訂定宗旨，否則這分雜誌辦不起來。如果沒有這位「聲望高的名義發行人」的保護，可能在刊載《政府不可誘民入罪》即被抓人停刊。1955年雷震被邀訪美，胡適寫信給張群，希望他促成其事。張群請示蔣介石，蔣不批准。胡適再於3月29日直接給蔣寫信，為之說情，張群於3月28日函告胡適：「總統表示，鑒於儆寰（即雷震）過去失去信用，不願先生為之保證。」勸胡適不要管此「閒事」，雷震確實需要這把保護傘。一個黨內同志要黨外人保護，在中國實屬罕見。不過胡適這把「保護傘」，同樣不過是「紙老虎」而已，戳破了也就無可奈何了！

---

[24] 「保護傘」的雅號是夏道平取的，見馬之驌《雷震與蔣介石》，第132頁。

（2）「雙水分流」

1956年10月31日，是蔣介石七十大壽，蔣則以為壽人不如壽國，公佈：「婉謝祝壽，以六事諮詢於國人，均盼海內外同胞，直率抒陳所見，俾政府洞察輿情，集納眾議。」當時的《中央日報》社社長胡健中，亦未識其中奧妙，即將此精神電告胡適，並請他據此寫篇文章。胡適回應了，寫《述艾森豪總統的兩個故事給蔣總統祝壽》。第一個故事是艾森豪接任哥倫比亞大學校長後，取消接見六十三位分院院長和聯合學部主任的計畫，因為他在第二次世界大戰期間擔任盟軍統帥時，也只接見過三位將軍；第二個故事是1953年就職美國大總統之後，對一件公文無法決斷時，便在同意和否決兩份批件上都簽了名，讓副總統尼克森替他選一份。說明艾森豪務實、信任他的部屬、將領和幹部，承認自己不可能具備所有的專門知識。胡適希望蔣介石像《淮南王書》所說「積力之所舉則無不勝也。眾智之所為，則無不成也。」他說，「要救今日之國勢，必須要努力做到『乘眾勢以為車，御眾智以為馬』」。想想「無智、無能、無為」六字訣，勸蔣介石「努力做一個無智而能『御眾智』，無能無為而能『乘眾勢』的元首」。

《自由中國》出《祝壽專號》，共發表十六篇文章，除社論外，其餘十五篇均為專家學者和在野黨領袖，他們都「直率抒陳所見」，貢獻具體的意見。胡適的《兩個故事》是其中的一篇。社論中提出了三個問題：第一，選拔繼任人才問題；第二，確立責任內閣問題；第三，實行軍隊國家化問題。《祝壽專號》是應蔣介石的「求言」而出現的，作者都出於對國事的關切，暢所欲言，有歌頌的，也有試探性建言的，正是言人之不敢言，言人之欲言。因此對當時的社會發生了極大的刺激作用。民眾看到廣告後，莫不翹首以待。《祝壽專號》出版的次日即搶購一空，以至一再加印，在一年中共發行了三萬餘冊，轟動一時，家喻戶曉。《專號》的次期，又刊《政府和輿論都應重視這一次的反映》，煞有介事要政府認真聽取群眾的意見。其實，政府某些成員與《專號》的編者均會錯了意。蔣介石的故作謙態，是政治作秀，實是想贏得更多的頌聲。把本來是大喜的事，弄成了不愉快的尷尬局面。政府決定反擊，組織自己的專家給雷震等人的言論進行撻伐。於是官方報刊聯合起來，大聲呼籲「防止思想走私」，圍剿《自由中國》。《國魂》、《幼獅》、《革命思想》、《軍友報》、《政論週報》以及《中華日報》等的反擊文章，鋪天蓋地而來，聲勢可謂空前。同年底，蔣經國控制的國防部總政治部則以「周國光」的名義，發佈「機密的」「特殊指示」（特字型第99號）內容共有九條。其第一條即說：「有一種叫《自由中國》的刊物，最近企圖不良，別有用心，假借民主自由的招牌，發出反對主義，反對政府，反對本黨的歪曲濫調，以達到顛倒是非，混淆聽聞，遂行其某種政治野心的不正當目的」，必須針鋒相對。卻又說：「暫不攻擊刊物及個人，只攻擊「毒素思想」。

臺灣政府這樣做，當然不符憲法原則。但政府自退到臺灣，恢復了黨國體制後，憲法上規定的保障人民權利的條文，已被《臨時條款》所代替了。《臨時條款》規定：動員戡亂時期，總統副總統得連選連任，不受憲法第四十七條連任一次之限制。又《實施綱要》第七條「為維持安寧秩序，政府對於煽動叛亂之集會及其言論行動應依法懲處」。政府不僅可以依法組織人力在輿論上圍剿，還可以依法採取進一步鎮壓措施。

翌年（1957）1月，蔣經國的國防部總政治部又發行《向毒素思想總攻擊》的小冊子，列出對毒素思想批判的範圍為：1、對所謂「言論自由」的批判；2、對所謂「軍隊國家化」的批判；3、對所謂「自由教育」的批判；4、對批評總裁個人的批判。把攻擊的對象具體列有七種：

> 1、長居國外的所謂知名學者；2、在野政黨分子；3、所謂自由主義者；4、失意的官僚政客；5、好出風頭的所謂政論家；6、不滿現實的人；7、盲從附和分子。

並含沙射影地說，在1953-1954年間，「有一知名學者發表所謂『向政府爭取言論自由』的言論」，「目的在於製造人民與政府的對立，破壞團結，減損力量，執行分化政策，為共匪特務打前鋒」。還指出《述艾森豪總統的兩個故事》，破壞了總裁「大智、大仁、大勇的革命領袖的形象」。是企圖「削弱他對黨政軍的領導力量，使國家重心得不到鞏固，便利陰謀分子計畫的發展，以破壞反共抗俄大業」。該書還隱晦曲折地追溯五四時代的批判封建、宣導新文化為「罪行」，說是導致馬克思主義和俄國革命思想長驅直入。指出「批評時政，批評當政者，促進所謂政治進步，造成自由民主的英美國家一樣，這是他不瞭解中國當前革命環境，完全近乎一種天真的妄想」。

二、再次任總統　容忍與自由

（一）難兄連任總統

1、再任總統

六年之後，蔣介石的總統又到期了，1960年蔣介石已年逾古稀。是再度出任，還是退居幕後!?按照《中華民國憲法》規定：「總統副總統之任期為六年，連選得連任一次。」他已連任了一次，如再連任，就屬違憲行為。心腹們提出，應當修改憲法，蔣公不能不當總統。蔣介石卻說憲法不能修改，我還要把它完整地帶回大陸去。1959年5月中旬，國民黨二中全會，蔣介石提出三點顧慮：「我一向不為自己的出處考慮，但目前應顧慮的有三點，即1、不要使敵人感到稱心；2、不要使大陸億萬同胞感到失望；3、不要使海內外軍民感到困惑。」強調的是戡亂非常時期。謀士們則通過大法官會議作成解釋決議：「以臺灣現有」國大代表人數為計算標準，修訂《動員戡亂時期臨時條款》規定：動員戡亂時期總統副總統得連任連選，不受憲法第四十七條連任一次之限制。增訂《臨時條款》，不等於「修憲」。作了如此修訂，則只要還是「動員戡亂」時期，總統即可無限期地順延下去。可是一般自由民主主義派知識份子，以《自由中國》為代表，不滿蔣的這種戀棧行為，連篇累牘發表抨擊國民黨法統和蔣介石再度連任總統的文章。蔣介石對此置若罔聞，如期舉行「國大」一屆三次會議，並在會上通過了修改的《動員戡亂時期臨時條款》，蔣介石和陳誠連任為總統和副總統。蔣介石在閉幕式的致詞中，指出三項「偉大成就」：

第一就是此次國民大會一切舉措，都能遵循民主規範。「第二是這次大會的一切程序，都是根據法理來進行處理的。……第三是代表諸君皆能竭忠盡智，損小全大，貫徹了不修改憲法的決策。」《自由中國》針此又發表了《蔣總統如何向歷史交代》的社論，終於超越了蔣介石容忍的限度，則以「煽動叛亂」的罪名逮捕了《自由中國》的負責人。

2、仍欲伺機反攻大陸

1961年，蔣窺見中蘇之間發生分歧，又發動了一次「反攻大陸」的浪潮，不僅在宣傳上，也在行動上都有所衝動。但臺灣與美國的「蜜月」關係則成為過去。甘迺迪入主白宮以後，雖仍繼承上屆總統的政策，承認臺灣為中國的「合法政府」，但繼續鼓勵金、馬中立化。1964年中國的第一顆原子彈試爆成功，法國與中國建交，大大影響了美國的對華政策。1966年7月國務卿臘斯克訪台時，雖仍「承認中華民國作為中國政府」，卻把「唯一」二字去除了。種種跡象，美國已著手改善同中國大陸關係。蔣介石對此雖仍有所警告或反彈，但客觀的現實無法否定，無可奈何花落去。尼克森入主白宮，從全球戰略出發，則於1970年2月宣稱：「從長遠來說，如果沒有擁有七億多人民的國家出力，要建立穩定和持久的國際秩序是不易設想的。」[1]1971年6月10日尼克森宣佈解除歷時二十一年的對共產黨政權的禁運，並且派總統特別助理基辛格子7月9日訪問大陸，終於使中美關係正常化。8月2日，美國務卿威廉・羅傑斯宣稱：「美國將支持中華人民共和國加入聯合國，並且同時保證臺灣將不會被剝奪聯合國的代表權。」前者付諸實施了，後者證實是敷衍辭。同年10月26日上午，聯合國以76票對35票（17票棄權）通過了「容納中共政權，排除中華民國」的提案，蔣介石在翌日發表《為聯合國通過非法決議告全國同胞書》：「……歷史將能證明——中國華民國退出聯合國的聲明，實際上就是聯合毀滅的

[1] 《尼克森回憶錄》商務印書館，1978年。

宣告。……在此我們要嚴正聲明：恢復大陸七億同胞的人權自由，乃是整個中華民族的共同意願……」。美國第七艦隊由此停止巡邏臺灣海峽。1972年2月21日尼克森訪問北京的時刻，正值臺灣召開「國大」一屆五次會議，會議發表的聲明說：「戡亂反共國策」決不改變，不承認中美間任何協議，大陸中共是「叛亂」集團，無權代表中國。

蔣介石老了，1972年下半年住進醫院，1975年在他的遺囑中這樣寫著：

> ……近二十年來，自由基地日益精實壯大，並不斷對大陸共產邪惡，展開政治作戰；反共復國大業，方期日新月盛，全國軍民，全黨同志，絕不可因余之不起，而懷憂喪志！……

蔣介石在臨死時，依然堅持其「反共復國」的信念。這信念與「不承認兩個中國」的原則是融為一體的。與毛澤東「不承認兩個中國」是相反立場的同一聲音。長期來以同室操戈的方式解決、釀成了中國人民的悲劇和多少中國政治家的遺恨！時代在前進，干戈將化為玉帛，仇恨定將被歷史流光淘靜！

3、經濟繼續起飛

1960年以後，是臺灣經濟的加速發展時期。蔣介石在是年5月，又連任總統，他在就職演說中，提出「從此時起，吾人應採取另一些步驟，以加速工業化，發展科技的訓練。在公共行政方面，應當更加努力，修正稅捐體系，以確保人民均福，提高生產，造福於一般大眾」。第三個四年計畫，重點發展外銷工業，重工業、農業配合工業以及高科技精密儀器工業等。四年間工礦業增產百分之七十四點四，年平均增產百分之十五。通貨膨脹的威脅由此解除，國際收支逆差縮小。第四個年計畫有四項目標：「（一）建立「民生主義」的經濟制度；（二）促進經濟現代化：（三）維持穩定而快速的成長；（四）提高國民生活水準。」本期內著重發展的工業有金屬及電機工業、石油化工業、紡織工業、肥料工業可加工出口工業。年平均增長率為百分之十六點六。至1968年，工礦業產值占國內生產毛額的比例約百分之三十二點五，比1960年的百分之二十四點六有了大幅度增長。發展最快的是石油、化學、金屬製品、電機、電氣、橡膠、運輸工具等產品。此時的臺灣經濟，已成為新興的小龍。但南韓、香港、新加坡的工業也已成為臺灣的勁敵，各先進國家也均實行貿易保護措施，對臺灣的出口形成不利。為改善現狀，在1969年又制定了第五個四年計畫，除繼續發展石油化學工業外，重點發展電子工業、造船與電機，基礎金屬工業、食品加工等工業。在組織機構上也趨於分工專業化，出口多元化。自1969-1972年，工業增長率年平均為百分之二十點六，遠遠超過原計劃的九點三。

工農業生產的產值，在國民經濟總產值中所占的比重亦起了本質的變化，1972年，農業為百分之十四點一，工業為百分之四十點四，服務業為百分之五十五點五，第三產業已居首位，臺灣地區的經濟已由農業為主體的形態轉變為以工業為主導的社會經濟型了。

1973年臺灣的工業增長率達到了22.7%，這是驚人的數字。第二年因世界貿易衰退而下降了一半。但仍為其他先進國家所妒羨。迄1975年臺灣人均平均收入已達到679美元，在整個亞洲中僅次於日本。

1965年還有另一方面重要的轉捩點：蔣政府決定將六年義務教育延長到九年，其結果把學生的畢業年齡提高到16歲，使臺灣通過擴大教育而創造有技能的勞動力的技術時代。[2]

尼克森對臺灣的經濟發展，有以下評述：

> 他（蔣介石）的想法在臺灣推行的結果，產生了經濟上的奇跡。儘管1965年以前，蔣介石一直受美國經濟援助，但其數量很少，與

[2] （美）布賴恩・克羅澤，《蔣介石》，第371頁。

臺灣爆炸性的增長情況相比是微不足道的。……蔣介石採用的辦法是：用錢買地主的土地，然後再把土地分給農民；賣了土地的地主把大量的錢投資到工業方面；政府同時鼓勵外國投資。結果，臺灣現在人平均收入是大陸的五倍；一千八百萬人口的臺灣的出口額，大約比十億人口的大陸的出口額高百分之五十。[3]

海峽兩岸的經濟發展所以出現如此懸殊，是由於大陸的重點始終放在生產關係上，經濟建設實際上遲遲沒有起步。臺灣第一個四年計畫完成之時，正是大陸反右鬥爭白熱化之時。國民黨在1957年召開第八次黨代大會，修改了黨章，把「民主集權」字樣刪除，強調黨內討論和自由發言，以加強「黨的民主」。1963年是臺灣經濟建設第二階段的第一年，國民黨召開九大，正值大陸大躍進運動後的經濟困難時期。臺灣在建設的第二期，經濟由發展而起飛。1968年國民黨召開十大時，正值大陸發生史無前例的文化大命。經濟是政治與文化的基礎，蔣介石所領導的國民黨所以能在臺灣立足，根本的原因就在這裡。

4、總統連任，死而後已

1966年2月19日，又是臺灣一屆四次國民大會例行召開的時候。蔣介石已經是八旬老翁，接班人問題迫在眉睫。蔣介石的目標是長子蔣經國，問題是如何把權力的階梯部署得當，使蔣經國唾手可得，舉足即可登殿。「國大」代表張知本等提出一項增訂《動員戡亂時期臨時條款》的提案。內容有二：一是擴大總統權力。增設「動員戡亂委員會」，其組織由總統命令定之。二是「動員委員會對中央政府機關之增減，調整編制與職權，及依法產生之中央公職人員，因人員增加或任期屆滿，而現能增選或改選之地區及光復地區能舉行選舉時，均有制定辦法實施之」。該提案還

3 （美）尼克森，《領袖門》，中譯本，1985年，第334頁。

提出，「以上兩款之施行，不受憲法有關條文之限制」。張知本宣稱其理由：

> ……中央政府行政與人事機構。為有效執行動員戡亂任務，其編制與職權，必須具適當機動性，方足以增進行政效率，起用新進人才，充實戰力……我國民大會尤宜授權總統，適時有權訂頒辦法，舉行是項選舉，以開創政治的新機運……

但張知本等人的提案，觸犯了立法院、監察院以及「國代」的利益，遭到他們強烈反對。於是蔣介石出面調解。對張的提案作了重大修正。把其中「中央政府機關」改為「中央政府之行政與人事機構」，這就把「立、監」兩院及「國代」均除外了。中央公職人員由「改選」變為「補選」。並將提案中的「以上兩款之施行，不受憲法有關條文之限制」字樣均予刪除。提案就此被國民大會通過。蔣介石的集權統治與蔣氏一系的權力承繼又增加了一條「法律」依據。蔣介石依然連任總統，副總統陳誠早已病逝，此職一直虛懸。蔣介石因要備「法律」依據。蔣介石因要提拔新人才，年齡宜在六七十歲之間，最後提名時任行政院長嚴家淦為候選人。照例當選了。

蔣介石在3月7日的國民黨九屆三中全會上說：「中正自知力絀才短，無以勝任……所以建議提名黨內年高德劭、勳望素孚的同志為總統候選人，而以年事較輕，學驗均優，而有專長的同志副之；使個人得以總裁身份，專力於反攻復國黨務和軍事的指揮工作。惟是中央評議委員、中央委員諸同志，仍一致決議，並投票通過以中正為第四屆總統候選人。」3月12日，蔣宴請國大代表時說：「我今年已八十歲，再連一任，還不能反攻，怎對得起國家？此次國民大會，乃是反攻前的最後一次會議，我們必須把握時局發展的樞紐，完成歷史使命。」

蔣介石始終以反攻的信念為動力，以「戡亂」緊緊抓住政權；他的戀棧，也是為了使權力的階梯，儘量延及蔣經國近身。欲把權力傳承及其子，同樣是為了反共。及1972年一屆五次「國大」召開時，反攻仍未實現，他又以「世局多蹇」為由，五度出任總統，直至在任上死去。

蔣介石在臺灣統治了二十六年，比在大陸執政的時間更長。在此期間沒有出現過「引退」之事。這也是他吸取了歷史的教訓。到台以後為了鞏固其自身統治，他把人事的親疏關係作了一番梳理，他需要找一個能駕馭極權的接班人。他自己的「民主集權」術是間接從孫中山處學的，其子蔣經國則直接吸取於蘇聯，當然青出於藍而勝於藍。為了扶植以蔣經國為核心的年青一代，設法使元老讓路，甚至製造了一些冤案，以達到排斥異己的目的。不過，蔣介石在此時期對付政敵，多為打入冷宮，即使製造冤案，也只以莫須有的罪名剝奪其政治生命而已，逮捕入獄者有之，消滅肉體或以別種方式使對手死於非命者尚屬少見。

他的改造國民黨，和四年計畫的經濟建設，歸根結蒂，無非是為了國共不兩立，「王業不偏安」，然其「出師未捷身先死」，此恨綿綿！何時了!?不過，他的接班人蔣經國，沒有把「反共復國」放在第一位，而是強調「實踐」，「向下紮根」，人稱「民粹派」領袖，臨終前結束一黨專政，並能再啟第三次國共談判之門。

（二）難弟的容忍與自由

1、逆流勇進，出任中研院院長

1957年7月26日，胡適在致趙元任夫婦的信中說：

> 你大概不知道，或不很知道，這大半年來所謂「圍剿」《自由中國》半月刊的事件，其中受「圍剿」的一個人，就是我。所以我當初決定要回去，實在是為此（至少是我不能不回去的一個理由）。我

的看法是，我有一個責任，可能留在國內比留在國外更重要。——可能留在國內或者可以使人“take me more seriously”。我underscored the word “mose”（我在“mose”這個詞一線），因為那邊有一些人實在怕我說的話，實在have taken me seriously，甚至於我在1951-1953說的話，他們至今還記在帳上，沒有忘記。

1958年4月8日胡適就這樣冒著「圍剿」的烽火回到臺灣。4月10日就任中研院院長職務。蔣介石、陳誠以總統、副總統的身分作為貴賓出席了就職典禮。在典禮上蔣介石「訓辭」：「……胡適院長，除以思想學術來領導我們學術外，最令人敬佩者，即為其個人之高尚品德。今日大陸，……予以清算，即為共匪摧毀我國倫常道德之一例，……」。胡適在答詞中直截說：「我被共產黨清算，並不是清算個人的所謂道德，他們的清算我，是我在大陸上，在中國青年的思想上，腦筋裡留下許多『毒素』。我們在年青的時候，受到了新學問、新文化、新思想、新思潮、新的思想方法。那時，至少我個人並沒有受蘇俄影響，也沒有受馬克思的影響。」弦外有音，來者不善。

臺灣當局繼續批判《自由中國》雜誌的「今日的問題」專欄。因該欄所討論的問題，如「反攻大陸」、軍隊、財政、經濟等，均使政府惱火。批判《自由中國》，不僅殺雞儆猴，並把胡適也拴在上面。另外還專為胡適來台而準備的一分厚禮——《胡適與國運》，一本匿名書。該書說胡適「靠著摧毀了民族的思想，打開了我們的邊境，並讓共匪把中國大片領土拱手交給俄國大鼻子作了衛星國」。又說「他用他的筆和幾句外國話，就能在三、四十年這段很短的時間內，利用他徽州經商秘訣，在中國銷冒牌美國貨，在美國銷冒牌中國貨，運來運去，他就成了鉅賈，中國地圖就因此變色了」。這本匿名小書，曾被警署查訊，可是不久就在臺灣學生書局正式署名出版了，兩月後又在集成出版社出了《續集》。它雖非官方出版物，卻符合《向毒素思想總攻擊》的方針。

此時，臺灣當局還正在醞釀「出版法修正草案」，謀求將1952年所公佈《出版法》中「言論自由」的原則作進一步「修正」，加強對新聞報刊的政治控制。「出版法修正案」終於在1958年6月20日在立法院三讀通過。胡適是提倡言論自由的巨擘，在此際修正出版法，其主要矛頭所向則不言而喻。歐美各國都沒有出版法，美國憲法的人權條款還規定不得制定任何法律限制言論出版自由。胡適在5月27日的演講中指出：「我不知道政府為什麼要修正出版法，……我到現在還是懷疑一個國家是否需要出版法。」胡適在演講的最後說：「現在為什麼要改出版法，恐怕是有人覺得爭取言論自由太多了，所以有人想阻止它。我可以告訴諸位：無論舊出版法也好，新出版法也好，大家所希望的言論自由，還是要我們大家去爭取的，相信大家一定能勝利。」

2、遵憲，反對總統三連任

蔣介石連任的第二屆總統迄1960年又將到期了。六年前，胡適從美國回臺灣參加改選總統的第二次國民大會，認為國家處境艱難，除蔣介石以外，沒有人比他更為適當。可是現在蔣介石已七十四歲高齡，胡適認為按憲法規定不能再次參加競選，應該退隱幕後。但蔣介石壯心未已，不斷發出戀棧的訊息。

胡適1959年10月曾去美國華盛頓參加中華教育基金會，14日返台時，在機場上就有記者問他旅美學人和僑領對明年總統任期滿後的大選態度。胡適說：「聽說紐約僑領不贊成參加第三任勸進運動，紐約目前是美國最大的華僑中心，現有華僑三萬五千人。」又說，「我和朋友在一起，都是談學問，很少談政治。」胡適的談話，雖然非常含蓄，但只有民營報紙刊載。並就在同一天，華僑通訊社發表消息：「旅美僑團僑領自六月十二日三藩市中華總會館及華僑反共總會致電國民大會、立法院，籲請總統連任，並紛紛向總統致敬，表示忠誠，計有紐約中華公所，紐約中華婦女反共抗俄分會，紐約美東留學生團體，芝加哥中華會館……等。第二天，

《中央日報》第一版上，竟以醒目的標題《旅居全美各地僑胞擁護總統繼續領導》。旅烏（拉圭）全體僑胞來電表示願望：懇請總統領導完成復國大業」。字裡行間，似乎在證明胡適所說不是事實。胡適把此消息剪貼在日記薄上，加注云：「似是專為我昨天的謬論作更正的。」10月20日，《公論報》發表社論，題為《胡適之先生的話》，小心求證胡適在機場的談話是有根據的，是一種不同的聲音。

胡適想找蔣介石直接進言，張群托王雲五向胡適解釋說，「如果說聽的進，當然很好。萬一聽不進，胡適之也許不感覺為難，但總統也許覺得很窘」。張群建議，由他代為向蔣轉達。11月15日，胡適去張群家，請他向蔣介石轉告下列幾點：

1、明年二、三月裡，國民大會期中，是中華民國憲法受考驗的時期，不可輕易錯過。

2、為國家的長久打算，我盼望蔣總統給國家樹立一個「合法的、和平的轉移政權」的風範。不違反憲法，一切依據憲法，是合法的。人人都視為當然，雞犬不驚，是「和平的」。

3、為蔣先生的千秋萬世盛名打算，我盼望蔣先生能在這一兩月裡，作一個公開的表示，明白宣佈他不要作第三任總統，並且宣佈他鄭重考慮後盼望某人可以繼他的後任！如果國民大會能選出他所期望的人做他的繼任者，他本人一定用他的全力支持他，幫助他。如果他作此表示，我相信全國人與全世界都會對他表示崇敬與佩服。

4、如果國民黨另有別的主張，他們應該用正大光明的手段明白宣佈出來，決不可用現在報報上登出來的「勸進電報」方式。這種方式，對蔣先生是一種侮辱，對國民黨是一種侮辱，對我們老百姓是一種侮辱。

張群鄭重地同意將此意見轉達，但他說：「蔣先生自己的考慮，完全是為了（1）革命事業沒有完成；（2）他對反共復國有責任心；（3）他對全國軍隊有責任。」胡適說：「在蔣先生沒有做國民政府主席、也沒有做總統的時期——例如在西安事變的時期——全國人誰不知道他是中國的領袖？如果蔣先生能明白表示他尊重憲法，不做第三任總統，那時他的聲望必然更高，他的領袖地位必然更高了。」

後來，他從王雲五處瞭解到，張群先把胡適的意思記錄出來，然後面告蔣介石，是委婉的口述，並未把記錄留下。蔣聽後鄭重考慮了一會，只說了兩句話：我要說的話，都已經說過了。即便我要提出一個人來，我應該向黨提出，不能公開的說。」胡適因而說：「我怕這又是三十七（1948）年和四十三（1954）年的老法子了？他向黨說話，黨的中委一致反對，一致勸進，於是他的責任也盡了。」

據王世杰的日記[4]1960年1月1日；1月5日；2月5日；2月13日均記有胡適設法勸阻蔣作第三任總統的記載。但王世杰亦勸胡適以大局為重，「臺灣現時國際地位太脆弱，經不起你與蔣先生的公開決裂。」

胡適嘗引美國的成例說，「美國憲法並沒有規定總統可以擔任幾任的任期，華盛頓以身作則，一百五十年來沒有人肯違背華盛頓的成例。羅斯福沒有培養繼任的人才，只有他一個人一再的當下去，這是羅斯福的錯誤。」胡適要蔣介石學華盛頓，不效仿羅斯福的「錯誤」。1960年2月7日，《自立晚報》刊載了前日採訪胡適的談話，即去年通過張群向蔣介石轉達的四點意見，未得胡適同意即公佈了。《自立晚報》這樣做，無異是打胡適牌，給蔣介石施加壓力；更有甚者，《時與潮》還有個胡適論及「國是」的專訪，如於此時亦發表出來，則將促使胡、蔣的「公開決裂」。陳誠聞訊後，於2月14日晚專程到胡適家，勸他承認既成事實，不作強求。許多人與王世杰一樣，均勸胡適顧全大局，「似可不必談話

4 《王世杰日記》（手稿本）第六冊，中央研究院近代史研究所，1990年。

了」。毛子水有專函致胡適，懇切地勸說：

> 到了現在，國難日深，民德愈下，這只能說是中國的命運在先生已可對得住國人了，對得住世界。《時與潮》談話如發表，非特無益，恐足為偏激的人所利用。

在眾多人的勸說下，這個談話終於沒有發表，胡適在無可奈何下不說話了，於是苦笑著對人說：「這裡也有這裡的好處；我有說話的自由，我也可以享受不說話的自由。」話雖如此說，但他仍不甘心地說，「我還是抱萬分之一的希望，希望能有轉機。」「希望」何在？胡適是寄望在選舉的投票上，蔣介石能否得到足夠的選票？是關鍵所在。這是胡適把中國的國情現狀估計得過高，同樣落了空。

在國民大會第三次會議舉行的前夕，開過兩次「小型國大會議」，安徽代表淩鐵庵即在會上指出，「只要三百多人即可否決」一項提案。《公論報》在2月20日報導了此消息。胡適看到後說「此話是很對的，假定出席人數為一千四百人，只須三百五十人就有否決的能力。」表明投票的方式大有講究。2月29日的國大第一次會議的中午，蔣介石宴請主席團成員，席間即引起了一場投票方式的爭論。張知本（懷九）提出，無記名投票可用於對人，對事應用記名投票。隨後有幾個人各抒已見，蔣介石就問胡適的意見如何？胡適想了一下站起來說：「我沒有別的話好說，不過對於張懷老（張知本字懷九）剛才說的『無記名對人，有記名對事』這句話，全世界沒有一本書上有這樣的規定。無記名投票是澳洲發明的，到今年還只有一百零四年的歷史。無記名投票是保障投票的自由，可以避免投票的威脅，因此很快的被世界採用。」胡適的話音剛落，立即有人起來責問：「此地誰威脅誰？」接著又有人起來主張有記名投票，說有記名投票有六七百年的歷史，是對民主政治的負責。（顯然此人還不知無記名投票是有了民主政治以後的一種進步的投票方式。六七百年以前全世界還沒有民主政治）。蔣介石發言了，他說：「這個我是不懂的，我不用總統的身分，我是用代表的身分來說，對於憲法這等重大的事，我個人是反對無記名投票的。」投票方式就此決定了，蔣介石在這次選舉中又順利當選了。

3、政治家的風度

（1）容忍與自由

1959年胡適想總結自己一生對自由主義的認識，探索其中真諦。也是他處理言論者與政府之間關係的經驗總結。最初擬題為：《政治家的風度》，3月9日把題目改為《自由與容忍》，「未成」。11日的日記中說：「勉強成文」。胡頌平在《胡適之先生年譜長編初稿》中說：「先生的《容忍與自由》一文，於今（3月12日）早六時才寫定。」這篇文章數易其稿，題目亦改了三次，題目更改的過程，正是他總結此經歷的思想曲折的縮影。作此文原本的意思是如何正確處理自由與容忍的關係，是政治家的風度。題目更改以後，就成了自由與忍容是政治家與言論者雙方共應遵守的原則，並定有「約法三章」。

文章開宗即援引母校康耐爾大學史學大師布林的話：「我年紀越大，越感覺容忍比自由更重要。」胡適不僅同意此話，並補充說「有時我竟覺得容忍是一切自由的根本；沒有容忍，就沒有自由」。因此他反思十七歲時，曾在《競業旬報》上，以《禮記・王制》「痛罵小說《西遊記》和《封神榜》」的作者。他寫道：「《王制》有之：『假於鬼神時日卜筮以疑眾，殺』。胡適說「我在那時候已是一個無鬼論者，無神論者，所以發出那種摧除迷信的狂論。」但在十五年以後，胡適在提倡新文學運動時，竟「很熱心的給《西遊記》作兩萬字的考證⋯⋯，在二、三十年後，還時時留心搜求可以考證《封神榜》的作者的材料」。因此，就被一些同樣」衛道「的正人君子也引用《王制》的第三誅，要殺我和我的朋友」。

（《禮記・王制》有四誅，胡適十七歲時是用其第四誅，要殺《西遊記》《封神榜》的作者；五四時期的「正人君子」是用《王制》的第三誅：「行偽而堅言偽而辯，學非而博，順非而澤以疑眾，殺。」）胡適說這《王制》的四誅「正是中國專制體制下禁止新思想、新學術、新信仰、新藝術的經典根據」胡適在十七歲時不懂及這點，只是抱著「破除迷信」的熱心，成了專制體的「衛道」者；「五四」時期，專制體的「衛道」者就把矛頭指向提倡新文化的他。胡適在此敘述「五十年前幼稚而又狂妄的不容忍的態度」這段故事，「為的是要說明我年紀越大，越覺得『容忍』比『自由』還更重要」。

同時他說他現在仍然是無神論者，而「這個國家，這個社會，這個世界，絕大多數人是信神的，居然有這雅量，能容忍我的無神論」，所以他「要用容忍的態度來報答社會對我的容忍」。他由此論及宗教史、思想史、政治史，指出「人類的習慣總是喜同而惡異的」，例如「歐洲的宗教革命運動的歷史，馬丁路德和約翰高爾文等人起來革新宗教……但新教在中歐、北歐勝利之後，新教的領袖又都漸漸走上了不容忍的路上去，也不容許別人起來批判他們的新教條了」。他解釋是由於「深信我自己是『不會錯的』，也相信和自己不同的宗教信仰必定是錯的，必定是異端邪教。如把這個原則用在政治上，「一個政治團體總相信自己的政治主張是對的，是不會錯的，所以它總相信那些和自己不同的政治見解必定是錯的！必定是敵人」。最後，他說「我們受過實驗主義訓練的人，本來就不承認有絕對之是，更不可以以吾輩所主張者為絕對之是」。這裡所反思與總結的，是其個人與社會之間的容忍與自由的關係。

（2）容忍與內戰

胡適還曾以容忍與自由的關係，用諸革命戰爭。1948年9月4日胡適以《自由主義》為題在北平電臺廣播，闡釋「自由主義」的意義有四：首為自由，次為民主，三為容忍，四為「和平漸進的改革」。他說中國古代早就有自由主義思想，不過「始終沒有抓住政治自由的特殊重要性，所以始終沒有走上建設民主政治的路子」。民主政治是西歐完成的，美國人的貢獻尤大。在近兩百年來，自由主義「有一個特殊的、空前的政治意義，就是容忍反對黨，保障少數人的自由權利」。一改傳統的「不是東風壓倒了西風，就是西風壓倒了東風」之不容忍，摧殘自由的局面。多數人要容忍少數人的思想信仰，少數人同樣得容忍多數人的思想自由，「因為少數人要是常懷著有朝一日權在手，殺盡異教方罷手」的心理，多數人也就不能不行「斬草除根」的算計了。容忍異己，則可達到「和平改革」的目標。「和平改革」的途徑有二：其一，和平轉移政權，不用流一滴血，不用武裝革命，只靠一張無記名的選票；其二，用立法的方法，一步一步的做具體改革，一點一滴地求進步。胡適在此特別強調「要求徹底」改革的人，在政治上沒有一個不走上絕對專制的路，這是很自然的，只有絕對的專制政權，才可以剷除一切反對黨，消滅一切阻力……。」[5]1948年9月，國共內戰已經開始，胡適在此時際講自由與容忍，以求阻止內戰，是弄錯了地方：也看錯了對象。

（3）容忍與言論

胡適現在談容忍與自由，是要為言論者捍衛自己的言論自由權利，而政府則為自己的生存計，則必須對自由的言論加以箝制，彼此約法三章。文章在《自由中國》20卷6期發表後，引起了較大反響。政府的反應是沒有為陳懷祺事件傳訊雷震，收到了一定效果；言論者的反應是《自由中國》雜誌的編委殷海光寫了一篇《胡適論「容忍與自由」讀後》，肯定了該文基本精神與永恆價值，並稱之為現代人「應該選擇走的大方向的指南針」，是「近四十年來中國思想史上的一個偉大的文獻」。但又指出：

[5] 北平《世界日報》1948年9月5日。

同樣是容忍，無權無勢的人易，有權有勢的人難。……有權有勢的人頤指氣使慣了。他言欲為無窮則，行欲為後世法，到了現代更變為『主義』等類『絕對真理』的化身。要這類人學習容忍，真比纜繩穿過針孔更難。適之先生是歷史大家。他一定知道，就咱們中國而論，自古而今，容忍的總是老百姓，被容忍的總是統治者。所以我們依據經驗事實，認為適之先生要提倡容忍的話，還得多多向這類人士說法。[6]

殷海光說，如果近半個世紀以來，都抱這容忍態度，「中國何至於冤死幾千萬人」，我們的邦國何至弄成這樣「天下滔滔」。並指出近代中國最不容忍、最不給別人自由的人，即是那些高喊「主義」，自稱「正統的」傳統文化和「革命哲學」的捍衛者。[7]

胡適於1959年11月20日《自由中國》社十周年紀念會會聚餐會上，又作了一次《容忍與自由》講演。在這次聚餐會上的講話稿，經毛子水「費了大力修改」，發表在《自由中國》21卷11期。胡適在這次講話中綜合了多方的意見，再次闡發自己的看法。毛子水曾為胡適的文章寫過《書後》，稱胡適的《容忍與自由》的哲學基礎，即是「善未易明，理未易察」。毛子水在《自由中國十周年感言》中還說胡適的這一思想，與穆勒的《自由論》的中心思想相符。為了不使言論者的言論不影響政局的穩定，胡適曾屢次說過「平時不發不負責任的言論」，這次毛子水更提出除了態度外，言辭亦要講究。穆勒《自由論》的第二章，認為可以不計較言論者的言辭與禮貌。但因中國的國情特殊，自古《禮記》中就說過「情欲信、辭欲巧」，即是說態度固然要平實誠懇負責任，「說的話也要令人聽得進去。」[8]胡適對此深以為然。至於對殷海光的《讀後》，胡適作了如下回答：

---

6 《殷海光選集》，香港友聯，1971年，第187-493頁。
7 《殷海光選集》，香港友聯，1971年，第187-4-193頁。
8 毛子水，《自由中國十周年感言》，《自由中國》11卷10期。

> 殷先生這番話，我也仔細想過。我今天想提出一個問題來，就是：究竟誰是有權有勢的人？還是有兵力、有政權的人才可以算有權有勢呢？或者我們這班窮書生、拿筆桿的人也有一點權，也有一點勢呢？這個問題也值得我們想一想。……我們要承認，我們也是有權有勢的人。因為我們有權有勢，所以才受到種種我們認為不合理的壓迫，甚至於像「圍剿」等。人家為什麼要「圍剿」？還不是對我們力量的一種承認嗎？所以我們這一班主持言論的人，不要太自卑。……但我們雖然也是強者，我們必須有容忍的態度。所以毛子水先生指出我在《容忍與自由》那篇文章裡說的話，不僅是對壓迫言論自由的人說，也是對我主持言論的人自己說的。

胡適在此未能回答殷海光問題的實質；殷海光的問題是當時當地的現實，胡適的回答是抽掉了政治生態空間的原理性說辭。胡適對容忍與自由援引乃師布林教授的話，是從美國的政治生態環境出發，把它當作一個方向加以爭取，是對的。過去胡適正是這樣做的；現在把它在臺灣付諸實踐，是不符實際的。言論者確也是有力量，西方國家的輿論界即是立法、司法、行政之外的第四種制衡力量，但它有制度與法律的保障。中國目前尚未到達主權在民這一步。當時的臺灣尚非法治，依然是威權的人治社會，臺灣當時的言論者，基本的自由尚無可保障，言論者的言論，正由於能使有權有勢的人感到危險，所以造成「冤死幾千萬人」，弄成「天下滔滔」。胡適提出「約法三章」，竟無視這一現實。

胡適在此僅僅是從認識論方面求解，一直強調是出於深信我自己是「不會錯的」，不同意見的人必定是錯的。其實有些人是明明知道自己是錯的，而他偏要這樣做。一朝權在手，殺盡異端方罷手，這不是認識的問題，應從本體論上找原因，即權與利。為了達到權與利，可以不擇手段，斬草除根也不計。單從認識論找原因，不符他所主張的歷史主義，亦不符實驗主義。

4、雷震案

（1）鼓勵雷震組織在野黨

1956年胡適曾有超越黨派的界限，爭取全民擁護的救國主張。在紐約，曾對《中央日報》社長胡健中透露過「毀黨救國」的想法，並曾在華文生活雜誌發表過，其大意是：「國民黨雖經改造，但改造後的國民黨圈子更小，人數更少，不如把黨毀棄，由蔣總統純粹以全國人民領袖的地位，領導復國運動。」[9]

胡適「毀黨救國」的主張，是在異國客居時設想的，這種心態與蔣介石毋忘在莒一樣。但胡適與蔣介石在這問題上所採用的方法卻是不相同的，胡適欲採歐美方式，而蔣介石則固守傳統方式。胡適實質上想開放黨禁，而蔣介石則視此為畏途。

雷震也積極主張組織反對黨，其始於1957年《自由中國》十六卷七期發表《反對黨！反對黨！反對黨》，即是呼籲在臺灣誕生反對黨的號角性文章。據統計，《自由中國》刊載有關鼓吹反對黨或報導組織反對黨活動的文章有二十八篇之多。[10]雷震（字儆寰），1897年出生於浙江長興縣，1917年加入國民黨，1926年畢業於日本京都帝國大學（西京帝大）法學院，回國後曾在國民政府法制局工作，曾任中央大學教授，並擔任過參政會副秘書長，行政院政務委員。在國民黨歷任南京市黨部執行委員、常務委員，中央監察委員等職，赴台後1950-1952年任總統府國策顧問。但在主持《自由中國》半月刊以後，更把全付精力投入民主自由政治的輿論上。

雷震組織反對黨與胡適所主張的「毀黨救國」並不一樣。胡適在《從爭取言論自由談到反對黨》一文中說，「我個人對此問題，認為最好不

[9] 見《胡適的日記》1956年12月31日剪報。
[10] 見馬之驌，《雷震與蔣介石》，第363-376頁。

要用『反對黨』這個名詞，不明道理的人，以為有搗亂，有顛覆政府的意味。現在可否讓教育界、青年、知識份子出來組織一個不希望取得政權的『在野黨』」。而雷震在《我們為什麼迫切需要一個強有力的反對黨》中則說：「今日民、青兩黨勢單力薄，由國民黨長期獨霸與全面控制之下，無法壯大起來」，這個反對黨一切需從頭做起，完全要自力更生，依賴自己所組織的力量使其成長發展。」胡適希望有個強大的在野黨出現，是為了能「起制衡作用，以和平方法爭取選民的支持，使政治發生新陳代謝。」是支持別人組黨。而雷震是自己組黨，欲直接與執政黨挑戰競爭。

雷震固然有此雄心，但自我惦量，還覺得必須借重胡适才能實現自己的願望。雷震曾多次去南港動員胡適出來組黨，請胡適為黨魁，自己當秘書長，負責實際工作。在聯繫過程中，彼此的對話，是意味深長的。胡適說，他現在擔任中央研究院院長，研究院是一個學術機關，同時出來搞政治，實不相宜。所以他極力勸雷震自己出來組織，他可從旁贊助。而雷震和夏聲濤（《民主潮》社長）說：「恐怕黨未組成，而人已坐牢了。」胡話說：「國民黨已把大陸丟掉了，今日總該有點進步吧！」雷、夏說，「今日地盤小了，可能握得更緊了。」胡適卻說：「你是讀四書的人，孟夫子說過『待文王而後興者，凡民也。若夫豪傑之士，雖無文王猶興』。」雷等仍是猶豫，胡適鼓勵他們說：「俟河之清，人生幾何。」勸他不要徘徊瞻望，拿出勇氣來。這時雷震等人還想與本省人組織一個強大的反對黨，在意識形態上足以和國民黨相制衡，再以競選方法，先取得地方政權。所以先成立「臺灣省地方自治選舉改進座談會」，推舉雷震、李萬居（公論報社長）、高玉樹（曾兩度任臺北市民選市長）為該會發言人。雷震為第一發言人，親赴各地演說。雷震等人的這些頻繁活動引起蔣氏父子莫大嫉忌。《中央日報》1960年7月27日發表社論《政黨的承認問題》，指出「倘若今日再有『救國會』和『民主同盟』一類的組織，甘心為共匪充週邊、做尾巴，從事顛覆國家的陰謀活動，我們決沒有予以承認，與其交往之可能。今日所謂『反對黨』的組黨運動，其真正企圖為何？真實目的何在？都未可知。」胡適雖支持雷震組黨，因雷震的企圖與胡適不一樣，兩者地位也不一樣，當局者對付的方式也就不一樣。

（2）袒護雷震

是年7月9日，胡適赴美參加「中美學術合作會議」，直至10月22日才返抵臺北。就在胡適這次赴美期間，9月4日，雷震正在籌備「反對黨」成立大會，就被臺灣警備司令部拘捕，《自由中國》半月刊被查封。同時被捕的，尚有《自由中國》半月刊編組傅正、經理馬之驌和已離職的會計劉子英，時稱「雷案」。副總統陳誠在逮捕雷震的當天，即電告在美的胡適說：「《自由中國》雜誌最近言論公然否定政府，煽動變亂，經警備司令部依照懲治叛亂條例將雷等予以傳訊，自當遵循法律途徑，妥慎處理。知注特聞，餘自函詳。」胡適立即覆電云：

> 今晨此間新聞廣播雷震等被捕之消息，且說明雷是主持反對黨運動的人。鄙意政府此舉不甚明智，其不良影響可預言：一則國內外輿論必認為雷等被捕，表示政府畏懼並摧殘反對黨運動。二則此次雷等四人被捕，《自由中國雜誌》當然停刊，政府必將蒙摧殘言論之惡名。三則在西方人士心目中，批評政府與謀成立反對黨與叛亂罪名絕對無關，雷儆寰愛國反共，適所深知，一旦加以叛亂罪名，恐將騰笑世界。今日唯一挽救辦法，似只有尊電所謂「遵循法律途徑」一語，即將此案交司法審判，一切偵審及審判皆予公開。

陳誠在9月6日又電覆胡適，其中有云：「本案複雜，原有確實線索，現被拘執之四人中，已有一個承認受匪指使來台活動，雷至少有知情包庇之嫌。自當依法迅予處理。」胡適見有包庇通匪之嫌，又電覆陳副總統：

近年政府正要世人相信臺灣是安定中求進步之樂土，似不可因雷案而昭告世人全島今日仍是戒嚴區，而影響觀光與投資，果如尊電所云，……則此案更應立即移交司法審判，否則，世人絕不相信，徒然使政府蒙濫用紅帽子陷人之嫌而已。……

9月21日，胡適在紐約寓所接見美國記者李曼諾時表示：「雷震為爭取言論自由而付出的犧牲精神，實在可佩可嘉，對得住自己、朋友，也對得住國家。為了維持《自由中國》半月刊的精神，他不但嘔盡心血，還曾不惜當賣過私人財產……。」關於組織在野黨一事，胡適表示：「在這個天翻地覆的時候，我覺得要組織在野黨要更加慎重將事。尤其是許多人贊成我來組織這個黨。我是沒有這分興趣的，我要弄政治，還要等到七十歲才來試試嗎？」

臺灣國民黨政府則趕在胡適回台之前，匆匆於1960年10月8日，由警備總部軍事法庭審訊判決：

雷震明知為匪諜而不告密檢舉，處有期徒刑七年，褫奪公權五年，連續以文字為有利於叛徒之宣傳，處有期徒弄七年，褫奪公權七年。執行有期徒刑十年，褫奪公權七年。……

胡適從美國返台的當天，對眾多記者說：「我相信雷震先生是愛國反共的人」，他解釋說，在任何法治國家，被告的親戚友人，都可為被告作「品格證人」（chasactes Witness），證明被告的人格品德。又說「我和雷先生相識多年，我自信至少有資格作這個證人，來證明雷震是愛國反共的人」。關於雷震被判處十年徒刑，胡適表示「未免太重。雷震一生為國家服務，十一年來主持《自由中國》，已替中華民國作了不少的面子，而且是光榮的面子，……十一年來，雷震已成為自由中國言論自由的象徵，換來的是十年坐監。這是很不公平的」。10月23日，胡適對來訪的余衡說，「我不是幫雷震的忙，而是幫國家的忙，因為雷案已使國家的聲望受到損失。」

（3）胡蔣對話

胡適托張群約見蔣介石，面陳赴美參加會議的情形，張群言明以不談雷案為條件，胡適同意了。在11月18日的總統府，胡、蔣二人作了一次官式談話，這是蔣介石對胡適已有戒心所致。胡適先向蔣介石彙報了「中美學術合作會議」開會的情況。時間快到午飯時間，胡適問蔣：「不知道總統有什麼問題要問問我。」蔣則請胡適談談政治形勢。胡適問是國內的還是世界的？蔣說「整個世界的。」於是胡適談了今年聯合國大會，赫酋（赫魯雪夫）與狄托、尼赫魯等都參加了。「中國代表團可以說天天坐著挨罵」，也談了美國的大選。說完後，胡適即把話題轉向國內，「我本來對張岳軍先生說過，我見總統，不談雷案。但現在談到國際形勢，我不能不指出這三個月來，政府在這件事上的措施實在在國外發生了很不好的反響。」下面是胡適在日記裡保存的對話：

蔣：

> 我對雷震能十分容忍。如果他的背後沒有匪諜，我決不會辦他。我們政府是一個反共救國的政府，雷震背後有匪諜，政府不能不辦他。我也曉得案子會在國外發生不利的反響，但一個國家有他的自由，有他的自主權，我們不能不照法律辦。（這是蔣在九月十四日對美國西岸報人的談話，今日重說一遍）。

胡：

> 關於雷震與匪諜的關係，是法庭的問題。我所以很早就盼望斷案能夠移交司法審判，正是全世界無人肯信軍法審判的結果。這個案子

的量刑，十四年加十二年，加五年，總共三十一年徒刑，是一種很重大的案子。軍法審判的日子（十月三日）是十月一日才宣告的，被告律師只有一天半的時間可以查卷，可以調查事實材料。十月三日開庭，這樣重大的案子，只開了八個半鐘頭的庭，就宣告終結了，就定期八日宣判了！這是什麼審判？我在國外，實在見不得人，實在抬不起頭來。所以八日宣判，九日國外見報，十日是雙十節，我不敢到任何酒會去，我躲到Princeton去過雙十節，因為我抬不起頭來見人。

蔣（忽然把話題轉講一件舊事）

去年□□回來，我對他談起，『胡先生同我向來是感情很好的。但是這一兩年來，胡先生好像只相信雷儆寰，不相信我們政府』。□□[11]對你說過沒有？

胡「□□從來沒有對我說過這句話。現在總統說了，這話太重了，我當不起，我是常常勸雷儆寰的。……」

我回臺北第二天，所謂「反對黨」的發言人——李萬居、高玉樹、郭雨新、王地、黄玉嬌——來看我。我屋中客多，我答應了那個禮拜三晚上（十月廿六日）同他們吃飯面談。禮拜三（廿六日）的上午，我去看副總統，我把我要向他們說的話先報告副總經統。我說，李萬居一班人既然說，他們要等我回國，向我請教。我有責任對他們說幾句很誠懇的話。我要勸告他們兩點：（一）在時間上要展緩他人成立新黨的時期；他們應該看看雷案的發展，應該看看世界形勢，如美國大選一類的事件。不可急於要組黨。（二）我要勸他根本改變態度：第一要採取和平態度，不可對政府黨取敵對的

[11] 據李敖猜估，此人是蔣廷黻，見《蔣介石「雷案」》。

態度。你們要推翻政府黨，政府黨當然先要打倒你們了。第二切不可使你們的黨變成臺灣人的黨。必須要和民、青兩黨合作，同無黨派的大陸同胞合作。第三最好是要能夠爭取政府的諒解——同情的諒解……同時我還表示一個希望：十年前總統曾對我說，如果我組一個政黨，他不反對，並且可以支持我。總統大概知道我不會組黨的。但他的雅量，我至今不忘記。我今天盼望的是，總統和國民黨的其他領袖能不能把十年前對我的雅量分一點來對待今日要組織一個新黨的人？」

紐約的一家中文報紙早在一則短評中說：「自由中國的言論，只有胡適之先生才享受一點，別人是沒有的。」這話雖不完全正確，亦不無道理。胡適對此則說：「這個話如出諸別人，不足為奇，但出於同我們政府和黨有關係的朋友們辦的海外華文報紙，使我看了感到很不安。」[12]臺灣爭取言論自由的人，不是胡適一人，而是有個群體。刊物也不只《自由中國》一個，還有《明天雜誌》、《反攻雜誌》、《民主雜誌》、《民主潮》、《公論報》、《自立晚報》等等。但這些刊物的影響都不如以胡適為後臺的《自由中國》，這正是「例外」所致。

一個研究蔣介石的美國學者說：「儘管蔣介石政府以『自由中國』來標謗自己，但他採取的一直是獨裁主義的政治制度。在『中華民國』存在著老百姓放棄政治的可能性，除了一些特殊問題之外，如反共產主義，總統的個人評價，或臺灣獨立問題，臺灣的新聞界是十分自由的，並常常譴責國家和地方政府。……在臺灣只要不參與政治，作為個人或家庭有可能並且很容易生活得美滿幸福。」[13]

國民黨於1949年實施戒嚴，翌年公佈《戡亂時期檢肅匪諜條例》等措施，到1987年解除戒嚴，前後38年的「白色恐怖時期」，「多少人才淪

12 《「自由中國雜誌」三周年紀念會上致詞》，《自由中國》7卷12期，1952年12月16日。
13 （美）布賴恩・克羅澤，《蔣介石》，第370頁。

為祭品」，[14]被發配到綠島（火燒島）囚禁的，據統計約有三萬人，其中絕大部分是冤屈的。[15]不過縱然是「白色恐怖」時期，島上的輿論未曾一律，仍有不同聲音。胡適在蔣氏政權的危殆關頭，為使其仍能為世界主流所接受，則欲樹立其政治家的風度，這種心願是可以理解的。

1961年12月17日，胡適七十壽辰之際，心臟病再次復發而曾住醫院。1962年2月24日，中研究的蔡元培館舉行第五次院士會議，上午在胡適主持下，選出了七名新院士，下午再次發言，若有所指地說：

「海外回國的各位：自由中國，的確言論和思想的自由。各位可以參觀立法院、監察院、省議會。立法院新建了一座會場，在那兒，委員們發表意見，批評政府，充分的表現了自由中國的言論自由。監察院在那個破房子裡，一群老先生老小姐聚在一起討論批評，非常自由。還有省議會，還有臺灣二百多種雜誌，大家也可以看看。從這些雜誌上表示了我們言論的自由。……」

胡適的情緒太亢進了，語調顯然像大聲疾呼，突然感到不適，立即煞住，正是下午六時半酒會結束，賓客紛紛退席，胡適與客人握手道別，忽然臉色蒼白，猝然倒下，後腦觸及桌沿，再跌倒在石地板上，未能再甦醒過來，如巨星之隕落了。

蔣介石聞訊後，親自寫了一副輓聯：

新文化中舊道德的楷模，
舊倫理中新思想的師表。

蔣中正輓（二月二十六《中央日報》）

2月26日晨8時零5分，蔣經國最早來弔唁，對記者說：「國家正需要他的時候，他卻溘然長辭，真是國家民族的一大損失，前天在南部聽到胡

[14] 王瑩，《從歷史的結晶中凝聚共識》（台）《光華》中英文國內版第24卷1期，1999年1月。
[15] 《悲情與寬恕——綠島人權紀念碑》，《光華》24卷1期。

先生的噩耗，內心裡好像突然受到了重擊，使他無限難受。」並對江冬秀說：「胡先生這樣去世，就如一個大將死於沙場一樣，不僅光榮而且偉大，永垂不朽。（《中央日報》《新生報》二月二七日）。」

遺體移至極樂殯儀館，3月1日，來殯儀館瞻仰遺容的約四萬人，3月2日，從總統府以下參加公祭的團體約有一百單位。共約二萬人，靈堂裡幾乎泣不成聲。出殯時，沿途站著默哀送葬的約三十萬人，靈車過了松山後，家家戶戶都設專案路祭。

6月27日蔣介石總統頒佈表揚令：

> 中央研究院院長胡適，沉潛道義，濬瀹新知，學識宏通，令聞卓著，首創國語文學，對於普及教育，發揚民智，收效甚宏。嗣講學於寇深患急之地，團結學人，危身明志，正氣凜然。抗戰軍興，特膺駐美大使之命，竭慮殫精，折衝壇坫，勳猷懋著，誠信孔昭。勝利還都以後，仍以治學育才為職志，並膺選國民大會代表，弼成憲政，獻替良多。近年受命出掌中央研究院，鞠躬盡瘁，罔自顧惜。遽聞溘逝，震悼殊深！綜其平生，忠於謀國，孝以事親。恕以待人。嚴以律已，誠以治學，愷悌勞謙，貞堅不拔，洵為新文化中舊道德之楷模，舊倫理中新思想之師表。應予明令褒揚，用示政府篤念耆碩之至意。此令。
>
> 總統　蔣中正（五十一年七月四日《中央日報》）

後　記

上世紀七十年代，上海一出版社有選題：「文人與領袖」；有人說：「魯迅與瞿秋白」。我則不以為然。自有天生的一對，此乃「胡適與蔣介石」及「郭沫若與毛澤東」。前者是關心國事的知識份子與政治領袖的關係，她們之間是平等的。或稱政治領袖與高級顧問。後者則是君臣關係，郭沫若甘臣服於君主。政府的名稱，前者為「中華民國」，後者為「中華人民共和國」，內涵無有差別，從字面上看，後者人民的份量似乎更重些。借鑑「朝鮮民主主義人民共和國」，實則是金氏世襲的家天下，但其名稱人民的地位被粉飾得更重。循名質實，粉飾得越厚，離質越遠。這似乎是近代政治體制發展中的一種值得注意的現象。政治家可把民主當作不惜犧牲生命追求的目的。也可把民主當作一種手段。在同一時空中竟是兩者並存，相映成趣，也發人深思。

我完成此著，卻不宜刊發，轉到香港，又轉到臺灣，漂泊流浪了幾十年。今由陳宏正先生的關懷，得以在秀威刊發，不勝感激。

郭沫若稱蔣介石與胡適為「難兄難弟」，善哉！深中肯綮，但毛澤東與郭沫若的關係無法稱兄弟。

有人研究郭沫著，已取得了優異的成績，「中央電視臺，依據此書斷然決定停僠『郭沫若』。只是沒有置於政治體制下宏觀考察與政治領袖毛澤東關係的全程。我相信總會有人補此缺的。」

讀歷史42　PC0365

胡適與蔣介石

作　　者 / 沈　寂
主　　編 / 蔡登山
責任編輯 / 王奕文
圖文排版 / 楊家齊
封面設計 / 陳怡捷

發 行 人 / 宋政坤
法律顧問 / 毛國樑　律師
出版發行 / 秀威資訊科技股份有限公司
114台北市內湖區瑞光路76巷65號1樓
電話：+886-2-2796-3638　傳真：+886-2-2796-1377
http://www.showwe.com.tw
劃撥帳號 / 19563868　戶名：秀威資訊科技股份有限公司
讀者服務信箱：service@showwe.com.tw
展售門市 / 國家書店（松江門市）
104台北市中山區松江路209號1樓
電話：+886-2-2518-0207　傳真：+886-2-2518-0778
網路訂購 / 秀威網路書店：http://www.bodbooks.com.tw
國家網路書店：http://www.govbooks.com.tw

2014年7月　BOD一版
2021年6月　二版
定價：650元

國家圖書館出版品預行編目

胡適與蔣介石 / 沈寂著. -- 一版. -- 臺北市 : 秀威資訊科技, 2014.07
面； 公分
ISBN 978-986-326-205-3(平裝)

1. 胡適 2. 蔣中正 3. 臺灣傳記

783.3886 102021623

讀者回函卡

感謝您購買本書，為提升服務品質，請填妥以下資料，將讀者回函卡直接寄回或傳真本公司，收到您的寶貴意見後，我們會收藏記錄及檢討，謝謝！
如您需要了解本公司最新出版書目、購書優惠或企劃活動，歡迎您上網查詢或下載相關資料：http:// www.showwe.com.tw

您購買的書名：______________________________

出生日期：________年________月________日

學歷：□高中（含）以下　□大專　□研究所（含）以上

職業：□製造業　□金融業　□資訊業　□軍警　□傳播業　□自由業
　　　□服務業　□公務員　□教職　□學生　□家管　□其它______

購書地點：□網路書店　□實體書店　□書展　□郵購　□贈閱　□其他

您從何得知本書的消息？
　□網路書店　□實體書店　□網路搜尋　□電子報　□書訊　□雜誌
　□傳播媒體　□親友推薦　□網站推薦　□部落格　□其他__________

您對本書的評價：（請填代號　1.非常滿意　2.滿意　3.尚可　4.再改進）
　封面設計____　版面編排____　內容____　文／譯筆____　價格____

讀完書後您覺得：
　□很有收穫　□有收穫　□收穫不多　□沒收穫

對我們的建議：______________________________

____

____

____

請貼
郵票

11466
台北市內湖區瑞光路 76 巷 65 號 1 樓

秀威資訊科技股份有限公司 收

BOD 數位出版事業部

....

（請沿線對折寄回，謝謝！）

姓　　名：＿＿＿＿＿＿＿＿　年齡：＿＿＿＿　性別：□女　□男

郵遞區號：□□□□□

地　　址：＿＿＿＿＿＿＿＿＿＿＿＿＿＿＿＿＿＿＿＿

聯絡電話：(日) ＿＿＿＿＿＿＿＿＿＿ (夜) ＿＿＿＿＿＿＿＿＿＿

E-mail：＿＿＿＿＿＿＿＿＿＿＿＿＿＿＿＿＿＿＿＿